Rechnungsabgrenzungsposten und steuerliche Gewinnermittlung

Europäische Hochschulschriften

Publications Universitaires Européennes
European University Studies

Reihe V
Volks- und Betriebswirtschaft

Série V   Series V
Sciences économiques, gestion d'entreprise
Economics and Management

Bd./Vol. 3357

PETER LANG

Frankfurt am Main · Berlin · Bern · Bruxelles · New York · Oxford · Wien

Michael Scheel

Rechnungsabgrenzungsposten und steuerliche Gewinnermittlung

PETER LANG
Internationaler Verlag der Wissenschaften

Bibliografische Information der Deutschen Nationalbibliothek
Die Deutsche Nationalbibliothek verzeichnet diese Publikation in
der Deutschen Nationalbibliografie; detaillierte bibliografische Daten
sind im Internet über http://dnb.d-nb.de abrufbar.

Zugl.: Frankfurt (Main), Univ., Diss., 2009

Gedruckt auf alterungsbeständigem,
säurefreiem Papier.

D 30
ISSN 0531-7339
ISBN 978-3-631-59432-2
© Peter Lang GmbH
Internationaler Verlag der Wissenschaften
Frankfurt am Main 2010
Alle Rechte vorbehalten.

www.peterlang.de

Für Gabriel und Elly

Geleitwort

Rechnungsabgrenzungsposten wurden ehedem ausschließlich als Instrumente dynamischer Erfolgsabgrenzung verstanden. Im aktuellen deutschen Bilanzrecht dagegen sind Rechnungsabgrenzungsposten Aktiv- bzw. Passivposten für Vorleistungen im Rahmen schwebender Geschäfte, bei denen die andere Vertragsseite eine zeitraumbezogene Gegenleistung zu erbringen hat (Miete, Pacht, Kapitalüberlassung u.ä.). Rechnungsabgrenzungsposten repräsentieren bereits erbrachte Leistungen einer Vertragsseite und damit wirtschaftliche Vorteile und Lasten, weil sie bei gegebener Gegenleistung die noch zu leistenden bzw. zu erhaltenden Zahlungen vermindern.

Rechtsprechung und Literatur haben diesen Wandel bislang nicht konsequent realisiert. So wird einerseits – offenbar fest verankert in dynamischem Denken und ohne angemessene Berücksichtigung der durch das Aktiengesetz von 1965 eingeleiteten sog. statischen Wende im Bilanzrecht – die Auffassung vertreten, Rechnungsabgrenzungsposten seien „Stornoposten zur periodengerechten Gewinnermittlung, aber weder Wirtschaftsgut noch Rückstellung". Andererseits werden (vereinzelt) aktive Rechnungsabgrenzungsposten sehr wohl als Vermögensgegenstände (Wirtschaftsgüter) angesehen, wenngleich ggf. als „Vermögensgegenstände besonderer Art".

Es liegt auf der Hand, dass die Qualifikationsunterschiede bestimmend sind für die Abgrenzung von Sachverhalten, die zum Ansatz eines Rechnungsabgrenzungspostens führen. Im geltenden Bilanzrecht (mit Einschluss der Präzisierungen durch die Bilanzrechtsprechung) existieren heute klare Grundsätze zur Charakterisierung von Rechnungsabgrenzungsposten. So ist es insbesondere möglich, eine Klärung der Beziehung zu Vorauszahlungen vorzunehmen, die vom Gesetz (in der Bilanzgliederung des § 266 HGB) den Vermögensgegenständen bzw. Verbindlichkeiten zugeordnet werden. Sind aber Rechnungsabgrenzungsposten Vermögensgegenstände bzw. Verbindlichkeiten (aktive bzw. passive Wirtschaftsgüter), so hat dies Konsequenzen für die Anwendbarkeit von Grundsätzen der Wertfortführung, insbesondere zur Klärung der Frage, ob Rechnungsabgrenzungsposten „aufgelöst" oder „bewertet" werden und ob eine außerplanmäßige Wertkorrektur (Abschreibung) möglich ist.

Herr Scheel beschränkt seine Analyse durch den Bezug auf die steuerliche Gewinnermittlung auf das deutsche Bilanzrecht und schließt die internationale Rechnungslegung bewusst aus. Dies dient der präzisen Eingrenzung des Untersuchungsgegenstandes und erlaubt eine intensive Befassung mit den von der herrschenden Meinung übersehenen bzw. nicht zur Kenntnis genommenen Ungereimtheiten, die in gründlicher Literatur- und Rechtsprechungsanalyse aufgedeckt werden. Zentrale Argumentationsgrundlage ist der detailliert herausgearbeitete Wirtschaftsgutcharakter von Rechnungsabgrenzungsposten und dabei die Qualifikation als Vorauszahlung im Rahmen schwebender Dauerschuldverhältnisse. Damit gelingt eine überzeugende Begründung der Methodik planmäßiger Wertfortführung. Deutliche Fortschritte werden bei der Klärung der Konkurrenz zwischen Verlustabschreibung/Teilwertabschreibung auf der einen Seite und der Bildung einer Drohverlustrückstellung auf der anderen Seite erzielt.

Rechnungsabgrenzungsposten standen in den letzten Jahren keineswegs im Zentrum der bilanzrechtlichen Diskussion. Dies erlaubt allerdings keinen Schluss auf ein uneingeschränkt hohes Niveau der Lösungsvorschläge in Literatur und Rechtsprechung. Herr Scheel zeigt in einer akribischen Analyse bestehende Mängel auf, bietet eine stimmige Charakterisierung von Rechnungsabgrenzungsposten und erarbeitet ein neues Verständnis ihrer planmäßigen und außerplanmäßigen Wertfortführung. Die Arbeit zeugt von leidenschaftlichem Interesse des Verfassers an Bilanzfragen und sie belegt, dass es oftmals gerade die als nahezu ausdiskutiert geltenden Problemfelder sind, auf denen eine von überlieferten Denkschablonen sich lösende Analyse zur Aufdeckung von Widersprüchen und zur Gewinnung neuer Erkenntnisse führt.

Prof. Dr. Winfried Mellwig

Vorwort

Die vorliegende Arbeit entstand während meiner Tätigkeit als wissenschaftlicher Mitarbeiter am Lehrstuhl für Betriebswirtschaftslehre, insbesondere Betriebswirtschaftliche Steuerlehre der Johann Wolfgang Goethe-Universität in Frankfurt am Main und wurde im November 2008 vom Fachbereich Wirtschaftswissenschaften als Dissertation angenommen.

Mein zutiefst empfundener Dank gilt meinem akademischen Lehrer und Doktorvater Herrn Professor Dr. Winfried Mellwig. Meinem hochverehrten Doktorvater verdanke ich nicht nur die Möglichkeit promovieren zu dürfen, sondern auch eine kaum zu übertreffende wissenschaftliche, aber auch persönliche Förderung. Er hat die Arbeit angeregt und mit Interesse, konstruktiver Kritik und Rat begleitet; sein bilanzrechtliches Verständnis hat diese Arbeit maßgeblich geprägt. Hierfür bin ich ihm in größter Dankbarkeit verbunden.

Zu besonderem Dank bin ich auch Herrn Professor Dr. Hans-Joachim Böcking verpflichtet. Er hat nicht nur die Bürde des Zweitgutachtens übernommen, sondern im Verlauf meines Studiums bereits frühzeitig mein Interesse an bilanzrechtlichen Fragen geweckt.

Mein besonderer Dank gilt auch meinen Kollegen und Kolleginnen am Lehrstuhl für Betriebswirtschaftliche Steuerlehre, die mich durch ihre ständige Hilfs- und Diskussionsbereitschaft unterstützt haben. Dank gebührt auch meinen Kollegen und Kolleginnen am gesamten Schwerpunkt Rechnungswesen der Johann Wolfgang Goethe-Universität Frankfurt am Main, mit denen ich die letzten Jahre gemeinsam bestreiten durfte. Die mit Herrn StB Dr. Christian Korn, Herrn StB Dr. Elmar Sabel, Herrn Dr. Stefan Wich und Herrn Dipl-Kfm. Andreas Kremer geführten und von ihrem kritischen Scharfsinn getragenen Diskussionen waren mir eine große Hilfe.

Darüber hinaus möchte ich mich besonders bei Herrn StB Dr. Christian Korn für die kritische Durchsicht des Manuskripts sowie bei Frau Heidrun Schneider für den zügigen Ablauf des Promotionsverfahrens bedanken.

Größter Dank gebührt jedoch meiner geliebten Frau. Ohne ihre nicht enden wollende Unterstützung wäre die vorliegende Arbeit in keinster Weise vorstellbar gewesen; Ihre Unterstützung und Ihr Rückhalt war es, der ganz entscheidend zum Gelingen der Arbeit beigetragen hat.

Frankfurt am Main, 1. November 2009   Michael Scheel

Inhaltsverzeichnis

Abkürzungsverzeichnis

A

B

BFuP	Betriebswirtschaftliche Forschung und Praxis (Zeitschrift)
BGB	Bürgerliches Gesetzbuch
BGBl.	Bundesgesetzblatt
BGH	Bundesgerichtshof
BGHZ	Entscheidungen des Bundesgerichtshofes in Zivilsachen
BHR	Bonner Handbuch Rechnungslegung
BierStG	Biersteuergesetz
BilMoG	Bilanzrechtsmodernisierungsgesetz
BiRiLiG	Bilanzrichtlinien-Gesetz
BMF	Bundesministerium der Finanzen
BR-Drucks.	Bundesrats-Drucksache
BStBl.	Bundessteuerblatt
BT-Drucks.	Bundestags-Drucksache
BWA	Bund der Wirtschaftsakademiker
bzw.	beziehungsweise

D

DB	Der Betrieb (Zeitschrift)
d. h.	das heißt
DM	Deutsche Mark
Diss.	Dissertation
DStJG	Deutsche Steuerjuristische Gesellschaft
DStR	Deutsches Steuerrecht (Zeitschrift)
DStZ	Deutsche Steuer-Zeitung
DStZ/A	Deutsche Steuer-Zeitung/Ausgabe A

E

EG	Europäische Gemeinschaft(en)
EGHGB	Einführungsgesetz zum Handelsgesetzbuch
Einf.	Einführung
erg.	ergänzte
Erg.-Lfg.	Ergänzungs-Lieferung

HFA ....Hauptfachausschuss [des Instituts der Wirtschaftsprüfer in Deutschland e. V.]

HGB ....Handelsgesetzbuch

HK ....Herstellungskosten

h. M. ....herrschende Meinung

Hrsg. ....Herausgeber

I

IAS ....International Accounting Standard(s)

IASB ....International Accounting Standards Board

i. d. F. ....in der Fassung

i. d. R. ....in der Regel

IDW ....Institut der Wirtschaftsprüfer in Deutschland e. V.

i. e. S. ....im engeren Sinne

IFRS ....International Financial Reporting Standard(s)

INF ....Die Information für Steuerberater und Wirtschaftsprüfer (Zeitschrift)

i. S. d. ....im Sinne der (s)

i. S. v. ....im Sinne von

i. V. m. ....in Verbindung mit

i. w. S. ....im weiteren Sinne

J

JbFSt ....Jahrbuch der Fachanwälte für Steuerrecht

Jg. ....Jahrgang

Jur. Fak. ....Juristische Fakultät

K

KfZ ....Kraftfahrzeug

KGaA ....Kommanditgesellschaft auf Aktien

L

Lfg. ....Lieferung

lit. ....litera

Losebl.-Ausg. ....Loseblatt-Ausgabe

M

MünchKomm ....Münchner Kommentar

Mitw. ....Mitwirkung

Losebl.-Ausg. ....Loseblatt-Ausgabe

N

neubearb. ....neubearbeitet(e)

n. F. ....neue Fassung

NJW ....Neue Juristische Wochenschrift (Zeitschrift)

Nr. ....Nummer

NWB ....Neue Wirtschafts-Briefe

P

PAngVO ....Preisangabenverordnung

PRAP ....Passiver Rechnungsabgrenzungsposten

R

RAP ....Rechnungsabgrenzungsposten

RdNr ....Rand-Nummer(n)

Rdn. ....Randnummer(n)

RGBl. ....Reichsgesetzblatt

Rn. ....Randnummer(n)

RS ....Stellungnahme zur Rechnungslegung [des Instituts für Wirtschaftsprüfer in Deutschland e. V.]

Rz. ....Randziffer(n)

S

S. ....Seite(n)

Slg......................................Sammlung

sog. ....so genannte(s, r, n)

Sp. ....Spalte

StbJb ....Steuerberater-Jahrbuch

StBp ....Die steuerliche Betriebsprüfung (Zeitschrift)

SteuerStud ....Steuer und Studium (Zeitschrift)

StuB ....Steuern und Bilanzen (Zeitschrift)

StuW ....Steuer und Wirtschaft (Zeitschrift)

T

Teilbd.	Teilband
Tz.	Textziffer(n)

U

u.	und
u. a.	und andere
überarb.	überarbeitete
umgearb.	umgearbeitete
Univ.	Universität
US	United States [of America]
USD	US-Dollar
US-GAAP	United States Generally Accepted Accounting Principles
UStG	Umsatzsteuergesetz

V

v.	von
Verf.	Verfasser
vgl.	vergleiche
vollst.	Vollständig

W

WG	Wirtschaftsgut
WM	Wertpapier-Mitteilungen (Zeitschrift)
WPg	Die Wirtschaftsprüfung (Zeitschrift)
WT	Der Wirtschaftstreuhänder (Zeitschrift)

Z

ZfB	Zeitschrift für Betriebswirtschaft
ZfbF	Zeitschrift für betriebswirtschaftliche Forschung
ZfhF	Zeitschrift für handelswissenschaftliche Forschung
ZGR	Zeitschrift für Unternehmens- und Gesellschafts- recht
ZIP	Zeitschrift für Wirtschaftsrecht (vormals: für Wirt- schaftsrecht und Insolvenzpraxis)
zugl.	zugleich

Tabellenverzeichnis

1

Einleitung

I. Ausgangssituation

„Die Steuerbilanz [als Form der steuerlichen Gewinnermittlung] dient der Ermittlung eines dem Zugriff des Fiskus grundsätzlich offenstehenden Gewinns".[1]
„Sinn und Zweck der steuerrechtlichen Gewinnermittlung" ist es, „den vollen
Gewinn zu erfassen".[2] Dieser dient „als Indikator der wirtschaftlichen Leistungsfähigkeit".[3] „Da Steuerzahlungen nichts anderes sind als Ausschüttungen
bzw. Entnahmen besonderer Art, kann man die Steuerbilanz [...] auch als Aus-
schüttungsbemessungsbilanz bezeichnen".[4] Nach tradiertem deutschem Verständnis der Handelsbilanz liegt deren primäre Aufgabe ebenfalls in der Ermittlung einer Ausschüttungsbemessungsgrundlage.[5] Der handelsrechtliche Jahres-
überschuss ist mithin ein grundsätzlich ausschüttungsoffener Betrag, der an die
gewinnberechtigten Außenstehenden geleistet werden kann.[6] Versteht man auch
den Fiskus als anspruchsberechtigten Außenstehenden, der zwar selbst nicht
gewinnberechtigt ist, dessen Steueranspruch sich aber aus diesem ausschüttungsoffenen Betrag ableitet, so ist zu folgern, dass handels- und steuerrechtliche Leistungsfähigkeit sich entsprechen.[7] „Beide Bilanzen ermitteln die eine,
wenngleich objektivierungsbedingt verzerrte wirtschaftliche Leistungsfähigkeit".[8] So ist die These *Döllerers* zu verstehen, der den Fiskus als „stille[n] –
wenn auch gar nicht bescheidene[n] – Teilhaber"[9] bezeichnet.

Die Bilanz im Rechtssinne (Handels- und Steuerbilanz) dient der vermögens-
gebundenen Ermittlung von Gewinnansprüchen – des als Gewinn entziehbaren
Betrags[10] – und zugleich über das Maßgeblichkeitsprinzip des § 5 Abs. 1 EStG
der Ermittlung der steuerlichen Bemessungsgrundlage.[11] Da nach § 5 Abs. 1
EStG „das Betriebsvermögen anzusetzen ist ..., das nach den handelsrechtlichen
Grundsätzen ordnungsmäßiger Buchführung auszuweisen ist, [..] bestimmt das
Handelsrecht nicht nur, was Wirtschaftgüter sind, sondern darüber hinaus auch

---

1   Mellwig (Teilwertverständnis, 1994), S. 1069-1088, hier S. 1080.
2   BFH-Beschluß vom 3.02.1969, Gr. S. 2/68, BStBl. II 1969, S. 291-294, hier S. 293.
3   *Beisse* (Verhältnis, 1984), S. 1-14, hier S. 4; vgl. auch *Döllerer* (Maßgeblichkeit, 1971),
    S. 1333-1335, hier S. 1334.
4   *Mellwig* (Teilwertverständnis, 1994), S. 1069-1088, hier S. 1080.
5   Vgl. *Moxter* (Realisationsprinzip, 1984), S. 1780-1786, hier S. 1783.
6   Vgl. *Beisse* (Verhältnis, 1984), S. 1-14, hier S. 4.
7   Vgl. *Döllerer* (Maßgeblichkeit, 1971), S. 1333-1335, hier S. 1334.
8   *Mellwig* (Bilanzrechtsprechung, 1983), S. 1613-1620, hier S. 1617.
9   *Döllerer* (Maßgeblichkeit, 1971), S. 1333-1335, hier S. 1334.
10 Zum Begriff des „einziehbaren Betrages" vgl. *Moxter* (Gewinn, 1996), S. 231-241, hier
    S. 237-240.
11 Vgl. *Beisse* (Verhältnis, 1984), S. 1-14, hier S. 4. So ist der Gewinn für den Fiskus eben-
    falls ein entziehbarer Betrag vgl. *Schneider* (Ausschüttungsfähiger Betrag, 1971), S. 607-
    617, hier S. 607.

die im Steuerrecht offen gebliebenen weiteren Bedingungen der Aktivierung und Passivierung".[12] Erst das Vorliegen eines handelsrechtlichen Vermögensgegenstandes bzw. einer Schuld erzwingt die steuerliche Bilanzierung des Wirtschaftsgutes, jedoch nur, sofern kein explizites Ansatzverbot dem entgegensteht.[13] So formuliert der Bundesfinanzhof für die Aktivseite: Der steuerrechtliche Begriff des Wirtschaftsgutes (§ 4, 5, 6 EStG) [kann] nicht weitergehen als der handelsrechtliche Begriff des Vermögensgegenstands (§§ 38, 39, 40 HGB).[14] „Die Begriffe ‚Wirtschaftsgut' und ‚Vermögensgegenstand' sind [...] identisch."[15] Die „zentrale Bedeutung des Maßgeblichkeitsgrundsatzes [liegt heute] in der Nutzung handelsrechtlicher Gewinnermittlungsgrundsätze bei der Bestimmung steuerlicher [= wirtschaftlicher] Leistungsfähigkeit".[16] Dies gilt weiterhin, wenngleich de lege lata zahlreiche Durchbrechungen des Maßgeblichkeitsprinzips die Aufstellung einer Einheitsbilanz unmöglich erscheinen lassen.[17]

Auch im Rahmen der Reformüberlegungen zum Bilanzrechtsmodernisierungsgesetz (kurz: BilMoG) wird an der Maßgeblichkeit der Handelsbilanz für die Steuerbilanz grundsätzlich festgehalten.[18] So soll die HGB-Bilanz auch fürderhin „Grundlage der Ausschüttungsbemessung und der steuerlichen Gewinnermittlung" unter Beibehaltung des „bisherigen System[s] der Grundsätze ordnungsmäßiger Buchführung"[19] bleiben.

---

12   *Mellwig* (Bilanzrechtsprechung, 1983), S. 1613-1620, hier S. 1613.
13   Vgl. *Mellwig* (Bilanzrechtsprechung, 1983), S. 1613-1620, hier S. 1613.
14   BFH-Urteil vom 26.02.1975, I R 72/73, BStBl. II 1976, S. 13-16, hier S. 14; BFH-Beschluß vom 26.10.1987, Gr. S. 2/86, BStBl. II 1988, S. 348-357, hier S. 352. Zur Bedeutung der Rechtsprechung des Bundesfinanzhofs für den Begriff des Vermögensgegenstandes vgl. *Beisse* (Handelsbilanzrecht, 1980), S. 637-646, S. 638.
15   BFH-Urteil vom 21.09.2004, IX R 36/01, BStBl. II 2006, S. 12-15, hier S. 14; vgl. BFH-Beschluß vom 2.03.1970, Gr.S. 1/69, BStBl. II 1970, S. 382-383, hier S. 383; BFH-Beschluß vom 26.10.1987, Gr. S. 2/86, BStBl. II 1988, S. 348-357, hier S. 352.
16   *Mellwig* (Maßgeblichkeitsprinzip, 1989), S. 159-174, hier S. 161; *Böcking* (Steuerbemessung, 2007), S. 53-86, hier S. 63 ff.; *Döllerer* (Maßgeblichkeit, 1971), S. 1333-1335, hier S. 1334. So gibt es keine „spezifisch steuerrechtliche Leistungsfähigkeit". Kritisch zum Maßgeblichkeitsprinzip *Weber-Grellet* (Zielsetzung, 1994), S. 288-291, hier S. 289 f., *derselbe* (Maßgeblichkeitsgrundsatz, 1999), S. 2659-2666, hier S. 2661: „Handelsbilanz und Steuerbilanz sind funktional inkompatibel."
17   Vgl. *Böcking/Gros* (Gewinnermittlung, 2007), S. 2339-2344, hier S. 2339-2341.
18   Vgl. Gesetzentwurf der Bundesregierung zum BilMoG, BR-Drucks. 344/08, S. 37 f. und S. 217 f. und BT-Drucks. 16/10067, Anl. 1, S. 37 f. und S. 220 f.
19   Gesetzentwurf der Bundesregierung zum BilMoG, BT-Drucks. 16/10067, S. 1.

II. Problemstellung

Rechnungsabgrenzungsposten stellen eine „Quelle struktureller Unstimmigkeiten im Bilanzrecht"[20] dar. Zwar scheint „kein bilanzrechtlicher Tatbestand [..] so klar geregelt zu sein [...], [wie] [..] die symmetrischen Regelungen der aktiven und passiven Rechnungsabgrenzung[sposten] [...]"[21]. Denn anders als beim Begriff des Vermögensgegenstandes bzw. Wirtschaftsgutes, der ohne eine gesetzliche Legaldefinition auskommt[22], findet sich sogar eine doppelte – wenn auch fast wortgleiche – Begriffsdefinition des Rechnungsabgrenzungspostens im HGB und EStG. Dennoch verbergen sich hinter der scheinbar eindeutigen Definition grundsätzliche Meinungsverschiedenheiten über Funktion und Bedeutung des Rechtsinstituts der Rechnungsabgrenzung in der Handels- und Steuerbilanz.

Strittig ist, ob aktive Rechnungsabgrenzungsposten Vermögensgegenstände/ Wirtschaftsgüter und ob passive Rechnungsabgrenzungsposten Verbindlichkeiten/Wirtschaftsgüter (ggf. ungewisse Verbindlichkeiten, Verbindlichkeitsrückstellungen) sind.[23] So wird einerseits die Auffassung vertreten, Rechnungsabgrenzungsposten seien „Stornoposten zur perioden- und realisationsgerechten Gewinnermittlung [...], aber weder WG [Wirtschaftsgut] noch Rückstellung."[24] „Sie stornieren wegen noch nicht eingetretener Erfolgswirksamkeit zeit[lich] abgrenzbare Zahlungen".[25] So stellt *Meyer-Scharenberg* heraus, dass es sich beim Rechnungsabgrenzungsposten um einen „Bilanzposten eigener Art" handele, der „weder die Merkmale eines Vermögensgegenstandes noch die einer Verbindlichkeit erfüllen"[26] müsse.

---

20 *Mellwig* (Quelle, 2005), S. 217-235.

21 *Beisse* (Wandlungen, 1995), S. 67-85, hier S. 67.

22 Wegen der fehlenden gesetzlichen Definition des Begriffes Vermögensgegenstand sind die Vermögensgegenstandseigenschaften nach den handelsrechtlichen GoB zu beurteilen. Vgl. hierzu z. B. BFH-Urteil vom 26.02.1975, I R 72/73, BStBl. II 1976, S. 13-16, hier S. 14.

23 Für einen Literaturüberblick vgl. *Arbeitskreis „Steuern und Revision" im Bund der Wirtschaftsakademiker (BWA) e.V.* (Gesetzeskonforme Definition, 1999), S. 2135-2142, hier S. 2137.

24 *Weber-Grellet* (Schmidt EStG-Kommentar, 2008), § 5 EStG, Rz. 241. In der Vorauflage bezeichnet *derselbe* (Schmidt EStG-Kommentar, 2007), § 5 EStG, Rz. 241 die RAP lediglich als „Stornoposten zur periodengerechten Gewinnermittlung". *Bauer* (Kirchhof/Söhn/Mellinghoff, 2001), § 5 EStG, F 138; vgl. auch *Tiedchen* (HdJ, 2006), Abt. II/11, Rn. 35. Sie bezeichnet die Rechnungsabgrenzungsposten als „Verrechnungsposten". Vgl. auch *Ellrott/Krämer* (BeckBilKomm, 2006), § 250 HGB, Anm. 29.

25 *Weber-Grellet* (Schmidt EStG-Kommentar, 2008) § 5 EStG, Rz. 241; Nach *Tiedchen* (HdJ, 2006), Abt. II/11, Rn. 36, dient der Rechnungsabgrenzungsposten als „Auffangposten, der die geleistete Zahlung neutralisiert, so dass die Bilanz im Gleichgewicht bleibt".

26 *Meyer-Scharenberg* (Zweifelsfragen, 1991), S. 754-758, hier S. 754.

Andererseits bezeichnet beispielsweise *Moxter*[27] aktive Rechnungsabgrenzungs-posten als „Vermögensgegenstände besonderer Art". Das Gesetz trenne durch § 246 Abs. 1 Satz 1 HGB zwar zwischen Vermögensgegenständen und aktiven Rechnungsabgrenzungsposten, bezeichne aber in § 242 Abs. 1 Satz 1 HGB die Rechnungsabgrenzungsposten als Vermögensbestandteil.[28] Deshalb müsse der aktive Rechnungsabgrenzungsposten einen Vermögenswert im wirtschaftlichen Sinne verkörpern. Denn die Bilanz im Rechtssinne diene der vermögensge-bundenen Ermittlung von Gewinnansprüchen; nur für den Fall, dass eine Bilanz nicht der vermögensgebundenen Ermittlung von Gewinnansprüchen diene, kön-ne der aktive Rechnungsabgrenzungsposten breiter gefasst werden, dann sogar als reiner Verrechnungsposten.[29] Zwar lässt sich daraus ableiten, dass der Rech-nungsabgrenzungsposten keinen reinen Verrechnungsposten verkörpern dürfe, aber über eine inhaltliche Konkretisierung des Vermögenswertes ist damit zu-nächst nichts ausgesagt.

Aber nicht nur die Frage nach dem Inhalt des Rechnungsabgrenzungspostens wird kontrovers diskutiert, sondern auch die sich anschließende Frage der Bewertung. So vertreten der BFH[30] wie auch weite Teile des Schrifttums[31] die Auffassung: „Der Ansatz von Rechnungsabgrenzungsposten richtet sich nicht nach den für die Bewertung von Wirtschaftsgütern geltenden Grundsätzen."[32] Die gesetzlichen Bewertungsvorschriften für Vermögensgegenstände bzw. Wirt-schaftsgüter und für Verbindlichkeiten seien demnach nicht auf Rechnungsab-grenzungsposten übertragbar; vielmehr seien Rechnungsabgrenzungsposten nur über die relevanten Perioden „zu verteilen, ohne daß es einer Bewertung des Rechnungsabgrenzungspostens bedürfte"[33]. Dieser Ansicht treten beispielweise

---

27 *Moxter* (Bilanzrechtsprechung, 2007), S. 72. So erklärt *Moxter* (GoR, 2003), S. 89, die
    Trennung zwischen Vermögensgegenständen und aktiven Rechnungsabgrenzungsposten
    historisch und begründet sie durch eine buchführungstechnische Kaufmannstradition.

28 Vgl. *Moxter* (Bilanzrechtsprechung, 2007), S. 72 f. Vgl. hierzu auch *Beisse* (Tendenzen,
    1980), S. 243-252, hier 247. An anderer Stelle betont *Moxter* (Bilanzierung, 1982),
    S. 66, dass die Trennung in Wirtschaftsgüter und Rechnungsabgrenzungsposten nicht
    zwingend erscheine, zumal der Bundesfinanzhof die Rechnungsabgrenzungsposten so
    (eng) definiere, dass alle Merkmale des Wirtschaftsgutes gegeben seien.

29 Vgl. *Moxter* (GoR, 2003), S. 89-96.

30 Vgl. BFH-Urteil vom 20.11.1969, IV R 3/69 , BStBl. II 1970, S. 209-210, hier S. 210;
    BFH-Urteil vom 12.07.1984, IV R 76/82, BStBl. II 1984, S. 713-714, hier S. 714.

31 Vgl. insbesondere *Döllerer* (Maßgeblichkeit, 1969), S. 501-507, hier S. 506; *Ell-
    rott/Krämer* (BeckBilKomm, 2006), § 250 HGB, Anm. 29; *Glade* (Praxishandbuch,
    1995), § 250 HGB, Rn. 6 und 12; *Hayn* (Beck'sches HdR, 1999), B 218, Rz. 23; *Tied-
    chen* (HdJ, 2006), Abt. II/11, Rn. 117; *Meyer-Scharenberg* (Zweifelsfragen, 1991),
    S. 754-758, hier S. 754; *Bauer* (Kirchhof/Söhn/Mellinghoff, 2001), § 5 EStG, F 138;
    Hoffmann (Littmann/Bitz/Pust, 2007), §§ 4, 5 EStG, Rn. 826; *Weber-Grellet* (Schmidt
    EStG-Kommentar, 2008), § 5 EStG, Rz. 253.

32 BFH-Urteil vom 20.11.1969, IV R 3/69, BStBl. II 1970, S. 209-210, hier S. 210.

33 BFH-Urteil vom 12.07.1984, IV R 76/82, BStBl. II 1984, S. 713-714, hier S. 714.

Babel[34] und *Hartung*[35] entgegen: „Rechnungsabgrenzungsposten [haben] [..] als uneingeschränkt bewertbar zu gelten."[36] Denn „der Gesetzgeber muß sich durch seinen Verzicht auf die Nennung von Rechnungsabgrenzungsposten in § 252 Abs. 1 Satz 1 HGB eine unvollständige Transformation von Artikel 31 Abs. 1 Satz 1 Vierte EG-Richtlinie vorhalten lassen, die ‚die Bewertung der Posten im Jahresabschluß' nach Wortlaut und Zwecksetzung auch auf die Rechnungsabgrenzung ausdehnt".[37] Auch *Moxter* lässt in seinen Ausführungen zur Bewertung von Rechnungsabgrenzungsposten erkennen, dass er eine außerplanmäßige Abschreibung auf Rechnungsabgrenzungsposten unter Umständen materiell handels- und steuerrechtlich für geboten erachtet, was eine uneingeschränkte Bewertbarkeit von Rechnungsabgrenzungsposten voraussetzt.[38]

Die Problemstellung lässt sich in drei aufeinander aufbauende Fragen zusammenfassen: Welche Sachverhalte werden als Rechnungsabgrenzungsposten bilanziert? Sind Rechnungsabgrenzungsposten Wirtschaftsgüter? Welche Folgen hat die Anwendung der Bewertungsprinzipien – Realisations- und Imparitätsprinzip – auf die Bilanzierung der Höhe nach?

III. Gang der Untersuchung

Die vorliegende Arbeit ist in drei Hauptkapitel untergliedert. Bevor sie sich den Hauptfragen, ob Rechnungsabgrenzungsposten Wirtschaftgüter sind *(Kapitel 2)* und der Bewertung von Rechnungsabgrenzungsposten *(Kapitel 3)* widmet, bedarf es einer eingehenden Untersuchung der Rechnungsabgrenzungsposten. In *Kapitel 1* werden die geltenden Bilanzierungsvorschriften zu Rechnungsabgrenzungsposten dargestellt und gewürdigt. Ausgangspunkt bildet ein kurzer historischer Überblick über den Ursprung und die Entwicklung der Rechnungsabgrenzungsposten bis zum heutigen Bilanzrecht. Darauf aufbauend werden die Ansatzmerkmale des § 5 Abs. 5 EStG bzw. § 250 Abs. 1 und 2 HGB diskutiert und daraus der Anwendungsbereich der Vorschriften über die Rechnungsabgrenzungsposten im strengen Sinne ermittelt. Im Anschluss erfolgt eine Darstellung der Wertfortführungsmethodik von Rechnungsabgrenzungsposten nach der Rechtsprechung des Bundesfinanzhofs, die sich ebenfalls aus den gesetzlichen Ansatzmerkmalen ableitet.

---

34 Vgl. *Babel* (Bewertbarkeit, 1998), S. 778-808.
35 Vgl. *Hartung* (Bewertung, 1994), S. 1893-1894.
36 *Babel* (Bewertbarkeit, 1998), S. 778-808, hier S. 802.
37 *Babel* (Bewertbarkeit, 1998), S. 778-808, hier S. 802; so auch *Hartung* (Bewertung, 1994), S. 1893-1894, hier S. 1893. Die Bewertbarkeit von Rechnungsabgrenzungsposten bejahen grundsätzlich *Adler/Düring/Schmaltz* (Rechnungslegung, 1998), § 250 HGB, Rn. 47.
38 Vgl. *Moxter* (Bilanzrechtsprechung, 2007), S. 80-83.

Im 4. Abschnitt des *ersten Kapitels* wird das Disagio als ein Sonderfall der aktiven Rechnungsabgrenzung vorgestellt. So soll aufgezeigt werden, dass die Bilanzierung des Disagios im Spannungsfeld zwischen aktiver Rechnungsabgrenzung und Verbindlichkeitsbilanzierung steht. Das erste Kapitel endet mit einem Exkurs über die Sonderposten der Rechnungsabgrenzung i. S. d. § 250 Abs. 1 Satz 2 Nr. 1 und Nr. 2 HGB. Dies ist insofern aufschlussreich, da es sich hierbei nicht um Rechnungsabgrenzungsposten im strengen Sinne handelt und diese, wie zu zeigen sein wird, reine Erfolgskorrekturposten verkörpern, die jedoch unter den Rechnungsabgrenzungsposten auszuweisen sind. So sieht auch der Entwurf der Bundesregierung zum Bilanzrechtsmodernisierungsgesetz eine Aufhebung dieser Vorschriften vor[39], die jedoch wegen der eigenständigen Kodifizierung in § 5 Abs. 5 Satz 1 Nr. 1 und Nr. 2 EStG auch in diesem Fall weiterhin für die steuerliche Gewinnermittlung von Bedeutung sind.

In *Kapitel 2* soll der Frage nachgegangen werden, ob Rechnungsabgrenzungsposten i. e. S. Wirtschaftsgüter sind. Bei der Beantwortung dieser Frage werden die unterschiedlichen Literaturauffassungen und die BFH-Rechtsprechung bezüglich der Wirtschaftsguteigenschaft des Rechnungsabgrenzungspostens kritisch diskutiert. Dabei kommt der Bilanzierung (bzw. Nichtbilanzierung) schwebender Geschäfte maßgebliche Bedeutung zu. Die Untersuchung folgt einem zweistufigen Verfahren. Zunächst soll die Bilanzierung von schwebenden Geschäften untersucht werden, in denen keiner der beiden Vertragsparteien eine Leistung erbracht hat. Im nächsten Schritt erfolgt eine Erweiterung der Ausgangssituation um geleistete Ausgaben bzw. erhaltene Einnahmen im Rahmen des schwebenden Geschäfts, um damit – durch die Merkmale transitorischer Rechnungsabgrenzungsposten Ausgaben bzw. Einnahmen – den eigentlichen Gegenstand Rechnungsabgrenzungsposten zu integrieren. Diese Vorgehensweise birgt den Vorteil, dass der mögliche Nachweis der Wirtschaftsguteigenschaft des Rechnungsabgrenzungspostens konsistent zum Grundsatz der Nichtbilanzierung schwebender Geschäfte erbracht werden kann. Das zweite Kapitel endet mit einer Ausführung zum Verhältnis von Rechnungsabgrenzungsposten und Anzahlungen.

Kapitel 3 fragt in logischer Fortführung des *zweiten Kapitels* nach der Bewertung von Rechnungsabgrenzungsposten. Die Bewertungsfrage setzt die Erkenntnisse des zweiten Kapitels über das zu bewertende Objekt voraus. In diesem Sinne erfolgt eine ausführliche Diskussion der Folgebewertung, wobei die Folgebewertung sich vereinfacht untergliedern lässt in planmäßige und außerplanmäßige Abschreibung.

Die Arbeit schließt mit einer thesenförmigen Zusammenfassung der erarbeiteten Ergebnisse.

---

39 Vgl. Gesetzentwurf der Bundesregierung, BT/Drucks. 16/10067, Anl. 1 S. 4 und S. 64 f.

Kapitel 1:
Rechnungsabgrenzungsposten im geltenden Bilanzrecht

I. Rechnungsabgrenzungsposten im Wandel

A. (Bilanztheoretische) Ursprünge der Rechnungsabgrenzungsposten

Historisch gesehen haben die Rechnungsabgrenzungsposten zwei Wurzeln. So lässt sich die Entstehung der Rechnungsabgrenzungsposten auf die Regelungen der kaufmännischen Buchführungspraxis und auf die zunehmende Bedeutung bilanzieller Periodengewinnermittlung zurückführen.[40] Die in der Buchführungspraxis entstandenen und im Buchführungsschrifttum beschriebenen pragmatischen Rechnungsabgrenzungsposten wurden dann im Laufe der Zeit vor dem Hintergrund des jeweiligen Bilanzzwecks unterschiedlich interpretiert. Über das Wesen und den Anwendungsbereich der transitorischen Rechnungsabgrenzungsposten herrschte daher Uneinigkeit.[41]

Im Sinne der statischen Bilanztheorie dient die Bilanz der Vermögensermittlung des Kaufmanns. Der Gewinn als Vermögenszuwachs innerhalb eines bestimmten Zeitabschnitts ist demnach nur „ein zwangsläufig anfallendes Nebenprodukt der jährlichen Vermögensermittlung"[42]. „Wer den *Gewinn* richtig ermitteln will, muß das *Vermögen* richtig ermitteln."[43] Als Rechnungsabgrenzungsposten konnten daher bei der vermögensorientierten Bilanz nur solche Ausgaben (Einnahmen) aktiviert (passiviert) werden, die zugleich die Ansatzkriterien für Vermögensgegenstände (Schulden) erfüllten.[44] Die Notwendigkeit der Rechnungsabgrenzung wurde für Ausgaben vor dem Bilanzstichtag gesehen, die „wirtschaftlich und mit Rücksicht auf die erst noch zu erwartenden Gegenleistungen erst als Ausgaben der kommenden Jahre anzusehen sind"[45]. *Moxter* deutet das Aktivierungsmerkmal der „erst später zu erwartenden Gegenleistung" bei *Simon* als beschränkendes Element, so dass nur Ausgaben abgrenzungsfähig seien, denen eine Gegenleistung gegenüberstünde.[46] So seien beispielsweise Mietvorauszahlungen über den Abschlussstichtag hinaus abzugrenzen, da ein Leistungsanspruch vorliege, Ausgaben für einen Reklamefeldzug hingegen mangels Leistungsanspruch nicht.[47] Unter der statischen Lehre wurden die Rechnungsabgren-

---

40 Vgl. *Fuchs* (Historische Entwicklung, 1987), S. 154-163.
41 Vgl. *Döllerer* (Bilanz, 1968), S. 637-641, hier S. 638 f.
42 *Moxter* (Bilanzlehre, 1984), S. 5.
43 *Moxter* (Bilanzlehre, 1984), S. 5 (Hervorhebung im Original).
44 Vgl. *Fuchs* (Historische Entwicklung, 1987), S. 186-190.
45 *Simon* (Bilanzen, 1899), S. 286.
46 Vgl. *Moxter* (Bilanzlehre, 1984), S. 10.
47 Vgl. *Moxter* (Bilanzlehre, 1984), S. 10: „[...] denn aktiviert wird [..] nicht die Ausgabe [Mietvorauszahlung] [...], sondern aktiviert wird der hierfür erworbene Gegenwert, und dieser Gegenwert stellt sich als *Recht* (Anspruch auf Überlassung der Mietsache) dar und ist daher als Recht aktivierungspflichtig."

zungsposten demnach gegenständlich interpretiert als Ausgaben mit Gegenleistungsanspruch.[48]

Neben der rein vermögensorientierten Interpretation der Rechnungsabgrenzungsposten entwickelte sich im Schrifttum die Auffassung, die die reine Periodisierungsaufgabe der Rechnungsabgrenzungsposten betonte. Eine gegenständliche Rechtfertigung transitorischer Rechnungsabgrenzungsposten war nicht unbedingt erforderlich. Zur Begründung reichte die periodengerechte Gewinnermittlung aus.[49] *Rehm* stellte die Notwendigkeit von Erfolgsregulierungsposten am Beispiel des vorausbezahlten Mietzinses für Gewinnermittlungsbilanzen heraus.[50] So heißt es: „[...] diese *transitorischen Posten* dienen alleine dem Zwecke der Erfolgsregulierung. Wo eine solche nicht in Frage kommt, können sie wegfallen. *Nötig* sind sie daher bloß bei *Gewinnermittlungsbilanzen.*"[51] Der Anwendungsbereich der transitorischen Rechnungsabgrenzungsposten erfuhr eine Erweiterung. Neben den Ausgaben mit Leistungsanspruch wurden auch zeitbezogene Ausgaben ohne Gegenleistungsanspruch und Ausgaben mit nur betriebswirtschaftlichem Zukunftsbezug abgrenzbar.[52] Die Bilanz umfasste demnach neben Vermögensgegenständen und Schulden auch Ausgaben und Einnahmen ohne Gegenleistungsbezug, die über das Rechtsinstitut der Rechnungsabgrenzung Eingang in die Bilanz fanden. Dabei wurde jedoch dem Ausweis von Vermögensgegenständen und Schulden der Vorrang eingeräumt.[53]

In der Anfang des 20. Jahrhunderts von *Schmalenbach*[54] und *Walb*[55] entwickelten dynamischen Bilanztheorie trat die Gewinnermittlung in den Vordergrund bzw. verdrängte den statischen Ansatz der Vermögensbilanz. „Die jährliche Handelsbilanz soll die Lage des Vermögens so zeigen, daß sich daraus der Geschäftserfolg ergibt."[56] Ziel der dynamischen Bilanz ist die Bestimmung einer

---

48 Vgl. *Beisse* (Wandlungen, 1995), S. 67-85, hier S. 72; *Döllerer* (Bilanz, 1968), S. 637-641, hier S. 639.

49 Vgl. *Trumpler* (Aktiengesellschaft, 1937), S. 115 ff.: „Soll die Bilanz die Periodenfunktion, d. h. ihre Aufgabe erfüllen, den Gewinn, der in einem zeitlichen fest bestimmten Teilabschnitt des Geschäftsbetriebs erzielt worden ist, richtig auszuweisen, so muß die Möglichkeit bestehen, gemachte Aufwendungen und erzielte Erträge auf das folgende oder die folgenden Jahre zu verteilen, denen sie zuzurechnen sind. Dies ist die Aufgabe der transitorischen Konten; sie werden daher auch Erfolgsregulierungskonten genannt (Hervorhebung im Original)."

50 Vgl. *Rehm* (Bilanzen, 1914), S. 81; *Haar* (Wesen, 1926), S. 45.

51 *Rehm* (Bilanzen, 1914), S. 81 (Hervorhebung im Original). Zugleich heißt es: „Was der Posten ‚vorausbezahlter Mietzins' umschreibt, ist der obligatorische Anspruch auf Gebrauchsüberlassung."

52 Vgl. *Fuchs* (Historische Entwicklung, 1987), S. 273 und S. 233.

53 Vgl. *Fuchs* (Historische Entwicklung, 1987), S. 216 f.

54 Vgl. *Schmalenbach* (Zweck, 1911), S. 379-388 und *derselbe* (Theorie, 1916), S. 379-382.

55 Vgl. *Walb* (Bilanz, 1924), S. 34-44.

56 *Schmalenbach* (Dynamische Bilanz, 1962), S. 28.

Periodenerfolgsgröße zur Kontrolle der Wirtschaftlichkeit.[57] Daraus folgt: „*Nicht die Bilanz, sondern die Gewinn- und Verlustrechnung* ist es, der in der Abschlußrechnung der Vorrang gebührt."[58] Die Bilanz übernimmt lediglich die Funktion einer Abgrenzungsrechnung für diejenigen Einnahmen und Ausgaben, die in der Abrechnungsperiode noch nicht erfolgswirksam sind, sowie für solche Erträge und Aufwendungen, die in der abzurechnenden Teilperiode zu verrechnen sind, obgleich die Zahlungsvorgänge erst später stattfinden.[59] Mit der Bestimmung des Bilanzinhalts aus der Perspektive der Gewinn- und Verlustrechnung ist jede Größe in der Bilanz ein Erfolgsabgrenzungsposten, da alle Bilanzpositionen nur zum Zweck der periodengerechten Gewinnermittlung gebildet werden. Eine Ausnahme besteht lediglich bei Ausgaben bzw. Einnahmen, „die niemals Aufwand und Ertrag werden" und die später durch Einnahmen bzw. Ausgaben wieder ausgeglichen werden.[60] Damit lassen sich (fast) alle Bilanzpositionen im Sinne der dynamischen Bilanztheorie den antizipativen und transitorischen Posten zuordnen.[61]

In dem kurzen historischen Abriss konnte gezeigt werden, dass das Rechtsinstitut der Rechnungsabgrenzung wandlungsfähig war und ist. In Abhängigkeit von der Interpretation der Bilanz spiegeln sich zugleich das Wesen und der Anwendungsbereich des Rechtsinstituts wider. In einer rein vermögensorientierten Bilanz können über den Rechnungsabgrenzungsposten nur Ausgaben bzw. Einnahmen abgegrenzt werden, die zugleich die Ansatzkriterien für Vermögensgegenstände und Schulden erfüllen. Die Erfassung als Rechnungsabgrenzungsposten ist in diesem Zusammenhang lediglich eine Ausweisfrage. Müssen die als Rechnungsabgrenzungsposten ausgewiesenen Ausgaben bzw. Einnahmen nicht zugleich den Ansatzkriterien für Vermögensgegenstände bzw. Schulden Genüge leisten, so verkörpert der Rechnungsabgrenzungsposten eine besondere Form der Erfolgsregulierung. Das Argument der „periodengerechten Gewinnermittlung" gewinnt an Bedeutung. All dies verdeutlicht, obgleich der gesamte Inhalt der dynamischen Bilanz als Rechnungsabgrenzungsposten interpretierbar ist[62], dass „die heutige Rechnungsabgrenzung nicht einfach als Relikt der dynamischen Bilanzauffassung angesehen werden kann".[63]

---

57 Vgl. *Schmalenbach* (Bilanzlehre, 1919), S. 1-60 und S. 65-101, hier S. 7-10.

58 *Schmalenbach* (Dynamische Bilanz, 1956), S. 34 (Hervorhebung im Original).

59 Vgl. *Schmalenbach* (Theorie, 1916), S. 379-382, hier S. 381 und *derselbe* (Bilanzlehre, 1919), S. 1-60 und S. 65-101, hier S. 22 f.

60 Vgl. *Schmalenbach* (Dynamische Bilanz, 1956), S. 57 und *derselbe* (Bilanzlehre, 1919), S. 1-60 und S. 65-101, hier S. 21.

61 Vgl. *Chmielewicz* (Wirtschaftsgut, 1969), S. 85-122, hier S. 102; *Kliem* (Rechnungsabgrenzung, 2000), S. 29; *Moxter* (Bilanzierung, 1982), S. 71.

62 Vgl. *Jakob* (Rechnungsabgrenzungsposten, 1959), S. 304-306, hier S. 304.

63 *Beisse* (Wandlungen, 1995), S. 67-85, hier S. 72, *derselbe* (Auslegung, 1990), S. 2007-2012, hier S. 2008 f. Zur statischen und dynamischen Interpretation von Rechnungsabgrenzungsposten vgl. *Freericks* (Bilanzierungsfähigkeit, 1976), S. 211 f.

B. Entwicklung in Handels- und Steuerbilanz

1. Posten, die der Rechnungsabgrenzung dienen, oder: die historische Entwicklung bis zum Aktiengesetz 1965

Erstmals mit der Aktienrechtsnovelle von 1931[64] wurden die Rechnungsabgrenzungsposten, damals noch als „Posten, die der Rechnungsabgrenzung dienen", gesetzlich kodifiziert. In das noch im HGB kodifizierte Recht der AG und der KGaA wurden in § 261a HGB erstmals für die genannten Gesellschaftsformen Gliederungsvorschriften des Bilanzschemas aufgenommen. In diesem Gliederungsschema wurden auch die „Posten, die der Rechnungsabgrenzung dienen", gesondert aufgeführt.[65] Nach *Schlegelberger/Quassowski/Schmölder* handelt es sich bei diesen Posten um „Ausgleichs- und Berichtigungsposten gegen zu hoch angesetzte Passiven [...] oder Aktiven"[66]. Das Gesetz enthielt jedoch weder eine Definition des Begriffs noch eine Bestimmung über den Wertansatz.[67]

Auch durch das Gesetz über Aktiengesellschaften und Kommanditgesellschaften auf Aktien vom 30. Januar 1937[68] (kurz: Aktiengesetz 1937) gab es die Rechnungsabgrenzungsposten betreffend keine wesentlichen Änderungen. Es erfolgte eine eigenständige Kodifizierung des Aktienrechts, die einherging mit der Herauslösung des Aktienrechts aus dem HGB. Das Bilanzgliederungsschema wurde in § 131 Abs. 1 AktG 1937 neu verlautbart.[69] Die Gliederungsvorschrift des § 131 AktG 1937 stimmte, soweit sie die Rechnungsabgrenzungsposten betraf, mit § 261a HGB überein. Eine wesentliche Neuerung betraf den für ein Disagio wahlweise zu bildenden Aktivposten. Wurde nach § 261 Nr. 5 Satz 2 HGB nur bestimmt, dass der Unterschiedsbetrag zwischen dem Rückzahlungsbetrag und dem Ausgabebetrag bei Anleihen gesondert aktiviert werden durfte, so musste dieser zukünftig gesondert unter den aktiven Rechnungsabgrenzungsposten ausgewiesen werden (§ 133 Nr. 6 Satz 2 AktG 1937). An dem Wahlrecht zur Aktivierung änderte sich nichts. Es erfolgte mithin erstmalig eine Zuordnung des

---

64 Verordnung des Reichspräsidenten über Aktienrecht, Bankenaufsicht und über eine Steueramnestie vom 19.09.1931, RGBl. I 1931, S. 493-509.

65 Auf der Aktivseite unter der Position A.V. und auf der Passivseite unter B.VI. als Posten, „die der Rechnungsabgrenzung dienen". Vgl. Verordnung des Reichspräsidenten über Aktienrecht, Bankenaufsicht und über eine Steueramnestie vom 19.09.1931, RGBl. I 1931, S. 493-507, hier S. 496 f. Siehe hierzu auch *Schlegelberger/Quassowski/Schmölder* (Aktienrecht, 1932), § 261a AktG 1931, Rn. 19 und Rn. 26.

66 *Schlegelberger/Quassowski/Schmölder* (Aktienrecht, 1932), § 261a AktG 1931, Rn. 19.

67 Vgl. *Bauer* (Kirchhof/Söhn/Mellinghoff, 2001), § 5 EStG, F 14 f.; *Tiedchen* (HdJ, 2006), Abt. II/11, Rn. 14.

68 Gesetz über Aktiengesellschaften und Kommanditgesellschaften auf Aktien (Aktiengesetz) vom 30.01.1937, RGBl. I 1937, S. 107-165.

69 Die (aktiven) Posten, die der Rechnungsabgrenzung dienen, fanden sich nun unter der Position A.IV. wieder. Vgl. Gesetz über Aktiengesellschaften und Kommanditgesellschaften auf Aktien (Aktiengesetz) vom 30.01.1937, RGBl. I 1937, S. 107-165, hier S. 132 f.

Disagios zu den aktiven Rechnungsabgrenzungsposten. In Ermangelung einer – nach wie vor nicht vorhandenen – gesetzlichen Klarstellung blieb die nähere Begriffsbestimmung der Rechtsprechung und der Literatur vorbehalten.[70]

Die herrschende Meinung deutete die Rechnungsabgrenzungsposten nichtgegenständlich als Erfolgsabgrenzungsposten, die keine Vermögensgegenstände bzw. Schulden darstellen.[71] Folgt man dem Schrifttum aus der Zeit der Geltung des Aktiengesetzes 1937, so lässt sich eine Unterteilung der „Posten, die der Rechnungsabgrenzung dienen", herleiten. Zum einen erfolgte eine Untergliederung in transitorische und antizipative Posten; zum anderen wurde die erstgenannte Position in transitorische Posten i. w. S. und eigentliche Transitorien unterteilt. Bereits zu diesem frühen Zeitpunkt wurden die „Antizipationsposten" als Fremdkörper eingestuft,[72] die nur „in der Praxis vielfach [...] schlechthin den Rechnungsabgrenzungsposten zugerechnet"[73] wurden. Mit antizipativen Aktiva und Passiva waren Erträge und Aufwendungen des abgelaufenen Geschäftsjahres gemeint, die erst später zu Einnahmen und Ausgaben führen.[74] Da es sich bei diesen Posten um Aufwendungen oder Erträge handelt, die das Bilanzjahr betreffen, aber erst in einer späteren Rechnungsperiode zu zahlen bzw. zu erfassen sind, sollten diese im Regelfall bei den entsprechenden Posten der Bilanz als (echte) Forderungen bzw. Verpflichtungen eingegliedert werden.[75] Als Antizipationsposten, die unter diesen Voraussetzungen in die Rechnungsabgrenzungsposten eingegliedert werden sollten, verblieben demnach nur solche Posten, die „am Bilanzstichtage noch keine Forderung begründen"[76]. Exemplarisch hierfür führen *Adler/Düring/Schmaltz* Stückzinsen und „evtl. auch Löhne, die erst nach dem Bilanzstichtage fällig sind und abgerechnet werden, oder für die die Dienstleistung bereits im alten Jahre erfolgt ist"[77], an. Aus heutiger Sicht bleibt kein Raum für Antizipationsposten unter den Rechnungsabgrenzungsposten, da diese Forderungen und Schulden verkörpern.[78] So gingen die antizipativen Rech-

---

70 Zu den Wirrungen der Bilanzierungspraxis vgl. *Füth* (Transitorien, 1935), S. 570-589, insbesondere S. 573-588.

71 Vgl. *Beisse* (Wandlungen, 1995), S. 67-85, hier S. 73.

72 So bereits 1936 *Horn* (Ordnungsmäßige Rechnungsabgrenzung, 1936), S. 463-467, hier S. 463 f.

73 *Adler/Düring/Schmaltz* (Rechnungslegung, 1948), § 131 AktG 1937, Rn. 65.

74 Vgl. *Adler/Düring/Schmaltz* (Rechnungslegung, 1948), § 131 AktG 1937, Rn. 65; *Horn* (Ordnungsmäßige Rechnungsabgrenzung, 1936), S. 463-467, hier S. 463 f.; *Trumpler* (Aktiengesellschaft, 1937), S. 116.

75 Vgl. *Adler/Düring/Schmaltz* (Rechnungslegung, 1948), § 131 AktG 1937, Rn. 65; so auch *Kruschwitz* (Rechnungsabgrenzung, 1934), S. 134 und *Trumpler* (Aktiengesellschaft, 1937), S. 116.

76 *Adler/Düring/Schmaltz* (Rechnungslegung, 1948), § 131 AktG 1937, Rn. 65.

77 *Adler/Düring/Schmaltz* (Rechnungslegung, 1948), § 131 AktG 1937, Rn. 65.

78 So bereits zur damaligen Rechtslage *Wandel* (Theorie und Praxis, 1950), S. 267-272, hier S. 268 f. Nach heutigem Bilanzverständnis handelt es sich bei den antizipativen Posten um Forderungen bzw. Verbindlichkeiten. Vgl. dazu *Tiedchen* (HdJ, 2006), Abt. II/11, Rn. 27.

nungsabgrenzungsposten später im Rahmen des AktG 1965 auch in Forderungen und Schulden auf.[79]

Aus dem „Zweck der Rechnungsabgrenzungsposten auf der Aktiv- und Passivseite der Bilanz [...] die spätere Rechnungsabschnitte betreffenden Aufwendungen zu aktivieren und die spätere Rechnungsabschnitte betreffenden Erträge zu passivieren, um die Aufgabe der auf einen bestimmten Stichtag abgestellten Bilanz, den Periodenerfolg abzugrenzen [...]", wurde der Anwendungsbereich der „Posten, die der Rechnungsabgrenzung dienen", abgeleitet.[80] Unter den transitorischen Posten wurden daher in erster Linie Ausgaben (Einnahmen) mit Leistungsanspruch (Leistungsverpflichtung) erfasst, d. h. „Vorauszahlungen für spätere Rechnungsperioden an Dritte (aktiv) oder von Dritten (passiv), wie z. B. Vorauszahlungen für Versicherungen, Verbandsbeiträge, Mieten, Honorare, Zinsen [...]"[81]. Vorauszahlungen aus Dauerrechtsverhältnissen bildeten unstreitig den Hauptanwendungsfall transitorischer Rechnungsabgrenzung.[82] Nach verbreiteter Auffassung wurden auch Ausgaben aufgrund zeitbezogener Rechtsverpflichtung ohne Leistungsanspruch den transitorischen Posten i. e. S. zugerechnet. Somit waren auch für einen Zeitraum nach dem Stichtag im Voraus gezahlte Abgaben, insbesondere die KfZ-Steuer, abgrenzbar.[83]

Neben den transitorischen Posten i. e. S. wurden im handelsrechtlichen Schrifttum Ausgaben mit rein wirtschaftlichem Zukunft(ertrags)bezug den aktiv transitorischen Posten – transitorische Posten i. w. S. – zugeordnet.[84] Transitorische Aktiva i. w. S. – transitorische Passiva i. w. S. wurden nicht erwähnt – waren nach dem damaligen Verständnis größere Ausgaben, die auf mehrere Rechnungsperioden verteilt werden sollten,[85] ohne dass dadurch ein Vermögenswert

---

79 Vgl. *Adler/Düring/Schmaltz* (Rechnungslegung, 1968), § 152 AktG 1965, Rn. 174; *Beisse* (Wandlungen, 1995), S. 67-85, hier S. 73; *Paulick* (Posten II, 1968), S. 483-486, hier S. 485.

80 *Adler/Düring/Schmaltz* (Rechnungslegung, 1948), § 131 AktG 1937, Rn. 64 (Hervorhebung im Original); vgl. auch *Pickler* (Posten, 1935), S. 132-134; *Trumpler* (Aktiengesellschaft, 1937), S. 115.

81 *Adler/Düring/Schmaltz* (Rechnungslegung, 1948), § 131 AktG 1937, Rn. 64.

82 Vgl. *Fuchs* (Historische Entwicklung, 1987), S. 420.

83 Vgl. *Fuchs* (Historische Entwicklung, 1987), S. 421.

84 Vgl. *Fuchs* (Historische Entwicklung, 1987), S. 421.

85 Vgl. *Adler/Düring/Schmaltz* (Rechnungslegung, 1957), § 131 AktG 1937, Rn. 105; siehe hierzu auch *Adler/Düring/Schmaltz* (Rechnungslegung, 1968), § 152 AktG 1965, Rn. 174 und *Trumpler* (Aktiengesellschaft, 1937), S. 94 f.

geschaffen wurde, wie z. B. Werbeaufwand[86] und Forschungsaufwand[87]. Der Kommentar von *Adler/Düring/Schmaltz* spricht von einer entsprechenden „kaufmännischen Gepflogenheit"[88]. Es wurde zwar die Ansicht vertreten, dass diese Posten aktiviert und auf die Dauer ihrer Nutzung verteilt werden könnten[89]; jedoch sollte dies gerade nicht im Rahmen der Rechnungsabgrenzungsposten geschehen[90], sondern unter einem gesonderten Posten. *Adler/Düring/ Schmaltz* schlagen die Bezeichnung „Sonderposten des Anlagevermögens" vor[91], *Trumpler* nennt sie hingegen schlicht „transitorische Posten bzw. Übergangsposten"[92].

Aber nicht nur durch das handelsrechtliche Schrifttum erfolgte eine weite Auslegung der Rechnungsabgrenzungsposten, sondern auch die extensive Auslegung durch die Rechtsprechung des Bundesfinanzhofs führte zu einer Erweiterung des ursprünglichen (eigentlichen) Anwendungsbereichs.[93] Insbesondere der Ausbau der Lehre von der einheitlichen Behandlung schwebender Geschäfte führte in den fünfziger Jahren des letzten Jahrhunderts zu einer Aufblähung der (aktiven) Rechnungsabgrenzungsposten.[94] „Danach muß ein Steuerpflichtiger Aufwendungen, die in einem unmittelbaren wirtschaftlichen Zusammenhang mit dem Erwerb oder der Durchführung des schwebenden Geschäfts stehen, durch eine aktive Abgrenzung auf das Geschäftsjahr verlagern, in dem der Ertrag aus

---

86 Vgl. *Adler/Düring/Schmaltz* (Rechnungslegung, 1957), § 131 AktG 1937, Rn. 105, nennen beispielhaft die Kosten der Beschriftung von Giebelwänden, für die Aufstellung von Reklameschildern u. ä. Siehe hierzu bereits *Adler/Düring/Schmaltz* (Rechnungslegung, 1948), § 131 AktG 1937, Rn. 64. Zur Aktivierung von „Reklamekosten" vgl. RFH-Urteil vom 26.09.1939, I 422/38, RStBl. 1940, S. 34-35, hier S. 34; BFH-Urteil vom 9.10.1962, I 167/62 U, BStBl. III 1963, S. 7-9, hier S. 8 und BFH-Urteil vom 25.10.1963, IV 433/62 S, BStBl. III 1964, S. 138-139, hier S. 138.

87 Vgl. *Adler/Düring/Schmaltz* (Rechnungslegung, 1948), § 131 AktG 1937, Rn. 64, sprechen von Vorentwicklungsaufwand. Zur Bilanzierung von Entwicklungskosten als Posten der Rechnungsabgrenzung vgl. *Flume* (Steuerbilanz, 1958), S. 1045-1054, hier S. 1048.

88 *Adler/Düring/Schmaltz* (Rechnungslegung, 1948), § 131 AktG 1937, Rn. 64.

89 Vgl. *Adler/Düring/Schmaltz* (Rechnungslegung, 1948), § 131 AktG 1937, Rn. 64; *Mellerowicz* (Großkommentar, 1961), § 131 AktG 1937, Anm. 30; *Trumpler* (Aktiengesellschaft, 1950), S. 201 f.; *Wandel* (Theorie und Praxis, 1950), S. 267-272, hier S. 272.

90 Vgl. hierzu auch *Adler/Düring/Schmaltz* (Rechnungslegung, 1948), § 131 AktG 1937, Rn. 64; *Wandel* (Theorie und Praxis, 1950), S. 267-272, hier S. 272. Für *Trumpler* (Aktiengesellschaft, 1950), S. 201 f., liegt dabei der Unterschied zu den Rechnungsabgrenzungsposten darin, dass die Rechnungsabgrenzungsposten ein Jahr betreffen, während die transitorischen Posten sich auf mehrere Jahre erstrecken.

91 *Adler/Düring/Schmaltz* (Rechnungslegung, 1957), § 131 AktG 1937, Rn. 105; ebenso *Mellerowicz* (Großkommentar, 1961), § 131 AktG 1937, Anm. 30.

92 *Trumpler* (Aktiengesellschaft, 1950), S. 201 f.

93 Vgl. *Döllerer* (Grundsätze, 1982), S. 777-781, hier S. 777.

94 Vgl. *Döllerer* (Bilanzrecht, 1974), S. 142-158, hier S. 146-149; vgl. hierzu auch *Eibelshäuser* (Statische Bilanzauffassung, 1981), S. 56-68, hier S. 62 f.

dem schwebenden Geschäft gebucht wird."[95] Mit dieser Begründung hat der Bundesfinanzhof – „ganz im Sinne der dynamischen Bilanztheorie"[96] – z. B. die Aktivierung der Provisionen (der Aufwendungen), die der Geschäftsherr an seinen Handelsvertreter leistet, für die von diesem bereits vermittelten, vom Geschäftsherrn jedoch noch nicht ausgeführten Geschäft bejaht.[97] Auch die aktive Rechnungsabgrenzung der Umsatzsteuer auf erhaltene Anzahlungen wurde mit dem Grundsatz der einheitlichen Behandlung schwebender Geschäfte gerechtfertigt.[98] Denn „würde man in der Bilanz den Anzahlungen einen gleichhohen Passivposten gegenüberstellen und über diesen Passivposten hinaus die Umsatzsteuer zu Lasten des Ergebnisses buchen, so würde ein schwebender Vertrag, der voraussichtlich mit Gewinn abschließt, in Höhe der Umsatzsteuer mit Verlust ausgewiesen."[99] Jedoch durften bereits nach der damaligen Rechtsprechung des Bundesfinanzhofs „die Grundsätze der richtigen Periodenabgrenzung [...] nicht übertrieben werden."[100] Der Rechtsprechung entsprach es, dass eine Pflicht zur Abgrenzung nur dann vorgesehen war, wenn „zwischen dem vorhergehenden Aufwand und dem Ertrag einer späteren Rechnungsperiode bei objektiver Betrachtung ein eindeutig erkennbarer ursächlicher wirtschaftlicher Zusammenhang [besteht]."[101] Neben den eigentlichen Vorauszahlungen im Rahmen schwebender Geschäfte, d. h. Ausgaben, denen ein Leistungsanspruch gegenübersteht, wurden auch Ausgaben, die gelegentlich des Erwerbs bzw. der Durchführung des schwebenden Geschäfts anfielen, abgrenzbar. Mithin wurden in der Zeit nach Inkrafttreten des Aktiengesetzes 1937 bis zum Aktiengesetz 1965 unter den Rechnungsabgrenzungsposten nicht nur die transitorischen Aktiva und Passiva i. e. S., sondern auch die transitorischen Aktiva i. w. S. sowie antizipative Aktiva und Passiva ausgewiesen.[102] Dies war letztlich die Konsequenz daraus, dass im Aktiengesetz 1937 die Frage offenblieb, was unter Rechnungsabgrenzungsposten zu verstehen sei.[103]

---

95 BFH-Urteil vom 23.09.1969, I R 22/66, BStBl. II 1970, S. 104-107, hier S. 106.

96 *Eibelshäuser* (Statische Bilanzauffassung, 1981), S. 56-68, hier S. 62.

97 Vgl. BFH-Urteil vom 3.12.1964, IV 255, 256/64 U, BStBl. III 1965, S. 93-95, hier S. 95.

98 Vgl. BFH-Urteil vom 13.05.1958, I 290/56 U, BStBl. III 1958, S. 331-333; *Moxter* (Bilanzierung, 1982), S. 72. Bereits frühzeitig erblickte *Jakob* (Rechnungsabgrenzungsposten, 1959), S. 304-306, hier S. 306, in der Aktivierung der Umsatzsteuer auf Anzahlungen unter den Rechnungsabgrenzungsposten einen Verstoß gegen die handelsrechtlichen GoB.

99 BFH-Urteil vom 13.05.1958, I 290/56 U, BStBl. III 1958, S. 331-333, hier S. 333.

100 BFH-Urteil vom 13.05.1958, I 290/56 U, BStBl. III 1958, S. 331-333, hier S. 333.

101 BFH-Urteil vom 19.12.1957, IV 432/56 U, BStBl. III 1958, S. 162-164, hier S. 163.

102 Vgl. *Adler/Düring/Schmaltz* (Rechnungslegung, 1968), § 152 AktG 1965, Rn. 174; *Institut „Finanzen und Steuern"* (Bilanzierung, 1968), S. 11-13.

103 Vgl. Gesetzentwurf der Bundesregierung zum AktG 1965, BT-Drucks. IV/171 vom 3.02.1962, S. 174.

2. Zur Konkretisierung der Rechnungsabgrenzungsposten durch die Aktienrechtsreform 1965 oder: die enge Interpretation der Rechnungsabgrenzungsposten

Bereits unter der Geltung des AktG 1937 wurde eine Beschränkung der aktiven Rechnungsabgrenzungsposten auf die transitorischen Posten i. e. S. gefordert.[104] So wurde die in der Aktivierung der transitorischen Posten i. w. S. innewohnende Gefahr erkannt, Ausgaben zu aktivieren, deren zukünftiger Nutzen in höchstem Maße unsicher ist. Die Aktivierung dieser Positionen – namentlich handelt es sich um Aufwendungen für Werbemaßnahmen und um Maßnahmen der Forschung und Entwicklung – stünde im Konflikt mit dem vorherrschenden Grundsatz der Vorsicht.[105] Dieser Forderung sollte mit der Einführung von § 152 Abs. 9 des Aktiengesetzes 1965[106] Rechnung getragen werden. Als Rechnungsabgrenzungsposten dürfen seither nur ausgewiesen werden: „1. auf der Aktivseite Ausgaben vor dem Abschlußstichtag, soweit sie Aufwand für eine bestimmte Zeit nach diesem Tag darstellen; 2. auf der Passivseite Einnahmen vor dem Abschlußstichtag, soweit sie Ertrag für eine bestimmte Zeit nach diesem Tag darstellen."[107] Mit dieser Definition der Rechnungsabgrenzungsposten sollte der Ansatz auf die „sogenannten transitorischen Posten i. e. S." begrenzt werden.[108] Ausgeschlossen wurden somit sowohl die antizipativen als auch die transitorischen Posten i. w. S.: Während die antizipativen Posten bei den Forderungen und Schulden ausgewiesen werden sollten[109], durften die transitorischen Rechnungsabgrenzungsposten i. w. S. keinen Eingang in die Bilanz mehr finden. Da diese Posten nicht zu aktivierungsfähigen Wirtschaftsgütern führen, sollte ihnen auch die Aktivierung über den Umweg der Rechnungsabgrenzungsposten versperrt werden.[110] Dabei sollte durch die Einführung des Merkmals der be-

---

104 So beispielsweise *Everding* (Begriff, 1959), Sp. 169-180, hier Sp. 176 und Sp. 180; *Hauck* (Fragen, 1961), S. 265-278, hier S. 278 und *van der Felde* (Umfang der Rechnungsabgrenzungsposten, 1958), S. 218-239, hier S. 230-233.

105 Vgl. *Mellerowicz* (Großkommentar, 1961), § 131 AktG 1937, Anm. 30.

106 Aktiengesetz vom 6.09.1965, BGBl. I 1965, S. 1089-1184, S. 1127.

107 Vgl. Aktiengesetz vom 6.9.1965, BGBl. I 1965, S. 1089-1184, S. 1127; siehe auch den Gesetzentwurf der Bundesregierung zum AktG 1965, BT-Drucks. IV/171 vom 3.02.1962, S. 36.

108 Siehe auch die Begründung zum Regierungsentwurf des Aktiengesetzes 1965, BT-Drucks. IV/171 vom 3.02.1962, S. 174. Vgl. *Birkholz* (Rechnungsabgrenzung, 1967), S. 1037-1038, hier S. 1037; *Littmann* (Rechnungslegungsvorschriften, 1966), S. 233-241, hier S. 239; *Paulick* (Posten I, 1968), S. 449-456, hier S. 449: So wurde „die Bildung von Rechnungsabgrenzungsposten auf ihren eigentlichen Kern beschränkt und auf diese Weise die in der Vergangenheit gelegentlich übertriebene Ausweitung dieser Posten unmöglich gemacht."

109 Vgl. Gesetzentwurf der Bundesregierung zum AktG 1965, BT-Drucks. IV/171 vom 3.02.1962, S. 174: So heißt es in der Begründung zum Regierungsentwurf auch, dass die antizipativen Posten „in Wahrheit Forderungen und Verbindlichkeiten sind".

110 Vgl. Gesetzentwurf der Bundesregierung zum AktG 1965, BT-Drucks. IV/171 vom 3.02.1962, S. 174.

stimmten Zeit die Aktivierung der transitorischen Posten i. w. S., insbesondere der Kosten für Werbung sowie für Forschung und Entwicklung, ausgeschlossen werden.[111] Das Ansatzkriterium kann mithin als „Schutzwall" gegen die Aktivierung von Transitorien i. w. S. angesehen werden.[112] In diesen Kontext fügt sich auch das Ansatzverbot für nicht entgeltlich erworbene immaterielle Anlagewerte des § 153 Abs. 3 AktG ein.[113] Dieses Ansatzverbot sollte eben nicht dadurch unterlaufen werden können, dass beispielsweise Entwicklungskosten in einem anderen Gewand, nämlich dem der Rechnungsabgrenzungsposten, Eingang in die Bilanz finden.[114] „Seither versteht man unter transitorischen Posten i. e. S. Ausgaben, die vor dem Bilanzstichtag geleistet werden, aber Aufwand für eine bestimmte Zeit nach dem Bilanzstichtag darstellen, bzw. auf der Passivseite Einnahmen, die der Bilanzierende vor dem Bilanzstichtag erhält, die aber Ertrag für eine bestimmte Zeit nach dem Bilanzstichtag darstellen".[115] Transitorische Posten i. w. S. werden in Abgrenzung zu der vorherigen Definition als Ausgaben bestimmt, deren Erfolg nicht innerhalb einer bestimmten Zeit nach dem Bilanzstichtag eintritt. Ob allerdings das Merkmal der bestimmten Zeit das zutreffende Abgrenzungskriterium zwischen transitorischen Posten i. e. S. und solchen i. w. S. bildet, ist in der Literatur umstritten.[116] Wie dargestellt, sollte die Regelung des § 152 Abs. 9 AktG 1965 den Aktivierungsumfang begrenzen, ein solches Bestreben lässt sich jedoch für die Passivseite nicht ausmachen. Dennoch erfolgte eine sinngemäße Übertragung des Merkmals der bestimmten Zeit auf die Passivseite.[117]

Zwar erklärte der Bundesfinanzhof die aktienrechtlichen Regelungen der Rechnungsabgrenzungsposten im AktG 1965 als Ausdruck allgemeingültiger GoB[118],

---

111 Vgl. Gesetzentwurf der Bundesregierung zum AktG 1965, BT-Drucks. IV/171 vom 3.02.1962, S. 174. Bei Werbemaßnahmen war allerdings weiterhin zu untersuchen, ob die Ausgabe nicht zu einem Rechnungsabgrenzungsposten i. e. S. führt. So waren „bei einer Giebelreklame Vorauszahlungen für ein oder mehrere Jahre auf den geschuldeten Mietzins für die Giebelfläche [...] [weiterhin] als Rechnungsabgrenzungsposten anzusehen". Vgl. hierzu *Ahrens* (Aktienrecht, 1968), S. 273-275, hier S. 274.

112 Vgl. *Mellwig* (Quelle, 2005), S. 217-235, hier S. 222.

113 Vgl. *Institut „Finanzen und Steuern"* (Bilanzierung, 1968), S. 2.

114 Vgl. *van der Velde* (Rechnungsabgrenzungsposten, 1969), S. 441-449, hier S. 448 f.

115 *Tiedchen* (Rechnungsabgrenzung, 1997), S. 2471-2475, hier S. 2472.

116 So *Paulick* (Posten II, 1968), S. 483-486, hier S. 485 f.; zweifelnd bereits *Döllerer* (Wirtschaftsgut, 1965*)*, S. 326-329, hier S. 328; *Tiedchen* (Rechnungsabgrenzung, 1997), S. 2471-2475, hier S. 2473 äußert ähnliche Zweifel.

117 Vgl. *Beisse* (Wandlungen, 1995), S. 67-85, hier S. 74, erklärt diese spiegelbildliche Übertragung damit, dass „es üblich war, die Rechnungsabgrenzungsposten spiegelbildlich – symmetrisch – aufzufassen".

118 Vgl. BFH-Urteil vom 31.05.1967, I 208/63, BStBl. III 1967, S. 607-609, hier S. 608; BFH-Urteil vom 19.06.1973, I R 206/71, BStBl. II 1973, S. 774-775, hier S. 775 und BFH-Urteil vom 04.03.1976, IV R 78/72, BStBl. II 1977, S. 380-382, hier S. 381.

mit der Konsequenz, dass diese auch für die Steuerbilanz maßgeblich seien[119], jedoch war diese Auffassung nicht unumstritten.[120] Der Gesetzgeber sah sich daher zu einer klarstellenden Regelung im EStG veranlasst.[121] Es erfolgte eine nahezu wortgleiche Definition der Rechnungsabgrenzungsposten in § 5 Abs. 3 [heute Abs. 5] EStG.[122] So wurde mithin auch keine steuerliche Sonderregelung die Rechnungsabgrenzungsposten betreffend geschaffen, sondern es sollte der steuerlichen Maßgeblichkeit der handelsrechtlichen Regelung Nachdruck verliehen werden.[123] Daraus folgt zugleich, dass die Rechtsprechung des Bundesfinanzhofs zu den Fragen der Rechnungsabgrenzungsposten in erster Linie von handelsrechtlicher Natur ist.[124]

Neben der gesetzlichen Beschränkung auf die transitorischen Rechnungsabgrenzungsposten i. e. S. erfolgte auch in der Rechtsprechung des Bundesfinanzhofs ein Wandel.[125] Während noch in der Zeit vor dem Aktiengesetz 1965 bzw. dem Einkommensteueränderungsgesetz 1969 zum Teil die aktive Rechnungsabgrenzung über den Grundsatz der einheitlichen Behandlung schwebender Geschäfte gerechtfertigt wurde, entfiel dieses Abgrenzungsargument gänzlich nach der Aktienrechtsreform.[126] So lässt sich der Rechtsprechung entnehmen, dass es „weder einen handelsrechtlichen Grundsatz ordnungsmäßiger Bilanzierung noch einen steuerrechtlichen Grundsatz [gibt], der es geböte oder überhaupt zuließe, ganz allgemein Ausgaben im Wege der aktiven Rechnungsabgrenzung in das Wirtschaftsjahr zu verlagern, in dem die Einnahmen fließen, aus denen die Ausgaben gedeckt werden sollen"[127]. Zur Bilanzierung eines Rechnungsabgrenzungspostens bedürfe es vielmehr, „daß einer Vorleistung des Kaufmanns eine noch

---

119 Vgl. *Institut „Finanzen und Steuern"* (Bilanzierung, 1968), S. 17 ff.; *Paulick* (Posten I, 1968), S. 449-456, hier S. 452: „Handelsrechtlich nicht aktivierungsfähige Aufwendungen können auch nicht im Wege der Periodenabgrenzung aktiviert werden. § 152 Abs. 9 AktG iVm. § 5 EStG enthält zwingendes Recht [...]."
120 Vgl. hierzu *Beisse* (Wandlungen, 1995), S. 67-85, hier S. 74.
121 Vgl. Gesetzentwurf der Bundesregierung zur Änderung des Einkommensteuergesetzes, BT-Drucks. V/3187 vom 26.07.1968, S. 4: „Da hinsichtlich der Bilanzierung [...] von Rechnungsabgrenzungsposten zur Zeit eine gewisse Rechtsunsicherheit vorhanden ist, erscheint es erforderlich, die insoweit bestehenden, den handelsrechtlichen Grundsätzen ordnungsmäßiger Buchführung entsprechenden Ausweisverbote in § 5 EStG ausdrücklich zu verankern."
122 Gesetz zur Änderung des Einkommensteuergesetzes vom 16.05.1969, BStBl. I 1969, S. 320.
123 Vgl. *Beisse* (Wandlungen, 1995), S. 67-85, hier S. 74, *derselbe* (Handelsbilanzrecht, 1980), S. 637-646, hier S. 642: „Der Begriff der Rechnungsabgrenzung ist [...] für das Handels- und Steuerbilanzrecht einheitlich."
124 Vgl. *Beisse* (Handelsbilanzrecht, 1980), S. 637-646, hier S. 642.
125 Vgl. *Beisse* (Handelsbilanzrecht, 1980), S. 637-646, hier S. 642; *Crezelius* (Bestimmte Zeit, 1998), S. 633-638, hier S. 636; *Döllerer* (Bilanzierung, 1974), S. 1541-1548, hier S. 1542.
126 Vgl. *Bordewin* (Entwicklung, 1982), S. 463-465, hier S. 463.
127 BFH-Urteil vom 29.10.1969, I 93/64, BStBl. II 1970, S. 178-180, hier S. 179.

nicht erbrachte z e i t b e z o g e n e Gegenleistung des Vertragspartners [...] [gegenübersteht]".[128] Entsprechend diesen Grundsätzen lehnte der Bundesfinanzhof nunmehr die Aktivierung der „gezahlten Umsatzsteuer auf Anzahlungen"[129] sowie die „Provisionen an Kreditvermittler"[130] ab, die vormals zu aktiven Rechnungsabgrenzungsposten geführt hatten.[131]

3. Die Bedeutung der 4. EG-Richtlinie

Die 4. EG-Richtlinie[132] regelt in Art. 18 und Art. 21 die Rechnungsabgrenzungsposten. Der Anwendungsbereich dieser Artikel umfasst jedoch sowohl transitorische als auch antizipative Rechnungsabgrenzungsposten. Mit § 250 Abs. 1 Satz 1 und Abs. 2 HGB i. d. F. des Bilanzrichtlinien-Gesetzes[133] erfolgte die Transformation der 4. EG-Richtlinie in deutsches Recht. Obgleich die Umsetzung dieser Richtlinie nur die Kapitalgesellschaften als spezielle Normadressaten betrifft, hat der Gesetzgeber des Bilanzrichtlinien-Gesetzes die Vorschrift in § 250 HGB „für alle Kaufleute" als verbindlich erklärt. Dabei wurde die Regelung des § 152 Abs. 9 AktG 1965 nahezu unverändert übernommen. Der Wortlaut wurde nur geringfügig modifiziert um klarzustellen, dass bei Vorliegen der Voraussetzungen für die Bildung eines Rechnungsabgrenzungspostens kein Bilanzierungswahlrecht, sondern auch handelsrechtlich Bilanzierungspflicht besteht.[134] Eine inhaltliche Änderung war damit jedoch nicht verbunden.[135] So hat der deutsche Gesetzgeber auch von seinem Wahlrecht Gebrauch gemacht, nur

---

128 BFH-Urteil vom 4.03.1976, IV R 78/72, BStBl. II 1977, S. 380-382, hier S. 381 (Hervorhebung im Original). Vgl. hierzu auch *Groh* (Bilanztheorie, 1980), S. 121-140, hier S. 133: Die BFH-Rechtsprechung habe die Aktivierungsmöglichkeit mithin noch über den Wortlaut der Vorschrift hinaus eingeschränkt und „zwar auf Vorleistungen innerhalb eines Dauerschuldverhältnisses [...]".

129 Vgl. BFH-Urteil vom 29.10.1969, I 93/64, BStBl. II 1970, S. 178-180, hier S. 179; BFH-Urteil vom 19.06.1973, I R 206/71, BStBl. II 1973, S. 774-775, hier S. 775; BFH-Urteil vom 24.03.1976, I R 139/73, BStBl. II 1976, S. 450-452, hier S. 451 und BFH-Urteil vom 26.06.1979, VIII R 145/78, BStBl. II 1979, S. 625-627, hier S. 626 f.

130 Vgl. BFH-Urteil vom 4.03.1976, IV R 78/72, BStBl. II 1977, S. 380-382.

131 Zur Umsatzsteuer auf erhaltene Anzahlungen siehe das BFH-Urteil vom 22.05.1958, IV 222/56 U, BStBl. III 1958, S. 333-335, hier S. 334: „Danach müßte die Umsatzsteuerzahlung schon nach den Grundsätzen über die Bilanzierung schwebender Geschäfte erfolgsneutral behandelt werden."

132 Vierte Richtlinie des Rates vom 25.07.1978 aufgrund von Art. 54 Abs. 3 Buchstabe g) des Vertrages über den Jahresabschluß von Gesellschaften bestimmter Rechtsformen (78/660/EWG), ABl. EG L 222, S. 11-31.

133 Gesetz zur Durchführung der Vierten, Siebenten und Achten Richtlinie des Rates der Europäischen Gemeinschaften zur Koordinierung des Gesellschaftsrechts (Bilanzrichtlinien-Gesetz - BiRiLiG) vom 19.12.1985, BGBl. I 1985, S. 2355-2433, hier S. 2358.

134 Vgl. *Tiedchen* (Rechnungsabgrenzung, 1997), S. 2471-2475, hier S. 2473.

135 Dazu *Tiedchen* (HdJ, 2006), Abt. II/11, Rn. 29; *Kupsch* (BHR, 2002), § 250 HGB, Rz. 6.

die Transitorien als solche auszuweisen und die Antizipativen nach wie vor den Forderungen und Schulden zuzuordnen.[136]

Da sich die Regelung des § 250 HGB auf Art. 18 Satz 1 und Art. 21 Satz 1 der 4. EG-Richtlinie stützt, hat die Auslegung der Ansatzmerkmale für Rechnungsabgrenzungsposten europarechtskonform zu erfolgen.[137] Art. 18 Satz 1 der Richtlinie lautet: „Als Rechnungsabgrenzungsposten auf der Aktivseite sind Ausgaben vor dem Abschlußstichtag auszuweisen, soweit sie Aufwendungen für eine bestimmte Zeit nach diesem Tag darstellen, [...]."[138] Die Notwendigkeit einer besonderen richtlinienkonformen Auslegung scheint auf den ersten Blick nicht ersichtlich, da es sich um eine wortgetreue Umsetzung des Art. 18 Satz 1 der EG-Richtlinie in § 250 Abs. 1 Satz 1 HGB handelt. Jedoch enthält Art. 18 Satz 1 das Tatbestandsmerkmal der „bestimmten Zeit" nur in der amtlichen deutschen Fassung.[139] Eine richtlinienkonforme Auslegung hat jedoch den Wortlaut in allen Sprachen zu berücksichtigen[140], da die Richtlinien in allen sprachlichen Fassungen gleichermaßen verbindlich sind.[141] Da das Ansatzmerkmal der bestimmten Zeit nur in der deutschen Fassung der 4. EG-Richtlinie zu finden ist, kann es bei richtlinienkonformer Auslegung nicht uneingeschränkt Geltung beanspruchen. Für eine richtlinienkonforme Auslegung muss das Ansatzkriterium zum Regelungszweck der Richtlinie in Beziehung gesetzt werden.[142] In Bezug auf die transitorischen Posten i. w. S., wie z. B. Kosten für Werbung oder für Forschung und Entwicklung, bezweckt die Richtlinie offensichtlich, die Aktivierung unter den Rechnungsabgrenzungsposten auszuschließen.[143] Dies wird dadurch ersichtlich, dass beispielsweise gemäß Art. 9 Aktiva lit. C. I. 1. der Richt-

---

136 Vgl. *Kupsch* (BHR, 2002), § 250 HGB, Rz. 6.
137 Zur richtlinienkonformen Auslegung allgemein vgl. EuGH-Urteil vom 4.02.1988, Rs. 157/86, Slg. 1988, S. 686-691; EuGH-Urteil vom 13.11.1990, Rs. C 106/89, Slg. 1990, S. 4156-4161, hier S. 4159 und EuGH-Urteil vom 7.01.2003, Rs. C 306/99, BStBl. II 2004, S. 144-155; hier S. 2011; *Beisse* (Auslegung, 1990), S. 2007-2012, hier S. 2011; *Hüffer* (Staub HGB-Kommentar, 2002), Vor § 238 HGB, Rdn. 18; *Meyer-Arndt* (Zuständigkeit, 1993), S. 1623-1627, hier S. 1625; *Schulze-Osterloh* (Entscheidungen, 1995), S. 170-189, hier S. 172 f.
138 Vierte Richtlinie des Rates vom 25.07.1978 aufgrund von Art. 54 Abs. 3 Buchstabe g) des Vertrages über den Jahresabschluß von Gesellschaften bestimmter Rechtsformen (78/660/EWG), ABl. EG L 222, S. 11-31, hier S. 19. Die Richtlinie beinhaltet in Art. 21 die spiegelbildliche Definition der passiven Rechnungsabgrenzungsposten.
139 Zu den unterschiedlichen Sprachfassungen der Richtlinienbestimmungen vgl. *Hartung* (Richtlinienkonforme Auslegung, 1994), S. 214-225, hier S. 216 ff. Siehe hierzu auch *Schulze-Osterloh* (Realisations- und Imparitätsprinzip, 1992), S. 653-670, hier S. 664.
140 Vgl. *Beisse* (Wandlungen, 1995), S. 67-85, hier S. 83.
141 Vgl. EuGH-Urteil vom 6.10.1982, Rs. 283/81, Slg. 1982, S. 3415-3442, hier S. 3430; *Bleckmann* (Auslegung, 1992), S. 364-375, hier S. 366; *Meilicke* (Bedeutung, 1992), S. 969-975, hier S. 972 f.
142 Vgl. *Tiedchen* (Rechnungsabgrenzung, 1997), S. 2471-2475, hier S. 2473.
143 Vgl. *Hartung* (Richtlinienkonforme Auslegung, 1994), S. 214-225, hier S. 218 ff.; *Tiedchen* (Rechnungsabgrenzung, 1997), S. 2471-2475, hier S. 2473.

linie Forschungs- und Entwicklungskosten nur unter einem gesonderten Posten ausgewiesen werden können, allerdings nur insoweit der umsetzende Staat das ihm gegebene nationale Wahlrecht dahingehend ausübt.[144] Keinesfalls kommt demnach nach der Richtlinie die Aktivierung unter den Rechnungsabgrenzungsposten in Betracht.[145] Damit sollte letztlich eine Vermengung mit den sonstigen Rechnungsabgrenzungsposten verhindert werden. Eine richtlinienkonforme Auslegung führt zu dem Ergebnis, dass die Zeitbestimmung nur die Aufgabe hat, die Aktivierung (gerade) der transitorischen Posten i. w. S. auszuschließen[146], was wiederum im Einklang steht mit der Zielsetzung des Gesetzgebers zum AktG von 1965.[147]

II. Merkmale transitorischer Rechnungsabgrenzungsposten

A. Ausgaben und Einnahmen vor dem Abschlussstichtag

Rechnungsabgrenzungsposten liegen „*Ausgaben vor dem Abschlußstichtag* [...]", soweit sie Aufwand für eine bestimmte Zeit nach diesem Tag darstellen" (§ 250 Abs. 1 HGB, § 5 Abs. 5 Nr. 1 EStG aktive Rechnungsabgrenzung) bzw. „*Einnahmen vor dem Abschlußstichtag* [...]", soweit sie Ertrag für eine bestimmte Zeit nach diesem Tag darstellen", zugrunde (§ 250 Abs. 2 HGB, § 5 Abs. 5 Nr. 2 EStG, passive Rechnungsabgrenzung). Damit formuliert das Gesetz für die Bildung eines Rechnungsabgrenzungspostens als notwendiges Tatbestandsmerkmal, dass Ausgaben bzw. Einnahmen *vor dem Abschlussstichtag* vorliegen müssen. Mit der Gesetzesformulierung „vor dem Abschlussstichtag" ist nach h. M. das Ende des Stichtages gemeint. Daher sind Ausgaben bzw. Einnahmen am Abschlussstichtag selbst gegebenenfalls abzugrenzen. Die Ausgabe bzw. Einnahme muss also nur vor dem Ende der Abschlussperiode liegen.[148]

Im Gegensatz zur Auslegung des Tatbestandsmerkmals „vor dem Abschlussstichtag" ist die Frage, was Ausgaben bzw. Einnahmen im Sinne dieser Vor-

---

144 Vierte Richtlinie des Rates vom 25.07.1978 aufgrund von Art. 54 Abs. 3 Buchstabe g) des Vertrages über den Jahresabschluß von Gesellschaften bestimmter Rechtsformen (78/660/EWG), ABl. EG L 222, S. 11-31, hier S. 14.

145 Vgl. *Hartung* (Richtlinienkonforme Auslegung, 1994), S. 214-225, hier S. 218 und S. 220.

146 Vgl. *Tiedchen* (Rechnungsabgrenzung, 1997), S. 2471-2475, hier S. 2473.

147 Vgl. Kapitel 1 I.B.2.

148 Vgl. *Adler/Düring/Schmaltz* (Rechnungslegung, 1998), § 250 HGB, Rn. 28; *Bauer* (Kirchhof/Söhn/Mellinghoff, 2001), § 5 EStG, F 85; *Ellrott/Krämer* (BeckBilKomm, 2006), § 250 HGB, Anm. 19; *Federmann* (Zeitbestimmtheit, 1984), S. 246-252, hier S. 249, *derselbe* (Rechnungsabgrenzungsposten, 1985), S. 131-136, hier S. 132; *Hayn* (Beck'sches HdR, 1999), B 218, Rz. 18; *Hoffmann* (Littmann/Bitz/Pust, 2007), §§ 4, 5 EStG, Rn. 809; *Kropff* (Aktiengesetz, 1973), § 152 AktG 1965, Rdn. 96; *Schreiber* (Blümich EStG-Kommentar, 2005), § 5 EStG, Rz. 675; *Tiedchen* (HdJ, 2006), Abt. II/11, Rn. 74; *Trützschler* (HdRE, 2002), § 250 HGB, Rn. 35.

schriften sind, umstritten.[149] Zum Teil wird in der Literatur die enge Auffassung vertreten, dass zur Bildung von Rechnungsabgrenzungsposten lediglich Zahlungsvorgänge führen können.[150] Der h. M. entsprechend liegt jedoch eine Einnahme auch vor bei Zufluss von Zahlungsmitteln, beim Zugang einer Forderung oder beim Abgang einer Verbindlichkeit.[151] Demnach entspricht spiegelbildlich eine Ausgabe dem Abfluss von Zahlungsmitteln, dem Abgang einer Forderung oder dem Zugang einer Verbindlichkeit.[152] Dieser Auffassung folgend deckt sich der Ausgabebegriff als Merkmal des Rechnungsabgrenzungspostens mit der betriebswirtschaftlichen Auslegung des Ausgabebegriffs als Summe der Auszahlungen, Forderungsabgänge und Verbindlichkeitszugänge.[153] Die Subsumtion von baren und unbaren Zahlungsvorgängen sowie die Einbuchung von Forderungen und Verbindlichkeiten unter die Begriffe Einnahmen und Ausgaben ist sachgerecht, wenn berücksichtigt wird, dass neben bzw. an Stelle von (baren und unbaren) Zahlungsvorgängen andere Formen der Entgeltleistung erbracht werden können.[154] So kann beispielsweise die Abtretung einer Forderung statt einer Vorauszahlung erfolgen. Dieser Argumentation folgend ist es auch unmittelbar einsichtig, warum sogar Sachleistungen bei einem Tausch oder tauschähnlichen Vorgang unter die Begriffe Ausgaben und Einnahmen zu subsumieren sind.[155] Diese Auffassung ist zweckgerecht[156], so dass der Begriff der Einnahme bzw. Ausgabe als Vermögensmehrung bzw. Vermögensminderung im Allge-

---

149 Vgl. beispielsweise *Federmann* (HHR, 2005), § 5 EStG, Anm. 1924.

150 Vgl. *Weber-Grellet* (Schmidt EStG-Kommentar, 2008), § 5 EStG, Rz. 241 und Rz. 247; siehe hierzu auch *Klein* (Rechnungsabgrenzung, 1969), S. 908-910, hier S. 910; *Ritzrow* (Rechnungsabgrenzungsposten I, 1998), S. 10-16, hier S. 12; *Bachmeyr* (Korreferat, 1977), S. 213-221, hier S. 216 f. So wohl auch *Kußmaul/Delp/Meyering* (Handysubventionen, 2004), S. 1551-1557, hier S. 1555.

151 Vgl. *Adler/Düring/Schmaltz* (Rechnungslegung, 1998), § 250 HGB, Rn. 25-27; *Bauer* (Kirchhof/Söhn/Mellinghoff, 2001), § 5 EStG, F 77a ff.; *Ellrott/Krämer* (BeckBilKomm, 2006), § 250 HGB, Anm. 18; *Hoffmann* (Littmann/Bitz/Pust, 2007), §§ 4, 5 EStG, Rn. 808; *Schreiber* (Blümich EStG-Kommentar, 2005), § 5 EStG, Rz. 673.

152 Vgl. beispielsweise *Kupsch* (BHR, 2002), § 250 HGB, Rz. 18.

153 Vgl. *Kleindiek* (HGB-Bilanzrecht, 2002), § 250 HGB, Rdn. 9; *Lück* (Ausgaben, 1993), Sp. 101-106, hier Sp. 101; *Wöhe/Döring* (Einführung, 2005), S. 814.

154 Vgl. *Federmann* (HHR, 2005), § 5 EStG, Anm. 1924.

155 Vgl. *Adler/Düring/Schmaltz* (Rechnungslegung, 1998), § 250 HGB, Rn. 25; *Bauer* (Kirchhof/Söhn/Mellinghoff, 2001), § 5 EStG, F 79; *Hayn* (Beck'sches HdR, 1999), B 218, Rz. 17; *Kliem* (Rechnungsabgrenzung, 2000), S. 173; *Kupsch* (BHR, 2002), § 250 HGB, Rz. 22; *Schreiber* (Blümich EStG-Kommentar, 2005), § 5 EStG, Rz. 670-673.

156 Vgl. *Federmann* (HHR, 2005), § 5 EStG, Anm. 1924, der ebenfalls diese Auffassung als zweckgerecht bewertet, jedoch anmerkt, dass sich diese nicht mehr im Rahmen des üblichen Verständnisses von „Ausgaben" als Geldvermögensminderung bewegt.

meinen also als Vermögensänderung zu interpretieren ist.[157] So formuliert auch der Bundesfinanzhof, dass „Einnahmen in diesem Sinne [..] auch Forderungen sein [können], soweit ihrer Aktivierung nicht der Grundsatz der Nichtbilanzierung von Forderungen und Verbindlichkeiten aus schwebenden Geschäften entgegensteht".[158] Denn „die Posten der Rechnungsabgrenzung [...] dienen dazu, gebuchte Einnahmen oder Ausgaben – nicht nur Zahlungsvorgänge – dem Wirtschaftsjahr zuzuteilen, als dessen Ertrag oder Aufwand sie anzusehen sind"[159].

Uneinigkeit herrscht jedoch darüber, inwieweit der Begriff der „gebuchten Einnahme" als Forderungszugang auszulegen ist.[160] Ohne weitere inhaltliche Begründung führen beispielsweise *Ellrott/Krämer*[161] aus, dass „für die Bildung von Rechnungsabgrenzungsposten [...] [es] auch unerheblich [ist], ob die Forderungen bzw[.] Verbindlichkeiten in Übereinstimmung mit den GoB eingebucht werden oder nicht".[162] Zur Verdeutlichung dieses Problemfeldes sei auf das Urteil des Bundesfinanzhofs vom 31. Mai 1967 verwiesen.[163] In dem diesem Urteil zugrunde liegenden Sachverhalt hatte sich der Bundesfinanzhof mit der Abgrenzung der Kreditgebühren bei einer Teilzahlungsbank in der Rechtsform einer Aktiengesellschaft befasst. Die Bank „berechnet[e] ihren Kreditnehmern für die gewährten Kredite nicht Zinsen nach der sonst üblichen bankmäßigen Zinsstaffelmethode, sondern Kreditgebühren in monatlich gleichbleibender Höhe, ausgedrückt in einem Vomhundertsatz der gesamten Kreditsumme. Die Summe der Kreditgebühren für die ganze Laufzeit des Darlehens [..] wurde sogleich bei der Hingabe der Darlehenssumme als Forderung der Bank gegen den Kredit-

---

157 Vgl. *Rose* (Rechnungsabgrenzungsposten, 1984), S. 141-168, hier S. 151 f.; so auch *Adler/Düring/Schmaltz* (Rechnungslegung, 1998), § 250 HGB, Rn. 25; *Bauer* (Kirchhof/Söhn/Mellinghoff, 2001), § 5 EStG, F 79; *Kupsch* (BHR, 2002), § 250 HGB, Rz. 22; *Tiedchen* (HdJ, 2006), Abt. II/11, Rn. 71 ff.; *Trützschler* (HdRE, 2002), § 250 HGB, Rn. 34; *Schreiber* (Blümich EStG-Kommentar, 2005), § 5 EStG, Rz. 670-674 und Rz. 902.
158 BFH-Urteil vom 17.09.1987, IV R 49/86, BStBl. II 1988, S. 327-330, hier S. 328. Vgl. auch BFH-Urteil vom 17.07.1974, I R 195/72, BStBl. II 1974, S. 684-686, hier S. 685.
159 BFH-Urteil vom 31.05.1967, I 208/63, BStBl. III 1967, S. 607-609, hier S. 607.
160 Vgl. *Döllerer* (Bilanzierung, 1974), S. 1541-1548, hier S. 1541: In Bezug auf das oben genannte Urteil führt Döllerer aus, dass „die Notwendigkeit der Rechnungsabgrenzung [...] in der gebuchten Vermehrung oder Verminderung des Betriebsvermögens [liegt], gleich in welcher Form diese erfolgt [...]".
161 Vgl. *Ellrott/Krämer* (BeckBilKomm, 2006), § 250 HGB, Anm. 18.
162 *Ellrott/Krämer* (BeckBilKomm, 2006), § 250 HGB, Anm. 18. So auch *Winnefeld* (Bilanz-Handbuch, 2002), Kapitel D, Rz. 723; a. A. *Bauer* (Kirchhof/Söhn/Mellinghoff, 2001), § 5 EStG, F 80; *Kleindiek* (HGB-Bilanzrecht, 2002), § 250 HGB, Rdn. 9; *Kliem* (Rechnungsabgrenzung, 2000), S. 172 f.; *Kupsch* (BHR, 2002), § 250 HGB, Rz. 19; *Tiedchen* (HdJ, 2006), Abt. II/11, Rn. 72; *Schreiber* (Blümich EStG-Kommentar, 2005), § 5 EStG, Rz. 673.
163 Vgl. BFH-Urteil vom 31.05.1967, I 208/63, BStBl. III 1967, S. 607-609.

nehmer zugunsten des Ertrags gebucht. In der Jahresbilanz [..] wurden die auf das neue Geschäftsjahr entfallenden Beträge passiv abgegrenzt."[164]

Fraglich ist, ob der als Forderung aktivierte Anspruch auf Erhalt der zukünftig entstehenden Kreditgebühren einen bilanzrechtlichen Vermögenszugang bewirkt und somit überhaupt eine abgrenzungspflichtige Einnahme im Sinne des § 250 Abs. 2 HGB darstellt. Der Bundesfinanzhof beschäftigte sich in der zitierten Entscheidung lediglich mit der Frage der Ertragsrealisierung, ohne zu prüfen, ob die Forderungseinbuchung – die gebuchte Einnahme – mit den Grundsätzen ordnungsmäßiger Buchführung, insbesondere mit dem Grundsatz der Nichtbilanzierung schwebender Geschäfte, vereinbar ist.[165] Nach dem letztgenannten Grundsatz unterbleibt ein Ausweis von Ansprüchen und Verpflichtungen aus einem schwebenden Geschäft. Bei dem Darlehensvertrag handelt es sich um ein Dauerschuldverhältnis und mithin zweifellos um ein schwebendes Geschäft. So lehnt *Weber-Grellet* den Ansatz eines Rechnungsabgrenzungspostens für den oben genannten Sachverhalt ab mit dem zutreffenden Hinweis darauf, dass die entsprechende Forderung noch gar nicht hätte ausgewiesen werden dürfen.[166] Auch merkt *Klein* zu Recht an, dass „[es] für den zu entscheidenden Fall [...] richtiger gewesen [wäre], die Möglichkeit einer Rechnungsabgrenzung zu verneinen und für die gebuchte Teilzahlungsforderung die Frage der Gewinnverwirklichung zu prüfen"[167]. Denn es handelt sich bei den Ansprüchen aus vereinbarten Teilzahlungsgebühren um Ansprüche aus schwebenden Geschäften, aber noch nicht um „aktivierungsfähige Forderungen aus ‚erbrachten Leistungen'"[168]. Somit entfiele auch der passive Rechnungsabgrenzungsposten, der bei dieser Bilanzierungsmethode „contra legem"[169] gebildet wird.

Diese Argumentation stützt der Bundesfinanzhof indirekt in seinem Folgeurteil vom 17. Juli 1974[170]. Auch in diesem Fall berechnete eine Teilzahlungsbank ihren Kreditnehmern keine Zinsen nach der Zinsstaffelmethode, sondern Kreditgebühren, die dem Kreditbetrag hinzugerechnet wurden. Der Darlehensnehmer hatte diesen Betrag in monatlich gleichbleibenden Raten zurückzuzahlen. Die Teilzahlungsbank selbst buchte wiederum den Anspruch auf die künftig zu entrichtenden Kreditgebühren bereits bei der Hingabe des Kredits als Forderung. Zur Ertragskorrektur erfolgte die Einbuchung eines passiven Rechnungsabgren-

164 BFH-Urteil vom 31.05.1967, I 208/63, BStBl. III 1967, S. 607-609, hier S. 607.
165 So heißt es im BFH-Urteil vom 31.05.1967, I 208/63, BStBl. III 1967, S. 607-609, hier S. 608, lediglich mit dem Verweis auf *Schneider* (Rechnungswesen, 1954), S. 4: „Abgrenzungsbedürftige Einnahmen und Ausgaben im Sinne dieser Vorschrift sind nicht nur Zahlungsvorgänge, sondern auch gebuchte Forderungen und Verbindlichkeiten."
166 Vgl. *Weber-Grellet* (Schmidt EStG-Kommentar, 2008), § 5 EStG, Rz. 247.
167 *Klein* (Rechnungsabgrenzung, 1969), S. 908-910, hier S. 910.
168 *Saage* (Gewinnermittlung, 1969), S. 1661-1667, hier S. 1666.
169 *Saage* (Gewinnermittlung, 1969), S. 1661-1667, hier S. 1666.
170 Vgl. BFH-Urteil vom 17.07.1974, I R 195/72, BStBl. II 1974, S. 684-686.

zungspostens im Sinne einer kapitalanteiligen Abgrenzung.[171] Aus den Entscheidungsgründen ist zu entnehmen, dass „Zinsen für ein Darlehen mit mehrjähriger Laufzeit und Mietzinsen [...] im Normalfall nicht vorweg aktiviert [würden]. Der Grund dafür [liege] [...] in den Grundsätzen über die Bilanzierung schwebender Verträge"[172]. Eine Prüfung, „ob die Besonderheiten der Kreditgewährung durch Teilzahlungsbanken eine Ausnahme von diesem Bilanzierungsgrundsatz rechtfertigen"[173], wurde abermals vom Bundesfinanzhof nicht vorgenommen. Der interessante Punkt bei dieser Entscheidung ist – neben dem Hinweis auf den Grundsatz über die Bilanzierung schwebender Geschäfte – die Begründung des I. Senats für den Verzicht eben dieser Prüfung. Er argumentiert, dass selbst „bei einem Verzicht auf die Aktivierung des Anspruchs auf die gesamten Kreditgebühren [..] die Bilanzierung so vorzunehmen [wäre], daß die Kreditgebühren – da sie die Gegenleistung für die Überlassung des Kapitals darstellen – den Gewinn der Teilzahlungsbank nach Maßgabe des jeweils ausstehenden Kapitals erhöhten"[174]. Daher müsse die Teilzahlungsbank, „um den kapitalanteiligen Betrag der Kreditgebühren zu vereinnahmen, einen entsprechenden Teil des Anspruchs auf Zahlung der künftig fälligen Kreditgebühren aktivieren"[175]. Aus diesen Überlegungen, die wiederum im Einklang mit dem Grundsatz der Nichtbilanzierung schwebender Geschäfte stehen, folge zugleich, „daß bei der [...] vorgenommenen Aktivierung des Anspruchs auf die gesamten Kreditgebühren der Korrekturposten auf der Passivseite der Bilanz [...] so zu berechnen ist, daß eine kapitalanteilige Vereinnahmung der Kreditgebühren gewährleistet ist".[176] In den Entscheidungsgründen erfolgt somit zwar eine überzeugende Begründung der erfolgswirksamen Vereinnahmung der Kreditgebühren, eine Begründung für das Vorliegen einer Einnahme ist dem allerdings nicht zu entnehmen. Denn das Urteil fokussiert lediglich auf die periodengerechte Vereinnahmung der Ertragsbestandteile, beantwortet aber nicht die Frage, warum ein Aktivenzugang vorliege. Aus diesem Grunde lassen sich die oben angeführten Urteile nicht als Beleg dafür anführen, dass in Bezug auf den Einnahmebegriff, verstanden als positive Vermögensänderung, die allgemeinen Grundsätze der Bilanzierung ausgehebelt werden.

---

171 Vgl. BFH-Urteil vom 17.07.1974, I R 195/72, BStBl. II 1974, S. 684-686, hier S. 684.
172 BFH-Urteil vom 17.07.1974, I R 195/72, BStBl. II 1974, S. 684-686, hier S. 685.
173 BFH-Urteil vom 17.07.1974, I R 195/72, BStBl. II 1974, S. 684-686, hier S. 685.
174 BFH-Urteil vom 17.07.1974, I R 195/72, BStBl. II 1974, S. 684-686, hier S. 685.
175 BFH-Urteil vom 17.07.1974, I R 195/72, BStBl. II 1974, S. 684-686, hier S. 685.
176 BFH-Urteil vom 17.07.1974, I R 195/72, BStBl. II 1974, S. 684-686, hier S. 685. Vgl. hierzu auch *Kropff* (Aktiengesetz, 1973), § 152 AktG 1965, Rdn. 94: Die Praxis gehe hier buchungstechnisch den einfachsten Weg, der darin bestehe, den Anspruch auf künftige Leistungen zu aktivieren und die noch nicht zulässige Gewinnrealisierung durch einen Gegenposten auf der Passivseite hinauszuschieben. Vgl. auch *Fasselt* (Ertragsrealisierung, 1976), S. 601-608, hier S. 605.

Ganz in diesem Sinne ist die Spezialvorschrift des § 340e Abs. 2 HGB zu interpretieren.[177] Danach dürfen Kreditinstitute „Hypothekendarlehen und andere
Forderungen mit ihren Nennbetrag" ansetzen, „soweit der Unterschiedsbetrag
zwischen dem Nennbetrag und dem Auszahlungsbetrag oder den Anschaffungskosten Zinscharakter hat". Der positive Unterschiedsbetrag zwischen Nennbetrag und Auszahlungsbetrag bzw. Anschaffungskosten ist in den „Rechnungsabgrenzungsposten auf der Passivseite aufzunehmen". Mithin eröffnet diese
Spezialvorschrift Kreditinstituten erst die Möglichkeit zur oben dargelegten
Bruttobilanzierung.[178]

Ebenso ist fraglich, ob bereits eine fällige Zahlungsverpflichtung aus einem
schwebenden Geschäft den Ansatz eines Rechnungsabgrenzungspostens erzwingt. Anders ausgedrückt: Führt eine fällige Zahlungsverpflichtung aus einem
schwebenden Geschäft zu einer Ausgabe bzw. Einnahme im Sinne dieses We-
sensmerkmals der Rechnungsabgrenzungsposten? Zur Illustration diene folgendes Beispiel[179]: Ein Kaufmann bleibt die am 1. Juli 01 für ein Jahr, d. h. bis zum
30. Juni 02, vorauszuzahlende Miete schuldig. Würde vertragsgemäß gezahlt, so
müsste der Kaufmann den Aufwand durch die Bildung eines aktiven Rechnungsabgrenzungspostens in Höhe von 50% gegenüber dem Folgejahr am Bilanzstichtag abgrenzen. Ohne Zahlungsvorgang liegt jedoch keine Ausgabe vor,
die zu einer Aktivierung eines Rechnungsabgrenzungspostens führen könnte.
Führt allerdings die fällige Zahlungsverpflichtung zur Passivierung einer Verbindlichkeit, läge eine Ausgabe im Sinne eines Verbindlichkeitszugangs vor.
Nach einer in der Literatur[180] vertretenen Auffassung hat der Kaufmann zum 31.
Dezember 01 den vollen Jahresbetrag als Schuld zu passivieren. Um dennoch
den Aufwand periodengerecht auszuweisen, bedarf es eines transitorischen Aktivums in Höhe der hälftigen Jahresmiete. Nach dieser Auffassung ist es nicht
zulässig, als Verbindlichkeit nur die Hälfte der nicht vereinbarungsgemäß gezahlten Miete zu passivieren und auf die Bildung eines aktiven Rechnungsabgrenzungspostens zu verzichten. Denn die Mietschuld entstehe gemäß den Ver-

---

177 Vgl. Gesetzentwurf der Bundesregierung zum Bankbilanzrichtlinie-Gesetz, BT-
Drucks. 11/6275 vom 19.01.1990, S. 22 f.

178 Zur gesetzlichen Regelung des § 340e HGB vgl. *Böcking/Löw/Wohlmannstetter*
(MünchKomm, 2008), § 340e HGB, RdNR. 18-19. Siehe auch *Krumnow* (Kommentar
Kreditinstitute, 2004), § 340e HGB, Tz. 57: Wird vom Wahlrecht des „§ 340e Abs. 2
HGB nicht Gebrauch gemacht, ist den allgemeinen handelsrechtlichen Grundsätzen ordnungsmäßiger Bilanzierung entsprechend der niedrigere Auszahlungsbetrag [...] zu aktivieren, und der Unterschiedsbetrag [..] planmäßig über die Laufzeit als Zinsertrag zu
vereinnahmen und in gleicher Höhe im entsprechenden Forderungsposten hinzuzuakti-
vieren".

179 Siehe *Adler/Düring/Schmaltz* (Rechnungslegung, 1998), § 250 HGB, Rn. 26; so bereits
Adler/Düring/Schmaltz (Rechnungslegung, 1968), § 152 AktG 1965, Rn. 180.

180 Vgl. *Adler/Düring/Schmaltz* (Rechnungslegung, 1998), § 250 HGB, Rn. 27; siehe auch
Hoffmann (Littmann/Bitz/Pust, 2007), §§ 4, 5 EStG, Rn. 808.

einbarungen per 1. Juli 01 in voller Höhe.[181] Der Vermieter habe dementsprechend eine Forderung in entsprechender Höhe zu bilanzieren und in Höhe von 50% des Mietzinses einen passiven Rechnungsabgrenzungsposten zu bilden.[182] Aus diesem Bespiel wird in der Literatur die Folgerung abgeleitet, „daß den Zahlungsvorgängen solche Einbuchungen von Forderungen oder Verbindlichkeiten gleichstehen, die bei vertragsgemäßer Abwicklung des Geschäfts durch vor dem Ende der Abschlußperiode liegende Zahlungsvorgänge erloschen wären".[183] Begründet wird diese Auffassung unter anderem auch mit dem Sinn und Zweck der Rechnungsabgrenzung. Die Bildung von Rechnungsabgrenzungsposten könne nicht von mehr oder weniger zufälligen Zahlungsvorgängen vor dem Bilanzstichtag abhängen.[184] Denn durch diese soll die Erfolgsrechnung insoweit berichtigt werden, als sich in ihr Geschäftsvorfälle niedergeschlagen haben, die nicht Aufwand bzw. Ertrag der laufenden Periode darstellen.

Nach der hier vertretenen Auffassung bedarf es allerdings keiner Verbindlichkeitspassivierung für die zukünftigen Mietzahlungen, die den Zeitraum nach dem Bilanzstichtag betreffen. Zwar handelt es sich um eine rechtliche Verpflichtung, die aber wegen des Grundsatzes der Nichtbilanzierung schwebender Geschäfte nicht ausgewiesen werden darf.[185] Denn fraglich ist, ob die zweifelsohne rechtlich entstandene Verpflichtung überhaupt eine bilanzrechtliche Schuld verkörpert, denn der bilanzrechtliche Begriff der Schuld darf nicht gleichgesetzt werden mit der Rechtsverpflichtung. Rechtsverpflichtungen, die wirtschaftlich nicht vermögensbelastend sind, stellen keine bilanzrechtliche Verbindlichkeit dar.[186] Für die Bilanzierung einer Verbindlichkeit bedarf es also primär einer wirtschaftlichen Belastung am Bilanzstichtag.[187] Das zivilrechtliche Bestehen

---

181 Vgl. *Hoffmann* (Littmann/Bitz/Pust, 2007), §§ 4, 5 EStG, Rn. 808 und Rn. 939.

182 Vgl. *Adler/Düring/Schmaltz* (Rechnungslegung, 1998), § 250 HGB, Rn. 27; so noch *Hoffmann* (Littmann/Bitz/Pust, 2000), §§ 4, 5 EStG Rn. 939, *derselbe* in einer späteren Kommentierung (Littmann/Bitz/Pust, 2007), §§ 4, 5 EStG, Rn. 939: Danach sei es vorzugswürdig „die Forderungsaktivierung für die ausstehende Miete […] nach Maßgabe der zeitanteiligen Realisation von Nutzungsvergütungen" zu knüpfen.

183 *Adler/Düring/Schmaltz* (Rechnungslegung, 1968), § 152 AktG 1965, Rn. 180; Vgl. hierzu auch *Adler/Düring/Schmaltz* (Rechnungslegung, 1998), § 250 HGB, Rn. 27; *Bauer* (Kirchhof/Söhn/Mellinghoff, 2001), § 5 EStG, F 80; a. A. *Ellrott/Krämer* (BeckBilKomm, 2006), § 250 HGB, Anm. 18; *Tiedchen* (HdJ, 2006), Abt. II/11, Rn. 73.

184 So zum Beispiel *Bauer* (Kirchhof/Söhn/Mellinghoff, 2001), § 5 EStG, F 80.

185 A. A. *Federmann* (HHR, 2005), § 5 EStG, Anm. 1924, der keinen Konflikt mit dem Grundsatz der Nichtbilanzierung schwebender Geschäfte erblickt, da kein schwebendes Geschäft i. e. S. mehr vorliege.

186 Vgl. *Moxter* (Bilanzrechtsprechung, 2007), S. 84, *derselbe* (Rückstellungskriterien, 1995), S. 311-326, hier S. 319 ff. Zur Nichtbilanzierung von Verpflichtungen aus gegenseitig schwebenden Geschäften vgl. *Clemm* (Nichtpassivierung, 1994), S. 167-193, hier S. 173 f.

187 Vgl. *Moxter* (matching principle, 1995), S. 487-504, hier S. 492.

oder Nichtbestehen einer Verbindlichkeit ist nicht ausschlaggebend.[188] Wirtschaftlich belastend und daher zu passivieren ist eine (un-)gewisse Verbindlichkeit dann, wenn künftig ein Aufwandsüberschuss vorliegt.[189] Eine wirtschaftliche Last liegt mithin dann vor, wenn künftige Aufwendungen (Vermögensminderungen) nicht durch zugehörige Vermögensmehrungen kompensiert werden.[190] Die Verpflichtung muss also bis zum Bilanzstichtag wirtschaftlich verursacht oder rechtlich entstanden sein, ohne dass ein Anspruch auf Gegenleistung besteht, der die durch die Erfüllung der Verpflichtung entstandene Vermögensminderung ausgleicht. Verbindlichkeiten aus gegenseitigen Rechtsverhältnissen sind mithin grundsätzlich mit vermögensmindernder Wirkung entstanden, sobald der Vertragspartner seine Gegenleistung erbracht hat.[191] Erst durch die erbrachte Gegenleistung, die in der Überlassung der Mietsache besteht, hat sich das (Brutto-)Vermögen des Kaufmanns erhöht. Ab diesem Zeitpunkt belastet die Verpflichtung auch das bilanzielle Vermögen, d. h., die eigene Erfüllung der Verpflichtung zur Zahlung des Mietzinses führt zwangsläufig zu einer Verringerung dieses Vermögens. „Diese zukünftige Vermögensminderung muß dann als Verbindlichkeit bilanziert werden, da sonst durch die Bilanzierung der Gegenleistung ein falscher (zu hoher) Gewinn ausgewiesen wird."[192] Eine wirtschaftliche Belastung aus gegenseitigen Verträgen liegt also erst dann vor, wenn die Gegenleistung erbracht, die eigene Leistung aber noch geschuldet wird. „Verpflichtungen aus schwebenden Geschäften werden daher erst in dem Zeitpunkt passiviert, in dem die Gegenleistung erbracht wurde, d. h. in dem Zeitpunkt, von dem ab sie eine wirtschaftliche Belastung darstellen."[193] Dementsprechend stellt alleine die rechtliche Verpflichtung zur Zahlung des Mietzinses noch keine Vermögensminderung im bilanziellen Sinne dar.[194]

Zum Teil wird in der Literatur auch die Auffassung vertreten, dass der Grundsatz der Nichtbilanzierung schwebender Geschäfte eine Modifikation erfahre.[195] Es sei, um die bilanzielle Abbildung derartiger Sachverhalte nicht von dem zufälligen Zahlungszeitpunkt abhängig zu machen, für die zivilrechtlich fällige, wirtschaftlich aber noch nicht verursachte Zahlungsverpflichtung beim zur

---

188 A. A. *Baier* (Vorleistung, 1991), S. 2349-2351, hier S. 2349, der bei Verbindlichkeiten – wie weite Teile der Literatur – auf die rechtliche Entstehung abstellt.

189 Vgl. *Moxter* (Rückstellungskriterien, 1995), S. 311-326, hier S. 319-323, *derselbe* (Ansatzkriterien, 2004), S. 1057-1060, hier S. 1057 ff.

190 Vgl. *Böcking* (Anpassungsverpflichtungen, 1994), S. 124-146, hier insbesondere S. 141-145.

191 Vgl. *Hüttemann* (GoB für Verbindlichkeiten, 1976), S. 15.

192 *Hüttemann* (GoB für Verbindlichkeiten, 1976), S. 15.

193 *Hüttemann* (GoB für Verbindlichkeiten, 1976), S. 15; vgl. *Friedrich* (Schwebende Geschäfte, 1975), S. 65.

194 Vgl. *Friedrich* (Schwebende Geschäfte, 1975), S. 65: Es fehle die wirtschaftliche Belastung, „da der Verpflichtung ein als mindestens gleich hoch bewerteter Anspruch gegenübersteht".

195 Vgl. *Kliem* (Rechnungsabgrenzung, 2000), S. 171.

Geldleistung Verpflichteten eine Verbindlichkeit zu passivieren. Spiegelbildlich soll beim zur Sachleistung Verpflichteten eine Forderung ausgewiesen werden.[196] Begründet wird diese Vorgehensweise mit dem Argument, dass ab dem Zeitpunkt der Fälligkeit wirtschaftlich betrachtet dem zur Entgeltleistung Verpflichteten in Höhe der nicht erbrachten Zahlung ein Darlehen gewährt wird.[197] Dabei vernachlässigt diese Argumentation, dass die Abbildung dieser Sachverhalte bereits durch das Realisationsprinzip ausreichend konkretisiert ist. Überzeugender ist in diesem Kontext die Überlegung, dass der Ansatz einer Forderung bzw. Verbindlichkeit durch die Fälligkeit des Zahlungsanspruches begründet wird, wenn der Fälligkeitszeitpunkt vor der wirtschaftlichen Entstehung der Forderung bzw. Verbindlichkeit aufgrund der Sachleistungsverpflichtung liegt.[198] Die Fälligkeit des Zahlungsanspruchs habe wegen der noch ausstehenden Leistungsverpflichtung nur für den Forderungs- bzw. Verbindlichkeitsansatz, nicht aber für den Gewinnausweis Bedeutung.[199] Da die Zeitpunkte von Umsatzrealisierung und Gewinnrealisierung grundsätzlich zusammenfallen – umsatzinduzierte Zugänge sind nach dem „Erfolgswirksamkeitsprinzip" erfolgswirksam zu berücksichtigen[200] –, ist für den Ansatz einer Forderung bei gleichzeitiger Bildung eines passiven Rechnungsabgrenzungspostens kein Raum. So zeigt der Ausweis einer Forderung den Anspruch auf Zahlung und dadurch implizit eine Umsatzrealisation.[201]

Im Ergebnis führt auch die Passivierung der rechtlichen Verpflichtung bei gleichzeitiger Aktivierung eines Rechnungsabgrenzungspostens zwar zum zutreffenden Ausweis der Ertragslage. Allerdings bedürfte es keiner Korrektur über den Ansatz eines aktiven Rechnungsabgrenzungspostens, wenn die Bilanzierung der Verpflichtung gemäß dem Grundsatz der Nichtbilanzierung schwebender Geschäfte unterbliebe. Zudem stellt sich die Frage, was durch den Ansatz des Rechnungsabgrenzungspostens abgebildet werden soll. Denn erst der Ausweis einer bilanzrechtlich nicht existenten Verbindlichkeit (Forderung) erzwingt den Ansatz eines aktiven (passiven) Rechnungsabgrenzungspostens. Der Rechnungsabgrenzungsposten in diesem Sinne ist ein bloßer „Stornoposten zur

---

196 Vgl. *Kliem* (Rechnungsabgrenzung, 2000), S. 171.
197 Vgl. *Kliem* (Rechnungsabgrenzung, 2000), S. 171.
198 Vgl. *Kliem* (Rechnungsabgrenzung, 2000), S. 171-173; siehe hierzu auch *Kupsch* (BHR, 2002), § 250 HGB, Rz. 19: Der Ansatz einer Forderung bei gleichzeitiger Bildung eines passiven Rechnungsabgrenzungspostens sei nur bei fälligen oder gestundeten Zahlungsansprüchen für zukünftige Leistungen denkbar.
199 Vgl. *Gelhausen* (Realisationsprinzip, 1985), S. 26-33 und S. 381; dazu kritisch *Lüders* (Gewinnrealisierung, 1987), S. 44 f.; *Nieskens* (Schwebende Geschäfte, 1989), S. 537-542, hier S. 541.
200 Vgl. *Moxter* (Fremdkapitalbewertung, 1984), S. 397-408, hier S. 399.
201 Vgl. *Babel* (Ansatz und Bewertung, 1997), S. 72; *Mellwig/Sabel* (Nichtbilanzierung schwebender Geschäfte, 2005), S. 357-370, hier S. 364; *Naumann/Breker* (HdJ, 2003), Abt. I/7, Rn. 178.

periodengerechten Gewinnermittlung".[202] So kann es kaum verwundern, dass der Bundesfinanzhof selbst im Fall der gebuchten Einnahmen für die gesamten Kreditgebühren von einem „Korrekturposten auf der Passivseite der Bilanz"[203] spricht.

Im Folgenden sollen die abgrenzungsfähigen Vermögensänderungen im Sinne des Grundsatzes der Nichtbilanzierung schwebender Geschäfte beschränkt werden. Der Begriff der Einnahme bzw. Ausgabe, verstanden als Vermögensänderung, ist somit auf den bilanzrechtlichen Vermögensbegriff zurückzuführen. Eine Vermögensänderung bedingt daher den Zu- bzw. Abgang von Vermögensgegenständen bzw. Schulden. Zu einer Einschränkung durch den Grundsatz der Nichtbilanzierung schwebender Geschäfte kommt es nicht, wenn es sich um Änderungen des Forderungs- bzw. Verbindlichkeitsbestandes aufgrund eines anderen Rechtsgeschäfts handelt.[204] Nicht abzugrenzen sind jedoch erst in zukünftigen Perioden wirtschaftlich entstehende Forderungen oder Verbindlichkeiten aus dem zugrundeliegenden Rechtsgeschäft.

B. Aufwand und Ertrag für eine Zeit nach dem Abschlussstichtag

Rechnungsabgrenzungsposten sind „Ausgaben vor dem Abschlußstichtag [...], *soweit sie Aufwand* für eine bestimmte *Zeit nach diesem Tag darstellen*" (§ 250 Abs. 1 HGB, aktive Rechnungsabgrenzung) bzw. „Einnahmen vor dem Abschlußstichtag [...], *soweit sie Ertrag* für eine bestimmte *Zeit nach diesem Tag darstellen*" (§ 250 Abs. 2 HGB, passive Rechnungsabgrenzung). Die Bildung eines Rechnungsabgrenzungspostens setzt damit voraus, dass die vermögensändernde Vorleistung im Falle einer Ausgabe Aufwand und bei einer Einnahme Ertrag nach dem Bilanzstichtag darstellt.[205] Die entscheidende Frage hierbei ist, ob es sich um *Aufwand* bzw. *Ertrag* für eine (bestimmte) Zeit nach dem Bilanzstichtag handelt.[206] Dabei stellt sich Ertrag als periodisierte Einnahme und Aufwand als periodisierte Ausgabe dar (§ 252 Abs. 1 Nr. 5 HGB).[207] Die Art der Einnahmen- und Ausgabenperiodisierung wird maßgeblich durch das Realisati-

---

202 So bezeichnet beispielsweise *Weber-Grellet* (Schmidt EStG-Kommentar, 2007), § 5 EStG, Rz. 241, Rechnungsabgrenzungsposten grundsätzlich als „*Stornoposten zur periodengerechten Gewinnermittlung*". In der nachfolgenden Auflage (Schmidt EStG-Kommentar, 2008), § 5 EStG, Rz. 241, bezeichnet er die Rechnungsabgrenzungsposten als „*Stornoposten zur perioden- und realisationsgerechten Gewinnermittlung*".
203 BFH-Urteil vom 17.07.1974, I R 195/72, BStBl. II 1974, S. 684-686, hier S. 685.
204 So auch *Federmann* (HHR, 2005), § 5 EStG, Anm. 1924.
205 Vgl. *Federmann* (Zeitbestimmtheit, 1984), S. 246-252, hier S. 247 f.
206 So bereits *Döllerer* (Maßgeblichkeit, 1969), S. 501-507, hier S. 505.
207 Vgl. *Egger* (Aufwand, 1993), Sp. 88-92, Sp. 88 f.; *Moxter* (matching principle, 1995), S. 487-504, hier S. 496; *Trützschler* (HdRE, 2002), § 250 HGB, Rn. 37; *Schreiber* (Blümich EStG-Kommentar, 2005), § 5 EStG, Rz. 676.

onsprinzip bestimmt.[208] So bindet das Realisationsprinzip den Ertragsausweis an den bilanzrechtlichen Umsatz, „das heißt [an] den aufgrund eigener Leistungserbringung so gut wie sicheren Forderungszugang [...]".[209] Dementsprechend sind Einnahmen jener Periode als Ertrag zuzurechnen, in der die Leistung des Bilanzierenden im Wesentlichen erbracht wird.[210] Es soll gewährleistet werden, „dass ein vom Steuerpflichtigen vorab vereinnahmtes Entgelt entsprechend dem Realisationsprinzip (§ 252 Abs. 1 Nr. 4 Halbsatz 2 und Nr. 5 HGB) erst dann – durch Auflösung des RAP – erfolgswirksam wird, wenn der Kaufmann seine noch ausstehende Gegenleistung erbracht hat".[211] Aufwand liegt in diesem Sinne spiegelbildlich demnach dann vor, „wenn die mit den Ausgaben verknüpfte Leistung entgegengenommen wurde [...]".[212] Die Aufwandsentstehung nach dem Leistungsverbrauch ist dementsprechend an die Bewirkung der (zeitbezogenen) Sach- oder Dienstleistung gebunden.[213] Die Ausgabe wird dann zum Aufwand, sobald dem Vorleistenden die Gegenleistung für die Ausgabe zufließt. Anders ausgedrückt: Aufwand nach dem Bilanzstichtag liegt immer dann vor, wenn die Gegenleistung des Vertragspartners in dem nachfolgenden Geschäftsjahr bzw. den noch folgenden Geschäftsjahren erbracht wird, d. h., die Gegenleistung für die getätigte Ausgabe kommt dem Bilanzierenden nach dem Ab-

---

208 Vgl. *Moxter* (matching principle, 1995), S. 487-504, hier S. 496 f. Nach *Daubner* (Realisationsprinzip, 2003), S. 249, muss auf die allgemeinen Kriterien zur Aufwands- und Ertragserfassung abgestellt werden und mithin auf das Realisationsprinzip. Zur Bedeutung des Imparitätsprinzips für den Ausweis von Aufwendungen vgl. *Schulze-Osterloh* (Realisations- und Imparitätsprinzip, 1992), S. 653-670, hier S. 663-666.

209 *Moxter* (matching principle, 1995), S. 487-504, hier S. 497. Vgl. hierzu auch das BFH-Urteil vom 24.07.1996, I R 94/95, BStBl. II 1997, S. 122-125, hier S. 123: „Gewinne [dürfen] nur berücksichtigt werden, die am Abschlußstichtag durch Umsatzakte realisiert sind."

210 Vgl. *Federmann* (Zeitbestimmtheit, 1984), S. 246-252, hier S. 248, *derselbe* (Rechnungsabgrenzungsposten, 1985), S. 131-136, hier S. 132 f.; *Bauer* (Kirchhof/Söhn/Mellinghoff, 2001), § 5 EStG, F 88; *Weber-Grellet* (Schmidt EStG-Kommentar, 2007), § 5 EStG, Rz. 249; *Schreiber* (Blümich EStG-Kommentar, 2005), § 5 EStG, Rz. 673.

211 BFH-Urteil vom 7.03.2007, I R 18/06, BStBl. II 2007, S. 697-699, hier S. 698; BFH-Urteil vom 20.11.1980, IV R 126/78, BStBl. II 1981, S. 398-400, hier S. 399; BFH-Urteil vom 3.05.1983, VIII R 100/81, BStBl. II 1983, S. 572-575, hier S. 573 f.; BFH-Urteil vom 9.12.1993, IV R 130/91, BStBl. II 1995, S. 202-204, hier S. 202; BFH-Urteil vom 23.02.2005, I R 9/04, BStBl. II 2005, S. 481-483. hier S. 482. Vgl. *Bauer* (Kirchhof/Söhn/Mellinghoff, 2001), § 5 EStG, F 87. Zum letztgenannten Urteil vgl. *Berndt* (BB-Kommentar, 2005), S. 1496-1497 und *Weber-Grellet* (Bilanzsteuerrecht, 2006), S. 35-40, hier S. 38.

212 Vgl. *Federmann* (Zeitbestimmtheit, 1984), S. 246-252, hier S. 248.

213 Vgl. *Federmann* (HHR, 2002), § 5 EStG, Anm. 1925a.

schlussstichtag zu.[214] Die Frage, „ob Ausgaben als Aufwand für [...] eine (bestimmte) Zeit nach dem Abschlußstichtag zu werten sind, ist [...] [demnach] danach zu unterscheiden, ob der ‚wirtschaftliche Grund' für die Ausgaben in der Vergangenheit oder in der Zukunft liegt, insbesondere ob und inwieweit diese Ausgaben durch bestimmte im abgelaufenen Wirtschaftsjahr empfangene Gegenleistungen oder erst durch künftig zu erwartende Gegenleistungen wirtschaftlich verursacht sind."[215]

Eng verknüpft mit der Ausgaben- bzw. Einnahmenperiodisierung ist eine weitere in der Rechtsprechung entwickelte Voraussetzung für die Bildung eines Rechnungsabgrenzungspostens. So fordert die Rechtsprechung[216], „daß die noch ausstehende Gegenleistung ‚zeitbezogen' bzw. ‚zeitraumbezogen' ist [...]".[217] Demzufolge können Ausgaben und Einnahmen, die durch eine einmalige, d. h. zeitpunktbezogene Gegenleistung bzw. durch mehrere einzelne Gegenleistungen ausgeglichen werden können, nicht Gegenstand eines Rechnungsabgrenzungspostens sein.[218] Diese Ausgaben bzw. Einnahmen werden „schlicht als Forderung (bzw. Anzahlung) oder Verbindlichkeit (bzw. Rückstellung) ausgewiesen"[219]. Es bedarf mithin nicht nur einer bestehenden Gegenleistungsverpflichtung, sondern diese muss darüber hinaus zeitraumbezogen sein.

Wesentlich für die Bildung eines Rechnungsabgrenzungspostens ist der unmittelbare Zusammenhang zwischen der Ausgabe vor und dem Aufwand nach dem Bilanzstichtag.[220] Ein unmittelbarer Zusammenhang zwischen Ausgaben und

---

214 Vgl. *Weber-Grellet* (Schmidt EStG-Kommentar, 2007), § 5 EStG, Rz. 248; *Hömberg/König* (Baetge/Kirsch/Thiele, 2006), § 250 HGB, Rz. 24 f.; *Winkeljohann/Geißler* (BeckBilKomm, 2006), § 252 HGB, Anm. 51: Aufwendungen sind Minderungen des Unternehmensvermögens im Zeitpunkt ihrer wirtschaftlichen Verursachung. Letztlich werden Einnahmen und Ausgaben gemäß der Werteentstehung bzw. des Werteverzehrs periodisiert. Vgl. auch *Trützschler* (HdRE, 2002), § 250 HGB, Rn. 38.

215 BFH-Urteil vom 12.08.1982, IV R 184/79, BStBl. II 1982, S. 696-700, hier S. 698. Vgl. hierzu auch *Tiedchen* (HdJ, 2006), Abt. II/11, Rn. 75: Maßgeblich sei der Zeitpunkt der wirtschaftlichen Verursachung der Einnahme bzw. Ausgabe.

216 Vgl. BFH-Urteil vom 4.03.1976, IV R 78/72, BStBl. II 1977, S. 380-382, hier S. 381; BFH-Urteil vom 4.05.1977, I R 27/74, BStBl. II 1977, S. 802-805, hier S. 804; BFH-Urteil vom 19.01.1978, IV R 153/72, BStBl. II 1978, S. 262-265, hier S. 264; BFH-Urteil vom 3.05.1983, VIII R 100/81, BStBl. II 1983, S. 572-575, hier S. 573; BFH-Urteil vom 23.02.2005, I R 9/04, BStBl. II 2005, S. 481-483. hier S. 482; BFH-Urteil vom 7.03.2007, I R 18/06, BStBl. II 2007, S. 697-699, hier S. 698.

217 *Rose* (Rechnungsabgrenzungsposten, 1984), S. 141-168, hier S. 156. Für eine ausführliche Diskussion über das „Erfordernis der Zeitbezogenheit" vgl. *Federmann* (Zeitbestimmtheit, 1984), S. 246-252, insbesondere S. 249 f. sowie *derselbe* (HHR, 2002), § 5 EStG Anm. 1927 und Anm. 1937.

218 Vgl. *Rose* (Rechnungsabgrenzungsposten, 1984), S. 141-168, hier S. 156.

219 *Rose* (Rechnungsabgrenzungsposten, 1984), S. 141-168, hier S. 156.

220 Vgl. *Adler/Düring/Schmaltz* (Rechnungslegung, 1998), § 250 HGB, Rn. 38-41; *Federmann* (HHR, 2002), § 5 EStG Anm. 1925a; *Kupsch* (BHR, 2005), § 250 HGB, Rz. 30; *Marten/Köhler/Schlereth* (Auswirkung, 2003), S. 2713-2718, hier S. 2715.

Gegenleistung ist zweifellos immer dann anzunehmen, wenn die Zahlung bei unterstellter frühzeitiger Beendigung der Leistungsbeziehung zurückgefordert werden könnte.[221] Daher betrifft die Rechnungsabgrenzung „in erster Linie gegenseitige Verträge, bei denen [...] Leistungen zu erbringen sind, bei denen aber Leistung und Gegenleistung zeitlich auseinanderfallen."[222] Denn Aufgabe der Rechnungsabgrenzungsposten ist es, „die Vorleistung des einen Teils in das Jahr zu verlegen, in dem die nach dem Vertrag geschuldete Gegenleistung des anderen Teils erbracht wird"[223]. Allerdings ist das Vorliegen eines gegenseitigen Vertrages im Sinne der §§ 320 ff. BGB keine notwendige Voraussetzung für die Bildung eines Rechnungsabgrenzungspostens. So erfüllen beispielsweise auch dingliche Rechte[224] wie Erbbaurechte,[225] Grunddienstbarkeiten,[226] aber auch öffentlich-rechtliche Verpflichtungen die Anforderungen der Rechtsprechung nach einer noch ausstehenden Gegenleistung, obwohl es in diesen Fällen regelmäßig an einem gegenseitigen Vertrag mangelt. Grundlage bilden hierbei die gesetzlichen Vorschriften, die zugleich der Objektivierung dienen. Daher sind ebenso Vorauszahlungen an Berufsgenossenschaften,[227] Kammerbeiträge,[228] Müllabfuhrgebühren[229], die aufgrund gesetzlicher Vorschriften für die Inanspruchnahme oder die Benutzung von Einrichtungen erbracht werden, abzugrenzen.[230]

Auch ist in bestimmten Fällen die Bildung eines Rechnungsabgrenzungspostens geboten, wenngleich keine zivilrechtliche Leistungsbeziehung, sondern lediglich ein enger wirtschaftlicher Zusammenhang zwischen (Vor-)Leistung und (wirtschaftlicher) Gegenleistung besteht.[231] So kann bei öffentlichen Zuschüssen[232] bzw. Subventionen das erwartete Verhalten des Subventionsempfängers als

---

221 Vgl. *Kupsch* (BHR, 2005), § 250 HGB, Rz. 30 sowie *Hoffmann* (Littmann/Bitz/Pust, 2007), §§ 4, 5 EStG, Rn. 801. Vgl. auch BFH-Urteil vom 6.04.1993, VIII R 86/91, BStBl. II 1993, S. 709-710, hier S. 710.

222 BFH-Urteil vom 22.07.1982, IV R 111/79, BStBl. II 1982, S. 655-657, hier S. 656; BFH-Urteil vom 31.05.1967, I 208/63, BStBl. III 1967, S. 607-609, hier S. 608; BFH-Urteil vom 5.04.1984, IV R 96/82, BStBl. II 1984, S. 552-554, hier S. 553; BFH-Urteil vom 17.09.1987, IV R 49/86, BStBl. II 1988, S. 327-330, hier S. 328.

223 BFH-Urteil vom 31.05.1967, I 208/63, BStBl. III 1967, S. 607-609, hier S. 608.

224 Vgl. *Döllerer* (Rechtsverhältnisse, 1984), S. 2034-2039, hier S. 2038 f.

225 Vgl. BFH-Urteil vom 8.12.1988, IV R 33/87, BStBl. II 1989, S. 407-409, hier S. 408 f.; BFH-Urteil vom 20.11.1980, IV R 126/78, BStBl. II 1981, S. 398-400, hier S. 399.

226 Vgl. BFH-Urteil vom 17.10.1968, IV 84/65, BStBl. II 1969, S. 180-182, hier S. 182.

227 Vgl. BFH-Urteil vom 2.03.1988, II R 247/84, BStBl. II 1988, S. 572-573, hier S. 572.

228 Vgl. *Fuchs* (Historische Entwicklung, 1987), S. 125-127; *Bauer* (Kirchhof/Söhn/-Mellinghoff, 2001), § 5 EStG, F 111; *Tiedchen* (HdJ, 2006), Abt. II/11, Rn. 59.

229 Vgl. *Tiedchen* (HdJ, 2006), Abt. II/11, Rn. 59; a. A. *Bauer* (Kirchhof/Söhn/Mellinghoff, 2001), § 5 EStG, F 110.

230 Vgl. hierzu bereits *Hüttemann* (HdJ, 1988), Abt. II/8, Rn. 29-35.

231 Vgl. *Moxter* (Bilanzrechtsprechung, 2007), S. 73, *Köhle* (Rechnungsabgrenzung, 2003), S. 145 f.

232 Vgl. *Bauer* (Zuschüsse, 1985), S. 161-163, hier S. 162; *Kupsch* (Zuschüsse, 1977), S. 663-671, hier S. 667 ff.

wirtschaftliche Gegenleistung interpretiert werden.[233] Nach der höchstrichterlichen Finanzrechtsprechung ist ein erhaltener Ausbildungsplatzzuschuss mit
einer noch ausstehenden Gegenleistung verbunden, da „die gewährte Subvention
und die hieran anknüpfende Verpflichtung zueinander in einem – den gegenseitigen Verträgen (§§ 320 ff. BGB) wirtschaftlich vergleichbaren – Verhältnis von
Leistung und Gegenleistung"[234] stehen. Die Anerkennung eines wirtschaftlichen
Verhaltens vom Subventionsempfänger als Gegenleistung ist Ausdruck wirtschaftlicher Betrachtungsweise.[235] Dies gilt freilich nur dann, wenn das erwartete
Verhalten einer Leistungsverpflichtung aus einem gegenseitigen Vertrag im
Sinne der §§ 320 ff. BGB auch tatsächlich vergleichbar ist.[236] So betont der
Bundesfinanzhof in seiner Entscheidung auch, dass im Falle der Nichterfüllung
der mit dem Zuschuss verbundenen Auflage der Ausbildungsplatzzuschuss in
voller Höhe zurückzuerstatten und die Einhaltung der Auflagen regelmäßig zu
überwachen sei.[237] Mithin ist die vor dem Bilanzstichtag erlangte Einnahme mit
einer risikobehafteten Gegenleistungsverpflichtung verbunden, so dass der Ertrag erst nach Maßgabe des Abbaus dieser Risiken so gut wie sicher wurde, weil
die Nichteinhaltung der Auflagen eine Rückzahlungspflicht auslöste.[238]

Eine Sonderstellung betrifft die vorausgezahlte Kfz-Steuer, die nach dem vorherrschenden Verständnis als Rechnungsabgrenzungsposten ausgewiesen werden muss[239], obwohl dieser kein Gegenleistungsanspruch, sondern nur ein Rückforderungsanspruch gegenübersteht. Bezieht man sich auf die Aufgabe der
Rechnungsabgrenzungsposten, die darin besteht, „Vorleistungen aus einem gegenseitigen Vertrag der noch ausstehenden Gegenleistung zur gesamten Gegenleistung in das Jahr zu verlagern, in dem die Gegenleistung erbracht werden
wird"[240], wird deutlich, dass die Kraftfahrzeugsteuer einen Fremdkörper darstellt, da eine Steuer niemals den Anspruch auf eine Gegenleistung begründet.
Der Bundesfinanzhof verdeutlicht in seinem Urteil vom 10. Juli 1970[241] den Unterschied zwischen vorausgezahlten Versicherungsprämien und der entrichteten
Kraftfahrzeugsteuer. Er betont, dass es sich bei dem Versicherungsverhältnis um

---

233 Vgl. *Depping* (Zuschüsse, 1992), S. 94-97, hier S. 95 f.; *Döllerer* (Rechtsprechung,
1985), S. 386-418, hier S. 394. Siehe hierzu auch BFH-Urteil vom 5.04.1984, IV R
96/82, BStBl. II 1984, S. 552-554, hier S. 554; BFH-Urteil vom 9.03.1988, I R 262/83,
BStBl. II 1988, S. 592-596, hier S. 594.
234 BFH-Urteil vom 5.04.1984, IV R 96/82, BStBl. II 1984, S. 552-554, hier S. 554; BFH-
Urteil vom 9.03.1988, I R 262/83, BStBl. II 1988, S. 592-596, hier S. 594.
235 Vgl. *Berndt* (Grundsätze, 1998), S. 221 f.
236 Vgl. *Mathiak* (Bilanzsteuerrecht, 1983), S. 69-76, hier S. 76.
237 Vgl. BFH-Urteil vom 5.04.1984, IV R 96/82, BStBl. II 1984, S. 552-554, hier S. 554.
238 Vgl. *Bertl* (Passive Rechnungsabgrenzungsposten, 2001), S. 139-159, hier S. 146 f.
239 Vgl. *Adler/Düring/Schmaltz* (Rechnungslegung, 1998), § 250 HGB, Rn. 53; *Bauer*
(Kirchhof/Söhn/Mellinghoff, 2001), § 5 EStG, F 108; *Tiedchen* (HdJ, 2006), Abt. II/11,
Rn. 60.
240 BFH-Urteil vom 17.07.1974, I R 195/72, BStBl. II 1974, S. 684-686, hier S. 686.
241 Vgl. BFH-Urteil vom 10.07.1970, III R 112/69, BStBl. II 1970, S. 779-781.

einen gegenseitigen Vertrag handelt, wobei eine Leistung der Versicherungs-
gesellschaft die [zeitraumbezogene] Gefahrentragung selbst ist. Der vorausgezahlten Versicherungsprämie steht mithin eine Gegenleistung gegenüber. Anders verhält es sich bei der vorausgezahlten Kraftfahrzeugsteuer. Dies ergibt
sich unmittelbar aus der Begriffsbestimmung der Steuern, wonach Steuern eben
keine Gegenleistung für eine besondere Leistung darstellen (§ 3 AO). Es fehlt
also ein gegenseitiges Austauschverhältnis. In der Entscheidung heißt es dann
auch, dass für den Fall der Vorauszahlung vor Fälligkeitstermin die Vorauszahlung selbst ein zumindest „bewertungsrechtliches" Guthaben bei der Finanz-
kasse darstellen würde, „das wie sonstige Guthaben bei Banken usw. zu behandeln wäre".[242] Von der derzeitigen Bilanzierung der Kraftfahrzeugsteuer darauf
zu schließen, dass die Bildung eines Rechnungsabgrenzungspostens nicht einmal mehr ein leistungsähnliches Verhältnis erfordert, stünde im Widerspruch zur
ständigen Rechtsprechung des Bundesfinanzhofs.[243] Daher wird in der Literatur
auch für den Fall der vorausgezahlten Kraftfahrzeugsteuer ein leistungsähnliches
Verhältnis konstruiert.[244] Sinnvoller erscheint es, die vorausgezahlte Kraftfahrzeugsteuer als sonstigen Vermögensgegenstand auszuweisen, wobei dieser
Vermögensgegenstand eben den potenziellen Rückforderungsanspruch zum Bilanzstichtag widerspiegelt.[245]

Da „Rechnungsabgrenzungsposten [..] sich *dem Grunde* und der Höhe nach
nicht nach der Kostenrechnung, sondern nach dem schuldrechtlichen Verhältnis
von Leistung und Gegenleistung"[246] bestimmen, ist der Frage nachzugehen, was
unter dem Verhältnis von Leistung und Gegenleistung bzw. der Gegenleistung

---

242 BFH-Urteil vom 10.07.1970, III R 112/69, BStBl. II 1970, S. 779-781, hier S. 781.
243 Zur notwendigen Bedingung des Rechnungsabgrenzungspostens, dass einer Vorleistung
   der Gegenpartei eine noch nicht erbrachte Gegenleistung aussteht vgl. BFH-Urteil vom
   5.04.1984, IV R 96/82, BStBl. II 1984, S. 552-554, hier S. 553 f.; BFH-Urteil vom
   13.06.1986, III R 178/82, BStBl. II 1986, S. 841-843, hier S. 843; BFH-Urteil vom
   19.07.1995, I R 56/94, BStBl. II 1996, S. 28-33, hier S. 31; BFH-Urteil vom 23.02.2005,
   I R 9/04, BStBl. II 2005, S. 481-483, hier S. 482; BFH-Urteil vom 7.03.2007, I R 18/06,
   BStBl. II 2007, S. 697-699, hier S. 698.
244 So beispielsweise *Bauer* (Kirchhof/Söhn/Mellinghoff, 2001), § 5 EStG, F 108.
245 Zumal es keine ausschließliche Besonderheit der vorausgezahlten Kraftfahrzeugsteuer
   ist, dass, obwohl die Voraussetzungen für einen Rechnungsabgrenzungsposten vorliegen,
   ein Vermögensgegenstand abgebildet wird. Als Beispiel hierfür ist der Erwerb eines zeitlich begrenzt nutzbaren Patents anzuführen. Auch in diesem Fall liegen Ausgaben vor
   dem Abschlussstichtag vor, die Aufwand für eine bestimmte Zeit nach diesem Tag darstellen. Vgl. auch *Hoffmann* (Littmann/Bitz/Pust, 2001), §§ 4, 5 EStG, Anh. 2, ABC der
   Aktivierung: Kraftfahrzeug, der bei einer Zahlung der Kraftfahrzeugsteuer vor dem Fäl-
   ligkeitstag eine Aktivierung als Anzahlung unter den sonstigen Vermögensgegenständen
   fordert.
246 Vgl. BFH-Urteil vom 26.05.1976, I R 80/74, BStBl. II 1976, S. 622-624, hier S. 624
   (Hervorhebung durch Verf.); BFH-Urteil vom 17.07.1974, I R 195/72, BStBl. II 1974,
   S. 684-686, hier S. 686; BFH-Urteil vom 12.08.1982, IV R 184/79, BStBl. II 1982, S.
   696-700, hier S. 698. Vgl. *Döllerer* (Aktienrecht, 1969), S. 333-340, hier S. 336 f.

zu verstehen ist. Es ist allgemein unstrittig, dass die Gegenleistung der Vertragspartei in einem aktiven Handeln, aber auch in Form des Duldens bzw. Unterlassens bestehen kann. Wesentlich ist jedoch, dass bei der Zuordnung der Vorleistung zu der noch ausstehenden Gegenleistung auf die rechtliche Leistungsbezogenheit abgestellt wird. So verlangt die Rechtsprechung eine schuldrechtliche und keine betriebswirtschaftliche Betrachtung.[247] Objektivierungsbedingt wird darauf abgestellt, ob Vorleistungen im Rechtssinne gegeben sind, d. h., „eine aktive Abgrenzung erfolgt insoweit nur, wenn [...] auf Grund der Ausgaben ein ‚Anspruch' gegeben ist."[248] So muss die Ausgabe – als Vorleistung des zur Entgeltleistung Verpflichteten – die zu erbringende zeitraumbezogene Gegenleistung der anderen Vertragspartei abgelten.[249] Anders ausgedrückt: Eine Ausgabe ist nur dann abzugrenzen, „wenn sie geeignet ist, eine bestehende vertragliche [rechtliche] Leistungsverpflichtung abzubauen, d. h. die Vorleistung muss sich auf die vertragsgemäße [rechtliche] Leistungsverpflichtung beziehen".[250] Ob die Leistungsverpflichtung ihre Rechtsgrundlage in zweiseitigen Verträgen oder einseitigen öffentlich-rechtlichen Rechtsansprüchen und Rechtsverpflichtungen hat, ist hingegen unerheblich.[251] Daher liegt der Aufwand für eine (bestimmte) Zeit nach dem Bilanzstichtag nicht schon deshalb vor, weil der Erfolg einer Ausgabe sich nach dem Bilanzstichtag auswirkt.[252] Kosten der Auftragserlangung und Vertriebskosten sind nicht etwa deshalb aktivierbar, weil ein schwebendes Geschäft vorliegt, sondern nur dann, wenn sie die allgemeinen Aktivierungskriterien für Wirtschaftgüter bzw. Rechnungsabgrenzungsposten er-

---

247 Vgl. BFH-Urteil vom 26.05.1976, I R 80/74, BStBl. II 1976, S. 622-624, hier S. 624; BFH-Urteil vom 12.08.1982, IV R 184/79, BStBl. II 1982, S. 696-700, hier S. 698; *Döllerer* (Aktivierungswelle, 1980), S. 1333-1337, hier S. 1335, *derselbe* (Maßgeblichkeit, 1969), S. 501-507, hier S. 505 f.; *Beisse* (Handelsbilanzrecht, 1980), S. 637-646, hier S. 642 sowie *Rose* (Rechnungsabgrenzungsposten, 1984), S. 141-168, hier S. 153 ff.

248 *Moxter* (Periodengerechte Gewinnermittlung, 1988), S. 447-458 hier S. 451. Moxter spricht hierbei von einer „objektivierungsbedingten Verrechtlichung".

249 Vgl. hierzu jedoch das BMF-Schreiben zur ertragsteuerlichen Behandlung von gewährten Vergünstigungen im Zusammenhang mit dem Abschluss eines Mobilfunkdienstleistungsvertrags vom 20.06.2005, IV B – S 2134 – 17/05, BStBl. I 2005, S. 801 f. Die Finanzverwaltung vertritt in diesem Schreiben die Auffassung, wonach gewährte Vergünstigungen für den Abschluss eines Mobilfunkdienstleistungsvertrages grundsätzlich als Rechnungsabgrenzungsposten zu aktivieren sind. Dieser weiten Auslegung des Vorleistungsbegriffs widerspricht *Coenenberg* (Behandlung, 2007), S. 121-131. Bei den gewährten Vergünstigungen fehlt es letztlich an der noch ausstehenden Gegenleistung.

250 *Mellwig* (Quelle, 2005), S. 217-235, hier S. 222: Daher ist abzugrenzen, „wenn eine Seite ihre vertragliche Leistung früher erbringt und deshalb das schuldrechtliche Verhältnis von Leistung und Gegenleistung aus dem Lot ist [...]"Vgl. hierzu auch das BFH-Urteil vom 26.02.1975, I R 184/73, BStBl. II 1976, S. 443-446, hier S. 445 f.

251 Vgl. *Berndt* (Grundsätze, 1998), S. 173; *Weber-Grellet* (Schmidt EStG-Kommentar, 2008), § 5 EStG, Rz. 248; BFH-Urteil vom 14.07.1988, IV R 78/85, BStBl. II 1989, S. 189-192, hier S. 190.

252 Vgl. *Weber-Grellet* (Schmidt EStG-Kommentar, 2008), § 5 EStG, Rz. 248 ff.

36

füllen.[253] Einen Grundsatz, der die einheitliche Bilanzierung schwebender Geschäfte fordert, gibt es nicht.[254] Die Aktivierung von Ausgaben im Rahmen eines schwebenden Vertrags darauf zu stützen, dass diese Ausgaben im Wege der aktiven Rechnungsabgrenzung in das Jahr zu verlagern seien, in dem die Einnahmen anfielen, aus denen die Ausgaben zu decken seien, ist ein Relikt der dynamischen Bilanzlehre.[255] Daher können Rechnungsabgrenzungsposten grundsätzlich nur für Vorleistungen zwischen den Partnern des gegenseitigen Vertrages gebildet werden. Leistungen an einen Dritten, wie z. B. eine Provisionszahlung an einen Makler bei Abschluss eines Mietvertrags[256] oder Darlehensvermittlungsprovisionen[257], berechtigen nicht zur Bildung eines Rechnungsabgrenzungspostens. So lehnte der Bundesfinanzhof die Aktivierung von Darlehensvermittlungsprovisionen mit dem Argument ab, dass „die Gegenleistungen für die Provisionszahlungen [...] jeweils allein in der Vermittlung der Darlehen [bestehen] und [..] spätestens mit Abschluß der Darlehensverträge erbracht [sind]".[258] Es fehle mithin an der noch nicht erbrachten zeitbezogenen Gegenleistung.[259] In der zitierten Entscheidung des Bundesfinanzhofs wird die von *Rose* als „Grundsatz der rechtlichen Betrachtungsweise"[260] bezeichnete Objektivierung deutlich.[261] Denn „in einer wirtschaftlichen Betrachtungsweise bilden derartige Provisionszahlungen Zinsen, das heißt Kreditkosten"[262], die unter dem Gesichtspunkt einer periodengerechten Gewinnermittlung zu aktivieren und über die Laufzeit des Darlehens zu verteilen sind.[263]

253 Vgl. *Moxter* (Bilanzrechtsprechung, 2007), S. 11 f. mit weiteren Nachweisen zur BFH-Rechtsprechung.
254 Vgl. *Döllerer* (Bilanzierung, 1974), S. 1541-1548, hier S. 1542. Dazu auch *Moxter* (Aktivierungspflicht, 1999), S. 51-54, hier S. 53; BFH-Urteil vom 19.06.1973, I R 206/71, BStBl. II 1973, S. 774-775, hier S. 775; BFH-Urteil vom 17.07.1974, I R 195/72, BStBl. II 1974, S. 684-686, hier S. 686.
255 Diesen angeblichen Grundsatz der einheitlichen Behandlung schwebender Geschäfte hat der BFH aufgegeben vgl. hierzu *Döllerer* (Bilanzierung, 1974), S. 1541-1548, hier S. 1542; auch *Beisse* (Tendenzen, 1980), S. 243-252, hier S. 247; *Moxter* (Aktivierungspflicht, 1999), S. 51-54, hier S. 53. Zur Auswirkung der statischen Wende auf die Rechnungsabgrenzungsposten vgl. *Eibelshäuser* (Statische Bilanzauffassung, 1981), S. 56-68, hier S. 62 ff.
256 Vgl. BFH-Urteil vom 19.06.1997, IV R 16/95, BStBl. II 1997, S. 808-811, hier S. 810. Siehe hierzu auch *Bordewin* (Anmerkung, 1977), S. 440-441, hier S. 441; *Kliem* (Rechnungsabgrenzung, 2000), S. 135 f.; *Tiedchen* (HdJ, 2006), Abt. II/11, Rn. 65-67.
257 Vgl. BFH-Urteil vom 4.03.1976, IV R 78/72, BStBl. II 1977, S. 380-382.
258 BFH-Urteil vom 4.03.1976, IV R 78/72, BStBl. II 1977, S. 380-382, hier S. 381 (Hervorhebung im Original).
259 Vgl. BFH-Urteil vom 4.03.1976, IV R 78/72, BStBl. II 1977, S. 380-382, hier S. 381.
260 Vgl. *Rose* (Rechnungsabgrenzungsposten, 1984), S. 141-168, hier S. 153-156.
261 Kritisch vor dem Hintergrund der dynamischen Bilanzauffassung: *Paus* (Vermittlungsprovision, 1977), S. 572-574, hier S. 574.
262 *Moxter* (Bilanzrechtsprechung, 2007), S. 74.
263 Vgl. *Moxter* (Bilanzrechtsprechung, 2007), S. 74, *derselbe* (Periodengerechte Gewinnermittlung, 1988), S. 447-458, hier S. 451 und *derselbe* (Betrachtungsweise, 1989), S. 232-241, hier S. 238.

Das Schuldrecht zur Konkretisierung der vertragsmäßigen Gegenleistung heranzuziehen, dient der Objektivierung und schafft Rechtssicherheit, es kann jedoch auch zu einer Überobjektivierung führen.[264] Deshalb ist bilanzrechtlich „nicht reines, sondern wirtschaftlich gefärbtes Schuldrecht"[265] maßgeblich. Um dem Austauschgedanken des schwebenden Vertrages Rechnung zu tragen, muss auf die wirtschaftliche Zusammengehörigkeit von Leistung und Gegenleistung abgestellt werden,[266] d. h., das bilanzrechtliche Synallagma muss alle Leistungen umfassen, die beispielsweise vom Kreditnehmer aufgewendet werden, um die Gegenleistung des Kreditgebers zu erhalten. So sind beispielsweise Leistungen an einen Kreditgeber unabhängig von ihrer bürgerlich-rechtlichen Grundlage abzugrenzen. Denn „was als (zeitbezogene) Gegenleistung anzusehen ist, hängt weniger von der bürgerlich-rechtlichen Gestaltung und Beurteilung der Verträge als von dem wirtschaftlichen Gehalt der mit der Darlehensgewährung zusammenhängenden Leistungsvorgänge ab"[267]. Gebühren und Provisionen etwa, die neben den Kreditzinsen an den Kreditgeber zu entrichten sind, sind abzugrenzen. Es „handelt [..] sich hierbei wirtschaftlich betrachtet ebenso wie bei den Zinsen regelmäßig um die Vergütungen für die Überlassung des Darlehenskapitals"[268], den Gebühren bzw. Provisionen steht mithin eine noch ausstehende Gegenleistung gegenüber, nämlich die zeitraumbezogene Überlassung des Darlehenskapitals. Auch der Bundesfinanzhof hat im Falle von Bausparkassenabschlussgebühren nicht etwa den Ansatz eines Rechnungsabgrenzungspostens mangels fehlender ausstehender Gegenleistung verneint.[269] Dort heißt es: „Versteht man die Abschlußgebühr [...] als ein zu Vertragsbeginn zu entrichtendes Entgelt [...], liegt eine zeitbezogene Leistung an den Vertragspartner vor."[270] Damit wendet sich der Bundesfinanzhof gegen eine im Schrifttum[271] vertretene formalrechtliche Betrachtungsweise, die den Ansatz eines Rechnungsabgrenzungspostens bereits an der fehlenden noch ausstehenden Gegenleistung scheitern lässt.[272] Im Sinne einer formalrechtlichen Betrachtung werden die „Abschlußgebühren [..] nicht für Leistungen der Bausparkassen nach dem Vertragsabschluß entrichtet, sondern es handelt sich um ein Entgelt für Abschluß- und Werbungskosten, die unmittelbar mit dem Vertragsabschluß zusammenhängen.

---

264 Vgl. *Berndt* (Grundsätze, 1998), S. 215.
265 *Döllerer* (Bilanzierung, 1974), S. 1541-1548, hier S. 1546.
266 Vgl. *Herzig* (Rückstellungen, 1986), S. 61-112, hier S. 70 ff.
267 BFH-Urteil vom 19.01.1978, IV R 153/72, BStBl. II 1978, S. 262-265, hier S. 263.
268 BFH-Urteil vom 19.01.1978, IV R 153/72, BStBl. II 1978, S. 262-265, hier S. 263; BFH-Urteil vom 25.09.1968, I R 52/64, BStBl. II 1969, S. 18-26, hier S. 20.
269 Vgl. BFH-Beschluß vom 3.11.1982, I B 23/82, BStBl. II 1983, S. 132-134. Siehe hierzu auch das BFH-Urteil vom 9.07.1986, I R 218/82, BStBl. II 1987, S. 14-16, hier S. 15. In diesem Urteil forderte der Bundesfinanzhof jedoch eine Aktivierung als Wirtschaftsgut. Zum vorliegenden Leistungsaustausch vgl. *List* (Abschlußgebühr, 1988), S. 1003-1006, hier S. 1006.
270 BFH-Beschluß vom 3.11.1982, I B 23/82, BStBl. II 1983, S. 132-134, hier S. 134.
271 Vgl. *Meyer/Brach* (Abschlußgebühren, 1996), S. 2345-2352, hier S. 2352.
272 So auch *Berndt* (Grundsätze, 1998), S. 216.

Abschlußgebühren werden nicht für eine Zeit *nach Abschluß* des Bausparvertrags gezahlt."[273]

Das objektivierungsbedingte Abstellen auf den von *Rose* beschriebenen Grundsatz der rechtlichen Betrachtungsweise darf nicht verwechselt werden mit einer formalrechtlichen Betrachtungsweise. Der Grundsatz der rechtlichen Betrachtungsweise fordert, dass eine zeitbezogene rechtliche Leistungsverpflichtung der Gegenseite noch aussteht. In diesem Sinne unterscheiden sich Gebühren, die neben den Zinsen an den Kreditgeber entrichtet werden, von Darlehensvermittlungsprovisionen, die außerhalb des eigentlichen Darlehensgeschäfts anfallen.[274] Den Gebühren steht noch eine Gegenleistung des Kreditgebers in Form der Darlehenüberlassung gegenüber. Der Darlehensvermittler hat hingegen seine Leistungspflicht durch die Darlehensvermittlung erbracht. Dieser Grundsatz präzisiert mithin, was eine Vorleistung bei gegenseitigen Verträgen ist.

Leistungen an einen Dritten, die im wirtschaftlichen Zusammenhang mit dem eigentlichen Vertrag stehen, können freilich ebenfalls Gegenstand eines Rechnungsabgrenzungspostens sein, jedoch nur dann, wenn diese die Voraussetzungen eines Rechnungsabgrenzungspostens erfüllen. So sind beispielsweise Leistungen an einen Bürgen anlässlich einer Darlehensaufnahme abzugrenzen[275], denn durch den Bürgschaftsvertrag im Sinne des § 765 Abs. 1 BGB verpflichtet sich der Bürge gegenüber dem Gläubiger eines Dritten, für die Erfüllung der Verbindlichkeit des Dritten einzustehen. Unabhängig vom Darlehensvertrag beinhaltet der Bürgschaftsvertrag eine zeitraumbezogene Gegenleistungsverpflichtung des Bürgen.[276]

Des Weiteren erfüllt eine Ausgabe an einen Dritten dann die Voraussetzungen für eine Rechnungsabgrenzung, wenn es sich wirtschaftlich um einen verkürzten Zahlungsweg handelt, d. h., die Ausgabe führt mittelbar zu einer Vermögens-

---

273 *Meyer/Brach* (Abschlußgebühren, 1996), S. 2345-2352, hier S. 2352 (Hervorhebung im Original).

274 In diesem Sinne auch *Schilling* (Anmietung, 1978), S. 423-425, hier S. 423 zur bilanzrechtlichen Beurteilung von Maklergebühren bei der Anmietung von Geschäftsräumen.

275 Vgl. BFH-Urteil vom 19.01.1978, IV R 153/72, BStBl. II 1978, S. 262-265, hier S. 264. Ferner bejaht der IV. Senat explizit die Nichtabgrenzung von Darlehensvermittlungsprovisionen im Sinne des BFH-Urteils vom 4.03.1976, IV R 78/72, BStBl. II 1977, S. 380-382.

276 Vgl. *Moxter* (Bilanzrechtsprechung, 2007), S. 75.

mehrung bei der anderen Vertragsseite.[277] Nach der Rechtsprechung[278] des Bundesfinanzhofs sind Erschließungsbeiträge für ein Grundstück, die der Erbbauberechtigte übernimmt[279], als zusätzliches Nutzungsentgelt[280] für das Erbbaurecht als Rechnungsabgrenzungsposten zu aktivieren.[281] Aus wirtschaftlicher Sicht stellt die Übernahme von Erschließungskosten ein zusätzliches Entgelt für die Nutzung des Grundstücks dar. Denn nach § 134 Abs. 1 Satz 1 BauGB (Baugesetzbuch) ist grundsätzlich der Eigentümer zur Zahlung des Erschließungsbeitrags verpflichtet.[282] Mit der Übernahme des Erschließungsbeitrags durch den Erbbauberechtigten wird der Erbbauverpflichtete (Grundstückseigentümer) von dieser Verpflichtung befreit. So ist auch der Bundesfinanzhof zu verstehen, wenn er betont, dass es letztlich unerheblich sei, „ob der Erbbauberechtigte die Erschließungskosten unmittelbar trägt oder ob er sie dem Grundstückseigentümer erstattet"[283]. Voraussetzung für die Bejahung eines Rechnungsabgrenzungspostens beim Vorliegen einer Leistung an Dritte ist somit, dass die Ausgabe zugleich in einer synallagmatischen Beziehung zu der zeitraumbezogenen Gegenleistung des eigentlichen Vertragspartners steht. Dies ist dann zu bejahen, wenn die Leistung zu einer Vermögensmehrung, beispielsweise durch den Wegfall einer Zahlungsverpflichtung, bei dem zur Gegenleistung Verpflichteten führt.[284]

Das Kriterium der Erfolgswirksamkeit nach dem Abschlussstichtag bedingt nach der Rechtsprechung, dass die Ausgabe bzw. Einnahme zugleich in einer synallagmatischen Beziehung zu einem zeitraumbezogenen Leistungsanspruch bzw. einer Leistungsverpflichtung steht. Ausgaben, denen kein Leistungsanspruch, und Einnahmen, denen keine Leistungsverpflichtung gegenübersteht, erfüllen dieses Kriterium nicht und können daher nicht Gegenstand eines Rechnungs-

---

277 Vgl. *Kliem* (Rechnungsabgrenzung, 2000), S. 174; *Kupsch* (BHR, 2002), § 250 HGB, Rz. 23; *Coenenberg* (Behandlung, 2007), S. 119; BFH-Urteil vom 8.12.1988, IV R 33/87, BStBl. II 1989, S. 407-409, hier S. 408.

278 Vgl. BFH-Urteil vom 17.04.1985, I R 132/81, BStBl. II 1985, S. 617-619; BFH-Urteil vom 8.12.1988, IV R 33/87, BStBl. II 1989, S. 407-408, hier S. 408; BFH-Urteil vom 20.11.1980, IV R 126/78, BStBl. II 1981, S. 398-400, hier S. 399; BFH-Urteil vom 20.01.1983, IV R 158/80, BStBl. II 1983, S. 413-417, hier S. 416.

279 Vgl. BFH-Urteil vom 19.10.1993, VIII R 87/91, BStBl. II 1994, S. 109-111, hier S. 110 f.

280 Vgl. BFH-Urteil vom 4.09.1997, IV R 40/96, BFH/NV 5/1998, S. 569-571, hier S. 571. So ist beispielsweise auch die Neueindeckung eines Daches durch den Pächter als zusätzliches Nutzungsentgelt zu werten. Vgl. dazu den BFH-Beschluß vom 10.11.1994, IV B 22/94 BFH/NV 5/1995, S. 591-592, hier S. 592.

281 So auch *Paus* (Bilanzierungsfragen, 1987), S. 163-166, hier S. 165.

282 Allerdings geht die Beitragspflicht nach § 134 Abs. 1 Satz 2 BauGB auf den Erbbauberechtigten über.

283 BFH-Urteil vom 8.12.1988, IV R 33/87, BStBl. II 1989, S. 407-409, hier S. 408.

284 Vgl. *Kliem* (Rechnungsabgrenzung, 2000), S. 135.

abgrenzungspostens sein.[285] Anders ausgedrückt: „Die ausstehende Gegenleistung [...], also der fortbestehende Anspruch [...], konkretisieren den durch die Ausgabe empfangenen Gegenwert und damit das Aktivum."[286]

C. Das Kriterium der zeitlichen Bestimmtheit

Rechnungsabgrenzungsposten liegen „Ausgaben vor dem Abschlußstichtag [...], soweit sie Aufwand für *eine bestimmte Zeit* nach diesem Tag darstellen" (§ 250 Abs. 1 HGB, § 5 Abs. 5 Nr. 1 EStG aktive Rechnungsabgrenzung), bzw. „Einnahmen vor dem Abschlußstichtag [...], soweit sie Ertrag für *eine bestimmte Zeit* nach diesem Tag darstellen" zugrunde (§ 250 Abs. 2 HGB, § 5 Abs. 5 Nr. 2 EStG, passive Rechnungsabgrenzung). Nach dem Wortlaut des § 250 HGB präzisiert die Ansatzvoraussetzung der „bestimmten Zeit" das Merkmal der Aufwands- und Ertragswirksamkeit nach dem Abschlussstichtag. Denn nur solche Ausgaben bzw. Einnahmen dürfen und müssen abgegrenzt werden, bei denen die Zeitspanne, in der sie als Aufwand oder Ertrag zu verrechnen sind, bestimmt ist. Dieses Ansatzkriterium fand 1965 erstmals Eingang in das Gesetz[287] und wurde bei der Umsetzung der 4. EG-Richtlinie[288] durch das Bilanzrichtlinien-Gesetz[289] in § 250 HGB übernommen. Die Regelung in § 250 HGB stimmt mit Art. 18 Satz 1 und Art. 21 Satz 1 der 4. EG-Richtlinie überein, jedoch nur mit

285 So ist es nach *Moxter* (Bilanzrechtsprechung, 2007), S. 171 für die Bildung eines passiven Rechnungsabgrenzungsposten entscheidend, dass noch eine Gegenleistungsverpflichtung existiert. Siehe dazu auch die angeführte Judikatur: BFH-Urteil vom 3.05.1967, I 111/64, BStBl. III 1967, S. 464-466, hier S. 466; BFH-Urteil vom 11.07.1973, I R 140/71, BStBl. II 1973, S. 840-842, hier S. 841; BFH-Urteil vom 20.11.1980, IV R 126/78, BStBl. II 1981, S. 398-400, hier S. 399; BFH-Urteil vom 3.05.1983, VIII R 100/81, BStBl. II 1983, S. 572-575, hier S. 573 f.; BFH-Urteil vom 9.12.1993, IV R 130/91, BStBl. II 1995, S. 202-204, hier S. 202; BFH-Urteil vom 23.02.2005, I R 9/04, BStBl. II 2005, S. 481-483. hier S. 482; BFH-Urteil vom 7.03.2007, I R 18/06, BStBl. II 2007, S. 697-699, hier S. 698. Vgl. auch *Döllerer* (Aktivierungswelle, 1980), S. 1333-1337, hier S. 1336 sowie *Strobl* (Matching Principle, 1993), S. 407-432, hier S. 421 f.

286 *Moxter* (Bilanzrechtsprechung, 1985), S. 44.

287 Im Rahmen der Regelung der Rechnungsabgrenzungsposten in § 152 Abs. 9 Aktiengesetz vom 6.9.1965, BGBl. I 1965, S. 1089-1184, S. 1127.

288 Siehe hierzu Art. 18 und Art. 21 der Vierten Richtlinie des Rates vom 25.7.1978 aufgrund von Art. 54 Abs. 3 Buchstabe g) des Vertrages über den Jahresabschluß von Gesellschaften bestimmter Rechtsformen (78/660/EWG), ABl. EG L 222, S. 11-31, hier S. 19.

289 Gesetz zur Durchführung der Vierten, Siebenten und Achten Richtlinie des Rates der Europäischen Gemeinschaften zur Koordinierung des Gesellschaftsrechts (Bilanzrichtlinien-Gesetz - BiRiLiG) vom 19.12.1985, BGBl. I 1985, S. 2355-2433, hier S. 2358.

der deutschen Fassung.[290] Die englische und französische Fassung[291] enthalten keinen Hinweis auf das Merkmal der bestimmten Zeit. Dass eine Gegenleistung für eine „bestimmte Zeit" vorliegen müsse, wurde vom Gesetzgeber bereits im Rahmen der Aktienrechtsreform 1965 für notwendig erachtet, „um einen Schutzwall gegen dynamisch begründete Transitorien im weiteren Sinne zu errichten"[292]. Unsichere zukünftige Vorteile des Bilanzierenden, namentlich der zukünftige Nutzen von Ausgaben für Werbung sowie Forschung und Entwicklung, sollten von der Aktivierung ausgeschlossen werden. Dieses Merkmal der bestimmten Zeit ist daher vor dem Hintergrund der Begrenzung der Rechnungsabgrenzungsposten auf transitorische Posten i. e. S. zu würdigen. Dabei soll zunächst die im Vorabschnitt angesprochene Verrechtlichung der Rechnungsabgrenzungsposten durch die Beschränkung der Rechnungsabgrenzungsposten auf Leistungen, die mit einem rechtlichen Leistungsanspruch verbunden sind, nicht miteinbezogen werden.

Eine sinnvolle Auseinandersetzung mit dem Merkmal der Zeitbestimmtheit hat dann anhand der Grundsätze ordnungsmäßiger Buchführung zu erfolgen. Besondere Beachtung gebühren in diesem Zusammenhang dem in § 252 Abs. 1 Nr. 4 HGB verankerten Realisationsprinzip und dem Objektivierungserfordernis, das jeder „Bilanz im Rechtssinne"[293] innewohnt. Die Rechnungsabgrenzung an sich kann als Ausfluss des Realisationsprinzips und des damit korrespondierenden Periodisierungsgedankens verstanden werden.[294] Das Realisationsprinzip verlangt, dass Einnahmen bzw. Ausgaben, die im Zusammenhang mit zeitbezogenen Leistungen stehen, mittels Rechnungsabgrenzung der Perioden ihrer Realisierung zugeordnet werden. Der Zeitpunkt der Ertragsrealisierung wird durch den Zeitpunkt – oder besser Zeitraum – der Leistungsbewirkung konkretisiert.[295] Die Aufwandswirkung bereits verausgabter Beträge soll in die Periode verlagert

---

290 Mit § 250 Abs. 1 Satz und Abs. 2 HGB ist Art. 18 Satz 1, 1. Alt. und Art. 21 Satz 1. Alt. der 4. EG-Richtlinie in deutsches Recht umgesetzt worden. Vgl. hierzu auch *Adler/Düring/Schmaltz* (Rechnungslegung, 1998), § 250 HGB, Rn. 18 f.

291 Zum Wortlaut vgl. *Tiedchen* (HdJ, 2006), Abt. II/11, Rn. 31.

292 *Mellwig* (Quelle, 2005), S. 217-235, hier S. 222.

293 Vgl. zur Bilanz im Rechtssinne *Döllerer* (Gedanken, 1979), S. 195-205; *Groh* (Bilanztheorie, 1980), S. 121-140.

294 Vgl. *Adler/Düring/Schmaltz* (Rechnungslegung, 1998), § 250 HGB, Rn. 4; *Ellrott/Krämer* (BeckBilKomm, 2006), § 250 HGB, Anm. 24. Nach *Schmidt* (Schmidt EStG-Kommentar, 1993), § 5 Anm. 24a, „muß aber das Periodisierungsprinzip zu einem extensiven Verständnis der Tatbestandsmerkmale aktiver (und passiver) RAP führen." *Weber-Grellet* (Schmidt EStG-Kommentar, 2008), § 5 EStG, Rz. 241 sieht in den Rechnungsabgrenzungsposten „Stornoposten zur [...] realisationsgerechten Gewinnermittlung". Für den passiven Rechnungsabgrenzungsposten vgl. *Moxter* (Bilanzrechtsprechung, 2007), S. 170.

295 Vgl. hierzu *Leffson* (GoB, 1987), S. 257-272; *Moxter* (Bilanzrechtsprechung, 2007), S. 45 f.; *Schmidt* (Schmidt EStG-Kommentar, 1993), § 5 Anm. 14c.

werden, in der die dazugehörigen Erträge realisiert werden.[296] Im Sinne des Periodisierungsgedankens hat eine Rechnungsabgrenzung immer dann zu erfolgen, wenn der Realisationszeitpunkt bereits vereinnahmter bzw. verausgabter Beträge nach dem Stichtag liegt. Die Periodisierung findet jedoch ihre Grenze in dem Objektivierungserfordernis[297], welches unter anderem durch das Tatbestandsmerkmal „bestimmte Zeit" konkretisiert[298] wird und mithin eine willkürliche Aufwands- bzw. Ertragsverteilung verbietet. Anders ausgedrückt: Eine Periodisierung mit Hilfe der Rechnungsabgrenzungsposten genügt nur dann den Anforderungen des Objektivierungserfordernisses, wenn die vor dem Stichtag vereinnahmten bzw. verausgabten Beträge einer bestimmten Zeit nach dem Abschlussstichtag zugeordnet werden können.[299]

Das Kriterium der bestimmten Zeit war und ist seit jeher auslegungsbedürftig und damit wandlungsfähig, Für die ältere, enge Auslegung[300] der bestimmten Zeit stehen beispielsweise die Ausführungen von *van der Velde.*[301] Danach ist eine „‚Bestimmte Zeit' [..] nicht gleichbedeutend mit [einer] bestimmbare[n] Zeit"[302]. Bestimmbar sei nämlich im Grunde „jede zeitliche Auswirkung einer Ausgabe, erforderlicherweise durch Schätzung"[303]. Eine solche Schätzung der aufwandsmäßigen Auswirkung einer Ausgabe sollte aber gerade durch die Vorgängervorschrift § 152 Abs. 9 Nr. 1 AktG des § 250 HGB vermieden werden. Anfang und Ende des Zeitraums müssen eindeutig festliegen, d. h. kalenderzeitmäßig bestimmt sein. Dabei kann sich diese Ansicht auf den Wortlaut der Vorschrift berufen, der von einer „bestimmten", also gerade nicht von einer „be-

296 Vgl. hierzu *Moxter* (Bilanzrechtsprechung, 1985), S. 49 und S. 59; *Schmidt* (Schmidt EStG-Kommentar, 1993), § 5 Anm. 14c.

297 Vgl. zum Objektivierungserfordernis insbesondere *Groh* (Bilanztheorie, 1980), S. 121-140; *Moxter* (Bilanzrechtsprechung, 1985), S. 22 ff. und S. 63 ff., *derselbe* (Periodengerechte Gewinnermittlung, 1988), S. 447-458 hier S. 450 ff.: „Objektivierung [ist] nur durch gesteigerte Verrechtlichung zu erreichen [..]". Siehe auch *Oberbrinkmann* (Interpretation, 1990), S. 280 f.

298 Vgl. *Adler/Düring/Schmaltz* (Rechnungslegung, 1998), § 250 HGB, Rn. 31; *Moxter* (Bilanzrechtsprechung, 1985), S. 39, *derselbe* (Bilanzrechtsprechung, 2007), S. 72 f.

299 Vgl. *Herzig/Söffing* (Mindestzeitraum, 1993), S. 465-470, hier S. 467: So handelt es sich „bei dem Tatbestandsmerkmal ‚bestimmte Zeit' […] um eine Objektivierungsrestriktion, die den Anwendungsbereich des Realisationsprinzips einschränkt" bzw. konkretisiert; so auch *Hommel* (Rechnungsabgrenzungsposten, 2002), Sp. 1971-1978, hier Sp. 1972.

300 Vgl. z. B. *Adler/Düring/Schmaltz* (Rechnungslegung, 1968), § 152 AktG 1965, Rn. 182; *Döllerer* (Rechnungslegung, 1965), S. 1405-1417, hier S. 1408 f.; *Glade* (Praxishandbuch, 1995), § 250 HGB, Rn. 7; *Hoffmann* (Rechnungsabgrenzung, 1972), S. 202-207, hier S. 205; *Kropff* (Aktiengesetz, 1973), § 152 AktG 1965, Rdn. 102; *Mathiak* (Rechtsprechung, 1985), S. 80-85, hier S. 82; *Mellerowicz* (Großkommentar, 1970), § 152 AktG Anm. 88; *van der Velde* (Rechnungsabgrenzungsposten, 1969), S. 441-449, hier S. 449.

301 Vgl. *van der Velde* (Rechnungsabgrenzungsposten, 1969), S. 441-449, hier S. 449.

302 *van der Velde* (Rechnungsabgrenzungsposten, 1969), S. 441-449, hier S. 449.

303 *van der Velde* (Rechnungsabgrenzungsposten, 1969), S. 441-449, hier S. 449.

stimmbaren" oder gar „schätzbaren" Zeit spricht.[304] Eine Orientierung an einer „kalendermäßigen Bestimmtheit" weist freilich den höchsten Objektivierungsgrad auf. Wenn heute überwiegend Kritik an dieser engen Interpretation des Merkmals „bestimmte Zeit"[305] geübt wird, so liegt das daran, dass diese enge Auslegung als Überobjektivierung[306] empfunden wird, die zu Ergebnissen führt, die vielfach als eine Unstimmigkeit des Bilanzrechts ausgemacht werden.[307] Denn nach der engen Auslegung könnte beim Erhalt eines einmaligen Entgeltes für eine zeitlich unbefristete (ewige) Leistung kein passiver Rechnungsabgrenzungsposten gebildet werden. Wenn es aber geboten ist, bei Erhalt eines einmaligen Leistungsentgelts für eine auf 5 Jahre befristete Leistung einen passiven Rechnungsabgrenzungsposten zu bilden, so erscheint es widersinnig, bei einer längeren, aber zeitlich unbestimmten Leistungspflicht den Ansatz eines Rechnungsabgrenzungspostens zu versagen.[308] Erfolgt beispielsweise die Vorleistung für eine Gegenleistung, die nicht kalenderzeitmäßig bestimmt ist, in jedem Falle aber wesentlich länger zu erbringen ist, „so wären die Zahlungen sofort als Aufwand bzw. Ertrag zu verrechnen, obwohl wirtschaftlich eine Zuordnung zu späteren Perioden erst recht erforderlich ist"[309]. In der Sache erscheint die weite Auslegung der gesetzlichen Zeitbestimmung zwingend. Jedoch ist die weite Auslegung für das Bestimmtheitserfordernis mit dem eindeutigen Wortlaut des Gesetzes nur schwer in Übereinstimmung zu bringen und bedeutet isoliert betrachtet einen Verlust an Rechtssicherheit.[310] Dabei darf nicht übersehen werden, dass die enge Interpretation des Merkmals „bestimmte Zeit" bei der Bildung passiver Rechnungsabgrenzungsposten zu einer Verletzung des Vorsichtsprinzips führen kann.[311] So führt „die Nichtpassivierung immerwährender Leistungs-

---

304 So auch *Tiedchen* (Rechnungsabgrenzung, 1997), S. 2471-2475, hier S. 2471.

305 Zum Kriterium der bestimmten Zeit vgl. *Berndt* (Grundsätze, 1998), S. 239-246; *Ellrott/-Krämer* (BeckBilKomm, 2006), § 250 HGB, Anm. 21-23; *Kupsch* (BHR, 2002), § 250 HGB, Rz. 31-36 sowie *Herzig/Söffing* (Mindestzeitraum, 1993), S. 465-470.

306 Vgl. zu diesem Begriff *Moxter* (Bilanzrechtsprechung, 1985), S. 219: Überobjektivierung ist demnach eine „Übergewichtung des Objektivierungsgrundsatzes", *derselbe* (Bilanzrechtsprechung, 2007), S. 73 und S. 171 f. in Bezug auf Rechungsabgrenzungsposten.

307 Vgl. beispielsweise *Mellwig* (Quelle, 2005), S. 217-235, hier S. 222: Wenngleich einzuwenden ist, dass ein „berechenbarer" oder „bestimmbarer" Zeitraum kein „bestimmter" Zeitraum ist, so „ist die weniger enge Auslegung der Zeitbestimmung notwendig als Ausweg aus einer ansonsten wirtschaftlich unsinnigen Bilanzierung."

308 Vgl. *Adler/Düring/Schmaltz* (Rechnungslegung, 1998), § 250 HGB, Rn. 34; *Berndt* (Grundsätze, 1998), S. 239-246; *Fischer-Tobias/Risthaus* (Entschädigung, 1996), S. 489-493, hier S. 492; *Knobbe-Keuk* (Bilanzsteuerrecht, 1993), S. 137 f.; *Mellwig* (Quelle, 2005), S. 217-235, hier S. 222; *Schmidt* (Abgrenzungszeitraum, 1993), S. 340-343, hier S. 342 f., *Tiedchen* (Rechnungsabgrenzung, 1997), S. 2471-2475, hier S. 2471.

309 *Mellwig* (Quelle, 2005), S. 217-235, hier S. 222.

310 Vgl. *Mathiak* (Rechtsprechung, 1984), S. 71-76, hier S. 75 f.; *Söffing* (Anmerkungen, 1981), S. 511-512, hier S. 512.

311 Vgl. *Tiedchen* (HdJ, 2006), Abt. II/11, Rn. 88; *Herzig/Söffing* (Mindestzeitraum, 1993), S. 465-470, hier S. 469.

verpflichtungen [...] [dazu], daß Einnahmen als Ertrag ausgewiesen würden, bevor die entsprechende Gegenleistung erbracht ist, und [damit] würde [..] [man] gegen das Realisationsprinzip verstoßen."[312] Daher betrachten weite Teile der Literatur in Übereinstimmung mit dem Bundesfinanzhof die Voraussetzung der Zeitbestimmung weniger eng und wollen neben einer „kalendermäßigen bestimmten Zeit" einen berechenbaren oder einen aus der Parteivereinbarung entnehmbaren Zeitraum akzeptieren.[313] Eine noch weitergehende Ansicht hält die Bildung eines Rechnungsabgrenzungspostens sogar für möglich, wenn sich die Länge des „bestimmten" Zeitraums nur durch Schätzung ermitteln lässt.[314]

Aus der höchstrichterlichen Finanzrechtsprechung lassen sich folgende Anforderungen an die „Zeitbestimmtheit" ableiten: Demnach könne der Zeitraum zwar nicht allein durch Schätzung ermittelt werden[315]; denn er ist grundsätzlich „ein kalendermäßig festgelegter oder doch berechenbarer Zeitraum".[316] Ein Zeitraum ist immer dann berechenbar, wenn die Vereinbarungen der Vertragsparteien es zulassen, rechnerisch einen (Mindest-)Zeitraum zu bestimmen, dem der vor dem Stichtag vereinnahmte (verausgabte) Betrag als Ertrag (Aufwand) zugeordnet

---

312 *Gruber* (Bilanzansatz, 1991) S. 231; vgl. hierzu auch *Stobbe* (Kriterium der bestimmten Zeit, 1995), S. 399-402, hier S. 400.
313 Vgl. BFH-Urteil vom 3.05.1983, VIII R 100/81, BStBl. II 1983, S. 572-575, hier S. 574 f.; *Adler/Düring/Schmaltz* (Rechnungslegung, 1998), § 250 HGB, Rn. 32-37, insbesondere Rn. 36; *Federmann* (Zeitbestimmtheit, 1984), S. 246-252, hier S. 251; *Kupsch* (Zuwendungen, 1984), S. 369-377, hier S. 374. Für einen bestimmbaren Mindestzeitraum vgl. BFH-Urteil vom 9.12.1993, IV R 130/91, BStBl. II 1995, S. 202-204, hier S. 204. Siehe hierzu auch *Fischer-Tobias/Risthaus* (Entschädigung, 1996), S. 489-493, hier S. 490; *Herzig/Söffing* (Mindestzeitraum, 1993), S. 465-470, hier S. 469; *Trützschler* (HdRE, 2002), § 250 HGB, Rn. 50; *Winnefeld* (Bilanz-Handbuch, 2002), Kapitel D, Rz. 726.
314 Vgl. *Moxter* (Bilanzrechtsprechung, 2007), S. 172 f., der einen nur durch Schätzungen bestimmbaren Zeitraum für ausreichend hält, wenn dieser durch die Gewinnrealisierungsgrundsätzen geboten erscheint. Vgl. auch *Arbeitskreis „Immaterielle Werte im Rechnungs-wesen" der Schmalenbach-Gesellschaft für Betriebswirtschaft e.V.* (Kategorisierung, 2001), S. 989-995, hier S. 993; *Crezelius* (Bestimmte Zeit, 1998), S. 633-638, hier S. 637 f.; *Knobbe-Keuk* (Bilanzsteuerrecht, 1993), S. 138; *Meyer-Scharenberg* (Zweifelsfragen, 1991), S. 754-758, hier S. 755 f.; *Schreiber* (Blümich EStG-Kommentar, 2007), § 5 EStG, Rz. 686 f.; *Weber-Grellet* (Schmidt EStG-Kommentar, 2008), § 5 EStG, Rz. 251.
315 Vgl. BFH-Urteil vom 17.07.1980, IV R 10/76, BStBl. II 1981, S. 669-672, hier S. 672; BFH-Beschluß vom 3.11.1982, I B 23/82, BStBl. II 1983, S. 132-134, hier S. 134; BFH-Urteil vom 22.01.1992, X R 23/89, BStBl. II 1992, S. 488-492, hier S. 490: Danach erfülle die durch Schätzung zu ermittelnde betriebsgewöhnliche Nutzungsdauer eines Sachanlagegutes nicht die Anforderungen des Merkmals „Zeitbestimmtheit".
316 BFH-Urteil vom 17.07.1980, IV R 10/76, BStBl. II 1981, S. 669-672, hier S. 672; BFH-Urteil vom 24.03.1982, IV R 96/78, BStBl. II 1982, S. 643-646, hier S. 645.

werden kann.[317] Eine Vereinbarung der Vertragsparteien in diesem Sinne setzt keineswegs eine ausdrückliche – im Vertrag verankerte – zeitliche Abmachung voraus. Vielmehr ist es ausreichend, wenn sich aus den Vereinbarungen Informationen ableiten lassen, die die Berechnung eines Mindestzeitraums ermöglichen.[318] Zur Überprüfung der Frage, ob ein Mindestzeitraum mit Hilfe der Vereinbarungen der Vertragsparteien berechnet werden kann, ist jedoch auf das einzelne Vertragsverhältnis abzustellen.[319] Informationen, die sich durch die Gesamtheit aller Verträge gewinnen lassen – z. B. durchschnittliche Laufzeiten –, dürfen zur Berechnung des Mindestzeitraums nicht berücksichtigt werden. Die Vereinbarungen, aus denen sich der (Mindest-)Zeitraum ableiten lässt, müssen dem Vertragspartner gegenüber hinreichend erkennbar gemacht werden.[320] Diese Anforderung soll sicherstellen, dass die dem vereinnahmten Betrag gegenüberstehende Leistung auch tatsächlich erst in den nachfolgenden Perioden erbracht wird.

Der Bundesfinanzhof hat in diesem Sinne in seinem Urteil vom 25. Oktober 1994 entschieden, dass ein aktiver Rechnungsabgrenzungsposten bei Ausbeutevorratsverträgen zum Abbau von Mineralien auch dann zu bilden sei, „wenn der Vorratszeitraum und die Abbaudauer nicht nach dem Kalender vorherbestimmt werden können"[321]. Wenngleich keine kalendermäßig bestimmte Zeit vorliege, könne im zugrundeliegenden Urteilssachverhalt „die Abbaumenge […] regelmäßig am Ende des Jahres genau festgestellt werden"[322]. Die Zeitbestimmtheit lasse sich damit über die jeweilige jährliche Fördermenge bestimmen. An Stelle der bestimmten Zeit tritt die Fördermenge bzw. die zeitbezogene Gegenleistung als Objektivierungskriterium.[323]

---

317 Vgl. BFH-Urteil vom 17.07.1980, IV R 10/76, BStBl. II 1981, S. 669-672, hier S. 672; BFH-Urteil vom 24.03.1982, IV R 96/78, BStBl. II 1982, S. 643-646, hier S. 645; BFH-Urteil vom 5.04.1984, IV R 96/82, BStBl. II 1984, S. 552-554, hier S. 554.

318 Im BFH-Urteil vom 17.07.1980, IV R 10/76, BStBl. II 1981, S. 669-672, hier S. 672. Hier wurde ein Mindestzeitraum durch das Verhältnis von Entschädigungshöhe (1 Mio. DM) und zukünftigem jährlichem Mehraufwand (96.000 DM) von 10 Jahren berechnet. Vgl. auch das BFH-Urteil vom 5.04.1984, IV R 96/82, BStBl. II 1984, S. 552-554, hier S. 554 berechnet der BFH den Mindestzeitraum auf der Grundlage tarifvertraglicher Regelungen.

319 Vgl. BFH-Urteil vom 7.03.1973, I R 48/69, BStBl. II 1973, S. 565-568, hier S. 568; BFH-Beschluß vom 3.11.1982, I B 23/82, BStBl. II 1983, S. 132-134, hier S. 134.

320 Vgl. BFH-Urteil vom 24.08.1983, I R 16/79, BStBl. II 1984, S. 273-276, hier S. 276.

321 BFH-Urteil vom 25.10.1994, VIII R 65/91, BStBl. II 1995, S. 312-315, hier S. 312.

322 BFH-Urteil vom 25.10.1994, VIII R 65/91, BStBl. II 1995, S. 312-315, hier S. 314.

323 Vgl. *Stobbe* (Kriterium der bestimmten Zeit, 1995), S. 399-402, hier S. 401.

Gleichermaßen betont der Bundesfinanzhof in seinem Urteilen vom 24. März 1982[324], dass dem Bestimmtheitserfordernis auch durch die Festlegung eines Mindestzeitraums entsprochen werden kann. Die Bildung eines Rechnungsabgrenzungspostens setzt in der Regel voraus, „daß eine bestimmte Zeit kalendermäßig festgelegt oder berechenbar ist und nicht nur mehr oder weniger vage geschätzt werden kann. Dabei wird dem Bestimmtheitsgrundsatz Genüge getan, wenn einer Parteienvereinbarung ein (Mindest-)Zeitraum zu entnehmen ist [...]"[325]. In diesem Sinne heißt es auch im Urteil vom 5. April 1984[326] „Dem Bestimmtheitserfordernis ist [...] ausreichend Rechnung getragen, wenn einer Parteienvereinbarung ein (Mindest-)Zeitraum zu entnehmen ist, dem eine Entschädigung als Ertrag zugeordnet werden muß. Es ist im Sinne dieser Rechtsprechung als genügend bestimmt anzusehen, wenn ein Zuschuß für die Verpflichtung gezahlt wird, einen Ausbildungsplatz für ‚mindestens zwei aufeinanderfolgende Ausbildungsverhältnisse zu besetzen'. Denn der Zeitraum eines Ausbildungsverhältnisses (und eines hieran anschließenden weiteren Ausbildungsverhältnisses) ist berechenbar; als Grundlage hierfür dienen die jeweils einschlägigen Vorschriften (bzw. tarifvertraglichen Regelungen) über die Dauer des betreffenden Ausbildungsverhältnisses. Der Umstand, daß sich im Einzelfall aus besonderen Gründen ein Ausbildungsverhältnis verlängern oder verkürzen kann, spielt dabei keine entscheidende Rolle. Würde man für die Bildung eines passiven Rechnungsabgrenzungspostens strengere Anforderungen an das Erfordernis der zeitlichen Bestimmtheit stellen, so würde der in der Regelung der Rechnungsabgrenzungsposten zum Ausdruck kommende Grundsatz zeitraumrichtiger Periodenabgrenzung über Gebühr eingeengt werden."[327]

Dem Wortlaut des Gesetzes folgend ist grundsätzlich davon auszugehen, dass das Tatbestandsmerkmal „bestimmte Zeit" auf der Aktiv- und Passivseite der Bilanz identisch auszulegen ist.[328] Seine Ausnahme findet dieser Grundsatz im Vorsichtsprinzip: Im Zweifel ist ein Rechnungsabgrenzungsposten auf der Pas-

---

324 Vgl. BFH-Urteil vom 24.03.1982, IV R 96/78, BStBl. II 1982, S. 643-646: Im Urteilssachverhalt hatte ein buchführender Landwirt der Ruhrgas AG ohne zeitliche Begrenzung die Erlaubnis erteilt, auf seinem Grundbesitz eine Ferngasleitung zu bauen, zu betreiben, zu unterhalten und den Grundbesitz zu diesem Zweck zu nutzen. Für die Einräumung der Dienstbarkeit erhielt der Landwirt eine einmalige Entschädigung. Die Finanzverwaltung wendete dieses Urteil über den entschiedenen Einzelfall hinaus zunächst nicht an. Vgl. BMF-Schreiben vom 12.10.1982, IV B 2 - S 2133 - 15/82, BStBl. I 1982, S. 810. Dieses Verwaltungsanweisung wurde jedoch durch das BMF-Schreiben vom 15.03.1995, IV B 2 – S 2133 – 5/95, BStBl. I 1995, S. 183 aufgehoben.

325 BFH-Urteil vom 24.03.1982, IV R 96/78, BStBl. II 1982, S. 643-646, hier S. 645.

326 Vgl. BFH-Urteil vom 5.04.1984, IV R 96/82, BStBl. II 1984, S. 552-554, hier S. 554. In dem Urteilssachverhalt zahlte das Land Nordrhein-Westfalen einem Steuerbevollmächtigten für die Bereitstellung zweier aufeinanderfolgender Ausbildungsverhältnisse einen Zuschuss in Höhe von 5.000 DM.

327 BFH-Urteil vom 5.04.1984, IV R 96/82, BStBl. II 1984, S. 552-554, hier S. 554.

328 Für einem Literaturüberblick über diese Frage siehe *Adler/Düring/Schmaltz* (Rechnungslegung, 1998), § 250 HGB, Rn. 115.

sivseite anzusetzen, auf der Aktivseite dagegen nicht.[329] Durch den aktiven Rechnungsabgrenzungsposten „soll die Aufwandsrealisierung bereits verausgabter Beträge in die Periode verlagert werden, in der die dazugehörigen Erträge realisiert werden".[330] Ist die Zugehörigkeit der verausgabten Beträge zu zukünftigen Erträgen nicht genau feststellbar, so muss nach dem Vorsichtsprinzip die Bildung eines Rechnungsabgrenzungspostens unterbleiben.[331] „Andernfalls würde sich der Kaufmann durch die fehlende Aufwandsverrechnung in der Verausgabungsperiode trotz bestehender Ungewissheit ‚reicher rechnen, als er ist'."[332] Dies wäre mit den Grundsätzen einer vorsichtigen Gewinnermittlung nicht mehr vereinbar. Durch die passivische Rechnungsabgrenzung soll die Realisierung bereits vereinnahmter Beträge in die Periode verlagert werden, in der die Einnahmen wirtschaftlich verursacht werden, d. h. in der Periode, in der die Leistungen erbracht werden, die die Einnahmen verursachen.[333] Ist die Zugehörigkeit der vereinnahmten Beträge zu der zukünftigen Leistungsbewirkung nicht exakt feststellbar – es ist nicht genau auszumachen, inwieweit das Tatbestandsmerkmal „bestimmte Zeit" erfüllt ist –, so muss nach dem Vorsichtsprinzip die Bildung eines passiven Rechnungsabgrenzungspostens erfolgen.[334] Die Anwendung des Vorsichtsprinzips schließt somit bei Zweifeln über die Bestimmbarkeit des Mindestzeitraums eine imparitätische Behandlung nicht aus.[335]

Eine alleinige Objektivierung durch das Merkmal der Zeitbestimmtheit steht vor dem Dilemma, dass keine – weder die enge noch die weite – Auslegung dazu führt, dass nur die transitorischen Posten i. w. S. von der Aktivierung ausgeschlossen werden.[336] Die wortgetreue Auslegung, die die kalendermäßige Bestimmtheit des Zeitraums fordert, verhindert zwar die Aktivierung dieser Aufwendungen, schließt aber gleichzeitig auch solche Ausgaben von der Aktivierung aus, die nach allgemeinem Bilanzverständnis einer Abgrenzung zugänglich sein müssten, nämlich Vorauszahlungen auf Dauerschuldverhältnisse, die sich über einen größeren, wenn auch unbestimmten Zeitraum erstrecken. Die weitergehende Auslegung, die die Bestimmbarkeit oder Schätzbarkeit des Zeitraums

---

329 Vgl. hierzu *Adler/Düring/Schmaltz* (Rechnungslegung, 1998), § 250 HGB, Rn. 109 und Rn. 115; *Ellrott/Krämer* (BeckBilKomm, 2006), § 250 HGB, Anm. 24; *Hüttemann* (HdJ, 1988), Abt. II/8, Rn. 22; *Kleindiek* (HGB-Bilanzrecht, 2002), § 250 HGB, Rdn. 15; *Kupsch* (BHR, 2005), § 250 HGB, Rz. 16 und Rz. 36.

330 *Herzig/Söffing* (Mindestzeitraum, 1993), S. 465-470, hier S. 469. Vgl. zur sachlichen Abgrenzung des Realisationsprinzips *Leffson* (GoB, 1987), S. 299-330.

331 Vgl. *Herzig/Söffing* (Mindestzeitraum, 1993), S. 465-470, hier S. 469.

332 *Herzig/Söffing* (Mindestzeitraum, 1993), S. 465-470, hier S. 469.

333 Vgl. zur zeitlichen Abgrenzung des Realisationsprinzips *Leffson* (GoB, 1987), S. 330-338.

334 Vgl. *Herzig/Söffing* (Mindestzeitraum, 1993), S. 465-470, hier S. 469.

335 Vgl. *Crezelius* (Bestimmte Zeit, 1998), S. 633-638, hier S. 638; *Herzig/Söffing* (Mindestzeitraum, 1993), S. 465-470, hier S. 469; *Schmidt* (Abgrenzungszeitraum, 1993), S. 340-343, hier S. 342 f.

336 Vgl. *Tiedchen* (HdJ, 2006), Abt. II/11, Rn. 102 f.

genügen lässt, ermöglicht zwar die Abgrenzung von Zahlungen auf unbefristete Nutzungsverhältnisse, kann aber nicht erklären, wo die Grenze der Bestimmbarkeit oder Schätzbarkeit eines Zeitraums liegt, denn bestimmbar oder schätzbar ist auch der Zeitraum, in dem sich Maßnahmen der Werbung oder Forschung und Entwicklung nutzbringend auswirken.[337]

Einen Ausweg aus diesem Dilemma hat der Bundesfinanzhof offengelegt. Da heute ohnehin nur Vorauszahlungen für rechtlich geschuldete Gegenleistungen als Rechnungsabgrenzungsposten bilanziert werden können, stellt sich die Frage der Erforderlichkeit des gesetzlichen Kriteriums der bestimmten Zeit, um eine weite „dynamische" Rechnungsabgrenzung zu verhindern, nicht?[338] Es fehlt bei transitorischen Rechnungsabgrenzungsposten i. w. S. das Merkmal der Aufwands- und Ertragswirksamkeit für eine Zeit nach dem Abschlussstichtag. Denn dieses Ansatzkriterium bewirkt unter Hinzuziehung der Rechtsprechung, dass Rechnungsabgrenzungsposten nur gebildet werden können und müssen für Vorleistungen im Rahmen schwebender Dauerrechtsverhältnisse, bei Vorleistungen für rechtlich zugesicherte zeitraumbezogene Gegenleistungen. So wird auch der Zeitraum, in dem die Ausgabe (Einnahme) als Aufwand (Ertrag) erfasst wird, grundsätzlich durch die noch ausstehende rechtliche Gegenleistung bestimmt. Vor diesem Hintergrund gebietet das Kriterium der zeitlichen Bestimmtheit lediglich, dass der durch eine ausstehende Gegenleistung determinierte Zeitraum der Erfolgswirksamkeit objektiv bestimmbar ist.[339] Der Bundesfinanzhof legt fest: „Der Umfang der in künftigen Jahren noch zu erbringenden Leistungen bildet den Maßstab für die Bemessung der an den einzelnen Bilanzstichtagen zu bildenden passiven Rechnungsabgrenzungsposten."[340] Damit dient das Merkmal der zeitlichen Bestimmtheit nach heutigem Verständnis nicht mehr der Objektivierung des wirtschaftlichen Vorteils einer Ausgabe für spätere Perioden, sondern der Objektivierung im Rahmen der Bestimmung des Leistungszeitraums, der zugleich den Zeitraum der Erfolgswirksamkeit der Ausgabe bzw. Einnahme

---

337 Vgl. *Tiedchen* (Rechnungsabgrenzung, 1997), S. 2471-2475, hier S. 2471 ff.: So lasse sich „doch z. B. der Zeitraum, über den sich die Werbekampagne eines Unternehmens bezahlt macht, mit geeigneten Mitteln der Marktforschung ebenfalls bestimmen oder je-denfalls schätzen. [...] Daß Aufwendungen für Werbung bzw. Forschung und Entwick-lung nicht aus-gewiesen werden, liegt allein daran, daß sie nach heutigem Verständnis nicht aktiviert werden dürfen, nicht aber daran, daß die Abgrenzung solcher Kosten mit der heute herrschenden Auslegung des Merkmals der bestimmten Zeit unvereinbar wä-re." So auch *van der Velde* (Rechnungsabgrenzungsposten, 1969), S. 441-449, hier S. 449; *Schmidt* (Einkommensteuer, 1971), S. 598-599, hier S. 599.

338 Vgl. *Mellwig* (Quelle, 2005), S. 217-235, hier S. 222.

339 Vgl. *Kliem* (Rechnungsabgrenzung, 2000), S. 257 f.

340 BFH-Urteil vom 17.08.1967, IV 285/65, BStBl. II 1968, S. 80-81, hier S. 81. Siehe hier-zu auch BFH-Urteil vom 17.07.1974, I R 195/72, BStBl. II 1974, S. 684-686, hier S. 686; BFH-Urteil vom 12.08.1982, IV R 184/79, BStBl. II 1982, S. 696-700, hier S. 698 f.

darstellt.[341] Zudem birgt das vorrangige Abstellen auf die rechtliche Gegenleistung den Vorteil, dass Ausgaben bzw. Einnahmen nicht nur deshalb abgegrenzt werden, weil lediglich ein Zeitraum bestimmbar ist.

D. Fazit oder: der Anwendungsbereich von Rechnungsabgrenzungsposten

„Der Anwendungsbereich der Rechnungsabgrenzungsposten betrifft in erster Linie gegenseitige Verträge, bei denen für eine bestimmte Zeit Leistungen zu erbringen sind, bei denen aber Leistung und Gegenleistung zeitlich auseinanderfallen."[342] Exemplarisch führt der Bundesfinanzhof weiter aus, dass „vorausbezahlte Miet- und Pachtzinsen, Darlehenszinsen, Versicherungsprämien und ähnliche wiederkehrende Leistungen beim Empfänger passiv und beim Geber aktiv abzugrenzen"[343] seien. Die Bildung von Rechnungsabgrenzungsposten ist jedoch nicht auf obligatorische Verträge des Privatrechts beschränkt, sondern erstreckt sich auch auf dingliche Rechtsverhältnisse.[344] Das Kriterium „Aufwand für eine bestimmte Zeit nach dem Abschlussstichtag" erfordert nach der ständigen Rechtsprechung des Bundesfinanzhofs, „daß einer Vorleistung eine noch nicht erbrachte zeitraumbezogene Gegenleistung [gegenüberstehe]"[345]. Zu Recht bezeichnet *Moxter* eine Beschränkung auf Vorleistungen aus (zeitbezogenen) gegenseitigen Verträgen als Überobjektivierung.[346] Denn auch Ansprüche aus zeitbezogenen Vorleistungen, die ihre Grundlage im öffentlichen Recht haben, sind einzubeziehen.

Fraglich ist, „ob es auch Rechnungsabgrenzungsposten für Ausgaben gibt, die nicht im Zusammenhang mit einer zeitraumbezogenen Gegenleistung stehen"[347]. Diese Frage lässt sich anhand des Wortlauts wohl nicht verneinen, da nur Aufwand für eine bestimmte Zeit nach dem Abschlussstichtag gefordert wird. Aber

---

341 Vgl. *Kliem* (Rechnungsabgrenzung, 2000), S. 257: So gebiete das Kriterium der Zeitbestimmtheit lediglich, „dass der durch eine noch ausstehende Gegenleistung determinierte Zeitraum der Aufwands- bzw. Ertragswirksamkeit intersubjektiv nachprüfbar bestimmt werden kann". Vgl. auch *Köhle* (Rechnungsabgrenzung, 2003), S. 174 f.: Das Kriterium der Zeitbestimmtheit sei obsolet, denn die Bilanzierung von Rechnungsabgrenzungsposten lasse „sich bereits mit der Befolgung des Gewinnrealisationsprinzips sowie des Grundsatzes der Abgrenzung der Sache und der Zeit nach erreichen".
342 BFH-Urteil vom 22.07.1982, IV R 111/79, BStBl. II 1982, S. 655-657, hier S. 656.
343 BFH-Urteil vom 31.05.1967, I 208/63, BStBl. III 1967, S. 607-609, hier S. 608.
344 Vgl. *Tiedchen* (HdJ, 2006), Abt. II/11, Rn. 58; *Köhle* (Rechnungsabgrenzung, 2003), S. 145 f.
345 BFH-Urteil vom 6.04.1993, VIII R 86/91, BStBl. II 1993, S. 709-710, hier S. 710.
346 Vgl. *Moxter* (Bilanzrechtsprechung, 2007), S. 73.
347 *Meyer-Scharenberg* (Zweifelsfragen, 1991), S. 754-758, hier S. 755, folgert, dass „die Zeitraumbezogenheit ein unverzichtbares Merkmal für das Vorliegen eines Rechnungsabgrenzungspostens" sei. Wesentlich bedeutsamer bzw. unverzichtbar ist jedoch das Vorhandensein einer noch ausstehenden Leistungspflicht bzw. eines noch fortbestehenden Leistungsanspruchs.

unter Hinzuziehung der Rechtsprechung und der Auslegung des Begriffes Aufwand – für eine bestimmte Zeit nach dem Bilanzstichtag – bedarf es einer zeitraumbezogenen Gegenleistung und mithin eines Dauerrechtsverhältnisses.[348] Anders formuliert: Der Rechnungsabgrenzungsposten bedingt das Vorliegen einer gegenseitigen Rechtsbeziehung, bei der die Sach- oder Dienstleistung nur im Zeitablauf, d. h. zeitraum- und nicht zeitpunktbezogen – erbracht werden kann. Eine Bilanzierung kommt mithin nur in Betracht, wenn der Vorleistung eine bürgerlich-[349] oder öffentlich-rechtliche[350] Beziehung zugrunde liegt und ein zivil-[351] bzw. bilanzrechtliches Synallagma[352] zum Gegenwert besteht. In diesem Sinne ist ein aktiver Rechnungsabgrenzungsposten eine im Rahmen eines zweiseitig verpflichtenden Dauerrechtsverhältnisses erbrachte Vorleistung vor dem Bilanzstichtag, die nach Maßgabe der vertraglichen (rechtlichen) Gegenleistung Aufwand für die Zeit nach dem Bilanzstichtag darstellt. Spiegelbildlich ist ein passiver Rechnungsabgrenzungsposten eine im Rahmen eines zweiseitig verpflichtenden Dauerrechtsverhältnisses erhaltene Vorleistung vor dem Bilanzstichtag, die nach Maßgabe der vertraglichen (rechtlichen) Gegenleistung Ertrag für die Zeit nach dem Bilanzstichtag darstellt.

---

348 Vgl. *Döllerer* (Steuerrecht der Unternehmen, 1987), S. 443-474, hier S. 447 f.; *Groh* (Bilanztheorie, 1980), S. 121-140, hier S. 133.

349 Dies entspricht der ständigen Rechtsprechung des Bundesfinanzhofs, demnach liegt der „Anwendungsbereich hauptsächlich auf dem Gebiet [..] gegenseitiger Verträge". Vgl. BFH-Urteil vom 31.05.1967, I 208/63, BStBl. III 1967, S. 607-609, hier S. 608 und BFH-Urteil vom 22.07.1982, IV R 111/79, BStBl. II 1982, S. 655-657, hier S. 656.

350 Unstreitig seit BFH-Urteil vom 5.04.1984, IV R 96/82, BStBl. II 1984, S. 552-554, hier S. 554; BFH-Urteil vom 14.07.1988, IV R 78/85, BStBl. II 1989, S. 189-192, hier S. 190. BFH-Urteil vom 29.11.1990, IV R 131/89, BStBl. II 1992, S. 715-718, hier S. 717; BFH-Urteil vom 17.09.1987, IV R 49/86, BStBl. II 1988, S. 327-330, hier S. 328; BFH-Urteil vom 22.07.1982, IV R 111/79, BStBl. II 1982, S. 655-657, hier S. 656. Vgl. auch *Döllerer* (Rechtsprechung, 1985), S. 386-418, hier S. 394.

351 Vgl. hierzu BFH-Urteil vom 4.03.1976, IV R 78/72, BStBl. II. 1977, S. 380-382, hier S. 381 f.

352 So auch *Moxter* (Betrachtungsweise, 1989), S. 232-241, hier S. 238. Zum Begriff des bilanzrechtlichen Synallagmas vgl. *Herzig* (Rückstellungen, 1986), S. 61-112, hier S. 70 ff.

III. Grundprinzipien zur Wertfortführung von Rechnungsabgrenzungsposten

A. Die Auflösungsmethodik des Bundesfinanzhofs

Da die Rechtsprechung des Bundesfinanzhofs implizit das Vorliegen eines Wirtschaftsguts verneint[353] kommt der Definition in § 250 HGB bzw. § 5 Abs. 5 EStG nicht nur maßgebliche Bedeutung für den Ansatz, sondern auch für die Bewertung zu.[354] Aus der Definition des aktiven (passiven) Rechnungsabgrenzungspostens ergibt sich die Notwendigkeit der Zuordnung der erfolgten Ausgabe (Einnahme) zu vergangenem bzw. zukünftigem Aufwand (Ertrag)[355], denn der Rechnungsabgrenzungsposten hat nur so weit Bestand, wie die Ausgabe bzw. Einnahme zukünftigen (zeitraumbezogenen) Aufwand bzw. Ertrag verkörpert. Diese im Folgenden darzustellende Zuordnungsnorm des geltenden Bilanzrechts, die maßgeblich durch die Rechtsprechung des Bundesfinanzhofs geprägt bzw. entwickelt wurde, wird im Schrifttum als „Grundsatz der rechtlichen Betrachtungsweise"[356] bezeichnet.

Der Bundesfinanzhof stellt in seinen Entscheidungen bei der Zuordnung der Vorleistung bzw. der Ausgabe und Einnahme zum zukünftigen Aufwand bzw. Ertrag auf den Wert der noch ausstehenden Gegenleistung ab. Bei der Ermittlung der noch ausstehenden Gegenleistungen wird auf eine rechtliche Leistungsbezogenheit abgestellt.[357] So bestimmen sich „die Rechnungsabgrenzungsposten [...] dem Grunde und *der Höhe* nach nicht nach der Kostenrechnung, sondern nach dem schuldrechtlichen Verhältnis von Leistung und Gegenleistung".[358] Übertragen auf ein Mietverhältnis formuliert der Bundesfinanzhof dies wie folgt: „Maßgeblich für [...] die Bewertung der vom Vermieter bisher erbrachten und noch zu erbringenden Leistung in Gestalt der Nutzungsüberlassung, ist [...] nicht die betriebswirtschaftliche Kostenrechnung, sondern das rechtliche, insbesondere schuldrechtliche Verhältnis von Leistung und Gegenleistung; abzustellen ist also auf den rechtlichen Jahreswert von Leistung und Gegenleistung [...].“[359] Anders ausgedrückt: Die Höhe des aktiven Rechnungs-

---

353 Vgl. BFH-Urteil vom 20.11.1969, IV R 3/69, BStBl. II 1970, S. 209-210.

354 So ergebe sich „die Höhe des Bilanzansatzes [...] unmittelbar aus § 5 Abs. 5 EStG vgl. BFH-Urteil vom 19.10.1993, VIII R 87/91, BStBl. II 1994, S. 109-111, hier S. 111; so auch *Döllerer* (Maßgeblichkeit, 1969), S. 501-507, hier S. 506.

355 Vgl. *Bauer* (Kirchhof/Söhn/Mellinghoff, 2001), § 5 EStG, F 138.

356 *Rose* (Rechnungsabgrenzungsposten, 1984), S. 141-168, hier S. 153-156. Dieser Grundsatz bezieht sich sowohl auf den Ansatz als auch auf die Bewertung.

357 Vgl. *Rose* (Rechnungsabgrenzungsposten, 1984), S. 141-168, hier S. 155.

358 BFH-Urteil vom 26.05.1976, I R 80/74, BStBl. II 1976, S. 622-624, hier S. 624 (Hervorhebung durch Verf.); vgl. auch *Engel* (Leasing, 1992), S. 721-725, hier S. 724 f. An anderer Stelle heißt es „die Bilanz im Rechtssinne ist keine ‚Kostenrechnung'". Vgl. BFH-Beschluß vom 3.11.1982, I B 23/82, BStBl. II 1983, S. 132-134, hier S. 134 und BFH-Urteil vom 17.07.1974, I R 195/72, BStBl. II 1974, S. 684-686, hier S. 686.

359 BFH-Urteil vom 12.08.1982, IV R 184/79, BStBl. II 1982, S. 696-700, hier S. 698.

abgrenzungspostens bemisst sich insbesondere bei gegenseitigen Verträgen mit zeitraumbezogenen Gegenleistungsverpflichtungen nach dem Verhältnis der am Abschlussstichtag noch ausstehenden zeitbezogenen Gegenleistung des Vertragspartners zur gesamten Gegenleistung des Vertragspartners.[360] Formal ergibt sich die Höhe des aktiven Rechnungsabgrenzungspostens aus dem Produkt der Vorleistung und des Quotienten aus der am Abschlussstichtag noch ausstehenden Gegenleistung zur gesamten Gegenleistung des Vertragspartners. Dies bedeutet, dass eine Zahlung, die während der Laufzeit eines schwebenden Dauerschuldverhältnisses für die gesamte Dauer dieses Verhältnisses geleistet wird, „in eine Tilgungsleistung hinsichtlich des Erfüllungsrückstandes und eine Erfüllungsvorleistung hinsichtlich des Restbetrags aufzuteilen ist"[361]. Die Auflösung des Rechnungsabgrenzungspostens ist mithin an die zeitraumbezogene Erfüllung der Sach- oder Dienstleistungsverpflichtung gekoppelt.[362] Für den bereits abgewickelten Teil des Dauerschuldverhältnisses ist der Rechnungsabgrenzungsposten aufzulösen.[363] Dem Grunde nach ist die Auflösung des Rechnungsabgrenzungspostens an den Abbau des Leistungsanspruchs (bzw. an den Abbau der Leistungsverpflichtung) geknüpft, dessen Vorhandensein erst den Ansatz eines Rechnungsabgrenzungspostens erzwungen hat.

Spiegelbildlich bestimmt sich die Höhe des an dem einzelnen Bilanzstichtag zu bilanzierenden passiven Rechnungsabgrenzungspostens nach dem Umfang der in künftigen Jahren noch zu erbringenden Leistung.[364] Die Höhe des passiven Rechnungsabgrenzungspostens bestimmt sich – nach den Worten des Bundesfinanzhofs – „nach dem Verhältnis der noch ausstehenden Gegenleistung zur gesamten Gegenleistung"[365]. Auch hier gilt wiederum die Maßgeblichkeit des rechtlichen Werts der Gegenleistung. Damit kommt zum Ausdruck, dass die Bewertung von ausstehender und insgesamt geschuldeter Leistung nach dem rechtlichen Wert der Leistungen erfolgen soll und nicht nach Höhe der Ausgaben, die durch die Leistungserbringung entstehen.

Maßgeblich für die Bestimmung der Höhe des Rechnungsabgrenzungspostens und folglich auch für seine Auflösung ist demnach der Wert der rechtlichen Gegenleistung. Hierbei ist zu differenzieren zwischen dem gesamten Wert der rechtlichen Gegenleistung und dessen Aufteilung in den bereits erbrachten und noch ausstehenden Teil der Gegenleistung. Der Wert der gesamten Gegenleistung bestimmt sich zunächst nach der schuldrechtlichen Vereinbarung und mit-

360 Vgl. *Bauer* (Kirchhof/Söhn/Mellinghoff, 2001), § 5 EStG, F 139; *Federmann* (HHR, 2005), § 5 EStG, Anm. 1933.
361 BFH-Urteil vom 19.10.1993, VIII R 87/91, BStBl. II 1994, S. 109-111, hier S. 111.
362 Vgl. *Gschwendtner* (Vorleistungen, 1995), S. 417-426, hier S. 424 f.
363 Vgl. BFH-Urteil vom 23.03.1995, IV R 66/94, BStBl. II 1995, S. 772-774, hier S. 773: Danach ist der Rechnungsabgrenzungsposten „in dem Umfang aufzulösen, in dem er auf die bisher erbrachte Teilleistung entfällt".
364 Vgl. BFH-Urteil vom 17.08.1967, IV 285/65, BStBl. II 1968, S. 80-81, hier S. 81.
365 BFH-Urteil vom 31.05.1967, I 208/63, BStBl. II 1967, S. 607-609, hier S. 608.

hin nach der Höhe der Entgeltleistungsverpflichtung. Denn letztlich kommt in der Entgeltvereinbarung die Aushandlung zweier Vertragsparteien mit widerstreitenden Interessen zum Ausdruck. Die Frage nach der Höhe der am Abschlussstichtag noch ausstehenden Gegenleistungsverpflichtung des zur Sach- oder Dienstleistung Verpflichteten ist hingegen schwieriger festzustellen, da es einer Aufteilung bzw. Zuordnung des Gesamtentgelts auf die einzelnen Teilperioden bedarf. Dies gilt insbesondere in den Fällen, in denen eine Vorauszahlung des Gesamtentgelts vereinbart wurde, ohne dass sich den vertraglichen Vereinbarungen etwas über die jährlichen Nutzungsentgelte entnehmen lässt. In erster Linie greift hier wiederum der Grundsatz der rechtlichen Betrachtungsweise. Folglich ist bei einem jährlich kündbaren Mietverhältnis davon auszugehen, dass in der Vereinbarung über das für das einzelne Jahr zu entrichtende Entgelt sich der Wert der Gegenleistung widerspiegelt. Das jeweilige Jahresentgelt ist dann Ausdruck einer sachgerechten, im Ausgleich widerstreitender Interessen gefundenen Bewertung des Jahreswerts der Nutzungsüberlassung. In diesem Sinne hat der Bundesfinanzhof entschieden, dass „der Vereinbarung über das für das einzelne Jahr zu entrichtende Entgelt [...] keine ‚Richtigkeitsgewähr' in dem Sinne zuerkannt [..] [wird], daß die jeweilige Jahresmiete Ausdruck einer sachgerechten, im Ausgleich widerstreitender Interessen gefundenen Bewertung des Jahreswerts der empfangenen Gegenleistung (Nutzungsüberlassung) ist"[366], sofern „das Mietverhältnis auf mehrere Jahre zu festen Bedingungen abgeschlossen ist und während dieser Zeit vom Vermieter nur aus wichtigem Grund gekündigt werden kann und wenn konkrete Anhaltspunkte dafür fehlen, daß die Vertragsparteien der Möglichkeit einer vorzeitigen Beendigung des Mietverhältnisses durch Kündigung des Vermieters aus wichtigem Grunde und dem Fehlen eines Anspruchs aus teilweiser Rückforderung bisher gezahlter Mietzinsen in diesem Falle eine mehr als rein theoretische Bedeutung beigemessen haben".[367] In diesen Fällen sei lediglich der Gesamtwert der vertraglich vereinbarten Leistung gegeben.[368] Eine Zuordnung dieses Gesamtentgelts auf die einzelnen Teilperioden mittels schuldrechtlicher Vereinbarung bedürfe jedoch einer Überprüfung. Hier ist nach *Döllerer* zu prüfen, ob beispielsweise fallende Jahresraten Ausdruck einer willkürfreien Bewertung der zu erbringenden Gegenleistung sind, und ob die höheren Jahresraten zu Beginn des Vertragsverhältnisses nicht zum Teil verkappte Vorauszahlungen enthalten.[369] Das Letztere ist immer dann der Fall, wenn bei vorzeitiger Beendigung des Vertragsverhältnisses Teile des vorab entrichteten Entgelts zurückzuzahlen sind. Allerdings wird aus

---

366 BFH-Urteil vom 12.08.1982, IV R 184/79, BStBl. II 1982, S. 696-700, hier S. 699.

367 BFH-Urteil vom 12.08.1982, IV R 184/79, BStBl. II 1982, S. 696-700, hier S. 698. Zustimmend die Finanzverwaltung: Vgl. hierzu BMF-Schreiben vom 10.10.1983, IV B – S 2170 – 83/83, BStBl. I 1983, S. 431.

368 Vgl. hierzu *Schönborn* (Verbindlichkeitsrückstellung, 1998), S. 1099-1102, hier S. 1101 f.

369 Vgl. *Döllerer* (Aktivierungswelle, 1980), S. 1333-1337, hier S. 1337; *Clemm* (Grundprobleme, 1981), S. 117-135, hier S. 133-135; *Mathiak* (Bilanzsteuerrecht, 1983), S. 69-76, hier S. 70.

dem oben zitierten Urteil gefolgert, dass es für das Vorliegen einer wirtschaftlichen Vorauszahlung nicht auf das Vorhandensein eines Rückzahlungsanspruchs ankommt.[370]

In eben diesem Sinne fügt sich die Entscheidung des Bundesfinanzhofs vom 5. April 2006 ein.[371] Eine Mieterin brauchte bei einem auf zehn Jahre befristeten Mietvertrag für die ersten elf Monate keinen Mietzins zu entrichten. Wenngleich dem Streitfall keine Mietvorauszahlung zugrunde lag, kann die Frage der Aufwandserfassung mittelbar auf die Frage der Auflösung des Rechnungsabgrenzungspostens übertragen werden. Die Frage, ob in diesem Fall Aufwand auszuweisen war, hing davon ab, ob die zeitweise Mietfreistellung nur als Berechnungsmethode anzusehen war oder ob die Nutzung im ersten Jahr tatsächlich unentgeltlich war.[372] In dieser Entscheidung kommt Folgendes zum Ausdruck: Die ersten elf Monate der Nutzungsüberlassung seien tatsächlich unentgeltlich gewesen, da die Mieterin für den Zeitraum der entgeltlichen Nutzung nicht zu einer überhöhten Mietzahlung verpflichtet gewesen sei.[373] Für die Üblichkeit des zu entrichtenden Mietzinses spräche „dass diese (nach [einem] bestimmten Zeitablauf) den Veränderungen des Gesamtlebenshaltungskostenindex folgen sollten"[374]. Zudem sei „die Mietzeit auch nicht auf einen bestimmten Zeitraum begrenzt [gewesen], innerhalb dessen die rückständige Miete hätte ,nacherhoben' werden sollen [...]."[375] Das schuldrechtliche Vertragsverhältnis ist mithin maßgeblich für die periodische Aufwandsverrechnung bei Dauerrechtsverhältnissen, sofern nicht der „rechtliche Jahreswert" der periodischen Leistungserbringung der schuldrechtlichen Vereinbarung zuwider läuft.[376]

---

370 Hierzu kritisch *Meilicke* (Beurteilung, 1983), S. 737-741, hier S. 740 f.; vgl. auch BFH-Urteil vom 6.04.1993, VIII R 86/91, BStBl. II 1993, S. 709-710, hier S. 710. In dieser Entscheidung betont der BFH den Zusammenhang zwischen Vorleistung und Rückforderungsanspruch.

371 Vgl. BFH-Urteil vom 5.04.2006, I R 43/05, BStBl. II 2006, S. 593-595. Vgl. *Wüstemann* (BB-Kommentar, 2006), S. 1625.

372 Vgl. *Weber-Grellet* (Bilanzsteuerrecht, 2007), S. 35-41, hier S. 36. Vgl. hierzu auch die ausführliche Urteilsbesprechung von *Rätke* (Miete, 2006), S. 789-793.

373 Vgl. *Weber-Grellet* (Bilanzsteuerrecht, 2007), S. 35-41, hier S. 36. Zum Vorliegen einer verkappten Mietvorauszahlung vgl. auch BFH-Urteil vom 28.08.1974, I R 66/72, BStBl. II 1974, S. 56-58, hier S. 57.

374 BFH-Urteil vom 5.04.2006, I R 43/05, BStBl. II 2006, S. 593-595, hier S. 595.

375 BFH-Urteil vom 5.04.2006, I R 43/05, BStBl. II 2006, S. 593-595, hier S. 595.

376 Laut *Moxter* zieht sich der BFH im Urteil vom 5.04.2006, I R 43/05, BStBl. II 2006, S. 593-595, auf eine formalrechtliche Betrachtungsweise zurück (Bilanzrechtsprechung, 2007), S. 147. So auch *Hoffmann* (Anmerkung, 2006), S. 1123-1125, hier S. 1125: Von *einer wirtschaftlichen Betrachtungsweise* sei „im Besprechungsurteil nichts mehr festzustellen". *Rätke* (Miete, 2006), S. 789-793, hier S. 793, wertet die Entscheidung des BFH hingegen lediglich als eine Absage an eine „uneingeschränkte wirtschaftliche Betrachtungsweise".

Das zuvor geschilderte Zuordnungsproblem des Gesamtentgelts – als Wert der gesamten Leistungsverpflichtung – auf die einzelnen Leistungsabschnitte löst der Bundesfinanzhof, indem er auf die vom Vertragspartner geschuldete rechtliche Leistungsverpflichtung abstellt, bei einem Mietvertrag also zum Beispiel auf die Überlassung der Vertragssache zum Gebrauch.[377] Wenn die Gebrauchsüberlassungsverpflichtung „in den einzelnen [Vertrags-]Jahren grundsätzlich von gleicher Art und gleichem Umfang"[378] ist, dann sei für die rechtliche Leistungsverpflichtung ebenfalls von einer Gleichwertigkeit auszugehen.[379] Im Ergebnis habe somit eine lineare Auflösung der (vollen) Vorauszahlung zu erfolgen.[380] *Rose* zieht hieraus den Umkehrschluss, „daß rechtlich ungleichwertige Leistungen [...] vorliegen, wenn beispielsweise der Vermieter in den ersten fünf Jahren der Vertragslaufzeit die Instandhaltung des vermieteten Objekts zu übernehmen hat, in den folgenden fünf Jahren aber nicht mehr [...]."[381] In diesem Fall kann laut *Rose* keine lineare Auflösung erfolgen, sondern die Konsequenz der Anbindung des Rechnungsabgrenzungspostens an die rechtliche Leistungsverpflichtung gebiete gerade in diesen Fällen eine andere Verteilungsform als die „gleichmäßige Verteilung des Rechnungsabgrenzungspostens über die Jahre"[382].

Interessant erscheint im Zusammenhang der Konkretisierung des „rechtlichen Jahreswerts" die Entscheidung des Bundesfinanzhofs bezüglich der steuerlichen Anerkennung degressiver Raten beim Leasing beweglicher Wirtschaftgüter.[383] Maßgeblich für die Wertbestimmung der Leistung des Leasinggebers in den einzelnen Teilperioden sei „nicht die betriebswirtschaftliche Kostenrechnung des Leasinggebers, sondern das rechtliche, insbesondere das schuldrechtliche Verhältnis von Leistung und Gegenleistung; abzustellen ist auf den rechtlichen Jahreswert von Leistung und Gegenleistung"[384]. Im weiteren Verlauf der Urteilsbegründung konkretisiert der Bundesfinanzhof dann, was unter dem rechtlichen Jahreswert von Leistung und Gegenleistung zu verstehen ist. So bestimme sich der „objektive Wert der Nutzungsüberlassung" nicht nur nach der „rechtlichen Verwendungsmöglichkeit", sondern auch und vor allem nach dem „Funktionswert".[385] Der Funktionswert hängt „wiederum von der Betriebszeit und dem Al-

---

377 Vgl. *Rose* (Rechnungsabgrenzungsposten, 1984), S. 141-168, hier S. 155, mit weiteren Beispielen aus der Rechtsprechung des Bundesfinanzhofs.

378 BFH-Urteil vom 12.08.1982, IV R 184/79, BStBl. II 1982, S. 696-700, hier S. 698.

379 Vgl. BFH-Urteil vom 12.08.1982, IV R 184/79, BStBl. II 1982, S. 696-700, hier S. 698.

380 Dies gilt allerdings nur unter der einschränkenden Annahme, dass sich die Vorauszahlung auf die gesamte Vertragslaufzeit erstreckt. Bei Teilentgelten bedarf es hingegen eines modifizierten Aufteilungsverfahrens, das den Zeithorizont der Vorleistung berücksichtigt.

381 *Rose* (Rechnungsabgrenzungsposten, 1984), S. 141-168, hier S. 155 f.

382 *Rose* (Rechnungsabgrenzungsposten, 1984), S. 141-168, hier S. 155.

383 Vgl. BFH-Urteil vom 28.02.2001, I R 51/00, BStBl. II 2001, S. 645-646.

384 BFH-Urteil vom 28.02.2001, I R 51/00, BStBl. II 2001, S. 645-646, hier S. 645.

385 Vgl. BFH-Urteil vom 28.02.2001, I R 51/00, BStBl. II 2001, S. 645-646, hier S. 646.

ter des Leasinggegenstandes ab und bestimmt sich nach dem jeweiligen Wert der ,Wiederbeschaffungskosten', gegebenenfalls also solchen für ein gebrauchtes Wirtschaftsgut. Dessen technische Alterung ist ebenso zu berücksichtigen wie sein wirtschaftlicher Verzehr. Zusätzlich ist von Bedeutung, inwieweit der Leasingnehmer im Laufe der Zeit zunehmend mit Aufwendungen zur Reparatur und Instandhaltung des Leasinggegenstandes zu rechnen haben wird."[386] Überträgt man diese Argumentation auf die Auflösung des Rechnungsabgrenzungspostens, so ist der Rechnungsabgrenzungsposten bei einer Vorauszahlung des Nutzungsentgelts ebenfalls degressiv aufzulösen, sofern der Funktionswert im Zeitablauf sinkt. In diesem Fall nimmt der rechtliche Jahreswert der Gegenleistung des Nutzungsüberlassers (Leasinggebers) im Zeitablauf ab. Die bestimmenden Faktoren für den Funktionswert sind die Betriebszeit, das Alter des Leasinggegenstandes, die Wiederbeschaffungskosten, das technische Alter, der wirtschaftliche Verzehr und die Aufwendungen zur Reparatur und Instandhaltung. Der Bundesfinanzhof konkretisiert den rechtlichen Jahreswert der Gegenleistung als objektivierten Funktionswert, der unabhängig ist von der subjektiven Verwendung des Leasinggegenstandes durch den Leasingnehmer.[387] Dies überzeugt, da die Leistungserbringung des Leasinggebers nicht durch die Verwendung des Vertragsgegenstandes seitens des Leasingnehmers beeinflusst wird. Der Funktionswert, der Wert der Leistung des zur Sach- oder Dienstleistung Verpflichteten, bestimmt maßgeblich die Höhe der Erfolgswirksamkeit. Dem Grunde nach bestimmt sich der Zeitpunkt der Erfolgswirksamkeit durch den Erfüllungszeitpunkt desselbigen; so entsteht in der Regel mit Vertragserfüllung durch den zur Sachleistung-Verpflichteten nicht nur dessen Forderung, sondern auch die Verbindlichkeit des Leistungsempfängers.[388] Die Auflösung des aktiven Rechnungsabgrenzungspostens nach Maßgabe der schuldrechtlich noch ausstehenden Gegenleistung bedeutet, die Auflösung des Rechnungsabgrenzungspostens nach den Erfüllungsleistungen des Sachleistungsverpflichteten zu bestimmen. In diesem Sinne bestimmt sich das Verhältnis der noch ausstehenden Gegenleistung zur gesamten Gegenleistung nach der Leistungserbringung des Vertragspartners.

Im Ergebnis bestimmt die schuldrechtliche Entgeltvereinbarung grundsätzlich den Auflösungsbetrag des Rechnungsabgrenzungspostens, es sei denn, die Entgeltvereinbarung steht im Konflikt mit dem „rechtlichen Jahreswert" der Gegenleistung. Der „rechtliche Jahreswert" bestimmt sich wiederum nach dem objektivierten Funktionswert der Nutzungsüberlassung, denn dem Grunde nach wird die Vorleistung, die dem Rechnungsabgrenzungsposten zugrunde liegt, für die Gegenleistung der anderen Vertragsseite erbracht. Daher hat sich die Höhe des Auflösungsbetrags nach dem rechtlichen Jahreswert der Sach- oder Dienstleistung zu bestimmen, d. h. „dass auf gleiche Periodenleistungen gleiche Teile der

---

386 BFH-Urteil vom 28.02.2001, I R 51/00, BStBl. II 2001, S. 645-646, hier S. 646.
387 Kritisch hierzu *Gosch* (Bemerkungen, 2002), S. 977-984, hier S. 978.
388 Vgl. *Gschwendtner* (Vorleistungen, 1995), S. 417-426, hier S. 425.

Vorauszahlung entfallen müssen".[389] Bei einer im Zeitablauf gleichbleibenden Qualität der Nutzungsüberlassung – konstanter Funktionswert – muss auch die periodische Auflösung des Rechnungsabgrenzungspostens gleich sein.[390] Bei unveränderlichen Gegenleistungen erfolgt die Auflösung des Rechnungsabgrenzungspostens grundsätzlich zeitproportional.[391] Bei einer im Zeitablauf objektiviert abnehmenden Qualität des überlassenen Objektes – sinkender Funktionswert – muss auch die Auflösung des Rechnungsabgrenzungspostens periodisch abnehmen.[392] Somit hat auch eine modifizierte Auflösung zu erfolgen, wenn die Gegenleistung im Zeitablauf einer mengen- und/oder wertmäßigen Veränderung unterliegt.[393] Folglich bestimmt die Qualität der Leistung des zur Sach- oder Dienstleistung Verpflichteten den rechtlichen Jahreswert von Leistung und Gegenleistung. Dies schließt eine Auflösung des Rechnungsabgrenzungspostens in Anlehnung an eine spezifische, periodisch unterschiedliche Verwendbarkeit durch den Leistungsempfänger aus.[394]

B. Keine Teilwertabschreibung bei Rechnungsabgrenzungsposten

Rechnungsabgrenzungsposten sind nach der Rechtsprechung des Bundesfinanzhofs keine Wirtschaftsgüter, werden deshalb nicht bewertet und besitzen begrifflich daher auch keinen Teilwert. Folglich sind sie einer „Teilwertabschreibung – aus welchem Grunde auch immer – nicht zugänglich"[395]. Der Bundesfinanzhof wehrt eine Teilwertabschreibung des aktiven Rechnungsabgrenzungspostens mit einer zunächst rein formalen Begründung ab. In diesem Sinne haben beispielsweise Veränderungen im Marktpreis auf die Verteilung der Vorleistung (Vorauszahlung) auf künftige Jahre keinen Einfluss. So kann „das bei einer Kreditaufnahme aktivierte Damnum (Disagio) [..] nicht wegen inzwischen verbesserter allgemeiner Kreditbedingungen auf einen niedrigeren Teilwert abgeschrieben werden"[396]. Das aktivierte Disagio steht als echte Zinsvorauszahlung stellvertretend für Vorauszahlungen bei Nutzungsverhältnissen. Wenngleich der Bundesfinanzhof die Teilwertabschreibung formal bereits an der fehlenden Wirtschafts-

---

389 *Mellwig* (Quelle, 2005), S. 217-235, hier S. 227; vgl. *Rose* (Rechnungsabgrenzungsposten, 1984), S. 141-168, hier S. 155.

390 Vgl. *Mellwig* (Quelle, 2005), S. 217-235, hier S. 227.

391 Vgl. *Kupsch* (BHR, 2002), § 250 HGB, Rz. 45.

392 Vgl. *Mellwig* (Quelle, 2005), S. 217-235, hier S. 227; *Rose* (Rechnungsabgrenzungsposten, 1984), S. 141-168, hier S. 155.

393 Vgl. *Kupsch* (BHR, 2002), § 250 HGB, Rz. 41 und Rz. 45: Wird bei einem Mietvertrag zum 1. September 01 eine Vorauszahlung in Höhe von 80.000 EUR geleistet und der monatliche Mietzins zum 1. November 01 von 10.000 EUR auf 12.000 EUR angehoben, so beläuft sich die Höhe des aktiven Rechnungsabgrenzungsposten zum Bilanzstichtag 31. Dezember 01 auf 36.000 EUR.

394 Vgl. *Mellwig* (Quelle, 2005), S. 217-235, hier S. 227; a. A. beispielsweise *Moxter* (Bilanzrechtsprechung, 2007), S. 82.

395 BFH-Urteil vom 20.11.1969, IV R 3/69, BStBl. II 1970, S. 209-210, hier S. 210.

396 BFH-Urteil vom 20.11.1969, IV R 3/69, BStBl. II 1970, S. 209-210, hier S. 209.

guteigenschaft des Rechnungsabgrenzungspostens scheitern lässt, liefert er dennoch eine alternative Begründung: So sei die „Versagung einer Abschreibung des Aktivums Damnum wegen inzwischen verbesserter allgemeiner Kreditbedingungen [..] auch wirtschaftlich sinnvoll"[397], denn im Ergebnis könne das Damnum als Vorleistung nicht anders behandelt werden als die Erbringung laufender Zinsen. Habe ein Steuerpflichtiger eine Mietvorauszahlung für mehrere Jahre geleistet und sinken während der Nutzungszeit die Mieten, so sei es nicht gerechtfertigt, diesen Fall anders zu behandeln als jenen, in dem sich ein Steuerpflichtiger zur Erbringung laufender (höherer) Mieten verpflichtet habe. So habe der Umstand, „daß Räume dieser Art und Lage inzwischen zu einem niedrigeren Mietpreis erhältlich wären, [..] auf die Belastung der einzelnen Wirtschaftsjahre keinen Einfluß"[398]. Daher werden außerplanmäßige verlustantizipierende Abschreibungen – steuerrechtliche Teilwertabschreibungen – auf aktive Rechnungsabgrenzungsposten als nicht zulässig angesehen.[399] Wertminderungen der ausstehenden Gegenleistung sind vielmehr nach den Grundsätzen über die Bildung einer Rückstellung für drohende Verluste aus schwebenden Geschäften zu erfassen.[400]

IV. Das Disagio: Ein Sonderfall der Rechnungsabgrenzung?

A. Die bilanz(steuer)rechtliche Einordnung des Disagios

Unter einem Disagio versteht man im Allgemeinen einen Abschlag vom Nenn- oder Nominalwert. So wird bei Darlehen häufig ein Unterschiedsbetrag zwischen einem niedrigeren Ausgabe- und einem höheren Rückzahlungsbetrag vereinbart; der dem Schuldner zur Verfügung gestellte Betrag (Verfügungsbetrag oder Ausgabebetrag) ist insofern niedriger als der von ihm zurückzuzahlende Betrag (Rückzahlungsbetrag).[401]

Aufgrund des Fehlens einer gesetzlichen Definition des Disagios im Zivilrecht wird die Rechtsnatur des Disagios maßgeblich durch die Rechtsprechung des

---

397 BFH-Urteil vom 20.11.1969, IV R 3/69, BStBl. II 1970, S. 209-210, hier S. 210.

398 BFH-Urteil vom 20.11.1969, IV R 3/69, BStBl. II 1970, S. 209-210, hier S. 210.

399 Vgl. BFH-Urteil vom 20.11.1969, IV R 3/69, BStBl. II 1970, S. 209-210, hier S. 210; *Bauer* (Kirchhof/Söhn/Mellinghoff, 2001), § 5 EStG, F 146; *Ellrott/Krämer* (BeckBil-Komm, 2006), § 250 HGB, Anm. 32; *Mathiak* (Rechtsprechung, 1984), S. 71-76, hier S. 74; *Meyer-Scharenberg* (Zweifelsfragen, 1991), S. 754-758, hier S. 754; *Schreiber* (Blümich EStG-Kommentar, 2005), § 5 EStG, Rz. 690; *Tiedchen* (HdJ, 2006), Abt. II/11, Rn. 118; *Trützschler* (HdRE, 2002), § 250 HGB, Rn. 53; *Trzaskalik* (Nutzungsrechte, 1983), S. 126-135, hier S. 129; *Weber-Grellet* (Schmidt, EStG-Kommentar, 2008), § 5 EStG, Rz. 253.

400 Vgl. *Hayn* (Beck'sches HdR, 1999), B 218, Rz. 24; *Kliem* (Rechnungsabgrenzung, 2000), S. 163; *Kupsch* (BHR, 2002), § 250 HGB, Rz. 48; *Mellwig* (Quelle, 2005), S. 217-235, hier S. 228; *Tiedchen* (HdJ, 2006), Abt. II/11, Rn. 119.

401 Vgl. *Federmann* (HHR, 2005), § 5 EStG, Anm. 1945.

Bundesgerichtshofs bestimmt. Nach der früheren Rechtsprechung des Bundes-gerichtshofs stand es im Ermessen der Parteien, ob sie ein Disagio als Kosten der Kreditgewährung oder als laufzeitbezogenen Zins vereinbaren.[402] Das Dis-agio konnte in diesem Sinne sowohl laufzeitunabhängige Darlehensnebenkosten wie auch laufzeitabhängige Zinsen verkörpern. Nach der neueren Rechtspre-chung des Bundesgerichtshofs ist „im Zweifel das [...] Disagio als laufzeitab-hängiger Ausgleich für einen niedrigeren Nominalzinssatz anzusehen" und kann daher bei einer vorzeitigen Vertragsbeendigung vom Darlehensnehmer gemäß § 812 BGB anteilig zurückverlangt werden.[403]

Für die herrschende Literaturmeinung[404] und die BFH-Rechtsprechung[405] stellt das Disagio eine „zusätzliche Vergütung für die Kapitalüberlassung"[406] dar. Die Qualifizierung des Disagios als Zusatzzins spiegelt sich auch darin wider, dass in der Kreditwirtschaft bei der Berechnung des Preises für die Kapitalüberlas-sung auf die Effektivverzinsung abgestellt wird.[407] So ist das Disagio nach § 6 PAngVO (Preisangabenverordnung) in den effektiven Jahreszins mit einzube-ziehen.[408] Das Disagio stellt nach heutigem Verständnis wirtschaftlich ein Mittel zur Feineinstellung des Zinses im Sinne einer zusätzlich geleisteten Vergütung

---

402 Vgl. BGH-Urteil vom 2.07.1981, III ZR 8/80, BGHZ Bd. 81, S. 124-130, hier S. 126 ff. BGH-Urteil vom 2.07.1981, III ZR 17/80, NJW 1981, S. 2181 f.; BGH-Urteil vom 1.06.1989, III ZR 219/87, BB 1989, S. 1365 f. Zur Rechtsprechungsänderung vgl. *Hammen* (Verzicht, 1994), S. 1101-1106.

403 BGH-Urteil vom 29.05.1990, XI ZR 231/89, BGHZ Bd. 111, S. 287-294, hier S. 290; So auch BGH-Urteil vom 12.10.1993, XI ZR 11/93, NJW 1993, S. 3257 f. und BGH-Urteil vom 8.10.1996, XI ZR 283/95, BGHZ Bd. 133, S. 355-362, hier S. 358 ff.; BGH-Urteil vom 4.04.2000, XI ZR 200/99, BB 2000, S. 1421-1424, hier S. 1422 f.; BGH-Urteil vom 14.09.2004, XI ZR 11/04, BB 2004, S. 2542-2545, hier S. 2544. Zur Disagiorückerstat-tung bei vorzeitiger Beendigung des Darlehensvertrags vgl. *Dietrich* (Vorfälligkeitsent-gelt, 1997), S. 1087-1091.

404 Vgl. *Adler/Düring/Schmaltz* (Rechnungslegung, 1998), § 250 HGB, Rn. 86; *Bachem* (Auszahlungsdisagio, 1991), S. 1671-1677, hier S. 1671; *Bauer* (Kirchhof/Söhn/-Mellinghoff, 2001), § 5 EStG, F 240-F 252a; *Ellrott/Krämer* (BeckBilKomm, 2006), § 250 HGB, Anm. 60; *Hayn* (Beck'sches HdR, 1999), B 218, Rz. 54; *Longin/Schlehe* (Zins, 1979), S. 8-10, hier S. 9 f.; *Tiedchen* (HdJ, 2006), Abt. II/11, Rn. 190 f.; *Trütz-schler* (HdRE, 2002), § 250 HGB, Rn. 75.

405 Vgl. BFH-Urteil vom 19.01.1978, IV R 153/72, BStBl. II 1978, S. 262-265, hier S. 263; BFH-Urteil vom 13.10.1987, VIII R 156/84, BStBl. II 1988, S. 252-257, hier S. 255; BFH-Urteil vom 21.04.1988, IV R 47/85, BStBl. II 1989, S. 722-727, hier S. 726.

406 BFH-Urteil vom 21.04.1988, IV R 47/85, BStBl. II 1989, S. 722-727, hier S. 726; so auch BFH-Urteil vom 12.07.1984, IV R 76/82, BStBl. II 1984, S. 713-714, hier S. 714; BFH-Urteil vom 20.11.1969, IV R 3/69, BStBl. 1970, S. 209-210, hier S. 209 und BFH-Urteil vom 19.01.1978, IV R 153/72, BStBl. II 1978, S. 262-265, hier S. 263.

407 Vgl. hierzu *Windmöller* (Nominalwert, 1992), S. 690-701, hier S. 692; *Bauer* (Kirchhof/-Söhn/Mellinghoff, 2001), § 5 EStG, F 244.

408 Zur Preisangabe bei Krediten vgl. grundlegend *Boest* (Preisangabe, 1993), S. 40-42.

für die Kapitalüberlassung dar, die diese in Form laufender Zinsen gewährte Vergütung im Ergebnis korrigiert und damit Teil des Effektivzinses ist.[409]

Dies gilt auch für eine Inhaberschuldverschreibung, die unbeschadet ihrer Verbriefung und Übertragbarkeit wirtschaftlich eine Kapitalüberlassung an den Emittenten darstellt.[410] So beruht ein bei Begebung gewährtes Emissionsdisagio darauf, „dass die vom Emittenten zu leistenden Zinszahlungen hinter dem aktuellen Marktzins für vergleichbare Finanzierungen zurückbleiben [...]"[411]. Auch in diesem Fall ist eine gegenseitige Abhängigkeit zwischen dem Disagio und den vom Emittenten für die erfolgte Kapitalüberlassung zu erbringenden Leistungen offensichtlich. Sie kann nicht dadurch aufgehoben werden, dass die Kapitalüberlassung nicht in Form einer bloßen Darlehenshingabe, sondern eines Kaufpreises für eine verbriefte Forderung erfolgt. Der Bundesfinanzhof betonte in diesem Zusammenhang die Bedeutung der wirtschaftlichen Betrachtungsweise und stellte diese über eine rein formalrechtliche Auslegung des Emissionsdisagios als Kaufpreisabschlag.[412] Beurteilt man die Inhaberschuldverschreibung als verbrieftes Darlehen, so ist das Emissionsdisagio integraler Bestandteil der Zinsvereinbarung.[413]

Die Besonderheit der Disagioverbindlichkeit ist demnach, dass sich der Effektivzins aus dem laufenden Zinskupon und dem Unterschiedsbetrag zwischen Auszahlungsbetrag und rechtlichem Rückzahlungsbetrag zusammensetzt. Dieser Zusammenhang soll an dem folgenden Beispiel veranschaulicht werden: Für ein fünfjähriges Fälligkeitsdarlehen in Höhe von 100.000 Euro kann ein Darlehensnehmer zwischen zwei Konditionen wählen. Bei einer 100%igen Auszahlung des Darlehensbetrags in Höhe von 100.000 Euro sind 8,8404% Zinsen p.a. zu zahlen. Am Ende des fünften Jahres muss zudem der Darlehensbetrag zurückgezahlt werden. Alternativ kann ein Kredit mit einem Nennwert von 100.000 Euro aufgenommen werden. Die Auszahlung erfolgt jedoch nur zu 85%. Am Ende eines jeden Jahres sind 5% auf den Nennwert, also 5.000 Euro, und zudem am Ende des fünften Jahres der Betrag von 100.000 Euro zu zahlen. Für beide Konditionen beträgt der Effektivzins 8,8404%. Offensichtlich ist der Effektivzins bei der ersten Alternative, da jährlich 8.840 Euro an Zinsen gezahlt werden. Bei der zweiten Alternative lässt sich der Effektivzins mittels einer Barwertberechnung bestimmen. Die mit dem Effektivzins von 8,8404% diskontierten Zahlungen an den Kreditgeber weisen einen Barwert von 85.000 Euro auf. Anders ausge-

---

409 Vgl. *Tiedchen* (HdJ, 2006), Abt. II/11, Rn. 193.

410 Vgl. BFH-Urteil vom 29.11.2006, I R 46/05, BFH/NV 5/2007, S. 1009-1010, hier S. 1010.

411 BFH-Urteil vom 29.11.2006, I R 46/05, BFH/NV 5/2007, S. 1009-1010, hier S. 1010.

412 Vgl. BFH-Urteil vom 29.11.2006, I R 46/05, BFH/NV 5/2007, S. 1009-1010, hier S. 1010. Siehe hierzu auch *Moxter* (BB-Kommentar, 2007), S. 823.

413 Vgl. *Weber-Grellet* (Bilanzrechtsprechungsreport, 2008), S. 38-43, hier S. 39, der das Emissionsdisagio im Sinne der Rechtsprechung als vorab gezahlten Zins interpretiert.

drückt: Der Kreditgeber zahlt nur 85.000 Euro (85% des Nennwerts) an den Kreditnehmer aus, weil die späteren Einzahlungen nur dann genau eine dem Effektivzins entsprechende Verzinsung des Auszahlungsbetrags gewährleisten.

Grundsätzlich ist das Darlehensgeschäft nach der Rechtsprechung des Bundesfinanzhofs als einheitliches Ganzes („einheitliches Geschäft") zu werten.[414] So sind etwa Gebühren und Provisionen, die neben den Kreditzinsen an den Kreditgeber zu entrichten sind, ebenfalls Bestandteil des weiten Zinsbegriffs des Bundesfinanzhofs. Es „handelt [..] sich hierbei wirtschaftlich betrachtet ebenso wie bei den Zinsen regelmäßig um die Vergütungen für die Überlassung des Darlehenskapitals"[415]. Leistungen an den Kreditgeber sind mithin unabhängig von ihrer bürgerlich-rechtlichen Grundlage als Vergütung für die Kapitalüberlassung anzusehen. Erhält der Kreditnehmer ausschließlich eine Leistung in Form der Kapitalüberlassung durch den Kreditgeber, wird also nicht durch eine niedrigere Auszahlung bei Kreditvergabe eine Leistung Dritter (Kreditvermittlung, Bürgschaft usw.) abgegolten, so stellt der gesamte Unterschiedsbetrag ein zusätzliches Nutzungsentgelt für die Kapitalüberlassung dar. Fraglich bleibt, ob das Disagio einen vorausbezahlten oder nachträglich bezahlten Zins darstellt.[416]

B. Handelsrechtliches Aktivierungs*wahlrecht* - Steuerliches Aktivierungs*gebot*

„Ist der Rückzahlungsbetrag einer Verbindlichkeit höher als der Ausgabebetrag, so darf der Unterschiedsbetrag in den Rechnungsabgrenzungsposten auf der Aktivseite aufgenommen werden" (§ 250 Abs. 3 Satz 1 HGB). Der Anwendungsbereich des § 250 Abs. 3 HGB betrifft sowohl das Auszahlungsdisagio als auch das Rückzahlungsagio.[417] Aus dem Wortlaut wird in der handelsrechtlichen Literatur vielfach ein generelles Aktivierungswahlrecht für den Unterschiedsbetrag (Disagio) abgeleitet.[418] Es stehe somit dem Bilanzierenden frei, ob er den Unterschiedsbetrag im Zeitpunkt der Darlehensaufnahme sofort erfolgswirksam erfasst, oder ob er über die Aktivierung als Rechnungsabgrenzungsposten den Unterschiedsbetrag über den Zeitraum der Kapitalnutzung periodisiert.

---

414 Vgl. BFH-Urteil vom 19.01.1978, IV R 153/72, BStBl. II 1978, S. 262-265, hier S. 263.

415 BFH-Urteil vom 19.01.1978, IV R 153/72, BStBl. II 1978, S. 262-265, hier S. 263.

416 Vgl. *Chmielewicz* (Wirtschaftsgut, 1969), S. 85-122, hier S. 103 f.; *Müller-Dahl* (Bilanzierungsfähigkeit, 1979), S. 179.

417 Vgl. *Ballwieser* (Beck'sches HdR, 2002), B 131, Rz. 65; *Hayn* (Beck'sches HdR, 1999), B 218, Rz. 49. Für eine nähere Analyse der Ursachen für einen Unterschiedsbetrag siehe *Federmann* (HHR, 2005), § 5 EStG, Anm. 1945.

418 Vgl. *Adler/Düring/Schmaltz* (Rechnungslegung, 1998), § 250 HGB, Rn. 85; *Ellrott/-Krämer* (BeckBilKomm, 2006), § 250 HGB, Anm. 61; *Hayn* (Beck'sches HdR, 1999), B 218, Rz. 49; *Hömberg/König* (Baetge/Kirsch/Thiele, 2006) § 250 HGB, Rz. 86-89; *Tiedchen* (HdJ, 2006), Abt. II/11, Rn. 202; *Trützschler* (HdRE, 2002), § 250 HGB, Rn. 74.

Für die Steuerbilanz gilt im Gegensatz zum Handelsrecht ein Aktivierungsgebot. Hierüber besteht Einigkeit. Allerdings ist offen, „ob eine Aktivierungspflicht [...] auch aus dem handelsrechtlichen Aktivierungswahlrecht gemäß § 250 Abs. 3 HGB und dem aus § 5 Abs. 1 Satz 1 EStG resultierenden Grundsatz abgeleitet werden kann, dass in der Steuerbilanz eine Aktivierungspflicht für Positionen besteht, für die ein handelsrechtliches Aktivierungswahlrecht begründet ist (Beschluss des Großen Senats des BFH vom 3. Februar 1969 GrS 2/68, BFHE 95, 31, BStBl II 1969, 291), oder ob § 5 Abs. 5 EStG als abschließende Regelung in Bezug auf die Bildung steuerbilanzieller RAP zu verstehen ist [...]".[419] Jedoch heißt es in der Entscheidung vom 12. Juli 1984[420]: „Bilanzrechtlich leistet der Darlehensnehmer mit der Hinnahme des Auszahlungsabschlags eine Ausgabe für eine bestimmte Zeit nach dem Bilanzstichtag, so daß nach den in den allgemeinen Grundsätzen ordnungsmäßiger Buchführung enthaltenen § 152 Abs. 9 Nr. 1 [heute § 250 Abs. 1 HGB], § 156 Abs. 3 [heute § 250 Abs. 3 HGB] des Aktiengesetzes (AktG) handelsrechtlich die Aktivierung eines Rechnungsabgrenzungspostens zumindest zulässig und im Hinblick auf § 5 Abs. 3 Nr. 1 EStG [heute § 5 Abs. 5 Nr. 1 EStG] steuerlich geboten ist."[421] Folgt man der Rechtsprechung des Bundesfinanzhofs, leitet sich die Aktivierungspflicht des Disagios aus der Regelung des § 250 Abs. 1 HGB bzw. § 5 Abs. 5 Nr. 1 EStG ab; der Hinweis auf das handelsrechtliche Aktivierungswahlrecht ist nicht notwendig.[422]

Auch in der Literatur wird die Auffassung vertreten, dass § 5 Abs. 5 EStG als abschließende Regelung in Bezug auf die Bildung steuerbilanzieller Rechnungsabgrenzungsposten zu verstehen ist.[423] Diese ergebe sich unmittelbar aus dem Wortlaut des § 5 Abs. 5 Satz 1 EStG. Denn daraus sei abzuleiten, dass Rechnungsabgrenzungsposten nur für die dort bezeichneten Tatbestände zu bilanzieren sind. Dieser Auffassung folgend kann und muss ein Unterschiedsbetrag zwischen Ausgabebetrag und Rückzahlungsbetrag einer Verbindlichkeit nur dann als aktiver Rechnungsabgrenzungsposten in der Steuerbilanz ausgewiesen werden, wenn zugleich die Tatbestandsvoraussetzungen des § 5 Abs. 5 Satz 1 EStG bzw. des § 250 Abs. 1 HGB erfüllt sind.

---

419 BFH-Urteil 29.11.2006, I R 46/05, BFH/NV 5/2007, S. 1009-1010, hier S. 1010; vgl. BFH-Urteil vom 4.05.1977, I R 27/74, BStBl. II 1977, S. 802-805, hier S. 804; BFH-Urteil vom 20.11.1969, IV R 3/69, BStBl. II 1970, S. 209-210, hier S. 209.

420 Vgl. BFH-Urteil vom 12.07.1984, IV R 76/82, BStBl. II 1984, S. 713-714.

421 BFH-Urteil vom 12.07.1984, IV R 76/82, BStBl. II 1984, S. 713-714, hier S. 714; ebenso wird im BFH-Urteil vom 21.04.1988, IV R 47/85, BStBl. II 1989, S. 722-727, hier S. 726, das steuerrechtliche Aktivierungsgebot aus § 5 Abs. 3 Nr. 1 EStG a. F. abgeleitet. Siehe auch BFH-Urteil vom 29.06.1967, IV 131/63, BStBl. III 1967, S. 670-671, hier S. 671.

422 Vgl. *Böcking* (Bilanzrechtstheorie, 1988), S. 168 f.

423 So z. B. *Hahne* (Behandlung, 2003), S. 1397-1400, hier S. 1400, *derselbe* (Ausgabe, 2005), S. 2000-2004, hier S. 2003 und *derselbe* (Steuerbilanzielle Behandlung, 2006), S. 295-301, hier S. 300; *Federmann* (HHR, 2005), § 5 EStG Anm. 1946 und Anm. 1949.

Handelsrechtlich gilt es zu beachten, dass, sofern es sich um einen echten Rechnungsabgrenzungsposten handelt, die Aktivierungspflicht gem. § 250 Abs. 1 HGB ausgehebelt würde, sobald man dem § 250 Abs. 3 HGB den Vorrang einräumt.[424] Dann müsste es auch in Abs. 3 besser heißen: *Ist der Rückzahlungsbetrag einer Verbindlichkeit höher als der Ausgabebetrag, so braucht der Unterschiedsbetrag nicht in den Rechnungsabgrenzungsposten aufgenommen zu werden.* Sind die Voraussetzungen des § 250 Abs. 1 HGB erfüllt, so ist die Bildung eines aktiven Rechnungsabgrenzungspostens zwingend; § 250 Abs. 3 HGB ist nachrangig und kommt nicht zum Zuge.[425]

Das sogenannte Disagio-Wahlrecht kann somit grundsätzlich nur für solche Ausgaben vor dem Stichtag in Betracht kommen, die die Voraussetzungen des § 250 Abs. 1 HGB nicht erfüllen.[426] Der weiten Auslegung des Zinsbegriffs durch die Rechtsprechung des Bundesfinanzhofs folgend[427], läuft der Anwendungsbereich des § 250 Abs. 3 HGB durch die Rückwirkung auf die handelsrechtlichen Grundsätze ordnungsmäßiger Buchführung jedoch weitgehend leer. Denn der Bundesfinanzhof konkretisiert einheitlich für das Bilanzsteuerrecht und das Handelsbilanzrecht die Objektivierungskriterien für aktive Rechnungsabgrenzungsposten i. e. S.[428] Der Anwendungsbereich des § 250 Abs. 3 HGB bleibt damit beschränkt „auf den Fall eines wegen einer zeitpunktbezogenen Drittleistung (insbesondere durch Kreditvermittlung) niedrigeren Ausgabebetrages"[429]. Hier kann der für den Kreditvermittler abgezweigte Betrag als Bilanzierungshilfe aktiviert und über die Kreditlaufzeit verteilt werden. Die handels-

---

424 Vgl. *Döllerer* (Handelsbilanz und Steuerbilanz, 1987) S. 1-16, hier S. 3, hält daher auch das Wahlrecht für nicht gerechtfertigt. So *Döllerer* bereits 1965 (Rechnungslegung, 1965), S. 1405-1417, hier S. 1409. Vgl. auch *Ballwieser* (Beck'sches HdR, 2002), B 131, Rz. 68: Ein echtes handelsrechtliches Aktivierungswahlrecht des § 250 Abs. 3 HGB kann „nur mit der Möglichkeit zur vorsichtigen Gewinnermittlung" erklärt werden. Es handelt sich dann um eine Art der freiwillig betriebenen Substanzerhaltung, die dem Gläubigerschutz dient.

425 Vgl. *Mellwig* (Quelle, 2005), S. 217-235, hier S. 231.

426 Vgl. *Böcking* (Bilanzrechtstheorie, 1988), S. 167 f. Zur Begründung des Aktivierungswahlrechts vgl. *Kupsch* (Unterschiedsbetrag, 1980), S. 379-385, hier S. 383 f.

427 Vgl. BFH-Urteil vom 19.01.1978, IV R 153/72, BStBl. II 1978, S. 262-265, hier S. 263 f.; *Moxter* (Bilanzrechtsprechung, 2007), S. 75: Zwar verberge sich hinter den Ausgabekosten rein formal-rechtlich kein Zins; dennoch handelt es sich wirtschaftlich betrachtet regelmäßig um eine Vergütung für die Überlassung des Darlehenskapitals. Zum rechtlichen Zinsbegriff vgl. *Canaris* (Zinsbegriff, 1978), S. 1891-1898.

428 Vgl. *Böcking* (Bilanzrechtstheorie, 1988), S. 169.

429 *Mellwig* (Quelle, 2005), S. 217-235, hier S. 231.

rechtliche Aktivierung gem. § 250 Abs. 3 EStG wird dementsprechend vielfach als steuerlich unbeachtliche Bilanzierungshilfe charakterisiert.[430]

C. Das Disagio: Ein echter Rechnungsabgrenzungsposten

Das Disagio kann nur dann als echter Rechnungsabgrenzungsposten im Sinne des § 250 Abs. 1 HGB verstanden werden, wenn es sich um eine Ausgabe vor dem Abschlussstichtag handelt und diese zugleich Aufwand für eine bestimmte Zeit nach diesem Tag darstellt. Die herrschende Meinung begründet die Aktivierung des Disagios – in Höhe der Differenz aus Abschlusszahlung und Ausgabebetrag – mit einer Zinsvorauszahlung des Kreditnehmers.[431] Folgt man dieser Deutung, „ist die fingierte Zahlung des Kreditnehmers eine Vorauszahlung für die Kapitalüberlassung des Kreditgebers und führt zu einem Rechnungsabgrenzungsposten im strengen Sinne"[432]. Zur Veranschaulichung diene wiederum das bereits weiter oben eingeführte Beispiel: Der Nennwert (Darlehensbetrag) beträgt 100.000 Euro. Die Auszahlung erfolgt zu 85%. Am Ende eines jeden Jahres sind 5% auf den Nennwert, also 5.000 Euro, und zudem am Ende des fünften Jahres der Betrag von 100.000 Euro zu zahlen. Der Effektivzins beträgt 8,8404%. Zunächst erfolgt eine erfolgsneutrale Behandlung des Darlehensbetrages von 100.000 Euro per Kasse an Verbindlichkeit. Damit wird zugleich gewährleistet, dass die Verbindlichkeit zu ihrem Nennwert passiviert wird. Im nächsten Schritt wird die Zinsvorauszahlung berücksichtigt. Für das Beispiel ergibt sich eine Zinsvorauszahlung in Höhe von 15.000 Euro. Die Zinsvorauszahlung wird erfolgsneutral durch einen Aktivtausch abgebildet: Aktiver Rechnungsabgrenzungsposten an Kasse 15.000 Euro. Mit der fiktiven Zahlung erbringt der Kreditnehmer eine Vorauszahlung für eine im Zeitablauf gleichbleibende Gegenleistung des Kreditgebers (Kapitalüberlassung in Höhe von 100.000 Euro). In den Folgeperioden hat eine erfolgswirksame Auflösung des Rechnungsabgrenzungspostens entsprechend der Kapitalnutzung zu erfolgen. Bei einer gleichbleibenden Gegenleistung des Kapitalgebers, die hier in der Kapitalüberlassung von 100.000 Euro über die Darlehenslaufzeit besteht, hat nach der Rechtsprechung eine lineare Verteilung des Disagios über die Zeitspanne der

---

430 Vgl. *Böcking* (Bilanzrechtstheorie, 1988), S. 170; *Mellwig* (Quelle, 2005), S. 217-235, hier S. 231; *Hahne* (Steuerbilanzielle Behandlung, 2006), S. 295-301, hier S. 300 f.; *Bachem* (Auszahlungsdisagio, 1991), S. 1671-1677, hier S. 1672 f.: So gilt der durch die Rechtsprechung aufgestellte Grundsatz, dass handelsrechtliche Aktivierungswahlrechte zu steuerlichen Aktivierungsgeboten werden, nur für handelsrechtliche Vermögensgegenstände, so dass dieser Beschluss für das Disagio nicht zur Anwendung kommen dürfte. Vgl. auch *Dziadkowski/Henselmann* (Beck'sches HdR, 2004), B 120, Rz. 79.

431 Vgl. *Böcking* (Bilanzrechtstheorie, 1988), S. 158 f. Siehe hierzu auch den BFH-Beschluß vom 6.12.1965, Gr. S. 2/64 S, BStBl. III 1966, S. 144-146, hier S. 145 f. Vgl. auch *Groh* (Darlehen, 1991), S. 297-305, hier S. 298; *Hoffmann* (Buchführung, 1968), S. 311-324, hier S. 315.

432 *Mellwig* (Quelle, 2005), S. 217-235, hier S. 231.

Kapitalüberlassung zu erfolgen.[433] Eine lineare Auflösung des Rechnungsabgrenzungspostens widerspricht hierbei den vertraglichen Überlegungen zum Zeitpunkt der Darlehensaufnahme, die grundsätzlich eine Auflösung nach der Effektivzinsmethode gebieten.[434] In der nachstehenden Tabelle sind neben den Zahlungsströmen der Perioden 1-5 der Wert der Verbindlichkeit und der in Abhängigkeit der Auflösungsform des Rechnungsabgrenzungspostens entstehende gesamte Zinsaufwand aufgeführt.

Tabelle 1: Bruttobilanzierung einer Disagioverbindlichkeit

Zeitpunkt	Anfang 1		Ende 1	Ende 2	Ende 3	Ende 4	Ende 5
Zahlung	-100.000,00	15.000,00	5.000,00	5.000,00	5.000,00	5.000,00	105.000,00
laufender Zins			5.000,00	5.000,00	5.000,00	5.000,00	5.000,00
Lineare Auflösung							
Zinsaufwand (Auflösung ARAP)			3.000,00	3.000,00	3.000,00	3.000,00	3.000,00
Zinsaufwand			8.000,00	8.000,00	8.000,00	8.000,00	8.000,00
ARAP		15.000,00	12.000,00	9.000,00	6.000,00	3.000,00	0,00
Auflösung nach der Effektivzinsmethode							
Zinsaufwand (Auflösung ARAP)			2.514,37	2.736,65	2.978,58	3.241,90	3.528,50
Zinsaufwand (Effektivzins auf die Jahresschuld)			7.514,37	7.736,65	7.978,58	8.241,90	8.528,50
ARAP		15.000,00	12.485,63	9.748,98	6.770,40	3.528,50	0,00
Gesamtverbindlichkeit	100.000,00		100.000,00	100.000,00	100.000,00	100.000,00	100.000,00

Diese Vorgehensweise ist durchaus fragwürdig, „da sie nicht der ökonomischen Realität entspricht"[435]. Das Beispiel zeigt, dass eine Vorauszahlung des Zinses gar nicht oder zumindest nur dann vorliegt, wenn man auf die oben aufgezeigte Fiktion zurückgreift, der Ausgabebetrag wäre an sich 100.000 Euro statt 85.000 Euro, aber gegen die Zinszahlung von 15.000 Euro verrechnet worden.[436] Alternativ kann der Unterschiedsbetrag als nachgezahlter Zins gedeutet wer-

---

433 Vgl. BFH-Urteil vom 20.11.1969, IV R 3/69, BStBl. II 1970, S. 209-210, hier S. 210; BFH-Urteil vom 21.04.1988, IV R 47/85, BStBl. II 1989, S. 722-727, hier S. 726; BFH-Urteil vom 26.05.1976, I R 80/74, BStBl. II 1976, S. 622-624, hier S. 624.

434 Vgl. *Böcking* (Bilanzrechtstheorie, 1988), S. 159.

435 *Köhle* (Rechnungsabgrenzung, 2003), S. 185.

436 Vgl. *Köhle* (Rechnungsabgrenzung, 2003), S. 185; *Mellwig* (Quelle, 2005), S. 217-235, hier S. 229 f.; *Windmöller* (Nominalwert, 1992), S. 690-701, hier S. 693; *Bordewin* (Zero-Bonds, 1986), S. 263-267, hier S. 265 f. Vgl. hierzu auch *Seckelmann* (Zins, 1998), S. 57-69, hier S. 62: „Die Vorauszahlung von Zins ist jedoch immer sinnwidrig, und die von Tilgung natürlich auch. Sie ist eine Fiktion, die das verliehene Kapital unter das zu verzinsende senkt."

den.[437] Dies hätte den Vorteil, keine Zahlungsfiktion zu erfordern und zugleich den tatsächlichen Zahlungsströmen zu folgen.[438] Der Kreditnehmer erhält einen Betrag von 85.000 Euro und erbringt dafür in späteren Jahren Zins- und Tilgungszahlungen. Da der am Ende des ersten Jahres gezahlte Betrag von 5.000 Euro nicht ausreicht, um die 85.000 Euro mit 8,8404% zu verzinsen, bedarf es einer Aufstockung der Verbindlichkeit um 2.514,37 Euro. Am Ende des fünften Jahres erfolgt dann sowohl eine Tilgung des tatsächlich „Dargeliehenen" in Höhe von 85.000 Euro als auch eine Tilgung der Zinsschuld in Höhe von 20.000 Euro (5.000 Euro laufender Zins zuzüglich 15.000 Euro Zinsnachzahlung). Die nachstehende Tabelle zeigt neben der Krediteinzahlung und den jährlichen Zins- und Tilgungszahlungen des Kreditnehmers den jährlichen Zinsaufwand und die jährliche Erhöhung der Zinsverbindlichkeit sowie die zeitliche Entwicklung der Gesamtverbindlichkeit. Die Verbindlichkeit wird in den Folgeperioden um die entstehenden Zinsverbindlichkeiten bis zum Nennwert aufgestockt. Zum Zeitpunkt der Fälligkeit entspricht der Wertansatz der Verbindlichkeit dann dem Nennwert der Verpflichtung.

Tabelle 2: Nettobilanzierung einer Disagioverbindlichkeit

Zeitpunkt	Anfang 1	Ende 1	Ende 2	Ende 3	Ende 4	Ende 5	
Zahlung	-85.000,00	5.000,00	5.000,00	5.000,00	5.000,00	5.000,00	100.000,00
Zinsaufwand (Effektivzins auf die Jahresschuld)		7.514,37	7.736,65	7.978,58	8.241,90	8.528,50	
laufender Zins		5.000,00	5.000,00	5.000,00	5.000,00	5.000,00	
Erhöhung der Zinsverbindlichkeit		2.514,37	2.736,65	2.978,58	3.241,90	3.528,50	
Zinsschuld		2.514,37	5.251,02	8.229,60	11.471,50	15.000,00	
Kapitalschuld	85.000,00	85.000,00	85.000,00	85.000,00	85.000,00	85.000,00	
Gesamtverbindlichkeit	85.000,00	87.514,37	90.251,02	93.229,60	96.471,50	100.000,00	0,00

Legt man der Bilanzierung die tatsächlich erfolgenden Zahlungen zugrunde, so ist der dem Kreditnehmer zufließende Betrag gleich dem passivierungspflichtigen Rückzahlungsbetrag.[439] Für einen aktiven Rechnungsabgrenzungsposten bleibt insoweit kein Raum.[440] Die Verbindlichkeit muss in den Folgeperioden

---

437 Vgl. *Chmielewicz* (Wirtschaftsgut, 1969), S. 85-122, hier S. 103; *Mellwig* (Quelle, 2005), S. 217-235, hier S. 230 f.

438 Vgl. *Chmielewicz* (Wirtschaftsgut, 1969), S. 85-122, hier S. 104; *Mellwig* (Quelle, 2005), S. 217-235, hier S. 230 f.

439 Vgl. *Mellwig* (Quelle, 2005), S. 217-235, hier S. 232: Eine sachgerechte Bilanzierung hat „sich an den tatsächlich erfolgenden Zahlungen" zu orientieren.

440 Vgl. *Mellwig* (Quelle, 2005), S. 217-235, hier S. 230 f.

um die entstehende Zinsschuld bis zum Rückzahlungsbetrag im Fälligkeitszeit-punkt aufgestockt werden.[441]

Die Bilanzierung des Disagios als fingierte Zinsvorauszahlung unterscheidet sich von der Bilanzierung nach den tatsächlich erfolgenden Zahlungen nicht nur in der Aktivierung bzw. Nichtaktivierung eines Rechnungsabgrenzungspostens, sondern auch im Wertansatz der Verbindlichkeit.[442] Daher bedarf es einer Unter-suchung, inwieweit die beiden Bilanzierungsalternativen vereinbar sind mit den Grundsätzen ordnungsmäßiger Verbindlichkeitsbilanzierung.

D. Verbindlichkeitsbilanzierung und aktive Rechnungsabgrenzung

Bei der Untersuchung der Zulässigkeit der Bilanzierungsalternativen – Netto-oder Bruttobilanzierung – kommt der Frage nach dem Wertansatz der Verbind-lichkeit im Zugangszeitpunkt maßgebliche Bedeutung zu. So ist die Frage um-stritten, ob sich die formale Unterverzinslichkeit der Disagioverbindlichkeit auf ihren Anschaffungswert auswirkt. Bestimmt bei der Disagioverbindlichkeit der (formale) Rückzahlungsbetrag oder der zinsbereinigte Nennwert den Anschaf-fungswert? Weiter geführt lautet die Frage: Ist die Verbindlichkeit mit ihrem „höheren Rückzahlungsbetrag" anzusetzen und der Unterschiedsbetrag durch einen Rechnungsabgrenzungsposten auszuweisen, der über die Laufzeit hinweg aufgelöst wird (Bruttomethode), oder ist diese mit dem zinsbereinigten Nenn-wert zu bewerten, wobei der Unterschiedsbetrag ratierlich hinzupassiviert wird (Nettomethode)?

Nach § 253 Abs. 1 Satz 2 HGB sind Verbindlichkeiten mit ihrem Rückzah-lungsbetrag anzusetzen. Diese handelsrechtliche Regelung deckt sich weit-gehend mit der steuerlichen Vorschrift des § 6 Abs. 1 Nr. 3 EStG.[443] Der wesent-liche Unterschied besteht in dem steuerlichen Abzinsungsgebot (§ 6 Abs. 1 Nr. 3 Satz 1 EStG) für unverzinsliche Verbindlichkeiten[444], das aber im Hinblick auf die Disagioverbindlichkeit keine Bedeutung entfaltet. Beim Rückzahlungsbetrag (§§ 250 Abs. 3 und 253 Abs. 1 Satz 2 HGB) handelt es sich um einen unbe-stimmten Rechtsbegriff, der einer näheren Konkretisierung bedarf. So sind der

---

441 Vgl. *Berlage* (Bilanzierung, 1993), S. 107 f.; *Köhle* (Rechnungsabgrenzung, 2003), S. 185; *Mellwig* (Quelle, 2005), S. 217-235, hier S. 230 f.

442 Vgl. *Berlage* (Bilanzierung, 1993), S. 110. Legt man den Effektivzins bei der Auflösung des Rechnungsabgrenzungspostens zugrunde, sind die Ergebniswirkungen bei planmä-ßiger Folgebewertung identisch.

443 Vgl. *Glanegger* (Schmidt EStG-Kommentar, 2008), § 6 EStG, Rz. 386 ff.; BFH-Urteil vom 31.01.1980, IV R 126/76, BStBl. II 1980, S. 491-494, hier S. 493.

444 Steuerrechtlich sind Verbindlichkeiten mit einem Zinssatz von 5,5% abzuzinsen. Ausge-nommen von dem Abzinsungsgebot „sind Verbindlichkeiten, deren Laufzeit am Bilanz-stichtag weniger als 12 Monate beträgt, und Verbindlichkeiten, die verzinslich sind oder auf einer Anzahlung oder Vorausleistung beruhen" (§ 6 Abs. 1 Nr. 3 EStG).

Rückzahlungsbetrag bzw. die „Anschaffungskosten einer Verbindlichkeit" gemäß den Grundsätzen ordnungsmäßiger Buchführung zu ermitteln.[445] Der Begriff des Rückzahlungsbetrags stellt implizit auf bestimmte Geldschulden, insbesondere Darlehen ab, da andere Verbindlichkeiten, z. B. Verbindlichkeiten aus Lieferungen und Leistungen, nicht durch eine Rückzahlung getilgt werden können.[446] Daher wird in der Literatur und in der Rechtsprechung der bilanzrechtliche Rückzahlungsbetrag als der Betrag verstanden, der zur Erfüllung der Verbindlichkeit aufgebracht werden muss.[447] Danach weist der Bilanzierende „sein Vermögen grundsätzlich nicht zu niedrig, sondern richtig aus, wenn er eine Verbindlichkeit mit demjenigen Betrag bewertet, den er zu ihrer *Erfüllung* aufwenden muss"[448]. Er wird deshalb auch als Erfüllungsbetrag bezeichnet. Anders ausgedrückt: Die Bewertung von Verbindlichkeiten erfolgt bereits im Zugangszeitpunkt mit dem Betrag, der notwendig ist, um sich von der entsprechenden Verpflichtung zu befreien.[449] Demnach ist der Verfügungs- oder Ausgabebetrag, der dem Bilanzierenden zugeflossen ist, ohne Bedeutung.[450] Nur nach der früheren, aber mittlerweile als überholt anzusehenden Rechtsprechung des Bundesfinanzhofs wurde dem Verfügungsbetrag maßgebliche Bedeutung bei der Bestimmung der Anschaffungskosten von Verbindlichkeiten beigemessen.[451] Der Bundesfinanzhof[452] forderte grundsätzlich wie zuvor der Reichs-

---

445 Vgl. BFH-Urteil vom 12.12.1990, I R 153/86, BStBl. II 1991, S. 479-484, hier S. 483.

446 Vgl. *Ballwieser* (Schulden, 1992), S. 45-62, hier S. 48; *Adler/Düring/Schmaltz* (Rechnungslegung, 1995), § 253 HGB, Rn. 72.

447 Vgl. *Adler/Düring/Schmaltz* (Rechnungslegung, 1995), § 253 HGB, Rn. 72; *Baierl* (Beck'sches HdR, 2007), B 234, Rz. 64; *Ballwieser* (Schulden, 1992), S. 45-62, hier S. 48; *Hoyos/Ring* (BeckBilKomm, 2006), § 253 HGB, Anm. 51; BFH-Urteil vom 12.12.1990, I R 153/86, BStBl. II 1991, S. 479-484, hier S. 483.

448 *Heuer* (HHR, 1985), § 6 EStG, Anm. 1135 (Hervorhebung im Original).

449 Vgl. *Knobbe-Keuk* (Bilanzsteuerrecht, 1993), S. 231 ff., bezeichnet daher den Bewertungsmaßstab für die Passiva auch als „Wegschaffungskosten".

450 Vgl. *Adler/Düring/Schmaltz* (Rechnungslegung, 1995), § 253 HGB, Rn. 72; *Baierl* (Beck'sches HdR, 2007), B 234, Rz. 65; *Hoyos/Ring* (BeckBilKomm, 2006), § 253 HGB, Anm. 53.

451 So zum Beispiel BFH-Urteil vom 12.03.1964, IV 456/61 U, BStBl. III 1964, S. 525-526, hier S. 526: „Anschaffungswert einer Verbindlichkeit ist der Betrag, der dem Schuldner nach Abzug der mit der Begründung der Verbindlichkeit verbunden Kosten verbleibt (der zugeflossene Gegenwert, Verfügungsbetrag)."

452 Vgl. zum Beispiel BFH-Urteil vom 15.05.1963, I 272/61, BStBl. III 1963, S. 327-329, hier S. 328.

finanzhof[453] im Falle der Disagioverbindlichkeit eine Passivierung zum Verfügungsbetrag bei jährlicher Zuschreibung des Unterschiedsbetrages bis zum Nennwert der Verbindlichkeit, akzeptierte jedoch auch eine Bruttobilanzierung der Verbindlichkeit.

Bei Geldleistungsverpflichtungen ist nach der heutigen Rechtsprechung grundsätzlich der Nennbetrag der Verbindlichkeit als Erfüllungsbetrag anzusehen.[454] Dieser Grundsatz basiert dabei auf dem „Grundtypus eines ‚zinslosen' Darlehens bzw. eines ‚normalverzinslichen' Darlehens (mit jährlich nachschüssiger Zinszahlung und 100%iger Auszahlung des Darlehensbetrags)"[455]. Der Nennwert entspricht in diesen Fällen gerade der Höhe der Kapitalschuld und damit dem Tilgungsbetrag, der aufgewendet werden muss, um sich der Schuld zu entledigen. Bei verzinslichen Darlehen entsteht neben der Rückzahlungsverpflichtung des Darlehensbetrages zwar die gesamte Zinsschuld rein rechtlich im Zugangszeitpunkt; im bilanzrechtlichen Sinne wird diese jedoch nach dem Grundsatz der Nichtbilanzierung schwebender Geschäfte nicht ausgewiesen. Im Sinne des Realisationsprinzips ist die Zinsschuld erst am folgenden Bilanzstichtag auszuweisen, soweit diese durch die Kapitalnutzung wirtschaftlich verursacht ist und noch nicht beglichen wurde. Eine „Zinsverbindlichkeit ist zu passivieren, soweit zum Bilanzstichtag die Zinsen für einen Zeitraum geschuldet werden, der vor dem Bilanzstichtag liegt. Darauf, ob die Zinsen zu dem Zeitpunkt fällig sind, kommt es für die Bilanzierung nicht an"[456]. Die Verzinslichkeit hat in diesem Sinne keinen Einfluss auf die Höhe der Darlehensschuld (Kapitalschuld) und damit auf den Wertansatz im Zugangszeitpunkt; unverzinsliche und normalverzinsliche Verbindlichkeiten haben einen identischen Erfüllungsbetrag. So gewährleistet die Passivierung zum Nennwert eine erfolgsneutrale Zugangsbewertung. Denn die abweichende Bewertung einer un- bzw. unterverzinslichen Verbindlichkeit zum Barwert im Zuge der Erst- bzw. Folgebewertung würde bedeuten, „daß man einen nicht umsatzinduzierten, sondern allein aus dem Halten der Verbindlichkeit stammenden Gewinn vereinnahmte, was dem Realisationsprin-

---

453 Vgl. RFH-Urteil vom 19.12.1928, VI A 1670/28, RStBl. 1929, S. 139-140, hier S. 140; RFH-Urteil vom 25.04.1934, VI A 909/33, RStBl. 1934, S. 945-946, hier S. 946. Wobei der Reichsfinanzhof darauf hinweist, dass es keinen Unterschied mache, „ob buchmäßig die Verteilung in der Weise erfolgt, daß die Schuld auf der Passivseite der Bilanz mit ihrem vollen Nennwert eingesetzt, auf der Aktivseite aber in Höhe des Damnums ein Wertberichtigungsposten gebildet und dieser gleichmäßig abgeschrieben wird, oder daß von vornherein die Schuld nur mit ihrem (niedrigeren) Anschaffungspreis passiviert und gleichmäßig steigend auf den Nennbetrag erhöht wird." Kritisch zur Rechtsprechung des Reichsfinanzhofs *Leissle* (Damnum, 1959), S. 103-114, hier S. 105-108. Vgl. hierzu auch *Blümich* (Einkommensteuergesetz, 1940), S. 186 f.

454 Vgl. BFH-Urteil vom 4.03.1976, IV R 78/72, BStBl. II 1977, S. 380-382, hier S. 381; BFH-Urteil vom 31.01.1980, IV R 126/76, BStBl. II 1980, S. 491-494, hier S. 493; BFH-Urteil vom 12.12.1990, I R 153/86, BStBl. II 1991, S. 479-484, hier S. 483.

455 *Böcking* (Zerobond, 1986), S. 930-955, hier S. 938.

456 BFH-Urteil vom 24.05.1984, I R 166/78, BStBl. II 1984, S. 747-751, hier S. 750.

zip widerspräche.“[457] Für eine Passivierung von Verbindlichkeiten mit ihrem Bar- oder Teilwert ist daher grundsätzlich kein Raum.[458] So ist es auch nicht zulässig, dass auf der Passivseite der Nennwert (Rückzahlungsbetrag) und unter den aktiven Rechnungsabgrenzungsposten der Abzinsungsbetrag ausgewiesen wird.[459] Der Erfüllungsbetrag in diesem Sinne ist der (rechtliche) Rückzahlungsbetrag des „Dargeliehenen“.[460]

Nach einer weitverbreiteten Ansicht ist auch die Disagioverbindlichkeit mit ihrem Nennwert zu passivieren.[461] Dies ergebe sich daraus, dass der Kreditnehmer bei normalem Vertragsablauf zum Zeitpunkt der Tilgung den Nennwert der Verbindlichkeit aufwenden muss, um sich von dieser Verpflichtung zu befreien. In diesem Sinne ist der Ausgabeabschlag bereits zum Zeitpunkt der Kreditvergabe zu passivieren. Diese Auffassung stützt sich auf die zivilrechtliche Ausgestaltung des Unterschiedsbetrags als Teil der zu tilgenden Kapitalschuld.[462] Eine Passivierung der Verbindlichkeit unter dem Nennwert sei demnach nicht zulässig.[463]

Das Gesetz erzwinge zwar nach dieser Auffassung den Ansatz zum Rückzahlungsbetrag (hier zum Nennwert), eröffne aber, „in bestimmten Fällen, einen aktiven Rechnungsabgrenzungsposten als Gegenposition [...]“[464]. Dies gelte nämlich dann, wenn der Rückzahlungsbetrag einer Verbindlichkeit über dem Ausgabebetrag liege (§ 250 Abs. 3 HGB). Dieser Argumentation folgend kann das Aktivum als Wertberichtigungsposten angesehen werden. Dies erscheint nicht abwegig, da die Disagioregelung unter Geltung des AktG 1965 noch nicht

---

457 *Moxter* (Fremdkapitalbewertung, 1984), S. 397-408, hier S. 401. Vgl. auch *Beiser* (Abzinsung, 2001), S. 296-298, hier S. 296 f.

458 Vgl. *Clemm* (Einfluß, 1984), S. 219-243, hier S. 234. Lediglich beim Vorliegen einer Überverzinslichkeit aufgrund veränderter Kapitalmarktzinsen stellt sich die Frage, ob der Barwert (Teilwert) diese Verbindlichkeit nicht unter Berücksichtigung des marktgerechten Zinses errechnet werden muss. Dem Imparitätsprinzip könnte dann über eine Erhöhung des Schuldbetrages über denn Nennwert hinaus oder über die Passivierung einer Rückstellung für drohenden Verluste neben der mit dem Nennbetrag stehenbleibenden Schuld Rechnung getragen werden.

459 Vgl. *Baierl* (Beck'sches HdR, 2007), B 234, Rz. 70.

460 Vgl. *Böcking* (Bilanzrechtstheorie, 1988), S. 159. So gebiete das Erfolgsneutralitätsprinzip „eine vermögensneutrale Behandlung des tatsächlichen Darlehensbetrags, da das ‚Dargeliehene‘ unabhängig von der Art der Verzinsung, ‚zurückzuzahlen‘ (Rückzahlungsbetrag) ist.“

461 Vgl. z. B. *Mathiak* (Rechtsprechung, 1985), S. 80-85, hier S. 83; *Gruber* (Bilanzansatz, 1991), S. 177 f.; *Thiele/Kahling* (Baetge/Kirsch/Thiele, 2002), § 253 HGB, Rz. 83-87.

462 Vgl. *Rodin* (Disagio, 1988), S. 36 f.

463 Vgl. *Moxter/Eibelshäuser* (Beurteilung, 2007), S. 331-344, hier S. 335 und S. 338; *Knobbe-Keuk* (Bilanzsteuerrecht, 1993), S. 232 f.; *Clemm* (Einfluß, 1984), S. 219-243, hier S. 238, spricht sich zudem wohl gegen eine Bruttobilanzierung aus, da das handelsrechtliche Abzinsungsverbot damit unterlaufen würde.

464 *Moxter* (Fremdkapitalbewertung, 1984), S. 397-408, hier S. 401.

in der Vorschrift die Rechnungsabgrenzungsposten betreffend (§ 152 Abs. 9 AktG 1965), sondern bei den Vorschriften zu den Ansätzen von Passivposten (§ 156 Abs. 3 AktG 1965) aufgeführt wurde. Zwar wurde im Disagio bereits zum damaligen Zeitpunkt ein Rechnungsabgrenzungsposten im strengen Sinne gesehen,[465] der aber zugleich ein „Korrekturposten zu der auf der Passivseite mit ihrem Erfüllungsbetrag ausgewiesenen Verbindlichkeit ist"[466]. Die Vorschrift des § 156 Abs. 3 AktG 1965 konnte daher auch primär als Bewertungsvorschrift angesehen werden.[467]

Mit dem Aktivum wird dem Umstand Rechnung getragen, dass die Disagioverbindlichkeit sich gerade dadurch auszeichnet, dass die laufenden Zinszahlungen im Vergleich zum Marktzins für Verbindlichkeiten dieser Laufzeit und vor allem dieses Risikogrades geringer sind und diese Unterverzinslichkeit gerade durch den Ausgabeabschlag kompensiert wird. So konkretisiert sich im Vorliegen eines (niedrigeren) Ausgabebetrages eine zusätzliche Vergütung für die Kapitalüberlassung.[468] Die Disagioverbindlichkeit ist daher keine unterverzinsliche Verbindlichkeit, sondern im Grunde eine normalverzinsliche Verbindlichkeit. Nach der Rechtsprechung ist bei einem normalverzinslichen Verbindlichkeitsdarlehen mit Ausgabeabschlag davon auszugehen, dass im Rückzahlungsbetrag Zinsen enthalten sind.[469] Anders ausgedrückt: Aufgrund des Gesetzeswortlauts erfolgt formell eine Passivierung zum Nennwert, d. h. zum Ausgabebetrag zuzüglich der künftigen, „über die Nennzinsen hinausgehenden Zinsen, und eine aktive Abgrenzung dieser an sich nicht passivierungsfähigen, aber passivierten künftigen Zinszahlungsverpflichtung"[470]. Der aktive Rechnungsabgrenzungsposten ist in diesem Sinne ein „Wertberichtigungsposten zu der auf der Passivseite der Bilanz eingesetzten Schuld".[471] Dieses Aktivum stellt folglich sicher, „dass die Verbindlichkeit per Saldo richtig bewertet wird"[472]. Diese „Abzinsungs-Wertberichtigung"[473] darf jedoch nicht missverstanden werden. Es handelt sich nicht um eine Zeitwertbilanzierung der Verbindlichkeit, denn die Höhe des Ak-

---

465 Vgl. *Kropff* (Aktiengesetz, 1973), § 156 AktG 1965, Rdn. 21.
466 *Kropff* (Aktiengesetz, 1973), § 156 AktG 1965, Rdn. 24.
467 Vgl. *Böcking* (Bilanzrechtstheorie, 1988), S. 171.
468 Mit dem Ausgabebetrag ist nicht nur ein Zahlungsmitteleingang gemeint, sondern auch andere Aktivenzugänge. Vgl. *Moxter* (Fremdkapitalbewertung, 1984), S. 397-408, hier S. 402.
469 Vgl. BFH-Urteil vom 7.07.1983, IV R 47/80, BStBl. II 1983, S. 753-755, hier S. 755.
470 *Clemm* (Abzinsung, 1988), S. 67-89, hier S. 73.
471 BFH-Urteil vom 15.05.1963, I 272/61 U, BStBl. III 1963, S. 327-329, hier S. 328. Zum Charakter des Wertberichtigungspostens vgl. auch RFH-Urteil vom 25.04.1934, VI A 909/33, RStBl. 1934, S. 945-946, hier S. 945. Zum Disagio als Berichtigungsposten vgl. *Gnam* (Begriff des Rechungsabgrenzungspostens, 1954), S. 245-248, hier S. 248; *Hoffmann* (Anmerkung, 1970), S. 354-355, hier S. 355; *van der Felde* (Umfang der Rechnungsabgrenzungsposten, 1958), S. 218-239, hier S. 231.
472 *Mellwig* (Quelle, 2005), S. 217-235, hier S. 232.
473 So *Clemm* (Abzinsung, 1988), S. 67-89, hier S. 73.

tivums bestimmt sich nicht durch eine Diskontierung mit dem Marktzins, sondern aus den vertraglichen Vereinbarungen des Kreditvertrags; sie verstößt damit nicht gegen das Realisationsprinzip.

Der Wertberichtigungscharakter kommt deutlich zum Vorschein, wenn man sich dem in den Vorabschnitten angeführten Beispiel zuwendet. Im Zeitpunkt der Darlehensauszahlung erfolgt eine Passivierung der Verbindlichkeit zum Nennwert in Höhe von 100.000 Euro. Im Nennwert sind nicht passivierungsfähige zukünftige Zinszahlungsverpflichtungen in Höhe von 15.000 Euro enthalten, die zugleich auf der Aktivseite in den Rechnungsabgrenzungsposten aufgenommen werden. Im Saldo erfolgt eine Bilanzierung der Verbindlichkeit zu 85.000 Euro. Unter Heranziehung des Effektivzinses beträgt die Zinsschuld am Ende des ersten Jahres 7.514,37 Euro, davon werden durch die laufenden Zinszahlungen 5.000 Euro getilgt; es verbleibt eine Zinsschuld in Höhe von 2.514,37 Euro. Durch die Auflösung des Rechnungsabgrenzungspostens in Höhe der noch ausstehenden Zinsschuld erfolgt eine Aufstockung des Saldos aus Verbindlichkeit und Rechnungsabgrenzungsposten. Der Saldo von 87.514,37 Euro weist die Kapitalschuld in Höhe von 85.000 Euro zuzüglich der Zinsschuld in Höhe von 2.514,37 Euro aus, die durch die Kapitalnutzung des ersten Jahres wirtschaftlich verursacht wurde. Am Ende des fünften Jahres stimmen der Nennwert der Verbindlichkeit und die Summe aus Kapitalschuld und Zinsschuld überein. Die nachstehende Tabelle zeigt neben der Kcrediteinzahlung und den jährlichen Zins- und Tilgungszahlungen des Kreditnehmers den jährlichen Zinsaufwand, den Wertansatz der Verbindlichkeit und des Rechnungsabgrenzungspostens sowie die zeitliche Entwicklung des Saldos aus Verbindlichkeit und Rechnungsabgrenzungsposten.

Tabelle 3: Bruttobilanzierung mit Wertberichtigungsposten

Zeitpunkt	Anfang 1	Ende 1	Ende 2	Ende 3	Ende 4	Ende 5
Zahlung	-85.000,00	5.000,00	5.000,00	5.000,00	5.000,00	5.000,00
laufender Zins		5.000,00	5.000,00	5.000,00	5.000,00	5.000,00
Zinsaufwand (Auflösung ARAP)		2.514,37	2.736,65	2.978,58	3.241,90	3.528,50
Zinsaufwand (Effektivzins auf die Jahresschuld)		7.514,37	7.736,65	7.978,58	8.241,90	8.528,50
ARAP (Wertberichtigungsposten)	15.000,00	12.485,63	9.748,98	6.770,40	3.528,50	0,00
Verbindlichkeit	100.000,00	100.000,00	100.000,00	100.000,00	100.000,00	100.000,00
Saldo aus Verbindlichkeit und ARAP	85.000,00	87.514,37	90.251,02	93.229,60	96.471,50	100.000,00

Wenngleich dem Disagio in wirtschaftlicher Betrachtungsweise ein Wertberichtigungscharakter zukommt[474], verneint der Bundesfinanzhof heute diesen für die
Bilanzierung. „Das Disagio ist kein Wertberichtigungsposten, mit dem der zutreffende Ausweis der Darlehensverbindlichkeit erreicht werden soll."[475] Der
Bundesfinanzhof führt weiter aus: „Das Disagio bezeichnet vielmehr eine Vorleistung aus einem schwebenden Geschäft für eine zeitbezogene, in der Kapitalnutzung bestehende Gegenleistung."[476] „Es ist seiner Natur nach ein Rechnungsabgrenzungsposten im engeren Sinn. Es handelt sich um eine – bei Zufluß des
Darlehensbetrags geleistete – Ausgabe, die Aufwand für eine bestimmte Zeit
nach dem Bilanzstichtag bildet [...]."[477]

Diese beiden Argumente – Zinsvorauszahlung und Wertberichtigung – für die
Bilanzierung eines aktiven Rechnungsabgrenzungspostens sind strikt voneinan-
der zu trennen. Die Begründung des Bundesfinanzhofs deutet auf einen echten
Rechnungsabgrenzungsposten im Sinne des § 250 Abs. 1 HGB hin, der als Folge einer unterstellten Vorauszahlung des Kreditnehmers für die spätere Kapitalüberlassung aktiviert werden muss.[478] Bei der zweiten hier dargelegten Variante
handelt es sich nicht um einen Rechnungsabgrenzungsposten; das Aktivum,
wenngleich es als Rechnungsabgrenzungsposten ausgewiesen wird, „ist bloßer
Korrekturposten einer ansonsten unrichtig bewerteten Verbindlichkeit".[479] Allerdings liefert diese Betrachtungsweise keine Begründung dafür, weshalb die Vorschrift des § 250 Abs. 3 HGB als Aktivierungswahlrecht formuliert wurde.[480]

Dieser Korrekturposten verkörpert rein nach dem Wortlaut des § 250 Abs. 1
HGB ebenfalls einen echten Rechnungsabgrenzungsposten.[481] Eine Ausgabe
setzt eine Vermögensminderung voraus, die im Fall der Disagioverbindlichkeit
im Zugang dieser Verbindlichkeit erblickt werden kann. Dabei ist die Vermögensminderung und mithin die Ausgabe der Unterschiedsbetrag zwischen dem
Auszahlungsbetrag und dem Erfüllungsbetrag zum Zeitpunkt der Fälligkeit.[482]
Da es sich beim Disagio um eine Zinskomponente handelt, d. h. eine Vergütung
für eine auf Zeit bestimmte Kapitalüberlassung, scheint der Aktivierung des Disagios als Rechnungsabgrenzungsposten nichts im Wege zu stehen. Jedoch sind
bei der Bruttobilanzierung nur formal die Ansatzmerkmale eines Rechnungsabgrenzungspostens im strengen Sinne erfüllt. Sobald man den Begriff der Ausga-

---

474 Vgl. *Moxter* (Bilanzrechtsprechung, 2007), S. 81.
475 BFH-Urteil vom 12.07.1984, IV R 76/82, BStBl. II 1984, S. 713-714, hier S. 714.
476 BFH-Urteil vom 12.07.1984, IV R 76/82, BStBl. II 1984, S. 713-714, hier S. 714.
477 BFH-Urteil vom 20.11.1969, IV R 3/69, BStBl. II 1970, S. 209-210, hier S. 209.
478 Vgl. *Böcking* (Bilanzrechtstheorie, 1988), S. 168 f.
479 *Mellwig* (Quelle, 2005) S. 217-235, hier S. 233; vgl. *Schönnenbeck* (Aktiengesetz, 1960),
   S. 587; *van der Felde* (Umfang der Rechnungsabgrenzungsposten, 1958), S. 218-239,
   hier S. 231.
480 Vgl. *Köhle* (Rechnungsabgrenzung, 2003), S. 185.
481 Vgl. *Ballwieser* (Beck'sches HdR, 2002), B 131, Rz. 55 f.
482 Vgl. *Ballwieser* (Beck'sches HdR, 2002), B 131, Rz. 55 f.

be im Sinne des Grundsatzes der Nichtbilanzierung schwebender Geschäfte beschränkt, tritt der Charakter des Korrekturpostens deutlich zu Tage.

Wenngleich die Bruttobilanzierung heute nicht mehr herangezogen werden kann, um die Bilanzierung eines aktiven Rechnungsabgrenzungspostens zu rechtfertigen, bietet diese Argumentation einen alternativen Weg zur Bilanzierung der Disagioverbindlichkeit. Dazu vergegenwärtige man sich die Argumentation für den Wertberichtigungsposten: Zukünftig zu leistende Zinsen dürfen nicht (ergebniswirksam) vorweg passiviert werden. Eine Vorwegpassivierung widerspräche dem Grundsatz der Nichtbilanzierung schwebender Geschäfte und dem Stichtagsprinzip. Denkbar erscheint unter diesem Gesichtspunkt die sogenannte Nettomethode, die einen Wertansatz der Verbindlichkeit zum zinsbereinigten Nennwert fordert.[483] Argumente für die Nettomethode lassen sich ebenfalls in der Rechtsprechung des Bundesfinanzhofs finden. So führt der Bundesfinanzhof an anderer Stelle aus, dass „als Anschaffungskosten der Nennbetrag einer Verbindlichkeit [gilt]. Ist allerdings im Erfüllungsbetrag (= Rückzahlungsbetrag) ein Zinsanteil enthalten, so kann eine Abzinsung sowohl nach handelsrechtlichen als auch nach steuerrechtlichen Grundsätzen geboten sein. Der Zinsbestandteil wird in diesem Fall aus dem Schuldbetrag herausgelöst."[484] Der Rückzahlungsbetrag kann also insoweit nicht mit dem Nennbetrag gleichgesetzt werden, als im Nennbetrag verdeckte Zinszahlungen enthalten sind. In diesem Fall kann daher nur die Kapitalschuld passiviert werden, deren Rückzahlungsbetrag dem zinsbereinigten Nennwert entspricht.[485] Diese Vorgehensweise stimmt überein mit dem Barwertgebot für Rentenverpflichtungen in § 253 Abs. 1 Satz 2 HGB. Durch die Abzinsung der künftigen Rentenbeträge erfolgt eine Aussonderung des Zinsanteils, so dass der Barwert der Rentenverpflichtung die Kapitalschuld verkörpert und mithin erst den Erfüllungsbetrag.[486]

---

483 Für die Anwendung der Nettomethode *Windmöller* (Nominalwert, 1992), S. 690-701, hier S. 699.

484 BFH-Urteil vom 12.12.1990, I R 153/86, BStBl. II 1991, S. 479-484, hier S. 483. BFH-Urteil vom 12.12.1990, I R 18/89, BStBl. II 1991, S. 485-488, hier S. 487. Vgl. *Döllerer* (Steuerrecht der Unternehmen, 1992), S. 587-620, hier S. 589 f. Zur Frage des Vorliegens eines verdeckten Kreditgeschäfts vgl. *Hartung* (Abzinsung, 1990), S. 313-317, hier S. 314 f.

485 Vgl. *Groh* (Gemeinsamkeiten und Unterschiede, 1988), S. 27-33, hier S. 30 f.; *Hoyos/Ring* (BeckBilKomm, 2006), § 253 HGB, Anm. 53.

486 Vgl. *Moxter* (Bilanzrechtsprechung, 2007), S. 230; BFH-Urteil vom 31.01.1980, IV R 126/76, BStBl. II 1980, S. 491-494, hier S. 493.

Auch bei Verbindlichkeiten aus Anschaffungsgeschäften wird demgemäß in der Literatur die Nettobilanzierung gefordert.[487] So handelt es sich bei Warenverkauf mit gleichzeitiger Stundung des Kaufpreises wirtschaftlich um die Kombination eines Warenlieferungs- mit einem Kreditgeschäft.[488] Erfolgt die Anschaffung eines Wirtschaftsgutes gegen ein erst später fälliges, bis dahin formal unverzinsliches Entgelt, so ist nach der Rechtsprechung davon auszugehen, dass in dem Zahlungsbetrag in der Regel ein verdeckter Zinsanteil enthalten ist.[489] Die Verbindlichkeit ist daher nicht unverzinslich, so dass der Nennbetrag in eine Gegenleistung für das Wirtschaftsgut und den Zins aufzuteilen ist; es hat mithin eine Aufteilung in Kapital- und Zinsschuld zu erfolgen. Das folgende Beispiel dient zur Veranschaulichung. Der Bilanzierende erwirbt eine Maschine zum Preis von 5.000 Euro, zahlbar nach Ablauf von drei Jahren.[490] Bei einem unterstellten Zinssatz von 5,5% p.a. ergeben sich folglich bei Trennung von Kredit- und Anschaffungsgeschäft Anschaffungskosten in Höhe von 4.258 Euro, d. h. dem Barwert der Kaufpreisverbindlichkeit. Im künftigen Erfüllungsbetrag in Höhe von 5.000 Euro sind verdeckte künftige Zinszahlungen enthalten, die eine nicht zu passivierende Zinsverbindlichkeit im Rahmen eines (verdeckten) schwebenden Kreditgeschäfts darstellen.[491] Folglich ist die Kaufpreisverbindlichkeit mit dem Barwert einzubuchen und in den Folgejahren um die aufgelaufenen Zinsen zu erhöhen.[492] Wäre die Maschine mit drei Raten von jährlich 1.578,27 Euro zu bezahlen, so müsste auch in diesem Fall der Barwert von 4.258 Euro im Zugangszeitpunkt der Maschine als Verbindlichkeit passiviert werden. Denn erst der Barwert im Zugangszeitpunkt ermöglicht die Trennung von Kapital- und Zinsschuld und gewährleistet somit den Ausweis der Verbindlichkeit zum Tilgungsbetrag.[493]

487 Vgl. *Hoyos/Ring* (BeckBilKomm, 2006), § 253 HGB, Anm. 66; *Glanegger* (Schmidt EStG-Kommentar, 2008), § 6 EStG, Rz. 398; für die Bruttobilanzierung *Döllerer* (Anschaffungskosten, 1976), S. 196-212, hier S. 200 f.; *Hüttemann* (HdJ, 1988), Abt. II/8, Rn. 18; *Keuk-Knobbe* (Gewerbesteuer, 1975), S. 351-356, hier S. 356; *Naumann/Breker* (HdJ, 2003), Abt. I/7, Rn. 426 und *Winnefeld* (Bilanz-Handbuch, 2002), Kapitel D, Rz. 742.

488 Vgl. *Groh* (Gemeinsamkeiten und Unterschiede, 1988), S. 27-33, hier S. 31; *Clemm* (Einfluß, 1984), S. 219-243, hier S. 237.

489 Vgl. BFH-Urteil vom 25.06.1974, VIII R 163/71, BStBl. II 1975, S. 431-433, hier S. 432; BFH-Urteil vom 25.02.1975, VIII R 19/70, BStBl. II 1975, S. 647-649, hier S. 648; BFH-Urteil vom 21.10.1980, VIII R 190/78, BStBl. II 1981, S. 160-161, hier S. 161.

490 Vgl. *Döllerer* (Anschaffungskosten, 1976), S. 196-212, hier S. 199-201.

491 Vgl. *Böcking* (Zerobond, 1986), S. 930-955, hier. S. 936.

492 Vgl. *Böcking* (Zerobond, 1986), S. 930-955, hier. S. 936 f.; für eine Bruttobilanzierung der Verbindlichkeit mit aktivem Rechnungsabgrenzungsposten vgl. *Döllerer* (Handels- und Steuerbilanz, 1987), S. 1-16, hier S. 10, *derselbe* (Anschaffungskosten, 1976), S. 196-212, hier S. 200 f. und *Keuk-Knobbe* (Gewerbesteuer, 1975), S. 351-356, hier S. 356.

493 Vgl. *Böcking* (Zerobond, 1986), S. 930-955, hier, S. 937; *Hoyos/Ring* (BeckBilKomm, 2006), § 253 HGB, Anm. 66.

Im Falle der Disagioverbindlichkeit kann demnach nur der zinsbereinigte Nennwert der Verbindlichkeit als Erfüllungsbetrag bzw. Rückzahlungsbetrag angesetzt werden.[494] Die Zinsbereinigung hat durch eine Abzinsung des Nennwerts durch den vertraglich vereinbarten Effektivzins zu erfolgen, der sich aus der Differenz von Ausgabe- und Rückzahlungsbetrag sowie der Laufzeit bestimmt.[495] Der zinsbereinigte Nennwert entspricht grundsätzlich dem Ausgabebetrag. Für eine Aktivierung eines Rechnungsabgrenzungspostens bleibt kein Raum. Diese Bilanzierung ähnelt der Bilanzierung nach der früheren Rechtsprechung des Bundesfinanzhofs bzw. Reichsfinanzhofs. Jedoch ist die Begründung eine andere. Während nach der älteren Rechtsprechung der Verfügungsbetrag die Anschaffungskosten der Verbindlichkeit determinierte,[496] erfolgt bei der zinsbereinigten Bestimmung des Nennwerts eine Ermittlung des Erfüllungsbetrags unter Bezugnahme auf die handelsrechtlichen GoB, namentlich auf den Grundsatz der Nichtbilanzierung schwebender Geschäfte und das Stichtagsprinzip.

Die soeben dargelegte Bilanzierung steht zudem im Einklang mit der bilanziellen Darstellung von Zerobonds, die nach heute herrschender Literaturauffassung netto bilanziert werden.[497] Passiviert wird der vom Kreditgeber bereitgestellte Betrag, in den Folgeperioden wird der Wert um die entstehenden Zinsverbindlichkeiten aufgestockt.[498] Eine Passivierung des später zu zahlenden Rücknahmebetrages mit dem Ansatz eines aktiven Rechnungsabgrenzungspostens wird abgelehnt. Betrachtet man den Zerobond als einen Grenzfall eines Disagios, dann ist es nicht plausibel, diese beiden Sachverhalte gänzlich unterschiedlich zu erfassen.[499]

Eine Passivierung der Verbindlichkeit in Höhe der Abschlusszahlung, d. h. des nicht zinsbereinigten Nennwertes der Verbindlichkeit und der Bildung eines aktiven Rechnungsabgrenzungspostens, kann nur sinnvoll über die Zahlungsfiktion abgeleitet werden.[500] Doch ist die Zahlungsfiktion vor dem Hintergrund der Verbindlichkeitsbilanzierung problematisch. In den anzusetzenden Rückzahlungsbetrag werden Zinsbestandteile mit einbezogen. „Es kann nicht rechtens sein, durch Unterstellung tatsächlich gar nicht erfolgender Zahlungen die Grenze zwi-

---

494 Vgl. *Köhle* (Rechnungsabgrenzung, 2003), S. 185 f.
495 Vgl. *Groh* (Bilanzsteuerrecht, 1975), S. 344-350, hier S. 347 f., für Verbindlichkeiten mit aufgeschobener Zinszahlung.
496 Vgl. *Rose* (Zinsfüße, 1974), S. 301-348, hier S. 329-331.
497 Vgl. dazu grundlegend *Böcking* (Zerobond, 1986), S. 930-955, hier S. 940-948. So auch *Baxmann* (Zerobonds, 1990), S. 288-291, hier S. 288; *Beckmann* (Zerobonds, 1991), S. 938-944, hier S. 942; *Bordewin* (Zero-Bonds, 1986), S. 263-267, hier S. 265 f.; *Eisele/Knobloch* (Offene Probleme, 1993), S. 577-586, hier S. 577 f.; *IDW* (HFA 1/1986, 1986), S. 248-249.
498 Vgl. *Ulmer/Ihrig* (Zero-Bonds, 1985), S. 1169-1180, hier S. 1173-1178.
499 Vgl. *Mellwig* (Quelle, 2005), S. 217-235, hier S. 232 Fn. 33; vgl. auch *Berlage* (Bilanzierung, 1993), S. 106-108; *Rückle* (Skonto, 1993), S. 354-377, hier S. 374-376.
500 Vgl. *Mellwig* (Quelle, 2005), S. 217-235, hier S. 231.

schen dem passivierungspflichtigen Rückzahlungsbetrag und nicht passivierungsfähigen künftigen Zinszahlungen zu verschieben, denn dadurch wird die
Verbindlichkeit unzutreffend ausgewiesen."[501]

Die Nettobilanzierung gewährleistet im Sinne des Einzelbewertungsprinzips die
Trennung von Kapital- und Zinsschuld, bedarf keiner Zahlungsfiktion und besitzt – wie aufgezeigt – den Vorzug einer einheitlichen Bilanzierung aller nur
nominell un- oder unterverzinslichen Verbindlichkeiten.[502] Darüber hinaus lie-
ßen sich Rechnungsabgrenzungsposten bei Kreditgeschäften auf echte (kurzfris-
tige) Zinsvorauszahlungen beschränken, ohne in den Verdacht zu geraten, nur
Korrekturposten einer sonst unrichtig ausgewiesenen Verbindlichkeit zu sein.

V. Exkurs: Sachverhalte, die als Rechnungsabgrenzungsposten ausgewiesen werden dürfen

A. Zölle und Verbrauchsteuern

Gem. § 5 Abs. 5 Satz 2 Nr. 1 EStG sind „auf der Aktivseite [...] anzusetzen [..]
als Aufwand berücksichtigte Zölle und Verbrauchsteuern, soweit sie auf am Abschlussstichtag auszuweisende Wirtschaftsgüter des Vorratsvermögens entfallen". Handelsrechtlich besteht hingegen gem. § 250 Abs. 1 Nr. 1 HGB ein
Wahlrecht zum Ansatz bzw. Ausweis als Rechnungsabgrenzungsposten. Bereits
die gesetzlichen Sonderregelungen verweisen auf den Sonderstatus dieser Positionen innerhalb der Rechnungsabgrenzungsposten.

Es ist also zu fragen, ob die als Aufwand berücksichtigten Zölle und Verbrauchsteuern die strengen Anforderungen für Rechnungsabgrenzungsposten im Sinne
des § 5 Abs. 5 Satz 1 Nr. 1 EStG bzw. § 250 Abs. 1 HGB erfüllen. Diese Frage
ist zu verneinen, denn sie stellen keinen Aufwand für eine (bestimmte) Zeit nach
dem Abschlussstichtag dar.[503] Verbrauchsteuern und Zölle betreffen bestimmte
zeitpunktbezogene Vorgänge bezüglich der Vorräte, wie z. B. die Einfuhr, den
Verbrauch oder die Entfernung.[504] Es mangelt hier am Zeitraumbezug und an der
noch ausstehenden Leistungsverpflichtung.[505] Da es sich um keinen echten
Rechnungsabgrenzungsposten handelt, gilt es ferner, den bilanziellen Charakter
der Bilanzposition zu untersuchen, welche durch die Aktivierung der als Aufwand berücksichtigten Zölle und Verbrauchsteuern entsteht. Die Frage lautet:
Handelt es sich um Bestandteile der Anschaffungs- bzw. Herstellungskosten, ein

---

501 *Mellwig* (Quelle, 2005), S. 217-235, hier S. 231.
502 So bereits *Clemm/Nonnenmacher* (BeckBilKomm, 1990), § 253 HGB, Anm. 64.
503 Vgl. BFH-Urteil vom 26.02.1975, I R 72/73, BStBl. II 1976, S. 13-16, hier S. 16.
504 Vgl. *Federmann* (Vorratsvermögen, 1977), S. 1149-1154, hier S. 1152; *Bauer* (Kirch-
hof/Söhn/Mellinghoff, 2001), § 5 EStG, F 173.
505 Zum fehlenden Zeitbezug vgl. *Köhle* (Rechnungsabgrenzung, 2003), S. 189.

verselbständigtes Wirtschaftsgut oder um eine Bilanzposition eigener Art?[506]
Zunächst ist das Vorliegen eines verselbständigten Wirtschaftsguts zu verneinen, da Verbrauchsteuern keinen Rückforderungsanspruch beinhalten. Damit
reduziert sich die Fragestellung auf die beiden verbleibenden Aktivierungsmög-
lichkeiten: Bestandteile der Herstellungskosten oder Bilanzposition eigener Art.
Sollte es sich um eine Bilanzposition eigener Art handeln, so kann diese dann
nur als reiner Korrekturposten verstanden werden.[507]

Begibt man sich zum Ursprung der Regelung des § 5 Abs. 5 Satz 2 Nr. 1 EStG
bzw. des § 250 Abs. 1 Nr. 1 HGB, so gelangt man zu einer Entscheidung des
Bundesfinanzhofs aus dem Jahre 1975.[508] Der Bundesfinanzhof stellte in seinem
sogenannten Biersteuer-Urteil fest, dass „die Biersteuer [..] weder als Herstellungskosten eines Wirtschaftsguts noch als Rechnungsabgrenzungsposten aktiviert werden [darf]"[509]. Während der Ansatz als Rechnungsabgrenzungsposten
am mangelnden Zeitbezug scheitert, gehört die Biersteuer nach Ansicht des
Bundesfinanzhofs nicht zu den Herstellungskosten des Bieres, da die Steuerschuld nicht mit der Fertigstellung des Bieres entsteht, sondern erst mit der Entfernung des Bieres aus der Brauerei.[510] Denn die Biersteuer nach „§ 2 Abs. 1
[heute § 7 Abs. 1 BierStG] des Biersteuergesetzes [entsteht] dadurch, daß das
Bier aus der Brauerei entfernt (oder innerhalb der Brauerei getrunken) wird, und
zwar im Zeitpunkt der Entfernung (oder der Entnahme) des Bieres"[511]. Durch die
Anwendung der zitierten Rechtsprechung befürchtete der Fiskus erhebliche
Auswirkungen auf die bilanzielle Behandlung anderer Verbrauchsteuern bzw.
Zölle, die sich letztendlich in Steuerausfällen niederschlagen würden.[512] Die Finanzverwaltung folgte daher der Gesetzesauslegung nicht und wendete das Urteil deshalb über den entschiedenen Sachverhalt hinaus nicht an.[513] Durch das
Einführungsgesetz zur Abgabenordnung vom 14. Dezember 1976[514] wurde die
steuerliche Ansatzpflicht der als Aufwand berücksichtigten Verbrauchsteuern
und Zölle als Rechnungsabgrenzungsposten gesetzlich im EStG kodifiziert. Im

---

506 Vgl. *Bordewin* (Einführungsgesetz, 1976), S. 1653-1655, hier S. 1653.
507 Vgl. *Dankmeyer* (Einführungsgesetz zur AO 1977, 1976), S. 2274-2278, hier S. 2275,
    der diese Position als „Abgrenzungsposten besonderer Art" bezeichnet.
508 Vgl. BFH-Urteil vom 26.02.1975, I R 72/73, BStBl. II 1976, S. 13-16.
509 BFH-Urteil vom 26.02.1975, I R 72/73, BStBl. II 1976, S. 13-16, hier S. 13.
510 Zustimmend *Bachmeyr* (Überbewertung, 1976), S. 561-569, hier S. 561; *Döllerer* (Anschaf-
    fungskosten, 1976), S. 196-212, hier S. 204.
511 BFH-Urteil vom 26.02.1975, I R 72/73, BStBl. II 1976, S. 13-16, hier S. 16.
512 Vgl. Bericht des Finanzausschusses, BT-Drucks. 7/5458, S. 8 f.; *Döllerer* (Handelsbilanz
    und Steuerbilanz, 1987), S. 1-16, hier S. 3.
513 Vgl. BMF-Schreiben vom 19.12.1975, IV B – S 2173-15/75, BStBl. I 1976, S. 7.
514 Vgl. Einführungsgesetz zur Abgabenordnung (EGAO 1977), BStBl. I 1976, S. 694-737,
    hier S. 699.

Zuge des Bilanzrichtlinien-Gesetzes[515] wurde handelsrechtlich „im Interesse der Einheitlichkeit von Handels- und Steuerbilanz [...] der Ausweis im Rechnungsabgrenzungsposten auf der Aktivseite zugelassen"[516]. Anders als im Steuerrecht handelt es sich jedoch um ein Wahlrecht.

Allerdings sind nach der Rechtsprechung des Bundesfinanzhofs nicht alle Verbrauchsteuern grundsätzlich von der Aktivierung als Herstellungsnebenkosten ausgeschlossen. So entschied der Bundesfinanzhof in einem Urteil zur Branntweinsteuer[517], dass die Branntweinsteuer als Herstellungsnebenkosten aktivierungspflichtig ist. Aus dem oben genannten Urteil ist zu entnehmen, dass Zölle und Verbrauchsteuern, die beim Erwerb von Rohstoffen entstehen bzw. im Anschaffungspreis enthalten sind, Anschaffungskosten sind. Sofern steuerbelastete Rohstoffe weiter verarbeitet werden, führen sie zu Herstellungskosten der entstehenden Erzeugnisse. Nur bei Verbrauchsteuern und Zöllen – wie im Falle der Biersteuer –, die erst nach Abschluss des Herstellungsprozesses entstehen, d. h. mit der Entfernung des fertigen Produktes aus der Produktionsstätte, scheidet demnach eine Behandlung als Herstellungsnebenkosten aus.[518] Der Bundesfinanzhof differenziert zwischen Verbrauchsteuern, die dem Herstellungsbereich zuzuordnen sind und die als Bestandteil der Herstellungskosten aktivierungspflichtig sind, und Verbrauchsteuern, die nicht mehr dem Herstellungsbereich zugeordnet werden können und ohne die Sonderregelung der Rechnungsabgrenzungsposten als Aufwand der entsprechenden Periode zu erfassen sind. Dem Urteil zur Branntweinsteuer ist ebenfalls zu entnehmen, dass die Frage, ob Zölle und Verbrauchsteuern Herstellungskosten sind, Vorrang genießt vor der Sonderregelung des § 5 Abs. 5 (damals § 5 Abs. 4 EStG).[519] Im Ergebnis heißt dies, dass eine Aktivierung als Rechnungsabgrenzungsposten nur in Frage kommt, wenn keine aktivierungspflichtigen Herstellungskosten vorliegen.[520] Dieses Rangverhältnis ist auch dahingehend überzeugend, da bei Herstellungskosten kein Aufwand berücksichtigt wird.[521] Die Berücksichtigung als Aufwand ist je-

---

515 Gesetz zur Durchführung der Vierten, Siebenten und Achten Richtlinie des Rates der Europäischen Gemeinschaften zur Koordinierung des Gesellschaftsrechts (Bilanzrichtlinien-Gesetz - BiRiLiG) vom 19.12.1985, BGBl. I 1985, S. 2355-2433, hier S. 2358.

516 Gesetzentwurf der Bundesregierung, Bilanzrichtlinie-Gesetz, BT-Drucks. 10/317 vom 26.08.1983, S. 82.

517 Vgl. BFH-Urteil vom 5.05.1983, IV R 18/80, BStBl. II 1983, S. 559-562.

518 Vgl. *Mathiak* (Rechtsprechung, 1984), S. 71-76, hier S. 73 f.

519 Vgl. BFH-Urteil vom 5.05.1983, IV R 18/80, BStBl. II 1983, S. 559-562, hier S. 560.

520 Vgl. *Bordewin* (Einführungsgesetz, 1976), S. 1653-1655, hier S. 1654; *Erle* (Rechnungslegung, 1988), S. 1082-1084, hier S. 1083; *Federmann* (Vorratsvermögen, 1977), S. 1149-1154, hier S. 1150.

521 Vgl. *Schreiber* (Blümich EStG-Kommentar, 2007), § 5 EStG, Rz. 716: Als Aufwand berücksichtigt bedeute in diesem Zusammenhang, dass eine Reinvermögensminderung eingetreten sei. An dieser fehle es, soweit Abgaben als AK bzw. HK des mit der Abgabe belasteten Wirtschaftsgutes zu aktivieren sind.

doch notwendige Voraussetzung für die Aktivierung als Rechnungsabgren-zungsposten.[522]

Die Rechtsprechung des Bundesfinanzhofs zu den Verbrauchsteuern hat aber auch mittelbare Bedeutung für die Auslegung des Aktivierungswahlrechts des § 250 Abs. 1 Nr. 1 HGB. Da der Bundesfinanzhof im Hinblick auf das Maßgeb-lichkeitsprinzip auch Handelsrecht auslegt, ist seine Rechtsprechung nicht nur für das Steuerrecht maßgebend, sondern auch für die Auslegung des Handels-rechts selbst. Sowohl im Biersteuer- als auch im Branntweinsteuer-Urteil be-schäftigte sich der Bundesfinanzhof mit der Auslegung des Herstellungskosten-begriffs und mithin mit einer Auslegung des Handelsrechts.[523] Daher kann das Aktivierungswahlrecht des § 250 Abs. 1 Nr. 1 HGB ebenso wie das Aktivie-rungsgebot des § 5 Abs. 5 Satz 2 Nr. 1 EStG nur die Verbrauchsteuern und Zölle umfassen, die nicht ohnehin in die Herstellungskosten mit einzubeziehen sind.[524] Für ein Ausweiswahlrecht[525] bzw. ein Aktivierungswahlrecht[526] aller Verbrauch-steuern und Zölle ist demnach kein Raum. Folgt man der Auffassung, dass die als Rechnungsabgrenzungsposten ausgewiesenen Verbrauchsteuern und Zölle nicht Bestandteile der Herstellungs- bzw. Anschaffungskosten sind, so wird au-genscheinlich, dass es sich um einen Bilanzposten eigener Art handelt, der we-der die Ansatzkriterien für Wirtschaftsgüter noch die für Rechnungsabgren-zungsposten erfüllt[527], der jedoch vom Gesetzgeber den Rechnungsabgrenzungs-posten zugerechnet wurde[528]. Eine Zuordnung zu den Rechnungsabgrenzungs-posten wäre freilich nur dann sinnvoll, wenn die Rechnungsabgrenzungsposten im strengen Sinne ebenfalls keinen Wirtschaftsgutcharakter besäßen.

Entgegen der Rechtsprechung des Bundesfinanzhofs wird in der handelsrecht-lichen Literatur vielfach die Auffassung vertreten, dass die auf Gegenständen des Vorratsvermögens lastenden Zölle und Verbrauchsteuern grundsätzlich als Teil der Herstellungskosten bzw. Anschaffungskosten behandelt werden soll-

---

522 Vgl. *Federmann* (Vorratsvermögen, 1977), S. 1149-1154, hier S. 1150; *Mathiak* (Recht-sprechung, 1984), S. 71-76, hier S. 74.

523 Vgl. *Bachmeyr* (Überbewertung, 1976), S. 561-569, S. 563.

524 Vgl. *Bauer* (Kirchhof/Söhn/Mellinghoff, 2001), § 5 EStG, F 187; *Schreiber* (Blümich EStG-Kommentar, 2007), § 5 EStG, Rz. 717.

525 Für ein Ausweiswahlrecht plädieren beispielsweise *Kahle* (Baetge/Kirsch/Thiele, 2006), § 255 HGB, Rz. 204; *Hömberg/König* (Baetge/Kirsch/Thiele, 2006), § 250 HGB, Rz. 48.

526 Vgl. *Adler/Düring/Schmaltz* (Rechnungslegung, 1998), § 250 HGB, Rn. 64 und *Adler/-Düring/Schmaltz* (Rechnungslegung, 1995), § 255 HGB, Rn. 153; *Hayn* (Beck'sches HdR, 1999), B 218, Rz. 32.

527 Vgl. *Federmann* (Vorratsvermögen, 1977), S. 1149-1154, hier S. 1154, *derselbe* (HHR, 2005), § 5 EStG, Anm. 1979; *Bauer* (Kirchhof/Söhn/Mellinghoff, 2001), § 5 EStG, F 187; *Tiedchen* (HdJ, 2006), Abt. II/11, Rn. 149; *Weber-Grellet* (Schmidt EStG-Kommentar, 2008), § 5 EStG, Rz. 259.

528 Vgl. *Hömberg/König* (Baetge/Kirsch/Thiele, 2006), § 250 HGB, Rz. 42.

ten.[529] Nach § 255 Abs. 2 Satz 1 HGB sind Herstellungskosten „die Aufwendungen, die durch den Verbrauch von Gütern und die Inanspruchnahme von Diensten für die Herstellung eines Vermögensgegenstands, seine Erweiterung oder für eine über seinen ursprünglichen Zustand hinausgehende wesentliche Verbesserung entstehen." Die Herstellungskosten umfassen demnach alle Aufwendungen, die zur Vervollständigung des Vermögensgegenstandes selbst notwendig sind. Der Herstellungszeitraum endet demnach erst mit der Fertigstellung des Vermögensgegenstandes, also zum Zeitpunkt der „bestimmungsgemäßen" Verwendungsmöglichkeit.[530] Bei Vorratsvermögen könne mithin als fertiger Vermögensgegenstand nur der Vermögensgegenstand angesehen werden, der zur Veräußerung bereit sei. Für den Fall der Verbrauchsteuer bedeute dies: Die Verbrauchsteuern sind ein Bestandteil der Herstellungskosten, da erst mit der Verbrauchsteuer ein verkaufsfähiges Erzeugnis entsteht.[531] Folgt man dieser Zuordnung zu den Herstellungskosten bzw. Anschaffungskosten, läuft § 250 Abs. 1 Satz 2 Nr. 1 HGB bzw. § 5 Abs. 5 Satz 2 Nr. 1 zwangsläufig leer.[532]

Die Aktivierung der als Aufwand berücksichtigten Verbrauchsteuern und Zölle als Rechnungsabgrenzungsposten lässt sich im Kern auf die durchaus strittige Zuordnung dieser Abgaben zum Herstellungsvorgang zurückführen. Sinnvoller als die Schaffung eines Sonderpostens innerhalb der Rechnungsabgrenzungsposten wäre demnach eine gesetzliche Zuordnung (bzw. Klarstellung) dieser Abgaben zum Herstellungsbereich gewesen, um die sofortige Aufwandserfassung zu verhindern.[533]

Die Zuordnung bzw. der Ausweis unter den Rechnungsabgrenzungsposten lässt sich heute nur noch aus der historischen Entwicklung heraus erklären. Handelt es sich bei der Verbrauchsteuer doch um eine in der laufenden Periode verausgabte Steuer, die mit der zeitlichen Vereinnahmung der späteren Verkaufserlöse korrespondiert und eben dieser kommenden Rechnungsperiode als Aufwand zu-

---

529 Vgl. *Ellrott/Krämer* (BeckBilKomm, 2006), § 250 HGB, Anm. 37; *Dziadkowski* (Plädoyer, 1987), S. 292-294, hier S. 293; *Kahle* (Baetge/Kirsch/Thiele, 2006), § 255 HGB, Rz. 204; *Köhle* (Rechnungsabgrenzung, 2003), S. 192; *Marx* (Überflüssigkeit, 2008), S. 201-226, hier S. 215 f. und S. 219; *Peiner* (Aktivierung, 1976), S. 69-72, hier S. 71 f.; *Tiedchen* (HdJ, 2006), Abt. II/11, Rn. 150 ff.

530 Vgl. *IDW* (Stellungnahme HFA 5/1991, 1992), S. 94-96, hier S. 95.

531 Vgl. *Peiner* (Aktivierung, 1976), S. 69-72, hier S. 72; *Tiedchen* (HdJ, 2006), Abt. II/11, Rn. 151.Vgl. *Ellrott/Brendt* (BeckBilKomm, 2006), § 255 HGB, Anm. 453 und Anm. 468 ABC der Herstellungskosten (Vorräte) – Stichwort: Verbrauchsteuern. Sie sehen in den Verbrauchssteuern Sondereinzelkosten der Fertigung.

532 Vgl. *Tiedchen* (HdJ, 2006), Abt. II/11, Rn. 156 und Rn. 166; *Trützschler* (HdRE, 2002), § 250 HGB, Rn. 72. In diesem Sinne fordert *Marx* (Überflüssigkeit, 2008), S. 201-226, hier S. 219 eine ersatzlose Streichung dieser beiden Normen.

533 So bereits *Federmann* (Vorratsvermögen, 1977), S. 1149-1154, hier S. 1154, in Bezug auf das Steuerrecht: „Als Herstellungskosten gelten auch die als Aufwand berücksichtigten Zölle und Verbrauchsteuern, soweit sie auf am Abschlußstichtag auszuweisende Wirtschaftsgüter des Vorratsvermögen entfallen."

82

gerechnet werden muss. So wurden in der früheren Bilanzierungspraxis Verbrauchsteuern und Zölle, die auf am Abschlussstichtag vorhandenen Vorräten lasteten, durch den Ansatz eines entsprechenden Gegenpostens auf der Aktivseite erfolgsneutral gehalten.[534] Dabei diente die Aufnahme der gezahlten bzw. passivierten Zölle und Verbrauchsteuern auf der Aktivseite allein der Ergebnisneutralität bis zum endgültigen Ausscheiden des Vorratsvermögens aus dem Betriebsvermögen.[535] Damit handelt es sich um einen transitorischen Rechnungsabgrenzungsposten i. w. S., der bis zur Aktienrechtsreform 1965 der aktiven Rechnungsabgrenzung zugeordnet worden ist.[536] Aber gerade der Wandel der Rechnungsabgrenzungsposten, der durch das Aktiengesetz von 1965 eingeleitet wurde, unterbindet heute den Ausweis dieser Position als Rechnungsabgrenzungsposten im strengen Sinne.[537]

B. Umsatzsteuer auf Anzahlungen

Gem. § 5 Abs. 5 Satz 2 Nr. 2 EStG ist „auf der Aktivseite [..] ferner anzusetzen [..] als Aufwand berücksichtige Umsatzsteuer auf am Abschlussstichtag auszuweisende Anzahlungen". Im Unterschied zur steuerlichen Aktivierungspflicht besteht erneut handelsrechtlich gem. § 250 Abs. 1 Nr. 2 HGB ein Aktivierungswahlrecht für die „als Aufwand berücksichtigte Umsatzsteuer auf am Abschlußstichtag auszuweisende oder von den Vorräten offen abgesetzte Anzahlungen". Die unterschiedliche Formulierung des handelsrechtlichen Ansatzwahlrechts trägt ferner dem Umstand Rechnung, dass gem. § 268 Abs. 5 Satz 2 HGB die erhaltenen Anzahlungen entweder offen von dem Posten Vorräte abgesetzt oder gesondert unter den Verbindlichkeiten ausgewiesen werden können. Da für den Ausweis unter den Rechnungsabgrenzungsposten maßgeblich ist, dass die Umsatzsteuer als Aufwand berücksichtigt wurde, hat die Ausübung des Ausweiswahlrechts des § 268 Abs. 5 S. 2 HGB keinen Einfluss auf die Aktivierung der Umsatzsteuer.[538] Der Berücksichtigung des Ausweiswahlrechts in der Formulierung des § 250 Abs. 1 Nr. 2 HGB kommt somit nur klarstellende Bedeutung zu.[539]

Wie bei den als Aufwand berücksichtigten Zöllen und Verbrauchsteuern handelt es sich bei der Umsatzsteuer auf erhaltene Anzahlungen um einen Aktivposten

534 Vgl. *Bauer* (Kirchhof/Söhn/Mellinghoff, 2001), § 5 EStG, F 168 mit weiteren Nachweisen.
535 Vgl. *Schreiber* (Blümich EStG-Kommentar, 2007), § 5 EStG, Rz. 713.
536 Vgl. *Rudolph* (Verbrauchsteuern, 1976), S. 877-879, hier S. 877.
537 Zur Bedeutung der Aktienrechtsreform auf den Ausweis der Biersteuer als Rechnungsabgrenzungsposten vgl. *Rudolph* (Verbrauchsteuern, 1976), S. 877-879, hier S. 877.
538 Vgl. *Hayn* (Beck'sches HdR, 1999), B 218, Rz. 38.
539 Vgl. *Tiedchen* (HdJ, 2006), Abt. II/11, Rn. 179.

83

eigener Art.[540] Zwar wird vereinzelt argumentiert, dass die Zahlung der Umsatzsteuer „zu einem sicheren Vermögenswert geführt" habe, der in einer „Art Anzahlung oder Vorleistung" auf die eigentlich erst an den Umsatzakt anknüpfende Steuer bestehe.[541] Dies vermag jedoch nicht zu überzeugen[542]: Die Umsatzsteuer entsteht bei Anzahlungen gemäß § 13 Abs. 1 Nr. 1a Satz 4 UStG mit Ablauf des Voranmeldungszeitraums, in dem das (Teil-)Entgelt vereinnahmt worden ist. Demnach ist die geleistete Umsatzsteuer auf erhaltene Anzahlungen „keineswegs (nur) eine Anzahlung auf eine später entstehende Steuerschuld"[543]. Zudem würde diese Argumentation voraussetzen, dass die Umsatzsteuer bereits an das Finanzamt abgeführt wurde. Jedoch bedarf es für die Aktivierung i. S. d. § 250 Abs. 1 Nr. 2 HGB bzw. § 5 Abs. 5 Satz 2 Nr. 2 EStG keiner Zahlung der Umsatzsteuer an das Finanzamt, sondern lediglich einer aufwandswirksamen Erfassung derselben. So führt beispielsweise auch die Einbuchung einer Umsatzsteuerverbindlichkeit zu einer aufwandswirksamen Erfassung. Auch die Aktivierung als Rechnungsabgrenzungsposten i. e. S. scheidet aus; es fehlt der Umsatzsteuer auf erhaltene Anzahlungen der Vorleistungscharakter.[544] So ist die „Umsatzsteuer auf Anzahlungen [...] keine Vorleistung des Unternehmers an den anderen Vertragsteil, sondern Leistung an einen Dritten (an das FA), die einen aktiven Rechnungsabgrenzungsposten nicht rechtfertigt"[545].

Nicht nur die Charakterisierung als Aktivposten eigener Art, sondern auch seine Entstehungsgeschichte weist deutliche Parallelen zu den im Vorabschnitt dargestellten Zöllen und Verbrauchsteuern auf. Den Ursprung bildet auch bei dieser Norm eine Entscheidung des Bundesfinanzhofs.[546] Der Bundesfinanzhof verneinte die Aktivierung der als Aufwand erfassten Umsatzsteuer auf Anzahlun-

---

540 Vgl. *Bauer* (Kirchhof/Söhn/Mellinghoff, 2001), § 5 EStG, F 221; *Federmann* (HHR, 2005), § 5 EStG, Anm. 1993; *Tiedchen* (HdJ, 2006), Abt. II/11, Rn. 175; *Trützschler* (HdRE, 2002), § 250 HGB, Rn. 55; *Weber-Grellet* (Schmidt EStG-Kommentar, 2008), § 5 EStG, Rz. 261. So sei die Umsatzsteuer auf Anzahlungen grundsätzlich nicht zu aktivieren vgl. *Offerhaus* (Anmerkungen, 1974), S. 43-46, hier S. 45; *Schneider* (Folgen, 1980), S. 273-277, hier S. 275 f.

541 *Forster* (Anzahlungen, 1980), S. 19-20, hier S. 20, befürwortet zudem einen Ausweis unter den sonstigen Vermögensgegenständen.

542 So auch *Schneider* (Folgen, 1980), S. 273-277, hier S. 275 f. und *Köhle* (Rechnungsabgrenzung, 2003), S. 198.

543 *Köhle* (Rechnungsabgrenzung, 2003), S. 198. Vgl. auch BFH-Urteil vom 26.06.1979, VIII R 145/78, BStBl. II 1979, S. 625-627, hier S. 626.

544 Zum fehlenden Vorleistungscharakter vgl. *Winnefeld* (Bilanz-Handbuch, 2002), Kapitel D, Rz. 798.

545 BFH-Urteil vom 26.06.1979, VIII R 145/78, BStBl. II 1979, S. 625-627, hier S. 626.

546 Vgl. BFH-Urteil vom 26.06.1979, VIII R 145/78, BStBl. II 1979, S. 625-627.

gen[547] und forderte zugleich, dass die erhaltene Anzahlung mit dem vollen Betrag ohne Abzug der Umsatzsteuer auf die Anzahlungen zu passivieren sei.[548] Durch die sofortige aufwandswirksame Erfassung der Umsatzsteuer wurde mit Steuerausfällen gerechnet, so dass der Gesetzgeber sich gezwungen sah, die Aktivierung der Umsatzsteuer auf Anzahlungen im EStG[549] gesetzlich zu verankern.[550] Dabei erfolgte wie zuvor bei den Verbrauchsteuern und Zöllen eine Zuordnung zu den Rechnungsabgrenzungsposten. Diese Regelung wurde dann als Aktivierungswahlrecht mit dem Bilanzrichtliniengesetz in das Handelsrecht übernommen.[551]

Die Auflösung dieses Aktivpostens geht einher mit der Auflösung des Postens der erhaltenen Anzahlung selbst. Die Auflösung der erhaltenen Anzahlung ergibt sich im Regelfall mit der Durchführung der Lieferung bzw. Leistung und der damit verbundenen Ertragsrealisierung.[552] Zielsetzung der Regelung ist es mithin, den Umsatzsteueraufwand in das Jahr zu verlagern, in dem die Erträge aus diesem Geschäft vereinnahmt werden. Dieser unter den Rechnungsabgrenzungsposten ausgewiesene Aktivposten verkörpert daher einen reinen Erfolgskorrekturposten.

---

547 Vgl. BFH-Urteil vom 26.06.1979, VIII R 145/78, BStBl. II 1979, S. 625-627, hier S. 626. Zuvor wurde die Umsatzsteuer auf erhaltene Anzahlungen als Rechnungsabgrenzungsposten aktiviert vgl. hierzu BFH-Urteil vom 13.05.1958, I 290/56 U, BStBl. III 1958, S. 331-333, hier S. 333. Zur Aktivierungspflicht vgl. *Willenbrink* (Aktivierungspflicht, 1959), Sp. 161-170, hier Sp. 168 f.

548 Vgl. BFH-Urteil vom 26.06.1979, VIII R 145/78, BStBl. II 1979, S. 625-627, hier S. 627.

549 Gesetz zur Änderung des Einkommensteuergesetzes, des Körperschaftsteuergesetzes und anderer Gesetze vom 20.08.1980, BStBl. I 1980, S. 589-599, hier S. 589.

550 Vgl. Bericht des Finanzausschusses, BT-Drucks. 8/4157 vom 10.06.1980, S. 4. Zu den betriebswirtschaftlichen Folgen der doppelten Erfassung der Umsatzsteuer auf Anzahlungen vgl. *Schneider* (Folgen, 1980), S. 273-277, hier S. 273 f.

551 Gesetz zur Durchführung der Vierten, Siebenten und Achten Richtlinie des Rates der Europäischen Gemeinschaften zur Koordinierung des Gesellschaftsrechts (Bilanzrichtlinien-Gesetz - BiRiLiG) vom 19.12.1985, BGBl. I 1985, S. 2355-2433, hier S. 2358; vgl. hierzu auch den Gesetzentwurf der Bundesregierung zum BiRiLiG, BT-Drucks. 10/317 vom 26.08.1983, S. 82 und die dazugehörige Beschlußempfehlung/Bericht des Rechtsausschusses, BT-Drucks. 10/4268 vom 18.11.1985, S. 99.

552 Vgl. *Federmann* (HHR, 2005), § 5 EStG, Anm. 1997; *Hayn* (Beck'sches HdR, 1999), B 218, Rz. 41 f.; *Tiedchen* (HdJ, 2006), Abt. II/11, Rn. 184.

Entgegen der Rechtsprechung des Bundesfinanzhofs wird in der handelsrechtlichen Literatur die sogenannte Nettomethode bevorzugt.[553] Nach dieser Methode wird die Anzahlung ohne Umsatzsteuer passiviert und die Umsatzsteuer selbst eigenständig als Verbindlichkeit gegenüber dem Finanzamt erfasst. Bei Anwendung diese Methode kommt es nicht zur Berücksichtigung der Umsatzsteuer als Aufwand, sondern die Umsatzsteuer wird von vornherein ergebnisneutral gehalten, so dass der Ansatz eines Aktivpostens ausscheidet.[554]

Adler/Düring/Schmaltz begründen die handelsrechtliche Zulässigkeit der Nettomethode aus der Entstehungsgeschichte des heutigen § 5 Abs. 5 Nr. 2 EStG heraus.[555] Da die Regelung lediglich ein Nichtanwendungsgesetz zur oben genannten Entscheidung des Bundesfinanzhofs war, um Steuerausfälle zu vermeiden, könne sowohl die Netto- als auch die Bruttomethode Anwendung finden. Da handelsrechtlich lediglich ein Aktivierungswahlrecht besteht, könne demnach die Umsatzsteuer entweder erfolgswirksam als Aufwand erfasst werden bzw. erfolgsneutral durch Aktivierung eines Aktivpostens bei der Bruttomethode oder durch Anwendung der Nettomethode.[556]

Ließe sich die Nettomethode hingegen auch aus den Grundsätzen ordnungsmäßiger Buchführung, insbesondere den Grundsätzen ordnungsmäßiger Bilanzierung von Verbindlichkeiten herleiten, würde es zwangsläufig zu einer anderen Deutung des handelsrechtlichen Aktivierungswahlrechts kommen. Die Bruttomethode entspräche dann dem Bruttoausweis einer Verbindlichkeit. Während bei der Nettomethode die Anzahlung ohne Umsatzsteuer ausgewiesen wird, erfolgt beim Bruttoausweis eben der Ausweis der Anzahlung mit Umsatzsteuer, die über die Aktivierung der Umsatzsteuer wieder ausgeglichen wird; im Saldo entspricht der Wertansatz der Verbindlichkeit dem bei Anwendung der Nettomethode. Für ein allgemeines Aktivierungswahlrecht für die „Umsatzsteuer auf erhaltene Anzahlungen" bliebe dann allerdings kein Raum, das Aktivierungs-

---

553 Vgl. *Adler/Düring/Schmaltz* (Rechnungslegung, 1998), § 250 HGB, Rn. 76; *Adler/-Düring/Schmaltz* (Rechnungslegung, 1995), § 266 HGB, Rn. 225; *Dziadkowski* (Plädoyer, 1987), S. 292-294, hier S. 293; *Marx* (Überflüssigkeit, 2008), S. 201-226, hier S. 216 ff.; *Merkert* (Quelle, 1980), S. 24-25; *Neubeck* (Anzahlungen, 1980), S. 985-986; *IDW* (HFA 1/1979, 1980), S. 80 und *IDW* (HFA 1/1985, 1985), S. 257-258, hier S. 258; *Tiedchen* (HdJ, 2006), Abt. II/11, Rn. 171; *Trützschler* (HdRE, 2002), § 250 HGB, Rn. 69; *Wirtz* (Zum neuen Bilanzrecht, 1986), S. 749-750; A. A. *Bauer* (Kirchhof/Söhn/-Mellinghoff, 2001), § 5 EStG, F 226; *Köhle* (Rechnungsabgrenzung, 2003), S. 200; *Siegel* (Anzahlungen, 1980), S. 589-593, hier S. 590.
554 Vgl. das Beispiel bei *Köhler* (Anzahlungen, 1998), S. 320-325, hier S. 323 f.
555 Vgl. *Adler/Düring/Schmaltz* (Rechnungslegung, 1998), § 250 HGB, Rn. 77; ebenso *Winnefeld* (Bilanz-Handbuch, 2002), Kapitel D, Rz. 800.
556 Vgl. *Adler/Düring/Schmaltz* (Rechnungslegung, 1998), § 250 HGB, Rn. 80; *Hayn* (Beck'sches HdR, 1999), B 218, Rz. 40. So wohl auch *Ellrott/Krämer* (BeckBilKomm, 2006), § 250 HGB, Anm. 53.

wahlrecht reduzierte sich auf ein Ausweiswahlrecht zwischen Brutto- und Net-toausweis der Anzahlung.[557]

Daher lautet die Frage: Widerspricht die Bewertung der erhaltenen Anzahlungen zum Nettowert dem Grundsatz, dass Verbindlichkeiten zum Rückzahlungsbetrag bzw. Erfüllungsbetrag anzusetzen sind? Unter Berücksichtigung des Charakters der Umsatzsteuer als durchlaufenden Posten wird ersichtlich, dass die Umsatz-steuer selbst nicht erfolgswirksam zu erfassen ist.[558] So schreibt § 277 Abs. 1 HGB den Nettoausweis des Umsatzgeschäftes selbst vor.[559] Im Zeitpunkt des er-folgswirksamen Forderungszugangs erfolgt demnach eine Gegenbuchung so-wohl bei den Umsatzerlösen als auch beim Bestandskonto *erhaltene Umsatz-steuer*. Nichts anderes kann demnach gelten für den Fall, dass die Zahlung vor Erbringung der Leistung erfolgt; die Umsatzsteuer ist auch in diesem Fall er-folgsneutral zu erfassen.[560]

Der Erfüllungsbetrag der Verpflichtung gegenüber dem Anzahlenden, d. h. der Betrag, der notwendig ist, um sich von dieser Verpflichtung zu befreien, ist pri-ma vista der Betrag, der vom Anzahlenden geleistet wurde. Ein Nettoausweis wäre demnach unzulässig. Deutet man allerdings den Rückzahlungsbetrag als wirtschaftlichen Erfüllungsbetrag, wird die Passivierung zum Nettowert mög-lich. Nur bei Rückgängigmachung des Geschäfts kommt es zu einer Rückzah-lung der erhaltenen Anzahlung, dann zum Gesamtbetrag der vormals erhaltenen Anzahlung inklusive Umsatzsteuer. Allerdings erfolgt in diesem Zeitpunkt kein Ausweis unter den erhaltenen Anzahlungen, sondern unter den sonstigen Ver-bindlichkeiten, um zu verdeutlichen, dass dieses Geschäft rückabgewickelt wird. In diesem Fall entsteht jedoch ein Umsatzsteuererstattungsanspruch gegenüber dem Finanzamt in Höhe der vormals vereinnahmten Umsatzsteuer.[561] Mithin ist der Betrag, der notwendig ist, um sich der Verpflichtung zu entledigen, der Bruttoanzahlungsbetrag abzüglich der darin enthaltenen Umsatzsteuer.[562] Aber auch für den Fall der Durchführung des mit der Anzahlung verbundenen Ge-schäfts ist ein Nettoausweis sinnvoll. Anzahlungen sind Vorleistungen eines Vertragspartners im Rahmen eines schwebenden Geschäfts, die die Erfolgsneut-ralität des schwebenden Geschäfts sichern sollen, bis der zur Lieferung oder Leistung Verpflichtete seine vertragliche Leistungspflicht erfüllt hat.[563] Erhal-tene Anzahlungen dienen demnach dazu, das im Voraus vereinnahmte Entgelt gemäß der Leistungserfüllung ertragswirksam werden zu lassen. Da nur der Net-

---

557 Für ein allgemeines Aktivierungswahlrecht *Hayn* (Beck'sches HdR, 1999), B 218, Rz. 40.
558 Vgl. *Neubeck* (Anzahlungen, 1980), S. 985-986, hier S. 985.
559 Vgl. *Tiedchen* (HdJ, 2006), Abt. II/11, Rn. 171.
560 Vgl. *Adler/Düring/Schmaltz* (Rechnungslegung, 1995), § 266 HGB, Rn. 225.
561 Vgl. *Söffing* (Anzahlungen, 1980), S. 123-125, hier S. 125.
562 Vgl. *Forster* (Anzahlungen, 1980), S. 19-20, hier S. 20.
563 Vgl. BFH-Urteil vom 8.10.1987, IV R 18/86, BStBl. II 1988, S. 57-62, hier S. 62.

toanzahlungsbetrag überhaupt erfolgswirksam zu erfassen ist, bedarf es keines Ausweises des Bruttoanzahlungsbetrags.[564] Zudem steht die Nettomethode im Einklang mit der Bilanzierung geleisteter Anzahlungen. Die Nettomethode ist sowohl für das Handels- als auch für das Steuerrecht sachgerecht. Die Aktivierung eines Rechnungsabgrenzungspostens ermöglicht lediglich den Bruttoausweis, ist aber dem Grunde nach verfehlt.[565]

VI. Zusammenfassung

In *Kapitel 1* konnten die Rechnungsabgrenzungsposten i. e. S. als eine im Rahmen eines zweiseitig verpflichtenden Dauerrechtsverhältnisses erbrachte (erhaltene) Vorleistung vor dem Bilanzstichtag, die nach Maßgabe der vertraglichen (rechtlichen) Gegenleistung Aufwand (Ertrag) für die Zeit nach dem Bilanzstichtag darstellt, identifiziert werden. Die Bilanzierung eines Rechnungsabgrenzungspostens bedingt das Vorliegen einer gegenseitigen Rechtsbeziehung, bei der die Sach- oder Dienstleistung nur im Zeitablauf, d. h. zeitraum- und nicht zeitpunktbezogen – erbracht werden kann. Rechnungsabgrenzungsposten sind demnach Vorleistungen im Rahmen schwebender Dauerrechtsverhältnisse.

Nach Auffassung des Bundesfinanzhofs stellen diese Vorleistungen keine Wirtschaftsgüter dar, so dass die Bewertungsnormen der §§ 6 ff. EStG bzw. § 252 ff. HGB nicht zur Anwendung kommen. Die Höhe der Rechnungsabgrenzungsposten bestimme sich durch das (schuld-)rechtliche Verhältnis von Leistung und Gegenleistung. Es stellt sich die Frage, ob Vorleistungen im Rahmen schwebender Dauerrechtsverhältnisse die Ansatzkriterien für Vermögensgegenstände bzw. für Schulden erfüllen und somit entgegen der Rechtsprechung des Bundesfinanzhofs Wirtschaftsgüter verkörpern. Diese Frage gilt es im *2. Kapitel* zu beantworten. Sollte sich dabei herausstellen, dass Rechnungsabgrenzungsposten Wirtschaftgüter sind, dann stellt sich darauf aufbauend die Frage, inwiefern die These des Bundesfinanzhofs, dass Rechnungsabgrenzungsposten lediglich über die relevanten Perioden „zu verteilen [sind], ohne daß es einer Bewertung des Rechnungsabgrenzungspostens bedürfte"[566], materiell mit den für Wirtschaftsgüter relevanten Bewertungsnormen in Konflikt steht. Dies ist Gegenstand des *3. Kapitels*.

---

564 Vgl. *Marx* (Überflüssigkeit, 2008), S. 201-226, hier S. 218; *Merkert* (Quelle, 1980), S. 24-25, hier S. 25; *Trützschler* (HdRE, 2002), § 250 HGB, Rn. 69.

565 Vgl. *Arbeitskreise der Wissenschaftlichen Kommissionen „Betriebswirtschaftliche Steuerlehre" und „Rechnungswesen" des Verbands der Hochschullehrer für Betriebswirtschaft e. V.* (Anzahlungen, 1980), S. 278; *Marx* (Überflüssigkeit, 2008), S. 201-226, hier S. 218; *Wirtz* (Zum neuen Bilanzrecht, 1986), S. 749-750, hier S. 750; *Trützschler* (HdRE, 2002), § 250 HGB, Rn. 70 f.; *Schreiber* (Blümich EStG-Kommentar, 2007), § 5 EStG, Rz. 723.

566 BFH-Urteil vom 12.07.1984, IV R 76/82, BStBl. II 1984, S. 713-714, hier S. 714.

Das Disagio stellt unter der Verwendung der Zahlungsfiktion eine Vorleistung im Rahmen eines schwebenden Dauerschuldverhältnisses dar und mithin einen Rechnungsabgrenzungsposten i. e. S. Diese Zahlungsfiktion ist jedoch vor dem Hintergrund der Verbindlichkeitsbilanzierung problematisch, denn es werden in den anzusetzenden Rückzahlungsbetrag nicht passivierungsfähige künftige Zinszahlungen miteinbezogen. Nur die den Zahlungsströmen folgende Nettobilanzierung gewährleistet im Sinne des Einzelbewertungsprinzips die Trennung von Kapital- und Zinsschuld. Für einen Rechnungsabgrenzungsposten i. e. S. bleibt dann allerdings kein Raum.

Bei der als Rechnungsabgrenzungsposten ausgewiesenen Umsatzsteuer auf erhaltene Anzahlungen und den als Aufwand berücksichtigten Verbrauchsteuern und Zöllen handelt es sich um keine Rechnungsabgrenzungsposten i. e. S. Es konnte gezeigt werden, dass weder die als Rechnungsabgrenzungsposten ausgewiesene Umsatzsteuer auf erhaltene Anzahlungen noch die Aktivierung der Verbrauchsteuern und Zölle der Wirtschaftsguteigenschaft genügen. Sie stellen vielmehr reine Erfolgskorrekturposten dar. Diese Erfolgskorrekturposten sind zudem überflüssig, wenn die erhaltene Anzahlung netto bilanziert wird bzw. eine Zuordnung der Verbrauchsteuern und Zölle zu den Herstellungskosten erfolgt. Demnach sind Rechnungsabgrenzungsposten im Sinne der § 250 HGB bzw. § 5 Abs. 5 EStG zumindest auch Verrechnungsposten.

Kapitel 2:
Sind Rechnungsabgrenzungsposten Wirtschaftsgüter?

I. Der Grundsatz der Nichtbilanzierung schwebender Geschäfte und die Qualifikation von Rechnungsabgrenzungsposten

A. Der Begriff des schwebenden Geschäfts

Sowohl das Handelsrecht als auch das Steuerrecht kennt keine Legaldefinition des schwebenden Geschäfts.[567] Folglich handelt es sich bei dem Begriff des schwebenden Geschäfts um einen unbestimmten Rechtsbegriff.[568] Im kaufmännischen Bereich werden Geschäfte zum Zwecke des Leistungsaustauschs zwischen Wirtschaftssubjekten abgeschlossen. Demnach lassen sich unter den Begriff „Geschäft" vertragliche Beziehungen bzw. Rechtsverhältnisse subsumieren, „die auf einem funktionalen Abhängigkeitsverhältnis von Leistung und Gegenleistung beruhen", d. h. auf synallagmatischen Rechtsbeziehungen.[569] So betont der Bundesfinanzhof, dass es sich bei schwebenden Geschäften um „gegenseitige Verträge [handelt], die noch nicht erfüllt sind".[570] Lässt sich das Wesensmerkmal des „Geschäfts" jedoch auf den Austauschgedanken von Leistung und Gegenleistung zurückführen, ist eine Begrenzung des Begriffs Geschäft auf gegenseitige Verträge des bürgerlichen Rechts verfehlt, denn auch öffentlich-rechtliche Rechtsverhältnisse können eine gegenseitig verpflichtende Rechtsbeziehung zum Gegenstand haben.[571]

Crezelius führt den Schwebezustand eines Geschäfts auf die Besonderheiten des deutschen Zivilrechts zurück, die auf der Trennung zwischen schuldrechtlichem

---

567 Vgl. *Bauer* (Schwebende Geschäfte, 1981), S. 1; *Fabri* (Nutzungsverhältnisse, 1986), S. 111; *Friedrich* (Schwebende Geschäfte, 1975), S. 13; *Woerner* (Grundsatzfragen, 1984), S. 489-496, hier S. 490.

568 Vgl. *Adler/Düring/Schmaltz* (Rechnungslegung, 1998), § 249 HGB, Rn. 139; *Friedrich* (Schwebende Geschäfte, 1975), S. 13; *Heddäus* (GoB für Drohverlustrückstellungen, 1997), S. 44.

569 *Fabri* (Nutzungsverhältnisse, 1986), S. 112; *Friedrich* (Schwebende Geschäfte, 1975), S. 14; *Herzig* (Dauerrechtsverhältnisse, 1988), S. 212-225, hier S. 215, *derselbe* (Rückstellungen, 1986), S. 61-112, hier S. 70 ff. Gerade dieses Verhältnis von Leistung und Gegenleistung ist für das Vorliegen einer Vorleistung und folglich für die Abbildung als Rechnungsabgrenzungsposten unabdinglich.

570 BFH-Urteil vom 10.04.1991, II R 118/86, BStBl. II 1991, S. 620-623, hier S. 621. Vgl. *Woerner* (Grundsatzfragen, 1984), S. 489-496, hier S. 490.

571 Vgl. *Adler/Düring/Schmaltz* (Rechnungslegung, 1998), § 249 HGB, Rn. 139 ff.; *Babel* (Ansatz und Bewertung, 1997), S. 53; *Herzig* (Wirkung, 1993), S. 209-226, hier S. 223 f., *derselbe* (Dauerrechtsverhältnisse, 1988), S. 212-225, hier S. 215 und *derselbe* (Rückstellungen, 1986), S. 61-112, hier S. 70 f.; *Köhlertz* (Leasing, 1988), S. 26; *Schreiber* (Blümich EStG-Kommentar, 2005), § 5 EStG, Rz. 244. Für eine enge Auslegung des Begriffs Geschäft vgl. *Hoyos/Ring* (BeckBilKomm, 2006), § 249 HGB, Anm. 52.

Verpflichtungsgeschäft und dem gesonderten dinglichen Erfüllungsgeschäft beruhen.[572] Mit dem Abschluss eines schuldrechtlichen Rechtsgeschäfts verpflichtet sich jeder Vertragsteil, die versprochene Leistung zu erbringen. So verpflichtet sich der Verkäufer einer Sache gem. § 433 BGB, dem Käufer die Sache zu übergeben und das Eigentum an der Sache zu verschaffen.[573] Im Gegenzug verpflichtet sich der Käufer, dem Verkäufer den vereinbarten Kaufpreis zu zahlen und die gekaufte Sache abzunehmen. Die Leistungserbringung selbst ist erst Gegenstand des Erfüllungsgeschäfts. Erst durch die tatsächliche Abwicklung des Vertrags – durch das Erfüllungsgeschäft, d. h. durch die Bewirkung der versprochenen Leistung – erlöschen die eingegangenen Verpflichtungen. Ein schwebendes Geschäft ist demnach nur für die Fälle anzunehmen, in denen zwischen dem Zeitpunkt der Begründung der Ansprüche und dem Zeitpunkt der Erfüllung dieser Ansprüche eine gewisse Zeitspanne liegt.[574] Schwebende Geschäfte können auf einmaligen Leistungsaustausch gerichtet sein; es kann sich aber auch wie im Falle des Mietvertrages um ein Dauerschuldverhältnis handeln.[575] Anders ausgedrückt: Alle Geschäfte, „die nicht von beiden Parteien sofort, sondern erst nach einer gewissen Zeit oder in Teilen innerhalb eines Zeitraums erfüllt werden"[576], sind bis zum Erfüllungsmoment als schwebend anzusehen.

Zivilrechtlich gesehen beginnt der Schwebezustand mit dem Abschluss des Vertrags und endet, wenn sämtliche Rechte und Pflichten aus dem Vertrag erloschen sind. Demnach endet der Schwebezustand weder durch die einseitige Erfüllung durch den zur Sach- oder Dienstleistung Verpflichteten noch durch den zur Entgeltleistung Verpflichteten.[577] Das Bilanzrecht knüpft grundsätzlich an die Trennung zwischen Verpflichtungs- und Erfüllungsgeschäft an. Im Gegensatz zum Zivilrecht trifft das Bilanzrecht eine abweichende Eingrenzung des Schwebezustandes.[578] Zwar besteht die grundsätzliche Übereinstimmung, dass der Schwebezustand mit dem Zeitpunkt des Vertragsabschlusses zusammenfällt. Allerdings wird im Bilanzrecht von diesem Grundsatz in bestimmten Fällen abgewichen: Nämlich dann, wenn ein bindendes Vertragsangebot im Sinne des

---

572 Vgl. *Crezelius* (Schwebendes Geschäft, 1988), S. 81-95, hier S. 83 ff.; vgl. auch *Babel* (Ansatz und Bewertung, 1997), S. 50 ff.; *Heddäus* (GoB für Drohverlustrückstellungen, 1997), S. 44.

573 Vgl. *Weidenkaff* (Palandt BGB, 2008), Einf. § 433 BGB, Rn. 1.

574 Vgl. *Bauer* (Schwebende Geschäfte, 1981), S. 3; *Crezelius* (Schwebendes Geschäft, 1988), S. 81-95, hier S. 83 f.; *Fabri* (Nutzungsverhältnisse, 1986), S. 112; *Heddäus* (GoB für Drohverlustrückstellungen, 1997), S. 45.

575 Vgl. *Crezelius* (Schwebendes Geschäft, 1988), S. 81-95, hier S. 83 ff.; *Herzig* (Dauerrechtsverhältnisse, 1988), S. 212-225, hier S. 212 f.; *Hoyos/Ring* (BeckBilKomm, 2006), § 249 HGB, Anm. 53.

576 *Bauer* (Schwebende Geschäfte, 1981), S. 3.

577 Vgl. *Fabri* (Nutzungsverhältnisse, 1986), S. 112; *Babel* (Ansatz und Bewertung, 1997), S. 50; *Heddäus* (GoB für Drohverlustrückstellungen, 1997), S. 47.

578 Vgl. hierzu *Babel* (Ansatz und Bewertung, 1997), S. 50-62; *Heddäus* (GoB für Drohverlustrückstellungen, 1997), S. 45-48.

§ 145 BGB vorliegt und der Vertragspartner den Vertrag durch Annahme zum Abschluss bringen kann[579], ohne dass die andere Vertragspartei noch Einfluss nehmen könnte. Voraussetzung ist nach der h. M. jedoch, dass mit der Vertragsannahme sicher zu rechnen ist.[580] Diese Vorverlagerung des Schwebezustandes vor den eigentlichen Vertragsabschluss ist insbesondere für die Frage der Drohverlustrückstellung von Bedeutung, da diese ein schwebendes Geschäft voraussetzt.[581]

Die Beendigung des Schwebezustandes ist an die bilanzrechtliche Erfüllung des zur Sach- oder Dienstleistung Verpflichteten geknüpft.[582] Der Begriff der „Erfüllung" wird bilanzrechtlich durch das Realisationsprinzip konkretisiert"[583]. „Das Realisationsprinzip bindet die Gewinnentstehung grundsätzlich [..] an die erfüllte Lieferung oder sonstige Leistung im Rechtssinne."[584] Die Beendigung des Schwebezustandes eingeleiteter Geschäfte ist daher grundsätzlich mit dem Zeitpunkt der Gewinnrealisierung beim Sach- oder Dienstleistungsverpflichteten erreicht.[585] Demnach hat die Leistungserbringung der anderen Vertragsseite keinen Einfluss auf den Schwebezustand. Anders ausgedrückt: Die Leistungserbringung durch den zur Entgeltleistung Verpflichteten lässt den Schwebezustand unberührt.[586]

Bei Dauerschuldverhältnissen besteht eine Besonderheit: Während bei einem einfachen Schuldverhältnis der Schwebezustand mit der zeitpunktbezogenen Erfüllung der Sach- oder Dienstleistungsverpflichtung endet, besteht die Eigenart des Dauerschuldverhältnisses darin, dass die Sach- oder Dienstleistungsverpflichtung sich über einen Zeitraum erstreckt. Das Dauerschuldverhältnis zer-

---

579 Vgl. *Mathiak* (Rechtsprechung, 1983), S. 262-269, hier S. 264; BFH-Urteil vom 16.11.1982, VIII R 96/81, BStBl. II 1983, S. 361-364, hier S. 363.

580 Vgl. *Babel* (Rückstellungen, 1998), S. 825-849, hier S. 828 ff.; *Heddäus* (GoB für Drohverlustrückstellungen, 1997), S. 45 f.; *Kessler* (Dauerschuldverhältnisse, 1992), S. 135 f.; *Moxter* (Bilanzrechtsprechung, 2007), S. 158; *Naumann* (Rückstellungen, 1989), S. 96-99; *Woerner* (Grundsatzfragen, 1984), S. 489-496, hier S. 490.

581 Vgl. *Mathiak* (Rechtsprechung, 1983), S. 262-269, hier S. 264.

582 Vgl. z. B. BFH-Urteil vom 25.10.1994, VIII R 65/91, BStBl. II 1995, S. 312-315, hier S. 313.

583 *Babel* (Dreieck, 2007), S. 1-36, hier S. 11 (Hervorhebung im Original).

584 *Moxter* (Bilanzlehre, 1986), S. 38 f., *derselbe* (Bilanzrechtsprechung, 2007), S. 45 f.; vgl. auch *Groh* (Rechtsprechung, 1994), S. 90-96, hier S. 90; *Mellwig* (Beteiligungen, 1990), S. 1162-1172, hier S. 1164; *Mellwig/Hastedt* (Unbestimmbarkeit, 1992), S. 1589-1592, hier S. 1590; *Mellwig/Sabel* (Nichtbilanzierung schwebender Geschäfte, 2005), S. 357-370, hier S. 363 f.

585 Vgl. BFH-Urteil vom 10.04.1991, II R 118/86, BStBl. II 1991, S. 620-623, hier S. 621: „Der Schwebezustand wird erst beendet, wenn die Sach- oder die Dienstleistungsverpflichtung erbracht ist." Vgl. auch *Nieskens* (Schwebende Geschäfte, 1989), S. 537-542, hier S. 538 f.; *Woerner* (Grundsatzfragen, 1984), S. 489-496, hier S. 493.

586 Vgl. *IDW* (RS HFA 4, 2000), S. 716-721, hier S. 717. Hiervon abweichend das BFH-Urteil vom 18.12.2002, I R 17/02, BStBl. II 2004, S. 126-129, hier S. 128 f.

fällt mithin gedanklich „nach Maßgabe der erbrachten Sachleistung in einen abgewickelten und einen noch abzuwickelnden, d. h. schwebenden Geschäftsteil [...]"[587]. Die Trennlinie wird dabei wie beim einfachen Schuldverhältnis durch das Realisationsprinzip markiert.

B. Die Bilanzierung schwebender Geschäfte

Für die Bilanzierung schwebender Geschäfte gilt Folgendes: Rechte und Pflichten, die aus schwebenden Geschäften resultieren, werden nicht bilanziert.[588] Schwebende Geschäfte sind jedoch nur bilanziell irrelevant, sofern sie ausgeglichen sind.[589] Da der Schwebezustand endet, „wenn der zur Lieferung oder Leistung Verpflichtete seine Verpflichtung erfüllt und der Auftraggeber die Lieferung oder Leistung abgenommen hat"[590], bedarf es einer bilanziellen Berücksichtigung erbrachter Vorleistungen des Entgeltleistungs-Verpflichteten und somit einer Ausnahme vom Grundsatz der Nichtbilanzierung schwebender Geschäfte.[591] Diese Vorleistungen werden als Anzahlungen[592] bzw. Rechnungsabgrenzungsposten[593] bilanziert.[594] Neben der Vorleistung des zur Entgeltleistung Verpflichteten erfolgt eine bilanzielle Abbildung des schwebenden Geschäfts

---

587 *Groh* (Gemeinsamkeiten und Unterschiede, 1988), S. 27-33, hier S. 28.

588 Vgl. BFH-Urteil vom 20.01.1983, IV R 158/80, BStBl. II 1983, S. 413-417, hier S. 415; BFH-Urteil vom 3.07.1980, IV R 138/76, BStBl. II 1980, S. 648-651, hier S. 650; *Adler/Düring/Schmaltz* (Rechnungslegung, 1998), § 249 HGB, Rn. 135; *Hoyos/Ring* (BeckBilKomm, 2006), § 249 HGB, Anm. 57.

589 Vgl. *Hoyos/Ring* (BeckBilKomm, 2006), § 249 HGB, Anm. 58; *Adler/Düring/Schmaltz* (Rechnungslegung, 1998), § 249 HGB, Rn. 135 f.

590 *Bauer* (Schwebende Geschäfte, 1981), S. 10; vgl. *Fabri* (Nutzungsverhältnisse, 1986), S. 114; *Friedrich* (Schwebende Geschäfte, 1975), S. 24; *Woerner* (Grundsatzfragen, 1984), S. 489-496, hier S. 490 und S. 496; BFH-Urteil vom 10.04.1991, II R 118/86, BStBl. II 1991, S. 620-623, hier S. 621.

591 Vgl. *Friedrich* (Schwebende Geschäfte, 1975), S. 29 f.; BFH-Urteil vom 25.10.1994, VIII R 65/91, BStBl. II 1995; S. 312-315, hier S. 313.

592 Vgl. *Vellguth* (Schwebende Geschäfte, 1938), S. 63 f.; *Adler/Düring/Schmaltz* (Rechnungslegung, 1998), § 250 HGB, Rn. 14; *Knobbe-Keuk* (Bilanzsteuerrecht, 1993), S. 144 f.; BFH-Urteil vom 25.10.1994, VIII R 65/91, BStBl. II 1995, S. 312-315, hier S. 315; BFH-Urteil vom 16.05.1973, I R 186/71, BStBl. II 1974, S. 25-27, hier S. 26.

593 Vgl. BFH-Urteil vom 28.02.2001, I R 51/00, BStBl. II 2001, S. 645-646, hier S. 645.

594 Vgl. BFH-Urteil vom 25.10.1994, VIII R 65/91, BStBl. II 1995, S. 312-315, hier S. 313; *Döllerer* (Bilanzierung, 1974), S. 1541-1548, hier S. 1541 f., *derselbe* (Aktivierungswelle, 1980), S. 1333-1337, hier S. 1334 f.; *Woerner* (Grundsatzfragen, 1984), S. 489-496, hier S. 493.

bei Erfüllungsrückständen[595] und drohenden Verlusten[596], wobei letztere in der Steuerbilanz gem. § 5 Abs. 4a EStG nicht mehr erfasst werden dürfen. Zusammenfassend gilt: Rechte und Pflichten aus schwebenden Geschäften sind im geltenden Bilanzrecht nicht zu bilanzieren, solange und soweit sich diese Rechte und Pflichten (bzw. die nach dem Inhalt dieser Rechte und Pflichten noch zu erbringenden Leistungen) gleichwertig gegenüberstehen, „insbesondere das Gleichgewicht nicht durch Vorleistungen oder Erfüllungsrückstände gestört ist oder aus sonstigen Gründen Verluste drohen".[597]

Der Grundsatz der Nichtbilanzierung schwebender Geschäfte wird formal aus dem handelsrechtlichen Ansatzgebot des § 249 Abs. 1 Satz 1 HGB für Rückstellungen zugunsten drohender Verluste aus schwebenden Geschäften abgeleitet.[598] Da folglich schwebende Geschäfte nur bilanziell in Erscheinung treten, falls der Wert der eigenen Leistung den Wert der Gegenleistung übersteigt (Nettobilanzierung), hat der Gesetzgeber durch diese Regelung implizit die grundsätzliche Nichtberücksichtigung schwebender Geschäfte gesetzlich verankert.[599] Denn würden Ansprüche und Verpflichtungen aus schwebenden Geschäften bereits im Zeitpunkt des Vertragsabschlusses als Vermögensgegenstände und Schulden bilanziell ausgewiesen, führte die Bilanzierung einer Drohverlustrückstellung zu einer doppelten Erfassung des negativen Erfolgsbeitrags, da durch die (Brutto-) Bilanzierung der Ansprüche und Verpflichtungen der (drohende) Verlust automatisch erfasst würde. Die Regelung des § 249 Abs. 1 Satz 1 2. Alt. HGB wäre überflüssig.[600]

Neben der vorgetragenen formalen Argumentation für den Grundsatz der Nichtbilanzierung schwebender Geschäfte wird der Grundsatz als Folge des Realisationsprinzips bzw. über die Ausgeglichenheitsvermutung begründet und als Ver-

---

595 Vgl. *Adler/Düring/Schmaltz* (Rechnungslegung, 1998), § 249 HGB, Rn. 60 f.; *Knobbe-Keuk* (Bilanzsteuerrecht, 1993), S. 147-149; Zum Begriff des Erfüllungsrückstandes vgl. BFH-Urteil vom 3.12.1991, VIII R 88/87, BStBl. II 1993, S. 89-93, hier S. 92; BFH-Urteil vom 27.06.2001, I R 11/00, BStBl. II 2001, S. 758-760, hier S. 759 und BFH-Urteil vom 15.09.2004, I R 5/04, BFH/NV 3/2005, S. 421-426, hier S. 423.

596 Zur Drohverlustrückstellung vgl. *Moxter* (Bilanzrechtsprechung, 2007), S. 157-169. Für eine ausführliche Darstellung vgl. *Heddäus* (GoB für Drohverlustrückstellungen, 1997).

597 BFH-Urteil vom 20.01.1983, IV R 158/80, BStBl. II 1983, S. 413-417, hier S. 415. So auch die Urteile des Bundesfinanzhofs vom 26.06.1980, IV R 35/74, BStBl. II 1980, S. 506-509, hier S. 507 und vom 3.07.1980, IV R 138/76, BStBl. II 1980, S. 648-651, hier S. 650.

598 Vgl. *Kliem* (Rechnungsabgrenzung, 2000), S. 56; *Küting/Hellen/Brakensiek* (Leasing, 1998), S. 1465-1473, hier S. 1471, *Tiedchen* (Vermögensgegenstand, 1991), S. 74, deutet die Regelung des § 249 Abs. 1 Satz 1 HGB als Indiz dafür, dass der Ausweis schwebender Geschäfte in der Bilanz nicht notwendig ist. Vgl. auch *Fabri* (Nutzungsverhältnisse, 1986), S. 144 f.

599 Vgl. *Kessler* (Dauerschuldverhältnisse, 1992), S. 125-127. Kritisch hierzu *Babel* (Ansatz und Bewertung, 1997), S. 65 f.

600 Vgl. *Kessler* (Dauerschuldverhältnisse, 1992), S. 126.

94

einfachungsüberlegung gedeutet.[601] Das im deutschen Bilanzrecht gewichtigste Argument für den Grundsatz der Nichtbilanzierung schwebender Geschäfte ist das Realisationsprinzip.[602] Die Nichtbilanzierung schwebender Geschäfte wird dabei allerdings ausschließlich aus Sicht des Sachleistungs-Verpflichteten und somit vor dem Hintergrund der Gewinnrealisierungsproblematik begründet.[603] Auf Seiten des zur Sach- oder Dienstleistung Verpflichteten darf erst dann eine Forderung ausgewiesen werden, wenn er seine durch den Vertragstyp charakterisierte Hauptleistungspflicht erbracht hat.[604] Die durch den Ausweis der Forderung gezeigte Umsatzrealisation ist erst zu dem Zeitpunkt eingetreten, in dem die Leistung tatsächlich erbracht wurde und der Schwebezustand endet. Dieser Zusammenhang zwischen Schwebezustand und Gewinnrealisierungszeitpunkt verdeutlicht zugleich, dass es auch für den Fall der Vorauszahlung einer erfolgsneutralen Erfassung des Aktivenzugangs bedarf, da die Umsatzrealisation von der eigenen Leistungserbringung abhängt, nicht aber vom Erhalt der Leistungsentgelts.[605] Für den zur Sach- oder Dienstleistung Verpflichteten gebietet das Realisationsprinzip die Nichtaktivierung des Entgeltanspruchs und die Passivierung der erhaltenen Vorauszahlung bis zur Leistungserbringung selbst, um die Ertragsrealisierung an den Umsatzakt zu binden.

Betrachtet man hingegen die andere Vertragsseite, so ist die Argumentation über das Realisationsprinzip weniger schlüssig. So hält beispielsweise *Tiedchen* die Schlussfolgerung, schwebende Geschäfte dürften erst im Zeitpunkt der Erbringung der Leistung durch den zur Sach- oder Dienstleistung Verpflichteten in Folge des Realisationsprinzips bilanziert werden, für „unzutreffend"[606]. Diese Argumentation entfalte „nur [für] die eine Seite des schwebenden Geschäfts, nämlich die des zur Umsatzleistung Verpflichteten"[607], Geltung. Für den Empfänger der Sach- oder Dienstleistung stelle sich gar nicht die Frage der Gewinnrealisierung, da die Umsatzleistung für den Empfänger wertmäßig seiner Geldzahlungsverpflichtung entspreche. Somit müsste „die vor Erfüllung durch den Vertragspartner bestehende Forderung auf die Umsatzleistung in gleicher Höhe [bilanziert werden] wie die Verpflichtung aus dem abgeschlossenen Vertrag"[608].

601 Vgl. *Crezelius* (Schwebendes Geschäft, 1988), S. 81-95, hier S. 85 f.; *Woerner* (Gewinnrealisierung, 1988), S. 769-777, hier S. 771 f.; *Hommel* (Dauerschuldverhältnisse, 1992), S. 35 f.; *Hastedt/Mellwig* (Leasing, 1986), S. 62 f.; *Babel* (Ansatz und Bewertung, 1997), S. 69; *Mellwig/Sabel* (Nichtbilanzierung schwebender Geschäfte, 2005), S. 357-370, hier S. 363.
602 Vgl. *Fahrholz* (Leasing, 1979), S. 142; *Hommel* (Dauerschuldverhältnisse, 1992), S. 35 f.; *Woerner* (Gewinnrealisierung, 1988), S. 769-777, hier S. 771 f.
603 Vgl. grundlegend *Woerner* (Grundsatzfragen, 1984), S. 489-496, hier S. 490-494.
604 Vgl. *Woerner* (Grundsatzfragen, 1984), S. 489-496, hier S. 492; *Döllerer* (Aktivierungswelle, 1980), S. 1333-1337, hier S. 1335.
605 Vgl. *Döllerer* (Aktivierungswelle, 1980), S. 1333-1337, hier S. 1335.
606 *Tiedchen* (Vermögensgegenstand, 1991), S. 72.
607 *Tiedchen* (Vermögensgegenstand, 1991), S. 72.
608 *Tiedchen* (Vermögensgegenstand, 1991), S. 72.

Aus diesem Grunde versage das Realisationsprinzip beim Empfänger der Sach-
oder Dienstleistung zur Begründung des Grundsatzes der Nichtbilanzierung
schwebender Geschäfte. Ebenso argumentiert *Babel*: Der Ansatz des vertraglichen Anspruchs „tangiert nicht einmal das bilanzrechtliche Gewinnreali-
sierungsverbot", da die Bestellung für den Anspruchsberechtigten einen „erfolgsneutralen Anschaffungsvorgang bedeutet"[609]. Die Begründung des Grundsatzes der Nichtbilanzierung schwebender Geschäfte über das Realisationsprinzip erstreckt sich somit lediglich auf den zur Sach- oder Dienstleistung Verpflichteten.[610]

Zur Begründung des Grundsatzes der Nichtbilanzierung bedarf es mithin eines
Rückgriffs auf die Ausgeglichenheitsvermutung (Risikothese) bzw. auf bilanzielle Vereinfachungserwägungen.[611] Das „Aufblähungs-Argument" basiert auf
Vereinfachungserwägungen: Während des Schwebezustands stünden sich Ansprüche und Verpflichtungen in gleicher Höhe gegenüber, mithin mache die gegenseitige Neutralisierung den Ausweis beider Positionen in der Bilanz entbehr-
lich.[612] Ein zweiter Erklärungsansatz stützt die Nichtbilanzierung schwebender
Geschäfte auf eine grundlegende Ausgeglichenheitsvermutung, mithin auf eine
Fiktion: „Der Kaufmann darf, solange sich nicht aufgrund objektiver Anhaltspunkte ein Verpflichtungsüberschuß aufdrängt, die Ausgeglichenheit von Leistungsanspruch und Leistungsverpflichtung unterstellen."[613] Diese Ausgeglichenheitsvermutung negiert nicht die in aller Regel bestehende Höherwertigkeit des
Anspruchs gegenüber der Verpflichtung; im Gegenteil geht sie sogar von der

609 *Babel* (Aktivierungsfähigkeit, 1997), S. 2261-2268, hier S. 2266.
610 Vgl. auch *Mellwig/Sabel* (Nichtbilanzierung schwebender Geschäfte, 2005), S. 357-370,
   hier S. 363-366; *Sabel* (Leasingverträge, 2006), S. 170-174.
611 Vgl. *Küting/Hellen/Brakensiek* (Leasing, 1998), S. 1465-1473, hier S. 1473; *Küting/-
   Kessler* (Streit, 1997), S. 2441-2447, hier S. 2444, *dieselben* (Grundsätze, 1993),
   S. 1045-1053, hier S. 1046 f.; *Tiedchen* (Vermögensgegenstand, 1991), S. 74 f. Kritisch
   zur Vereinfachungsthese *Martin* (Anschaffungskosten, 1982), S. 243-250, hier S. 245 f.
612 Vgl. *Adler/Düring/Schmaltz* (Rechnungslegung, 1968), § 149 AktG, Rn. 34; *Bauer*
   (Schwebende Geschäfte, 1981), S. 71a; *Crezelius* (Schwebendes Geschäft, 1988), S. 81-
   95, hier S. 85; *Kropff* (Aktiengesetz, 1973), § 149 AktG 1965, Rdn. 50; *Leffson* (GoB,
   1987), S. 262. Kritisch dazu *Woerner* (Schwebender Vertrag, 1989), S. 33-55, hier S. 40:
   „Praktische Erwägungen können es kaum rechtfertigen Forderungen und Schulden – und
   solche sind immerhin schon bei Vertragsabschluß entstanden – nicht zu bilanzieren."
   Nach *Babel* (Ansatz und Bewertung, 1997), S. 63 f., vermag die Gleichwertigkeit von
   Anspruch und Verpflichtung sich im Ansatz einander entsprechender Aktiv- und Passivposten widerspiegeln, aber kein Aktivierungs- und Passivierungsverbot rechtfertigen.
613 *Moxter* (Abzinsung, 1993), S. 195-207, hier S. 198, so auch *derselbe* (Bilanzrechtsprechung, 2007), S. 158 f.; *Euler* (Ansatz von Rückstellungen, 1990), S. 1036-1056, hier
   S. 1046; *Woerner* (Grundsatzfragen, 1984), S. 489-496, hier S. 493, *derselbe* (Passivierung, 1985), S. 177-200, hier S. 180.

Annahme aus, dass der Anspruch zumindest Ertragserwartungen in Höhe der Verpflichtung verkörpert (Argument für eine bilanzielle Vereinfachung).[614]

Damit ist zunächst nichts darüber gesagt, ob beispielsweise die Ansprüche aus dem Verpflichtungsgeschäft bzw. die konkrete Möglichkeit zur Nutzung der Vertragssache selbst einen Vermögensgegenstand oder die damit einhergehenden Verpflichtungen eine bilanzrechtliche Schuld verkörpern. Sollte sich herausstellen, dass weder der Rechtsanspruch auf die Vertragssache bzw. das Nutzungsrecht noch die Zahlungsverpflichtung ein bilanzierungsfähiges Aktivum bzw. Passivum bilden, wäre der Grundsatz der Nichtbilanzierung schwebender Geschäfte überflüssig.[615] Anders ausgedrückt: Der Grundsatz der Nichtbilanzierung schwebender Geschäfte würde besagen, dass Ansprüche und Verpflichtungen aus schwebenden Geschäften keine Vermögensgegenstände bzw. Schulden verkörpern. Daher gilt es zu untersuchen, ob aus dem schwebenden Geschäft selbst Vermögensgegenstände/Schulden entstehen, die dann ausschließlich wegen des oben genannten Grundsatzes keinen Eingang in die Bilanz finden. Der Grundsatz wäre dann ein konkretes Ansatzverbot für bestimmte Vermögensgegenstände und Schulden aus schwebenden Geschäften.

C. Wirtschaftliche Vorteile bei zweiseitig unerfüllten Geschäften

Mit Abschluss des Verpflichtungsgeschäfts entstehen rechtlich die gegenseitigen Ansprüche aus dem Vertrag. „So entstehen beim Kaufvertrag der Anspruch des Käufers auf Übereignung der Kaufsache und der Anspruch des Verkäufers auf Zahlung des Kaufpreises."[616] Entsprechend sind auch durch Dauerschuldverhältnisse begründete Ansprüche als Rechte auf die noch zu erbringende Gegenleistung zu qualifizieren. Dabei entsteht der abstrakte Anspruch auf Erhalt der Sachleistung spätestens mit dem Abschluss des Rechtsverhältnisses.[617] Der zur Entgeltleistung Verpflichtete erlangt durch das Eingehen des Rechtsgeschäfts einen Anspruch auf Erhalt der Gegenleistung. So stellt sich die Frage, ob bereits durch den Abschluss des Verpflichtungsgeschäfts ein wirtschaftlicher Vorteil entsteht, der grundsätzlich als immaterielles Wirtschaftsgut aktivierungsfähig ist. Dieser Anspruch wird im Folgenden kurz als Sachleistungsanspruch i. e. S. bezeichnet.

---

614 Vgl. *Hommel* (Dauerschuldverhältnisse, 1992), S. 36; *Moxter* (Abzinsung, 1993), S. 195-207, hier S. 199; *Woerner* (Grundsatzfragen, 1984), S. 489-496, hier S. 492.

615 Anders *Babel* (Dreieck, 2007), S. 1-36, hier S. 15: Dieser hält den Grundsatz der Nichtbilanzierung nur dann für gerechtfertigt, wenn die Ansprüche aus schwebenden Geschäften die Vermögensgegenstandseigenschaft nicht erfüllen.

616 *Bauer* (Schwebende Geschäfte, 1981), S. 29; *Christiansen* (Rückstellungen, 1990), S. 129-153, hier S. 131; *Hommel* (Dauerschuldverhältnisse, 1992), S. 35.

617 Vgl. *Kliem* (Rechnungsabgrenzung, 2000), S. 55-66; *Mellwig* (Quelle, 2005), S. 217-235, hier S. 224.

Das geltende Bilanzrecht und mithin die Bilanz im Rechtssinne sind geprägt durch eine wirtschaftliche Betrachtungsweise.[618] So richtet sich die Aktivierung vorrangig „nicht nach rechtlichen, sondern nach wirtschaftlichen Gesichtspunkten"[619]. Wirtschaftliche Betrachtungsweise bedeutet, „die Aktivierung statt am Vorhandensein eines Rechts am Vorhandensein eines vermögenswerten [wirtschaftlichen] Vorteils zu orientieren"[620]. Im Sinne der wirtschaftlichen Betrachtungsweise wird folglich entschieden, ob überhaupt ein wirtschaftlicher Vorteil für den Bilanzierenden besteht. Aus Vorsichts- und Objektivierungsgründen folgt jedoch, dass ein wirtschaftlicher Vorteil nur dann zu aktivieren ist, wenn er einen greifbaren und nach der Verkehrsauffassung selbständig bewertbaren wirtschaftlichen Vermögenswert verkörpert[621], der zusätzlich durch Aufwendungen erlangt wurde. Das Abstellen auf das Vorhandensein von Aufwendungen folgt aus dem Realisationsprinzip als Grundsatz der erfolgsneutralen Behandlung von Geschäftsvorfällen bis zum Erreichen des Umsatzzeitpunktes. So dürfen greifbare und selbständig bewertbare wirtschaftliche Vorteile – kurz Wirtschaftsgüter – grundsätzlich nicht aktiviert werden, wenn sie nicht mit Ausgaben bzw. Aufwendungen des Bilanzierenden einhergehen.[622]

Bei immateriellen Vermögenswerten des Anlagevermögens bedarf es gem. § 248 Abs. 2 HGB bzw. § 5 Abs. 2 EStG des entgeltlichen Erwerbs.[623] Die Norm des § 248 Abs. 2 HGB bzw. § 5 Abs. 2 EStG stellt klar, dass die Bewertung in diesem Kontext einen „objektivierten Zugangswert" erfordert.[624] Folglich gelten nur entgeltlich erworbene immaterielle Vermögensgegenstände des Anlagevermögens als bewertbar, da „der Markt in Gestalt von Anschaffungskosten eine

---

618   Zur wirtschaftlichen Betrachtungsweise vgl. *Böcking* (Betriebswirtschaftslehre, 1997), S. 85-103; *Eibelshäuser* (Betrachtungsweise, 2002), S. 1426-1432 und *Moxter* (Betrachtungsweise, 1989), S. 232-241.
619   BFH-Urteil vom 9.02.1978, IV R 201/74, BStBl. II 1978, S. 370-372, hier S. 371.
620   Moxter (Bilanzierung, 1982), S. 13.
621   Vgl. *Moxter* (Betrachtungsweise, 1989), S. 232-241, hier S. 234 f.
622   Zu den Besonderheiten der Aktivierung unentgeltlich erworbener Vermögensgegenstände/Wirtschaftsgüter vgl. *Wohlgemuth/Radde* (Beck'sches HdR, 2002), B 162, Rz. 60-66. Bei der Erlangung rein wirtschaftlicher Vorteile wie zum Beispiel der Bau einer günstigen Straßenanbindung der Gemeinde bzw. des Ausscheiden eines Mitkonkurrenten verhindert das Kriterium einen erfolgswirksamen Aktivzugang als Folge des Realisationsprinzips.
623   Zum Kriterium des entgeltlichen Erwerbs vgl. *Döllerer* (Maßgeblichkeit, 1969), S. 501-507, hier S. 505; *Freericks* (Anlagewerte, 1976), S. 518-522, hier S. 520 f.; *Moxter* (Bewertbarkeit, 1987) S. 1846-1851. Zwar sieht der Gesetzentwurf der Bundesregierung zum BilMoG, BT-Drucks. 16/10067, S. 3, eine Aufhebung der Vorschrift des § 248 Abs. 2 HGB vor; dies hat jedoch aufgrund der eigenständigen Kodifizierung des „entgeltlichen Erwerbs" in § 5 Abs. 2 EStG keine Auswirkung auf die steuerliche Gewinnermittlung.
624   *Moxter* (Bewertbarkeit, 1987) S. 1846-1851, hier S. 1846, *derselbe* (Anlagewerte, 1979), S. 1102-1109, hier S. 1103.

Bestätigung für den Wert abgegeben hat"[625]. Zur Frage des entgeltlichen Erwerbs führte der Bundesfinanzhof aus: „Voraussetzung für den entgeltlichen Erwerb ist [...], daß sie [die Ausgaben] sich nach dem Inhalt des Vertrags (§§ 133, 157 BGB) oder jedenfalls nach den Vorstellungen beider Vertragsteile (subjektive Geschäftsgrundlage) als Gegenleistung für die erlangten Vorteile erweisen. Einseitige Erwartungen [...] genügen nicht."[626] Das Kriterium der Entgeltlichkeit für den erworbenen Vermögensgegenstand ist nicht erfüllt, wenn Ausgaben nur gelegentlich des Erwerbs anfallen und keine direkte Gegenleistung für den erworbenen immateriellen Vermögensgegenstand darstellen.[627] Es müssen folglich nicht nur Ausgaben entstanden sein, sondern diese Ausgaben müssen ein Entgelt für die Einräumung, Begründung bzw. Übertragung des immateriellen Wirtschaftsgutes darstellen.[628]

---

625 BFH-Urteil vom 26.02.1975, I R 72/73, BStBl. II 1976, S. 13-16, hier S. 14.

626 BFH-Urteil vom 26.02.1975, I R 72/73, BStBl. II 1976, S. 13-16, hier S. 14. Vgl. BMF-Schreiben vom 11.07.1995, IV B 2 – S 2134 a – 2/95, DB 1995, S. 1637.

627 Vgl. *Hömberg/König* (Baetge/Kirsch/Thiele, 2006), § 248 HGB, Rz. 50; ebenso *Adler/-Düring/Schmaltz* (Rechnungslegung, 1998), § 248 HGB, Rn. 19-22 und *Ellrott/Brendt* (BeckBilKomm, 2006), § 255 HGB, Anm. 22. Vgl. dazu auch BFH-Urteil vom 3.08.1993, VIII R 37/92, BStBl. II 1994, S. 444-449, hier S. 447. In Bezug auf Mietverträge spricht der BFH (BFH-Urteil vom 19.06.1997, IV R 16/95, BStBl. II 1997, S. 808-811, hier S. 810) bei Maklerprovisionen von Anschaffungsnebenkosten, die mangels Anschaffungs(haupt)kosten nicht aktivierungsfähig seien. Damit kommt zum Ausdruck, dass Maklerprovisionen nicht zum entgeltlichen Erwerb von Nutzungsrechten führen. Vgl. hierzu auch *Bordewin* (Anmerkung, 1977), S. 440-441, hier S. 441; *Moxter* (Aktivierungspflicht, 1999), S. 51-54, hier S. 53 f.; a. A. *Hanraths* (Maklergebühren, 1978), S. 316-318, hier S. 318.

628 Vgl. *Freericks* (Anlagewerte, 1976), S. 518-522, hier S. 521.

Nach Rechtsprechung[629] und Schrifttum[630] gelten „Rechte aus schwebenden Verträgen" grundsätzlich als „selbständig bewertungsfähige immaterielle Wirtschaftsgüter"[631]. Zu untersuchen gilt, worin der wirtschaftliche Vorteil des Sachleistungsanspruchs i.e.S. besteht. So wird die Auffassung[632] vertreten, dass „der [..] *abstrakte* [Rechts-] Nutzungs*anspruch* ohne die gleichzeitige *konkrete Möglichkeit* zur Nutzung des Vertragsobjekts zwar rechtlich existent, wirtschaftlich und bilanzrechtlich aber wertlos sei"[633]. Dies sei sowohl bei einem auf einmaligen Leistungsaustausch gerichteten (schwebenden) Kaufvertrag, bei dem der Käufer noch nicht wirtschaftlicher Eigentümer der Kaufsache geworden ist, als auch bei Dauerschuldverhältnissen, bei denen der Leistungsbeginn in der Zu-

---

629 BFH-Urteil vom 20.01.1983, IV R 158/80, BStBl. II 1983, S. 413-417, hier S. 416: „Auch ein rein schuldrechtliches Nutzungsrecht, wie es durch den Abschluß eines Miet- oder Pachtvertrags entsteht, ist ein entgeltlich erworbenes immaterielles Wirtschaftsgut; gleichwohl unterliegt dieses Rechtsverhältnis dem Grundsatz, daß schwebende Geschäfte nicht zu bilanzieren sind, soweit Rechte und Pflichten zu Leistung und Gegenleistung ausgewogen gegenüberstehen." Vgl. auch BFH-Urteil vom 17.03.1977, IV R 218/72, BStBl. II 1977, S. 595-598, hier S. 597; BFH-Urteil vom 12.08.1982, IV R 184/79, BStBl. II 1982, S. 696-700, hier S. 699 f.; BFH-Urteil vom 2.08.1983, VIII R 170/78, BStBl. II 1983, S. 735-736, hier S. 736; BFH-Beschluß vom 26.10.1987, Gr. S. 2/86, BStBl. II 1988, S. 348-357, hier S. 353; BFH-Urteil vom 16.12.1988, III R 113/85, BStBl. II 1989, S. 763-766, hier S. 764; BFH-Urteil vom 9.08.1989, X R 20/86, BStBl. II 1990, S. 128-130, hier S. 129; BFH-Urteil vom 4.06.1991, X 136/87, BStBl. II 1992, S. 70-73, hier S. 71 f.

630 Vgl. *Babel* (Ansatz und Bewertung, 1997), *derselbe* (Aktivierungsfähigkeit, 1997), S. 2261-2268, hier S. 2267 f.; *Bauer* (Schwebende Geschäfte, 1981), S. 25; *Christiansen* (Rückstellungen, 1990), S. 129-153, hier S. 131; *Euler* (GoB, 1996), S. 185; *Groh* (Einlegung, 1989), S. 187-205, hier S. 193; *Haas* (Kriterien,1988), S. 169-183, hier S. 178; *Hommel* (Dauerschuldverhältnisse, 1992), S. 35; *Kessler* (Dauerschuldverhältnisse, 1992), S. 131 f.; *Kußmaul* (Vermögensgegenstände, 1987), S. 2053-2065, hier S. 2064; *Mathiak* (Rechtsverhältnisse, 1988), S. 397-409, hier S. 405; *Thiel* (Nutzungsrechte, 1991), S. 161-198, hier S. 168; *Woerner* (Schwebender Vertrag, 1989), S. 35-55, hier S. 40.
An der Wirtschaftsguteigenschaft zweifelt *Biergans* (Nutzungsrechte, 1989), S. 367-374, hier S. 369 ff.; *Martin* (Ausweis, 1974), S. 10-12, hier S. 10, differenziert zwischen dinglichen und obligatorischen Rechten. Die Wirtschaftsguteigenschaft verneint *Meyer-Scharenberg* (Tatbestand, 1987), S. 103-110, hier S. 106, *derselbe* (Nutzungsrechte, 1987), S. 874-877. Nach *Weber-Grellet* (Schmidt EStG-Kommentar, 2008), § 5 EStG, Rz. 176, sind Nutzungsrechte keine immateriellen Wirtschaftsgüter, sondern nur Teil des Wirtschaftsgutes, *derselbe* (Konsequenzen, 1995), S. 2550-2560, hier S. 2556 f., *derselbe* (Maßgeblichkeitsgrundsatz, 1999), S. 2659-2666, hier S. 2664; *Trzaskalik* (Nutzungsrechte, 1983), S. 126-135, hier S. 128 ff.; Vgl. *Döllerer* (Aktivierungswelle, 1980), S. 1333-1337, hier S. 1335; *Euler* (Ansatz von Rückstellungen, 1990), S. 1036-1056, hier S. 1041; *Hastedt* (Gewinnrealisation, 1992), S. 29. So auch noch *Woerner* (Grundsatzfragen, 1984), S. 489-496, hier S. 492, *derselbe* (Passivierung, 1985), S. 177-200, hier S. 180.

631 BFH-Urteil vom 1.02.1989, VIII R 361/83, BFH/NV 12/1989, S. 778-779, hier S. 778.

632 Vgl. *Babel* (Aktivierungsfähigkeit, 1997), S. 2261-2268, hier S. 2268.

633 *Babel* (Ansatz und Bewertung, 1997), S. 117 (Hervorhebung im Original).

kunft liege, der Fall.[634] Solange mit der Erfüllung noch nicht begonnen wurde, seien „beide Rechte als ‚Anrechte' auf die ‚Hauptleistung', nämlich die Nutzungsüberlassung bzw. die Übereignung der Kaufsache zu verstehen".[635] Die Argumentation überzeugt, denn ohne die konkrete Verfügungsmacht über den Vertragsgegenstand erschließt sich das Nutzungspotential für den Erwerber nicht. Der wirtschaftliche Vorteil, der durch das Recht auf Überlassung begründet wird, ist nicht identisch mit dem wirtschaftlichen Vorteil, d. h. dem Einnahmepotential, das sich aus der Nutzung der Vertragssache ergibt.

Nach dieser negativen Abgrenzung und der daraus gewonnenen Erkenntnis bleibt zu prüfen, welcher wirtschaftliche Vorteil mit einem Sachleistungsanspruch i. e. S einhergeht. Darüber hinaus gilt es zu klären, ob dieser die weiteren Ansatzkriterien eines Wirtschaftsgutes erfüllt. Der abstrakte Rechtsanspruch muss nicht zwingend wertlos sein, wie folgende Überlegung verdeutlicht: Versteht man den wirtschaftlichen Vorteil als Rechtsanspruch, die Vertragssache zu einen bestimmten Zeitpunkt bzw. für einen bestimmten Zeitraum zu einem vorher vertraglich festgelegten Preis zu beziehen, so handelt es sich bei dem schwebenden Geschäft um eine Form des unbedingten Termingeschäfts. In diesem Sinne ist der wirtschaftliche Vermögenswert abhängig von der Preisentwicklung der Vertragssache.[636] Wird ein Mietvertrag auf eine dritte Person übertragen, so werden mit den Rechten auch die Pflichten übergeben. Sofern sich Rechte und Pflichten ausgewogen gegenüberstehen, d. h. eine marktübliche Vereinbarung zugrunde liegt, ist der wirtschaftlich übertragene Saldo gleich null.[637] Daher wird für eine solche Übertragung in der Regel auch kein relevantes Entgelt bezahlt.[638] Diese Einschätzung ändert sich, sobald die Konditionen (Mietzins bzw. Wert des überlassenen Vertragsgegenstandes) des schwebenden Vertrages gemessen an den aktuellen Marktverhältnissen günstig sind. Nach dem Maß der Vorteilhaftigkeit ist zu diesem Zeitpunkt ein positiver Erlös aus der Übertragung des Vertrags erzielbar und damit ein wirtschaftlicher Vorteil.[639] Ferner entsteht durch den Abschluss des schwebenden Geschäfts ein weiterer wirtschaftlicher Vorteil, der in der Sicherung des Bezugs der betrieblich benötigten Güter und Dienstleistungen besteht. Dieser ist jedoch zu allgemein, d. h. zu wenig greifbar und mithin vom Goodwill nicht abgrenzbar, so dass er im Geschäfts- oder Firmenwert aufgeht.

---

634 Vgl. *Babel* (Ansatz und Bewertung, 1997), S. 117 f.
635 *Fahrholz* (Leasing, 1979), S. 147; vgl. *Babel* (Ansatz und Bewertung, 1997), S. 117 f.; *Clausen* (Nutzungsrechte, 1976), S. 371-380, hier S. 376; *Kußmaul* (Nutzungsrechte, 1987), S. 468 f., *derselbe* (Vermögensgegenstände, 1987), S. 2053-2065, hier S. 2065.
636 Vgl. *Lüdenbach/Hoffmann* (Vermögenswert, 2006), S. 1382-1387, hier S. 1383.
637 Vgl. *Lüdenbach/Hoffmann* (Vermögenswert, 2006), S. 1382-1387, hier S. 1383.
638 Vgl. *Lüdenbach/Hoffmann* (Vermögenswert, 2006), S. 1382-1387, hier S. 1383.
639 Vgl. *Lüdenbach/Hoffmann* (Vermögenswert, 2006), S. 1382-1387, hier S. 1383; *Thiel* (Nutzungsrechte, 1991), S. 161-198, hier S. 178 f.

Erkennt man den ersten der beiden beschriebenen wirtschaftlichen Vorteile an, so gilt es, der Frage nachzugehen, ob dieser gegen Aufwendungen erlangt wurde. Hierbei ist notwendigerweise zu entscheiden, ob durch die Rechtsbeziehung das Wirtschaftsgut Maschine bzw. die zeitraumbezogene Sachleistung beschafft wird oder ob der Sachleistungsanspruch (Anspruch auf Erhalt der Maschine bzw. Anspruch auf Erhalt der zeitraumbezogenen Gegenleistung) selbst Gegenstand der Rechtsbeziehung ist. Der zur Sachleistung Verpflichtete (Verkäufer oder Vermieter) erfüllt seine Leistungspflicht, damit der zur Entgeltleistung Verpflichtete ebenfalls seiner vertraglichen Verpflichtung nachkommt.[640] Dementsprechend leistet die andere Vertragsseite das Entgelt nicht für den Anspruch auf Erhalt der Sachleistung, sondern für den Bezug der Sachleistung. Die spätere Zahlung des Entgelts bezieht sich demnach nicht auf das Recht, sondern auf die Leistungserbringung selbst.[641] Somit handelt es sich für beide Vertragsparteien um ein zeitpunkt- bzw. zeitraumbezogenes Austauschverhältnis. Das synallagmatische Austauschverhältnis zwischen Entgeltleistung und Sachleistung gibt der Leistungsbeziehung ihr Gepräge.[642] Folglich wird das Entgelt nicht für die Übernahme der Leistungsverpflichtung bzw. für die Begründung des Sachleistungsanspruchs entrichtet. Diese Einordnung entspricht dem wirtschaftlichen Gehalt der vertraglichen Leistungsbeziehung, denn die zur Entgeltleistung verpflichtete Vertragspartei ist in erster Linie am Erhalt der Sachleistung bzw. an der Bewirkung der zeitraumbezogenen Sachleistung interessiert und nicht an der Begründung des Sachleistungsanspruchs.[643] Folglich hat der Ausweis des Sachleistungsanspruchs zu unterbleiben, da dieser nicht entgeltlich erworben wurde bzw. es an Anschaffungskosten mangelt.[644] Damit ist nach den handelsrechtlichen Grundsätzen ordnungsmäßiger Buchführung eine Bewertung größer null ausgeschlossen. Bei einem Zugangswert von null mangelt es an der selbständigen Bewertbarkeit und damit an einem fundamentalen Vermögensgegenstandskriterium.[645]

Diese Argumentation überzeugt auch vor dem Hintergrund der nachfolgenden Überlegung bezüglich der bilanziellen Abbildung des entgeltlichen Eintritts in

---

640 Vgl. *Kliem* (Rechnungsabgrenzung, 2000), S. 59; *Babel* (Aktivierungsfähigkeit, 1997), S. 2261-2268, hier S. 2262; *Grüneberg* (Palandt BGB, 2008), Einf. v. § 320 BGB, Rn. 5: Jeder Vertragspartner verspricht seine Leistung um der Gegenleistung willen.

641 Vgl. *Kliem* (Rechnungsabgrenzung, 2000), S. 86 f.

642 Vgl. *Babel* (Aktivierungsfähigkeit, 1997), S. 2261-2268, hier S. 2262; *Grüneberg* (Palandt BGB, 2008), Einf. v. § 320 BGB, Rn. 5.

643 Vgl. *Kliem* (Rechnungsabgrenzung, 2000), S. 86 f.

644 Vgl. *Bauer* (Schwebende Geschäfte, 1981), S. 31; *Bergmann* (Beurteilung, 1972), S. 2367-2373, hier S. 2370 f.; *Roer* (Vermögensbewertung, 1972), S. 345-355, hier S. 348.

645 Vgl. *Babel* (Ansatz und Bewertung, 1997), S. 113, Fn. 237. Somit wird der Ausweis des Sachleistungsanspruchs i. e. S. nicht erst durch den Grundsatz der Nichtbilanzierung schwebender Geschäfte verhindert.

ein bereits bestehendes Dauerschuldverhältnis.[646] Hierbei ist der Anspruch auf die Übertragung der Rechtsposition vom Anspruch auf die zeitraumbezogene Sachleistung zu unterscheiden. Es liegen zwei getrennte Rechtsgeschäfte vor. Der vormals Berechtigte hat seine Sachleistung mit der Übertragung erfüllt, so dass dieses Rechtsgeschäft beendet ist. Das gezahlte Entgelt steht in einem synallagmatischen Verhältnis zur Übertragung der Rechtsposition, mithin stellt es kein zusätzliches Entgelt für die zeitraumbezogene Sachleistung dar.[647] Erwirbt der zur Sachleistung Berechtigte ein gesondertes Recht, einen Kaufvertrag bzw. ein Dauerschuldverhältnis zu bestimmten Konditionen abzuschließen, so ist der hierfür aufzubringende Betrag als Gegenleistung für dieses Recht anzusehen.[648] Anders ausgedrückt: Beim entgeltlichen Eintritt in ein bestehendes schwebendes Nutzungsverhältnis hat der Ausweis eines Vermögensgegenstandes – Nutzungsrecht – zu erfolgen.[649] Auch der Grundsatz der Nichtbilanzierung schwebender Geschäfte kann nicht als konkretes Aktivierungsverbot herangezogen werden, um die Bilanzierung des Nutzungsrechts zu unterbinden, denn mit der Übertragung der Rechtsposition hat der ursprüngliche Nutzungsberechtigte seine Leistung vollständig erfüllt.[650] So bezeichnet auch der Bundesfinanzhof „Aufwendungen für den Eintritt in einen langjährigen Mietvertrag [...] [als] Anschaffungskosten [eines] [...] immaterielle[n] Einzelwirtschaftsgut[es]"[651].

Ein weiterer wirtschaftlicher Vorteil entsteht, wenn zum abstrakten Sachleistungsanspruch aus dem Vertrag die konkrete Möglichkeit zur Nutzung des Vertragsobjekts hinzutritt.[652] Der Rechtsanspruch wird dadurch wirtschaftlich ausnutzbar und damit wertvoll; dem Nutzer des Objekts erschließt sich das Nutzungspotential des Vertragsgegenstandes. Die Aktivierung dieses wirtschaftlichen Vorteils wird wie folgt begründet[653]: „Aus dem rechtmäßigen Besitz erwächst dem Nutzer die Unentziehbarkeit des Objekts für die Dauer der unkündbaren Grundnutzungszeit, verbunden mit einer eigentümerähnlich gesicherten

---

646 Vgl. *Fabri* (Nutzungsverhältnisse, 1986), S. 150-158; *Bauer* (Schwebende Geschäfte, 1981), S. 244-247; *Tiedchen* (Vermögensgegenstand, 1991), S. 135 f.

647 Vgl. *Kliem* (Rechnungsabgrenzung, 2000), S. 140.

648 Vgl. *Thiel* (Nutzungsrechte, 1991), S. 161-198, hier S. 178; *Freericks* (Anlagewerte, 1976), S. 518-522, hier S. 521.

649 Vgl. *Döllerer* (Rechtsverhältnisse, 1984), S. 2034-2039, hier S. 2039. Zweifelnd daran *Meyer-Scharenberg* (Nutzungsrechte, 1987), S. 874-877, hier S. 876; siehe auch *Fabri* (Nutzungsverhältnisse, 1986), S. 158: „Umfaßt das Eintrittsentgelt auch Zahlungsvorleistungen des ursprünglich Nutzungsberechtigten, so muß dieser Teilbetrag als Rechnungsabgrenzungsposten aktiviert werden."

650 Vgl. *Fabri* (Nutzungsverhältnisse, 1986), S. 153; *Tiedchen* (Vermögensgegenstand, 1991), S. 129; BFH-Urteil vom 26.08.1992, I R 24/91, BStBl. II 1992, S. 977-981, hier S. 981.

651 BFH-Urteil vom 17.03.1977, IV R 218/72, BStBl. II 1977, S. 595-598, hier S. 595.

652 Vgl. *Babel* (Ansatz und Bewertung, 1997), S. 117, *derselbe* (Aktivierungsfähigkeit, 1997), S. 2261-2268, hier S. 2268, *derselbe* (Dreieck, 2007), S. 1-36, hier S. 18.

653 *Babel* (Aktivierungsfähigkeit, 1997), S. 2261-2268, hier S. 2268, *derselbe* (Dreieck, 2007), S. 1-36, hier S. 18.

Rechtsstellung, die ihn zur Abwehr von Leistungsstörungen seitens Dritter berechtigt. Vom Zeitpunkt der Besitzerlangung an erscheint somit das Risiko gering, die durch den Nutzungsverpflichteten vertraglich zugesicherte Leistung der Inanspruchnahme des überlassenen Nutzenpotentials nicht zu erhalten."[654] Es bedarf zudem einer vertraglich fixierten Zeitdauer des Nutzungsrechts, damit während des Nutzungszeitraums der Rechtsanspruch gegen den Willen des Nutzungsberechtigten nicht entzogen werden kann.[655] Folglich ist die „gesicherte Rechtsposition des Nutzers und nicht die einmalige Leistung des Nutzungsverpflichteten durch Bereitstellung des Nutzobjekts" entscheidend.[656] Voraussetzung für den Zugang des immateriellen Vermögensgegenstandes ist demnach nicht die Begründung bzw. die Entstehung des Sachleistungsanspruchs, sondern die Kombination aus abstraktem Rechtsanspruch und konkreter Nutzungsmöglichkeit. Dabei muss zudem gelten, dass der abstrakte Rechtsanspruch eine gesicherte Rechtsposition induziert.[657] Ganz in diesem Sinne sind zu erwartende Nutzungsvorteile, die nicht auf einer gesicherten Rechtsposition basieren, keine Wirtschaftsgüter. So ist bei einem jederzeit kündbaren Mietvertrag seitens des Vermieters die tatsächliche Möglichkeit zur Nutzung der Vertragssache zwar ein wirtschaftlicher Vorteil, „aber dessen Wert ist wegen der jederzeitigen Entziehbarkeit zu unbestimmt, zu wenig greifbar, um zu einem Wirtschaftsgut im bilanzrechtlichen Sinne zu erstarken".[658] Anders ausgedrückt: Dem Nutzungsvorteil mangelt es an „greifbarer Werthaltigkeit", da „bei einer schlichten Nutzungsüberlassung [..] ständig die Gefahr des Nutzungsentzugs"[659] droht. Überträgt man dieses Ergebnis auf einen auf unbefristete Zeit bzw. auf 10 Jahre abgeschlossenen Mietvertrag mit einer unkündbaren Grundmietzeit von drei Jahren, so folgt daraus, dass lediglich ein immaterielles Wirtschaftsgut für die gesicherte Grundmietzeit von drei Jahren vorliegt.[660] Die Anschaffungskosten des immateriellen Wirtschaftsguts Nutzungsrecht sind bei Einmalzahlungen der geleistete Betrag und bei laufender Entrichtung der Barwert der Zahlung, soweit sich die Zahlungen auf die gesicherte Rechtsposition, d. h. auf den unkündbaren

---

654 Babel (Dreieck, 2007), S. 1-36, hier S. 19.

655 Vgl. z. B. BFH-Urteil vom 16.11.1977, I R 83/75, BStBl. II 1978, S. 386-387, hier S. 386 f.; BFH-Urteil vom 31.10.1978, VIII R 196/77, BStBl. II 1979, S. 401-403, hier S. 403; BFH-Urteil vom 2.08.1983, VIII R 57/80, BStBl. II 1983, S. 739-740, hier S. 740. Ebenso Meilicke (Nutzungsrechte, 1991), S. 579-587, hier S. 584; Kußmaul (Nutzungsrechte, 1987), S. 375; Bieg (Bewertungsvorschriften, 1976), S. 339-350, hier S. 347 f.

656 Babel (Dreieck, 2007), S. 1-36, hier S. 19 (Hervorhebung im Original); Schubert (Nutzungsrechte, 1995), S. 362-367, hier. S. 362 f.

657 Vgl. Groh (Nutzungseinlagen, 1982), S. 133-142, hier S. 137; Meilicke (Nutzungsrechte, 1991), S. 579-587, hier S. 584; Schubert (Nutzungsrechte, 1995), S. 362-367, hier S. 362 f.

658 Moxter (Bilanzrechtsprechung, 2007), S. 10; Meilicke (Nutzungsrechte, 1991), S. 579-587, hier S. 584 f.

659 Moxter (GoR, 2003), S. 78.

660 Vgl. Bieg (Bewertungsvorschriften, 1976), S. 339-350, hier S. 347 f.

Teil der Vertragslaufzeit beziehen.[661] Daher stellt „ein Nutzungsrecht unbeschadet seines Charakters als rechtlicher Anspruch aus einem *schwebenden* Dauerschuldverhältnis einen *Vermögensgegenstand* dar"[662]. Dieser Einschätzung stehen weder die bilanzrechtlichen Vermögensgegenstandskriterien (wirtschaftlicher Vermögensvorteil, Greifbarkeit, selbständige Bewertbarkeit)[663] „noch die wirtschaftlich bedeutsamen Risiken aus synallagmatischen Ansprüchen (Einrede des nicht erfüllten Vertrags, Unmöglichkeit der eigenen Leistung) oder die Zivilrechtsnatur von Dauerschuldverhältnissen entgegen"[664]. Auch das Kriterium des entgeltlichen Erwerbs ist erfüllt, „denn als Entgelt wird ein laufend zu entrichtender Mietzins gezahlt"[665]. Die Aktivierung von Nutzungsrechten scheitert typischerweise allein am Grundsatz der Nichtbilanzierung schwebender Geschäfte[666], denn um ein solches handelt es sich bei einem Vertrag über ein Nutzungsrecht bis zur Beendigung des Nutzungsverhältnisses.[667] So wird auch die Rechtsprechung des Bundesfinanzhofs verständlich, wonach Nutzungsrechte grundsätzlich als Wirtschaftsgüter anzusehen sind[668]: „Auch ein rein schuldrechtliches Nutzungsrecht, wie es durch den Abschluß eines Mietvertrages entsteht, ist ein immaterielles Wirtschaftsgut [...]".[669] Der Ansatz scheitere auch (in der Steuerbilanz) nicht am fehlenden entgeltlichen Erwerb, „denn als Entgelt [...] wird ein laufend zu entrichtender Mietzins gezahlt"[670]. Der Ansatz eines Nutzungsrechtes unterbleibe lediglich, „weil ihm ein schwebendes Geschäft zugrunde liegt, das nach den Grundsätzen ordnungsmäßiger Buchführung nicht in die Bilanz aufzunehmen ist [...]. Ein auf die Nutzung entfallendes Entgelt kann daher nicht als Anschaffungskosten eines immateriellen Wirtschaftsguts ‚Nutzungsrecht' aktiviert werden".[671]

---

661 Zur Zugangsbewertung von Nutzungsrechten vgl. *Babel* (Ansatz und Bewertung, 1997), S. 145-147; *Bieg* (Bewertungsvorschriften, 1976), S. 339-350, hier S. 347 f.

662 *Babel* (Aktivierungsfähigkeit, 1997), S. 2261-2268, hier S. 2268 (Hervorhebung im Original).

663 Zu den bilanzrechtlichen Vermögensgegenstandskriterien vgl. z. B. *Moxter* (Bilanzrechtsprechung, 2007), S. 6-9 sowie BFH-Urteil vom 8.04.1992, XI R 34/88, BStBl. II 1992, S. 893-895, hier S. 894 f.; BFH-Urteil vom 9.07.1986, I R 218/82, BStBl. II 1987, S. 14-16, hier S. 14; BFH-Urteil vom 28.05.1979, I R 1/76, BStBl. II 1979, S. 734-738, hier S. 736 f.

664 *Babel* (Dreieck, 2007), S. 1-36, hier S. 18.

665 BFH-Urteil vom 19.06.1997, IV R 16/95, BStBl. II 1997, S. 808-811, hier S. 810.

666 Vgl. *Wildner* (Nutzungsrechte, 2004), S. 38-57, insbesondere S. 50 f.

667 Vgl. *Tiedchen* (Vermögensgegenstand, 1991), S. 129 ff., mit Nachweisen zum Meinungsstand. Vgl. Bordarwé (Erfüllen, 1966), S. 668-672, hier S. 670-672; *Kliem* (Rechnungsabgrenzung, 2000), S. 70 und S. 92 ff.

668 Vgl. BFH-Urteil vom 19.06.1997, IV R 16/95, BStBl. II 1997, S. 808-811, hier S. 810; BFH-Urteil vom 20.01.1983, IV R 158/80, BStBl. II 1983, S. 413-417, hier S. 416; BFH-Urteil vom 28.08.1974, I R 66/72, BStBl. II 1975, S. 56-58, hier S. 57.

669 BFH-Urteil vom 20.01.1983, IV R 158/80, BStBl. II 1983, S. 413-417, hier S. 416; BFH-Urteil vom 19.06.1997, IV R 16/95, BStBl. II 1997, S. 808-811, hier S. 810.

670 BFH-Urteil vom 19.06.1997, IV R 16/95, BStBl. II 1997, S. 808-811, hier S. 810.

671 BFH-Urteil vom 19.06.1997, IV R 16/95, BStBl. II 1997, S. 808-811, hier S. 810.

In diesem Kontext kollidiert der Grundsatz der Nichtbilanzierung schwebender Geschäfte mit dem in § 246 Abs. 1 HGB verankerten Vollständigkeitsprinzip. Folgt man der Auffassung, dass der Grundsatz der Nichtbilanzierung schwebender Geschäfte durch das Vollständigkeitsprinzip (§ 246 Abs. 1 HGB) verdrängt wird, so sind entgegen der herrschenden Meinung in Literatur[672] und Rechtsprechung[673] Nutzungsrechte aufgrund der erwiesenen Vermögensgegenstandseigenschaft zu aktivieren[674], und zwar unabhängig von der Form des zu entrichtenden Entgelts. Räumt man indes dem Grundsatz der Nichtbilanzierung schwebender Geschäfte den Vorrang vor dem gesetzlich kodifizierten Vollständigkeitsgebot ein, so ist der oben genannte Grundsatz sinnvoll nur als konkretes Bilanzierungsverbot für Wirtschaftsgüter aus schwebenden Geschäften zu interpretieren.[675] Dieses konkrete Aktivierungsverbot beruht dann auf einem Vereinfachungsgedanken.[676] Es bedarf mithin keiner Überprüfung, ob aus einem schwebenden Geschäft ein aktivierungsfähiges Wirtschaftsgut entspringt. Dieser Vereinfachungsgedanke lässt sich gleichwohl in Einklang mit der Ausschüttungsbemessungsfunktion der Handelsbilanz bzw. Zahlungsbemessungsfunktion der Steuerbilanz bringen.[677] In der Handelsbilanz erfolgt eine vom Vorsichtsprinzip geprägte Ermittlung des ausschüttungsfähigen Gewinns.[678] Die Nichtbilanzierung schwebender Geschäfte ist diesem Bilanzzweck nicht schädlich[679], denn dem Vorsichtsprinzip wird über die Bildung einer Drohverlustrückstellung Genüge getan, falls die Verpflichtung aus dem schwebenden Geschäft über den

---

672 Vgl. *Adler/Düring/Schmaltz* (Rechnungslegung, 1998), § 249 HGB, Rn. 135; *Hoyos/-Ring* (BeckBilKomm, 2006) § 249 HGB, Anm. 57; *Schreiber* (Blümich EStG-Kommentar, 2005), § 5 EStG, Rz. 243.

673 Vgl. BFH-Urteil vom 20.01.1983, IV R 158/80, BStBl. II 1983, S. 413-417, hier S. 415: „Dieser Grundsatz [Grundsatz der Nichtbilanzierung schwebender Geschäfte] begründet Aktivierungs- und Passivierungsverbote für bestimmte Rechte und Pflichten und damit eine Ausnahme zu dem aus dem Vollständigkeitsgebot abgeleiteten Aktivierungsgebot für Vermögensgegenstände (Wirtschaftsgüter) und Passivierungsgebot für Verbindlichkeiten."

674 Vgl. *Babel* (Dreieck, 2007), S. 1-36, hier S. 19.

675 Vgl. *Kliem* (Rechnungsabgrenzung, 2000), S. 78; *Schreiber* (Blümich EStG-Kommentar, 2005), § 5 EStG, Rz. 243.

676 Vgl. *Fabri* (Nutzungsverhältnisse, 1986), S. 110.

677 Vgl. *Bieg* (Bewertungsvorschriften, 1976), S. 339-350, hier S. 341, *derselbe* (Schwebende Geschäfte, 1977), S. 38 f.; *Kußmaul* (Vermögensgegenstände, 1987), S. 2053-2065, hier S. 2057, *derselbe* (Nutzungsrechte, 1987), S. 103 ff. und S. 465 ff.; *Mellwig/Sabel* (Nichtbilanzierung schwebender Geschäfte, 2005), S. 357-370, hier S. 365; *Sabel* (Leasingverträge, 2006), S. 173; *Tiedchen* (Vermögensgegenstand, 1991), S. 74 f.

678 Vgl. *Beisse* (Verhältnis, 1984), S. 1-14, hier S. 4; *Döllerer* (Bilanz, 1968), S. 637-641, hier S. 637; *Moxter* (Bilanzlehre, 1986), S. 67 ff., *derselbe* (Betrachtungsweise, 1989), S. 232-241, hier S. 236.

679 Zur Frage der Vereinbarkeit von Informationsvermittlung und des Grundsatzes der Nichtbilanzierung schwebender Geschäfte vgl. *Bieg* (Bewertungsvorschriften, 1976), S. 339-350, hier S. 341, *derselbe* (Schwebende Geschäfte, 1977), S. 38 f.; *Mellwig/Sabel* (Nichtbilanzierung schwebender Geschäfte, 2005), S. 357-370, hier S. 362; *Sabel* (Leasingverträge, 2006), S. 173.

korrespondierenden Ansprüchen liegt.[680] Somit erweist sich das steuerbilanzielle Ansatzverbot für Drohverlustrückstellungen als nicht systemadäquat, sofern der nach handelsrechtlichen GoB ermittelte entziehbare Betrag zugleich als Indikator der wirtschaftlichen [= steuerlichen] Leistungsfähigkeit gilt.

Zusammenfassend gilt: Die Aktivierung des Anspruchs auf Erhalt der Gegenleistung (Sachleistungsanspruch i. e. S.) scheitert, da er nicht gegen Aufwendungen erlangt wurde. Tritt zum abstrakten Leistungsanspruch die konkrete Verwertbarkeit des Anspruchs hinzu, entsteht ein weiterer wirtschaftlicher Vorteil, der, sofern er greifbar und einer selbständigen Bewertbarkeit zugänglich ist, ein abstrakt aktivierungsfähiges Wirtschaftsgut darstellt. Die Aktivierung dieses Wirtschaftsgutes scheitert einzig und allein am Grundsatz der Nichtbilanzierung schwebender Geschäfte, der aus Vereinfachungsüberlegungen ein konkretes Aktivierungsverbot für Wirtschaftsgüter aus schwebenden Geschäften vorsieht.

D. Wirtschaftliche Lasten bei zweiseitig unerfüllten Geschäften

Neben der Frage, ob Ansprüche aus schwebenden Geschäften zu bilanzieren sind, bedarf es einer Untersuchung, ob die mit den Ansprüchen korrespondierenden Verpflichtungen bilanziert werden müssen. Der bilanzrechtliche Verbindlichkeitsbegriff, d. h. die Voraussetzungen für das Vorliegen einer Verbindlichkeit im bilanzrechtlichen Sinne, bestimmt sich nach der Rechtsprechung des Bundesfinanzhofs durch ein „gefestigtes Gefüge aus Objektivierungsprinzipien, Vorsichtsprinzipien und dem Prinzip der wirtschaftlichen Betrachtungsweise"[681]. Aus dem Objektivierungserfordernis der Bilanz im Rechtssinne ergibt sich, dass „nur Verpflichtungen, die gegenüber Dritten bestehen und diesen Dritten einen Anspruch gewähren, dem sich der Kaufmann nicht entziehen kann (‚Außenverpflichtungsprinzip')"[682], als Verbindlichkeiten erfasst werden dürfen. Das Vorliegen einer Außenverpflichtung ist bei schwebenden Geschäften indes nicht fraglich.[683] Zweifellos ist durch den Abschluss des Vertrages für den zur Sachoder Dienstleistung Verpflichteten eine Außenverpflichtung zur Erbringung des vereinbarten Vertragsgegenstandes rechtlich entstanden.[684]

Nach der ständigen Rechtsprechung des Bundesfinanzhofs ist auch der frühere der beiden Zeitpunkte von rechtlicher Entstehung und wirtschaftlicher Verur-

---

680 Vgl. *Kessler* (Dauerschuldverhältnisse, 1992), S. 125-134; *Tiedchen* (Vermögensgegenstand, 1991), S. 74 f.; *Mellwig/Sabel* (Nichtbilanzierung schwebender Geschäfte, 2005), S. 357-370, hier S. 362. Die Regelung des § 5 Abs. 4a EStG steht mithin im Konflikt zum Vorsichtsprinzip bzw. Imparitätsprinzip.

681 *Moxter* (Ansatzkriterien, 2004), S. 1057-1060, hier S. 1057.

682 *Moxter* (Ansatzkriterien, 2004), S. 1057-1060, hier S. 1057.

683 Vgl. *Euler* (Ansatz von Rückstellungen, 1990), S. 1036-1056, hier S. 1048 f.

684 Vgl. *Kessler* (Dauerschuldverhältnisse, 1992), S. 125; *Christiansen* (Rückstellungen, 1990), S. 129-153, hier S. 131.

sachung maßgeblich für den Ansatzzeitpunkt von Schulden.[685] Die Fälligkeit dagegen ist irrelevant.[686] Allerdings sind die Kriterien rechtliche Entstehung bzw. wirtschaftliche Verursachung nur ausschlaggebend für den Zeitpunkt der Passivierung, nicht aber für das Vorliegen einer bilanzrechtlichen Verbindlichkeit.[687] Das Vorhandensein einer „wirtschaftlichen Last" ist hingegen eine notwendige Bedingung für die Bilanzierung von passiven Wirtschaftsgütern.[688] Daher kommt es für die Bilanzierung von Verbindlichkeiten (ggf. ungewissen Verbindlichkeiten) primär auf die wirtschaftliche Belastung am Bilanzstichtag an und nicht auf das zivilrechtliche Bestehen oder Nichtbestehen einer Verbindlichkeit.[689] Deshalb können zum einen auch rein faktische Verpflichtungen, sofern diese den Objektivierungserfordernissen, insbesondere dem Außenverpflichtungsprinzip genügen, bilanzrechtliche Verbindlichkeiten verkörpern.[690] Zum anderen müssen Rechtsverbindlichkeiten, bei denen nicht mit einer Inanspruchnahme zu rechnen ist, unberücksichtigt bleiben, da diese keine wirtschaft-

---

685 Vgl. BFH-Urteil vom 23.09.1969, I R 22/66, BStBl. 1970 II, S. 104-107, hier S. 106; BFH-Urteil 28.04.1971, I R 39, 40/70, BStBl. II 1971, S. 601-603, hier S. 602; BFH-Urteil vom 12.12.1991, IV R 28/91, BStBl. II 1992, S. 600-604, hier S. 601; BFH-Urteil vom 27.06.2001, I R 45/97, BStBl. II 2003, S. 121-124, hier S. 123. Vgl. auch *Heibel* (Bilanzierungsgrundsätze, 1981), S. 107-116; *Moxter* (Bilanzrechtsprechung, 2007), S. 116-120. Zur wirtschaftlichen Verursachung vgl. *Weber-Grellet* (Realisationsprinzip, 1996), S. 896-908, hier S. 903 f. Die Finanzverwaltung vertritt bezüglich Rückstellungen die Auffassung, dass die Passivierung eine wirtschaftliche Verursachung voraussetze. Vgl. BMF-Schreiben vom 21.01.2003, IV A 6 – S 2137 – 2/03, BStBl. I 2003, S. 125.

686 Vgl. beispielsweise BFH-Urteil vom 6.03.2003, XI R 52/01, BStBl. II 2003, S. 658-661, hier S. 659; für die Aktivseite vgl. BFH-Urteil vom 9.02.1978, IV R 201/74, BStBl. II 1978, S. 370-372, hier S. 371; *Weber-Grellet* (Schmidt EStG-Kommentar, 2008), § 5 EStG, Rz. 311.

687 Vgl. BFH-Urteil vom 26.05.1976, I R 80/74, BStBl. II 1976, S. 622-624, hier S. 623; a. A. *Siegel* (Periodisierungsprinzip, 1994), S. 1-24, hier S. 16-19. So führe spätesten die rechtliche Entstehung der Verpflichtung zu unausweichlichen Ausgaben, die nach dem Imparitätsprinzip bzw. Vollständigkeitsprinzip zu berücksichtigen sind. *Bartels* (Meinungsspiegel, 1994), S. 56 f.; *Schulze-Osterloh* (Meinungsspiegel, 1994), S. 57. Vgl. auch *Happe* (Entwicklungen, 2003), S. 546-549, hier S. 546 f.

688 Vgl. *Moxter* (Gewinn- und Vermögensermittlung, 1980), S. 203-237, hier S. 216-221, *derselbe* (Erosion, 2003), S. 1586-1590, hier S. 1589; *Gosch* (Bemerkungen, 2002), S. 977-984, hier S. 981: „Wirtschaftliche Belastung ist Vermögensminderung." *Euler* (Bilanzrechtstheorie, 1997), S. 171-188, hier S. 178; *Böcking* (Anpassungsverpflichtungen, 1994), S. 124-146, hier S. 137; *Hüttemann* (GoB für Verbindlichkeiten, 1976), S. 14-18.

689 Vgl. *Herzig* (Wirkung, 1993), S. 209-226, hier S. 219-226. Jedoch liegt nach *Hoyos/Ring* (BeckBilKomm, 2006) § 247 HGB, Anm. 205, stets eine wirtschaftliche Belastung vor, wenn die Verpflichtung bereits vor dem Stichtag rechtlich entstanden ist. Vgl. hierzu auch das BFH-Urteil vom 27.06.2001, I R 45/97, BStBl. II 2003, S. 121-124, hier S. 122 ff.

690 Vgl. *Moxter* (Ansatzkriterien, 2004), S. 1057-1060, hier S. 1057; *Eibelshäuser* (Betrachtungsweise, 2002), S. 1426-1432, hier S. 1431; *Böcking* (Verbindlichkeitsbilanzierung, 1994), S. 33-35.

liche Last darstellen.[691] Das Vorliegen einer wirtschaftlichen Last ist demnach vor dem Hintergrund der im Bilanzrecht vorherrschenden Prinzipien der wirtschaftlichen Betrachtungsweise und des Vorsichtsprinzips zu würdigen.[692] Eine Verpflichtung ist nur dann wirtschaftlich belastend, wenn künftige Aufwendungen nicht durch zugehörige Erträge bzw. Einnahmen gedeckt werden.[693] Sind die zukünftigen Vermögensmehrungen und die damit verbundene Kompensationswirkung mit Zweifeln behaftet, so bestimmt sich der Passivierungszeitpunkt durch die zivilrechtliche Entstehung der Verbindlichkeit. In diesem Fall wird der Passivierungszeitpunkt durch das Zivilrecht objektiviert.[694] Ein Objektivierungsproblem dieser Art kann bei schwebenden Geschäften kaum entstehen.[695] Wegen des wirtschaftlichen Synallagmas von Anspruch und Verpflichtung bzw. Leistung und Gegenleistung steht der künftigen Vermögensminderung (Erbringung der eigenen Leistung) grundsätzlich eine künftige Vermögensmehrung (Erhalt des Leistungsentgelts) gegenüber.[696] Folglich sind Verpflichtungen aus schwebenden Geschäften erst in dem Zeitpunkt zu passivieren, in dem die Gegenleistung erbracht ist.[697] Anders ausgedrückt: Verpflichtungen aus schwebenden Geschäften sind erst „in dem Zeitpunkt, von dem ab sie eine wirtschaftliche Belastung darstellen"[698], zu passivieren. Mit gleichlautender Begründung unterbleibt auch der Ausweis der Zahlungsverpflichtung seitens des zur Entgeltleistung Verpflichteten, solange der Vertragspartner seiner Leistungsverpflichtung noch

---

691 Vgl. *Moxter* (Ansatzkriterien, 2004), S. 1057-1060, hier S. 1057, *derselbe* (Bilanzrechtsprechung, 2007), S. 84 und S. 118; *Böcking* (Verbindlichkeitsbilanzierung, 1994), S. 36-50.

692 Vgl. *Moxter* (Bilanzrechtsprechung, 2007), S. 118, *derselbe* (Betrachtungsweise, 1989), S. 232-241, hier S. 238 f.; *Eibelshäuser* (Betrachtungsweise, 2002), S. 1426-1432, S. 1431.

693 Vgl. *Moxter* (Ansatzkriterien, 2004), S. 1057-1060, hier S. 1058, *derselbe* (Betrachtungsweise, 1989), S. 232-241, hier S. 237 f. Siehe auch *Hommel* (Immaterielle Anlagewerte, 1998), S. 147 f.; *Hüttemann* (GoB für Verbindlichkeiten, 1976), S. 14-18; *Kupsch* (Umweltlasten, 1992), S. 2320-2329, hier S. 2323; *Schellhorn* (Bildung, 2003), S. 306-328, hier S. 311 f. und *Siegel* (Rückstellungen, 2003), S. 927-931, hier S. 930. Zur Passivierung von Schulden (Rückstellungen) nach dem Realisations- und Imparitätsprinzip vgl. *Heibel* (Bilanzierungsgrundsätze, 1981), S. 116-136.

694 Vgl. *Moxter* (Bilanzrechtsprechung, 2007), S. 118.

695 Die gilt jedoch nur, sofern auf das einzelne Rechtsgeschäft abgestellt wird. Siehe hierzu die Urteilsbesprechung von *Scheffler* (Nachbetreuung, 2003), S. 18-20, hier S. 19 f.

696 So werden Verpflichtungen im Rahmen schwebender Geschäfte nicht bilanziert, weil es an der wirtschaftlichen Belastung fehlt; so beispielsweise *Hoyos/Ring* (BeckBilKomm, 2006) § 247 HGB, Anm. 206; vgl. hierzu auch *Böcking* (Verbindlichkeitsbilanzierung, 1994), S. 50 f.; *Siegel* (Kriterium, 2002), S. 1192-1196, hier S. 1195; *Hüttemann* (GoB für Verbindlichkeiten, 1976), S. 15.

697 Vgl. *Mayr* (Distanz, 2002), S. 2323-2329, hier S. 2325; *Kaufmann* (Bilanzierung, 1993), S. 290-292, hier S. 291; *Lutz/Schlag* (HdJ, 2007), Abt. I/4, Rn. 130.

698 *Hüttemann* (GoB für Verbindlichkeiten, 1976), S. 15.

nicht nachgekommen ist.[699] Erst mit der Leistungserbringung muss, sofern bis zum Bilanzstichtag noch keine Begleichung der Geldschuld erfolgt ist, eine Verbindlichkeit passiviert werden.[700]

Eine bilanzrechtliche Schuld setzt mithin eine unkompensierte (wirtschaftliche) Last voraus.[701] Eine Verbindlichkeit ist eine unkompensierte Last, sofern die Aufwendungen, die zur Erfüllung der Verbindlichkeit notwendig sind, nicht durch unmittelbar zugehörige künftige Erträge gedeckt sind, die eine Vermögensmehrung induzieren.[702] Eine kompensierte Last hingegen ist am Bilanzstichtag nicht zu passivieren. Daher dürfen beispielsweise Verpflichtungen, die zu Anschaffungskosten eines Wirtschaftsgutes führen, nicht passiviert werden.[703] Verpflichtungen aus schwebenden Geschäften stellen grundsätzlich kompensierte Lasten dar, so dass eine Bilanzierung als bilanzrechtliche Schuld ausscheidet.[704] Ganz in diesem Sinne ist eine Verpflichtung aus schwebenden Geschäften zu passivieren, wenn eine objektivierte Kompensation der künftigen Aufwendungen durch zukünftige Erträge nicht mehr erfolgt.[705] Übersteigen die dem schwebenden Geschäft zurechenbaren Aufwendungen für die Erbringung der eigenen Leistungsverpflichtung die zurechenbaren Erträge (Anspruch auf Erhalt des Entgelts), liegt eine wirtschaftliche Last vor, die über die Bildung einer Drohverlustrückstellung in Erscheinung tritt.[706]

---

699 Vgl. *Heddäus* (GoB für Drohverlustrückstellungen, 1997), S. 58; *Hüttemann* (GoB für Verbindlichkeiten, 1976), S. 15 f.; *Moxter* (matching principle, 1995), S. 487-504, hier S. 493.

700 Vgl. *Heddäus* (GoB für Drohverlustrückstellungen, 1997), S. 58; *Euler* (Ansatz von Rückstellungen, 1990), S. 1036-1056, hier S. 1041.

701 Vgl. *Moxter* (Ansatzkriterien, 2004), S. 1057-1060, hier S. 1057, *derselbe* (matching principle, 1995), S. 487-504, hier S. 492; *Clemm* (Nichtpassivierung, 1994), S. 167-193, hier S. 173 f.; *Euler* (GoB, 1996), S. 173; *Heddäus* (GoB für Drohverlustrückstellungen, 1997), S. 57 f.; *Hommel* (Immaterielle Anlagewerte, 1998), S. 148; *Mellwig* (Rückstellungen, 1985), S. 4.

702 Vgl. *Moxter* (Ansatzkriterien II, 2004), S. 1098-1102, hier S. 1101.

703 Nach *Clemm* (Nichtpassivierung, 1994), S. 167-193, hier S. 173 f., handelt es sich bei Verpflichtungen aus gegenseitigen schwebenden Verträgen um „kompensierte Verpflichtungen". Demnach hat die Regelung des § 5 Abs. 4b EStG lediglich klarstellende Bedeutung.

704 Nach *Moxter* (matching principle, 1995), S. 487-504, hier S. 493, liegt „eine wirtschaftliche Verbindlichkeitskompensation" bei schwebenden Geschäften grundsätzlich vor. Vgl. auch *Siegel* (Kriterium, 2002), S. 1192-1196, hier S. 1195.

705 Vgl. *Siegel* (Kriterium, 2002), S. 1192-1196, hier S. 1195. Dies ist beispielsweise der Fall, wenn sich die Bestellung einer Maschine inzwischen als Fehlinvestition erweist. Bei Darlegung eines (drohenden) Aufwandsüberschusses ist in der Handelsbilanz eine Rückstellung für drohende Verluste aus schwebenden Geschäften zu bilden.

706 Vgl. *Heddäus* (GoB für Drohverlustrückstellungen, 1997), S. 58.

E. Zur Charakterisierung des Rechnungsabgrenzungspostens i. e. S

Die Bilanz des Kaufmanns hat nach § 246 Abs. 1 HGB „sämtliche Vermögensgegenstände, Schulden [und] Rechnungsabgrenzungsposten [...] zu enthalten, soweit gesetzlich nichts anderes bestimmt wird." Aus dieser besonderen Erwähnung der Rechnungsabgrenzungsposten wird zum Teil in der Literatur[707] gefolgert, dass Rechnungsabgrenzungsposten weder Vermögensgegenstände noch Schulden seien. Sie dienten vielmehr einer periodengerechten Gewinnermittlung.[708] Infolge des Periodisierungsgrundsatzes müssten Rechnungsabgrenzungsposten neben den Vermögensgegenständen, den Schulden und dem Eigenkapital bilanziert werden.[709] Dies ist jedoch eine rein formale Abgrenzung der Rechnungsabgrenzungsposten von den anderen Vermögensbestandteilen, die sich der Frage verweigert, ob transitorische Rechnungsabgrenzungsposten die Ansatzkriterien für Vermögensgegenstände bzw. Schulden erfüllen. Materiell bleibt die Frage offen, inwiefern sich Rechnungsabgrenzungsposten von Vermögensgegenständen und Schulden bzw. Wirtschaftsgütern unterscheiden.[710]

In der Literatur wird die Auffassung vertreten, dass nach derzeitigem Bilanzrechtsverständnis „alle transitorischen Rechnungsabgrenzungsposten die Eigenschaften eines Wirtschaftsgutes erfüllen".[711] Denn es handele sich um „Zah-

---

707 Vgl. *Adler/Düring/Schmaltz* (Rechnungslegung, 1998), § 250 HGB, Rn. 11; *Crezelius* (Bestimmte Zeit, 1998), S. 633-638, hier S. 635; *Ellrott/Krämer* (BeckBilKomm, 2006), § 250 HGB, Anm. 14; *Winnefeld* (Bilanz-Handbuch, 2002), Kapitel D, Rz. 720. So beispielsweise auch *Strobl* (Matching Principle, 1993), S. 407-432, hier S. 422, die jedoch darlegt, dass „durch die Bildung aktiver und passiver Rechnungsabgrenzungsposten berücksichtigt wird, dass Vermögenszugängen Leistungspflichten oder Vermögensabgängen Leistungsansprüche gegenüberstehen. Vgl. auch *Trützschler* (HdRE, 2002), § 250 HGB, Rn. 30 f.; *Hayn* (Beck'sches HdR, 1999), B 218, Rz. 11; a. A. beispielsweise *Hüttemann* (HdJ, 1988), Abt. II/8, Rn. 10.

708 Vgl. *Hoffmann* (Littmann/Bitz/Pust, 2007), §§ 4, 5 EStG, Rn. 801; *Ritzrow* (Rechnungsabgrenzungsposten II, 1998), S. 39-47, hier S. 45: „Rechnungsabgrenzungsposten dienen als Korrekturposten der periodengerechten Gewinnermittlung."

709 Vgl. *Arbeitskreis „Immaterielle Werte im Rechnungswesen" der Schmalenbach-Gesellschaft für Betriebswirtschaft e. V.* (Kategorisierung, 2001), S. 989-995, hier S. 993: Rechnungsabgrenzungsposten haben „den Charakter von Korrekturposten, die Vermögensgegenstände und Schulden ergänzen". Vgl. *Döllerer* (Maßgeblichkeit, 1969), S. 501-507, hier S. 506: Es handelt sich „nicht um Wirtschaftsgüter, sondern um Verrechnungsposten". Nach *Kleindiek* (HGB-Bilanzrecht, 2002), § 250 HGB, Rdn. 4 und Rdn. 18 sind Rechnungsabgrenzungsposten Korrekturposten bzw. Verrechnungsposten, mit deren Hilfe dem Realisationsprinzip und dem Gebot der Periodenabgrenzung Rechnung getragen werde.

710 So bezeichnet *Moxter* (Bilanzrechtsprechung, 2007), S. 72, Rechnungsabgrenzungsposten als „Vermögensgegenstände besonderer Art". Vgl. auch *Moxter* (Bilanzierung, 1982), S. 66: So bestehe „insofern eine gewisse Besonderheit [..], als es für sie [RAP] keine explizite Bewertungsvorschriften im Gesetz gibt".

711 *Schneider* (Steuerbilanzen, 1978), S. 124. Siehe auch *Babel* (Dreieck, 2007) S. 1-36, hier S. 22; *Gruber* (Bilanzansatz, 1991) S. 178-180.

lungen, die über das Abrechnungsjahr hinaus Nutzen stiften und vom Erwerber des gesamten Betriebs im Rahmen des Gesamtkaufpreises berücksichtigt würden"[712]. In der Regel verberge sich „hinter dem Rechnungsabgrenzungsposten ein Anspruch, der auch als sonstiger Vermögensgegenstand mit seinen Anschaffungskosten erfaßt werden könnte"[713]. Wenngleich die Wirtschaftsguteigenschaft der Rechnungsabgrenzungsposten in Teilen der Literatur bejaht wird, herrscht über die Art des Wirtschaftsgutes eine grundsätzliche Meinungsverschiedenheit.[714]

Bei Betrachtung der Rechtsnatur der (aktiven) Rechnungsabgrenzungsposten würden die Parallelen zu den immateriellen Vermögensgegenständen unübersehbar zu Tage treten.[715] Auch sei immer schon „eine präzise Abgrenzung der (aktiven) Rechnungsabgrenzungsposten von anderen Bilanzpositionen [...] nur unter handelsrechtlichen, nicht [aber] unter steuerrechtlichen Bilanzierungskriterien möglich", denn steuerlich handelt es sich zweifellos „um immaterielle Wirtschaftsgüter, die lediglich in Anpassung an das Handelsrecht unter einer anderen Bilanzposition ausgewiesen werden"[716]. Seit dem Verzicht auf die „selbständige Veräußerbarkeit"[717] als (handelsrechtliches) Vermögensgegenstandskriterium ist „die überkommene Trennung von Wirtschaftsgütern und RAP [..] fragwürdig geworden"[718]. Hier tritt folglich eine Bilanzierungskonkurrenz zwischen immateriellen Wirtschaftsgütern und aktiven Rechnungsabgrenzungsposten zu Tage. Ist ein transitorischer Rechnungsabgrenzungsposten oder ein immaterielles Wirtschaftsgut zu bilanzieren, wenn sowohl die Voraussetzungen des § 5 Abs. 2

---

712 *Schneider* (Steuerbilanzen, 1978), S. 124.

713 *Groh* (Nutzungsentnahme, 1988), S. 514-524, hier S. 516 f.

714 Zu den diversen Interpretationen des Rechnungsabgrenzungspostens siehe *Babel* (Dreieck, 2007) S. 1-36, hier S. 22; *Chmielewicz* (Wirtschaftsgut, 1969), S. 85-122, hier S. 101; *Groh* (Nutzungsentnahme, 1988), S. 514-524, hier S. 516 f.; *Gruber* (Bilanzansatz, 1991) S. 178-180; *Mellwig* (Quelle, 2005), S. 217-235, hier S. 223, *derselbe* (Vorauszahlungen, 2006), S. 89-103, hier S. 96; *Schneider* (Steuerbilanzen, 1978), S. 124.

715 Vgl. *Babel* (Bewertbarkeit, 1998), S. 778-808, hier S. 783-787 und *derselbe* (Dreieck, 2007) S. 1-36, hier S. 22.

716 *Mellwig* (Aktivierungsprobleme, 1981), S. 1808-1815, hier S. 1811, Fn. 12.

717 Vgl. hierzu *Mellwig* (Aktivierungsprobleme, 1981), S. 1808-1815, hier S. 1811, Fn. 12. So betrachtet *Freericks* (Bilanzierungsfähigkeit, 1976), S. 212 f., die selbständige Verkehrsfähigkeit als Unterscheidungsmerkmal zwischen Vermögensgegenstand und (aktivem) Rechnungsabgrenzungsposten. Mangels selbständiger Verkehrsfähigkeit handele es sich demnach um Korrekturposten. Vgl. dazu auch *Schneider* (Steuerbilanzen, 1978), S. 118-124.

718 *Moxter* (Bilanzrechtsprechung, 1985), S. 44, *derselbe* (Bilanzierung, 1982), S. 66: Die Aussage, RAP sind keine Wirtschaftsgüter, erscheine nicht zwingend, „zumal der BFH die RAP so (eng) definiert, daß alle Merkmale des Wirtschaftsgutes gegeben sind". Diese Aussage erscheint relativiert, wenn *derselbe* (Bilanzrechtsprechung, 2007), S. 72 f., später „Rechnungsabgrenzungsposten als Vermögensgegenstände besonderer Art" bezeichnet, bei deren Bilanzierung es in Abgrenzung zum Vermögensgegenstandskriterium der Greifbarkeit „strittig" sei, „wie greifbar, wie konkretisiert das [durch Ausgaben] Erlangte zu sein hat".

EStG als auch die des § 5 Abs. 5 EStG gegeben sind? Eine solche Sachlage kann dann vorliegen, wenn man eine echte (mit der Miete zu verrechnende) Mietvorauszahlung betrachtet, die für den Abschluss eines Mietvertrags gefordert und geleistet wird. Es handelt sich „sowohl um Anschaffungskosten für die Rechte aus einem schwebenden Vertrag als auch um Aufwendungen, die [einen] Aufwand für eine bestimmte Zeit nach dem Stichtag darstellen"[719]. Sofern aktive Rechnungsabgrenzungsposten Rechtsansprüche aus einem Dauerschuldverhältnis abbilden, verkörpert beispielsweise eine „Mietvorauszahlung ein *Nutzungsrecht* (das Recht auf Nutzung des Vertragsobjekts)".[720] Bei Nutzungsansprüchen aus Dauerschuldverhältnissen entscheiden also die Zahlungsmodalitäten über die Bilanzierungsfähigkeit des Nutzungsrechts. Das Nutzungsrecht tritt nur bei Vorleistungen bilanziell zu Tage, nicht aber bei laufender Entrichtung des Nutzungsentgelts.[721] Dies ist eine Folge der „vorherrschenden Bilanzierungsgrundsätze" für schwebende Geschäfte".[722] Diese Bilanzierungskonvention erzwingt folglich den Ausweis eines Nutzungsrechts – eines immateriellen Vermögensgegenstandes – unter den Rechnungsabgrenzungsposten.

Daneben steht die Auffassung, transitorische Rechnungsabgrenzungsposten seien ein Spezialfall geleisteter bzw. erhaltener Anzahlungen.[723] So sieht *Chmielewicz* in den Rechnungsabgrenzungsposten wie auch in Anzahlungen Realforderungen bzw. Realschulden. Zwar würde „*monetär* [..] die Vorauszahlung als frühere Geldzahlung bilanziert, *bonitär* [hingegen] der dabei entstandene *Anspruch* auf das absolute Gut (unabhängig davon, ob dieses selbst bilanzierungsfähig ist)"[724]. Der aktive Rechnungsabgrenzungsposten sei daher ein Sachleistungsanspruch, der passive Rechnungsabgrenzungsposten korrespondie-

719 *Plückebaum* (Betrachtung, 1970), S. 249-260, hier S. 258 f.

720 *Babel* (Bewertbarkeit, 1998), S. 778-808, hier S. 783 (Hervorhebung im Original). Zu aktiven Rechnungsabgrenzungsposten als Nutzungsrecht vgl. auch *Schneider* (Steuerbilanzen, 1978), S. 119: „Aktive Rechnungsabgrenzungsposten sind Ausgaben für Nutzungsrechte, die für eine genau abgegrenzte Zeit im voraus geleistet werden (z. B. Miete und Versicherungsvorauszahlungen).

721 Vgl. *Babel* (Bewertbarkeit, 1998), S. 778-808, hier S. 783.

722 *Babel* (Bewertbarkeit, 1998), S. 778-808, hier S. 783; vgl. auch *Groh* (Nutzungseinlagen, 1982), S. 133-142, hier S. 137-139.

723 Vgl. *Kupsch* (BHR, 2002), § 250 HGB, Rz. 14; *Schönnenbeck* (Aktiengesetz, 1960), S. 587; Nach *Bengs* (Berücksichtigung, 1950), S. 103-105, hier S. 103, handelt es sich bei Anzahlungen um eine Art von Rechnungsabgrenzungsposten.

724 *Chmielewicz* (Wirtschaftsgut, 1969), S. 85-122, hier S. 101 (Hervorhebung im Original).

rend eine Sachleistungsverpflichtung.[725] Andere Teile der Literatur sehen zwar in den Rechnungsabgrenzungsposten eine besondere Ausprägung der geleisteten bzw. erhaltenen Anzahlung, verneinen aber hingegen bei beiden Bilanzpositionen das Vorliegen eines Wirtschaftsgutes.[726] Sie sehen in den Anzahlungen und damit auch in den Rechnungsabgrenzungsposten reine Verrechnungsposten im Sinne einer periodengerechten Gewinnermittlung.[727]

Die Vorleistung des Entgelts, die durch den Rechnungsabgrenzungsposten abgebildet wird, kann auch als Kreditgeschäft bis zur Erbringung der Gegenleistung gedeutet werden.[728] So kann sich hinter dem Rechnungsabgrenzungsposten auch eine Darlehensforderung bzw. Darlehensverbindlichkeit verbergen. In diesem Sinne kann das Aktivum als Anspruch bzw. das Passivum als Verpflichtung zur Rückzahlung des vorab entrichteten Entgelts für den Fall der Nichterfüllung der Sachleistung verstanden werden.[729]

Im Folgenden gilt es zu untersuchen, ob der aktive Rechnungsabgrenzungsposten als Vorleistung im Rahmen eines schwebenden Dauerrechtsverhältnisses ein immaterielles Wirtschaftsgut in Form eines Sachleistungsanspruchs bzw. Nutzungsrechts verkörpert. Spiegelbildlich bedarf es einer Untersuchung, ob der passive Rechnungsabgrenzungsposten für eine Sachleistungsverpflichtung steht. Des Weiteren soll untersucht werden, ob durch die Vorleistung eine Geldforderung bzw. Geldverbindlichkeit entsteht oder ob die Vorauszahlung selbst ein

---

725 Vgl. *Arbeitskreis „Steuern und Revision" im Bund der Wirtschaftsakademiker (BWA) e.V.* (Gesetzeskonforme Definition, 1999), S. 2135-2142, hier S. 2141 f.; *Chmielewicz* (Wirtschaftsgut, 1969), S. 85-122, hier S. 101-104; *Hartung* (Richtlinienkonforme Auslegung, 1994), S. 214-225, hier S. 220; *Knobbe-Keuk* (Bilanzsteuerrecht, 1993), S. 146; *Müller-Dahl* (Bilanzierungsfähigkeit, 1979), S. 129 f.; *Weber* (Jahresabschluß, 1972), S. 1397-1401, S. 1398 und S. 1400; So auch *Gassner* (Rechnungsabgrenzung, 2001), S. 93-108, hier S. 101-105: RAP sind „Forderungen auf Gegenleistungen, die aufgrund von Vorausleistungen bestehen oder Schulden betreffend eigene Leistungen aufgrund von Vorausleistungen des Geschäftspartners."; vgl. *Maas* (Falsche Bilanzierung, 1982), S. 678-682, hier S. 681: So entsteht bei einer Anzahlung vor Lieferung bei dem Besteller ein Liefer- oder Erstattungsanspruch und bei dem Anzahlungsempfänger eine Liefer- oder Erstattungsverpflichtung. Vgl. auch BFH-Urteil vom 10.04.1991, II R 118/86, BStBl. II 1991, S. 620-623, hier S. 621.
726 So sei die Anzahlung trotz Aktivierungspflicht „kein echtes Aktivum" vgl. *Offerhaus* (Anmerkungen, 1974), S. 43-46, hier S. 44; a. A. *Mathiak* (Rechtsprechung, 1990), S. 691-696, hier S. 695, die Anzahlung ist nur ein „besonderes Wirtschaftsgut".
727 Vgl. *Kliem* (Rechnungsabgrenzung, 2000), S. 148 ff.; *Tiedchen* (HdJ, 2006), Abt. II/11, Rn. 43: „Geleistete oder erhaltene Anzahlungen sind somit ebenso wie Rechnungsabgrenzungsposten keine Vermögensgegenstände oder Schulden; sie verkörpern nicht den Anspruch auf die Gegenleistung oder die Verpflichtung zur Gegenleistung."
728 Vgl. hierzu *Kliem* (Rechnungsabgrenzung, 2000), S. 58 und S. 149 f.; *Hüttemann* (GoB für Verbindlichkeiten, 1976), S. 144-148, insbesondere S. 146; BFH-Beschluß vom 26.03.1991, IV B 132/90, BFH/NV 11/1991, S. 736-738, hier S. 737.
729 Vgl. *Moxter* (Bilanzrechtsprechung, 2007), S. 73: So verkörpern beispielsweise Vorausleistungen von Kraftfahrzeugsteuern Rückforderungsansprüche.

Wirtschaftsgut ist. Bei der Beantwortung dieser Frage sind die Ergebnisse der beiden Vorabschnitte zu berücksichtigen, um die Charakterisierung des Rechnungsabgrenzungspostens als Wirtschaftsgut bzw. Verrechnungsposten konsistent zu den Bilanzierungsgrundsätzen für schwebende Geschäfte zu erreichen.

II. Vorleistungen im Rahmen schwebender Dauerrechtsverhältnisse

A. Der aktive Rechnungsabgrenzungsposten: Wirtschaftsgut oder Verrechnungsposten?

1. Der Rechnungsabgrenzungsposten als immaterielles Wirtschaftsgut

a. Verkörpert die Vorleistung einen Sachleistungsanspruch?

Ansprüche aus schwebenden Geschäften werden u. a. wegen des Grundsatzes der Nichtbilanzierung schwebender Geschäfte nicht ausgewiesen. Vorleistungen des zur Entgeltleistung Verpflichteten bei Dauerrechtsverhältnissen erzwingen eine Ausnahme von diesem Grundsatz. Bei der Aktivierung der Vorleistung als Rechnungsabgrenzungsposten stellt sich mithin die Frage, ob die ansonsten nicht bilanzierten Ansprüche aus dem zugrundeliegenden schwebenden Geschäft über den Umweg der Rechnungsabgrenzung Eingang in die Bilanz finden.[730] Hat der zur Entgeltleistung Verpflichtete seine (Vor-)Leistung bis zum Bilanzstichtag bereits erbracht, besteht in Höhe der Vorleistung keine Zahlungsverpflichtung mehr, während der Anspruch auf die Sachleistung weiterhin besteht.[731] Beim Entgeltleistungsverpflichteten entfällt bzw. vermindert sich durch die Erbringung der Vorleistung die vertragliche Zahlungsverpflichtung; der Anspruch auf die Sach- oder Dienstleistung bleibt davon unberührt.[732] Somit ist das ansonsten ausgeglichene Verhältnis von Anspruch und Verpflichtung durch die Vorleistung gestört. Das „Mehr an Recht" bzw. das „Weniger an Zahlungsverpflichtung" könnte möglicherweise dazu führen, dass die Ansprüche auf die Sachleistung (anteilig) zu bilanzieren sind.[733]

Es stellt sich daher zunächst die Frage, ob eine erbrachte Vorleistung den Ausweis eines Sachleistungsanspruchs i. e. S. rechtfertigt. Der Ausweis des Sachleistungsanspruchs wird vornehmlich am einfachen Schuldverhältnis diskutiert.[734] Die Vorauszahlung tritt dann bilanziell als Anzahlung in Erscheinung. Die Argumentation kann jedoch auf Dauerrechtsverhältnisse und folglich auf

---

730 Vgl. beispielsweise *Babel* (Bewertbarkeit, 1998), S. 778-808, hier S. 783 f.
731 Vgl. *Mellwig* (Quelle, 2005), S. 217-235, hier S. 224 f.
732 Vgl. *Mellwig* (Quelle, 2005), S. 217-235, hier S. 224 f.
733 Vgl. BFH-Urteil vom 12.08.1982, IV R 184/79, BStBl. II, 1982, S. 696-700, hier S. 700.
734 Vgl. *Döllerer* (Wirtschaftsgut, 1965), S. 326-329, hier S. 329.

den aktiven Rechnungsabgrenzungsposten übertragen werden.[735] Sofern der zur Entgeltleistung Verpflichtete seine Leistungspflicht erfüllt habe, „werde die ausstehende Forderung auf die Gegenleistung, da ihr eine entsprechende Verbindlichkeit nicht mehr gegenüberstehe, in die Bilanz aufgenommen"[736]. „Als Wert dieser Forderung werde, da nichtrealisierte Gewinne nicht berücksichtigt würden, bei Forderungen auf Sachleistungen [...] der Betrag der geleisteten Zahlung angesetzt."[737] Demnach beinhalte der Posten Anzahlung „den Anspruch auf die der Anzahlung entsprechende Forderung aus dem gegenseitigen Vertrag"[738]. So führt *Döllerer*[739] aus, dass die Bezeichnung Anzahlung lediglich einen Hinweis darauf geben solle, dass die Forderung regelmäßig mit dem Betrag der Anzahlung zu bewerten sei. Dementsprechend sei auch eine außerplanmäßige Abschreibung der Anzahlung für den Fall geboten, dass zu befürchten ist, dass der Wert der Waren niedriger ist als die Anzahlung, auf die sie geleistet wurde.[740] So erklärt sich auch die in der Literatur vertretene These, transitorische Rechnungsabgrenzungsposten seien wie Anzahlungen „inhaltlich gesehen [...] Forderungen und zwar Forderungen nicht auf Geld, sondern auf das Erbringen von Sach- oder Dienstleistungen".[741] Diese These basiert auf folgender Argumentation: Die Aktivierung der Forderung, Anspruch auf Erhalt der Sach- oder Dienstleistung, aus einem von beiden Seiten noch unerfüllten schwebenden Geschäft scheitere wegen der fehlenden Vermögensgegenstandseigenschaft.[742] Es entstehe beim Abschluss eines zweiseitigen Vertrages in der Regel eine rechtliche Verbindlichkeit, der in gleicher Höhe eine Forderung gegenüberstehe. Die Forderung aus einem schwebenden Geschäft werde jedoch noch nicht zum bilanziellen Vermögen gezählt. Denn zum einen stehe ihr eine gleich hohe Verpflichtung gegenüber; zum anderen könne der Gläubiger die Einrede des nichterfüllten Vertrags gem. § 320 BGB geltend machen.[743] Eine solche Einrede wird zu den aufschiebenden Einreden gezählt, die den Anspruch des Gläubigers vorübergehend entkräften. Durch die Leistung des Entgelts stünden sich Ansprüche und Verpflichtungen aus dem schwebenden Geschäft nicht länger gleichwertig

---

735 Zur Vergleichbarkeit von Nutzungsverhältnissen mit schwebenden Kaufverträgen, bei dem der Käufer noch nicht (wirtschaftlicher) Eigentümer geworden ist, vgl. *Babel* (Ansatz und Bewertung, 1997), S. 117.

736 *Döllerer* (Wirtschaftsgut, 1965), S. 326-329, hier S. 329.

737 *Döllerer* (Wirtschaftsgut, 1965), S. 326-329, hier S. 329 (Hervorhebung im Original).

738 *Döllerer* (Wirtschaftsgut, 1965), S. 326-329, hier S. 329.

739 *Döllerer* (Wirtschaftsgut, 1965), S. 326-329, hier S. 329.

740 Vgl. *Döllerer* (Wirtschaftsgut, 1965), S. 326-329, hier S. 329; *Köhler* (Anzahlungen, 1999), S. 8-13, hier S. 9.

741 *Weber* (Jahresabschluß, 1972), S. 1397-1401, hier S. 1398; vgl. dazu auch *Chmielewicz* (Wirtschaftsgut, 1969), S. 85-122, hier S. 101-104; *Döllerer* (Gedanken, 1979), S. 195-205, hier S. 201; *Hartung* (Richtlinienkonforme Auslegung, 1994), S. 214-225, hier S. 220. *Knobbe-Keuk* (Bilanzsteuerrecht, 1993), S. 146; *Müller-Dahl* (Bilanzierungsfähigkeit, 1979), S. 129 f.

742 Vgl. *Döllerer* (Aktivierungswelle, 1980) S. 1333-1337, hier S. 1335; *Woerner* (Passivierung, 1985), S. 177-200, hier S. 180.

743 Vgl. *Döllerer* (Aktivierungswelle, 1980) S. 1333-1337, hier S. 1335.

gegenüber, so dass der Anspruch auf Erhalt der Sachleistung zu einem bilanzie-rungsfähigen Aktivum erstarke.[744]

Diese These steht im Widerspruch dazu, dass auch bei Anzahlungen nicht der Sachleistungsanspruch aktiviert wird.[745] Dies ergibt sich unmittelbar aus folgender Überlegung: Durch die Vorleistung „entfällt oder vermindert sich [...] die vertragliche Zahlungsverpflichtung, während der Anspruch auf die Sachleistung nicht berührt wird"[746]. Die Nichtbilanzierung des Anspruchs auf Erhalt der Gegenleistung wird nicht durch die Erbringung der Vorleistung tangiert; denn die Vorleistung stellt gerade kein (Teil-)Entgelt für den Anspruch auf Erhalt der Gegenleistung dar, sondern ist ein (Teil-)Entgelt für die Gegenleistung selbst.[747] Vorleistungen im Rahmen schwebender Geschäfte, d. h. Anzahlungen und Rechnungsabgrenzungsposten, sind daher gerade keine Sachleistungsforderungen bzw. Realforderungen. Der Sachleistungsanspruch i. e. S. „entsteht [zudem] nicht [erst] mit der Vorauszahlung, sondern bereits mit dem Abschluss des Vertrages [...]"[748].

b. Verkörpert die Vorleistung ein Nutzungsrecht?

Es bleibt die Frage offen, ob die als Rechnungsabgrenzungsposten ausgewiesenen Vorleistungen das Nutzenpotential der Vertragssache selbst verkörpern. Damit ist nachfolgende These zu überprüfen: Hinter dem Rechnungsabgrenzungsposten verbirgt sich ein Anspruch, „der auch als sonstiger Vermögensgegenstand mit seinen Anschaffungskosten erfasst werden [...] [kann], weil solche Ansprüche aus gegenseitigen oder öffentlich-rechtlichen Verträgen, nichts anderes als ‚das Recht zur Nutzung einer Sache' respektive ‚Rückzahlungsansprüche' verkörpern"[749]. So entscheiden bei Nutzungsansprüchen aus Dauerrechtsverhältnissen die Zahlungsmodalitäten über die Bilanzierungsfähigkeit des Nutzungsrechts, da das Nutzungsrecht nur bei Vorleistungen bilanziell zu Tage

---

744 Diese Überlegung findet sich auch in der Rechtsprechung des Bundesfinanzhofs wieder. Vgl. hierzu das BFH-Urteil vom 10.04.1991, II R 118/86, BStBl. II 1991, S. 620-623, hier S. 621. „Hat bei einem gegenseitigen Vertrag der nicht zur Sach- oder Dienstleistung Verpflichtete die ihm obliegende (Geld-)Leistung teilweise oder ganz erbracht, so tritt bei ihm an die Stelle des Vermögensabgangs die Forderung auf Gegenleistung [...]."

745 Vgl. *Hoyos/Schramm/Ring* (BeckBilKomm, 2006), § 253 HGB, Anm. 385.

746 *Kliem* (Rechnungsabgrenzung, 2000), S. 130.

747 Vgl. *Kliem* (Rechnungsabgrenzung, 2000), S. 130 f.

748 *Mellwig* (Quelle, 2005), S. 217-235, hier S. 224. Siehe hierzu Kapitel 2 I.C.

749 *Babel* (Bewertbarkeit, 1998), S. 778-808, hier S. 784 mit weiteren Nachweisen.

trete, nicht aber bei laufender Entrichtung des Nutzungsentgelts.[750] Dies sei eine Folge der „vorherrschenden Bilanzierungsgrundsätze für schwebende Geschäfte".[751] Diese Bilanzierungskonvention erzwinge folglich den Ausweis eines Nutzungsrechts – eines immateriellen Vermögensgegenstandes – unter den Rechnungsabgrenzungsposten.

Diese These findet scheinbar eine Stütze in der Rechtsprechung des Bundesfinanzhofs, wie an dem nachstehenden Sachverhalt aufgezeigt werden kann.[752] Im Rahmen eines Leasingvertrages hatte der Leasingnehmer während der Grundmietzeit von 20 Jahren zwar jährlich gleichbleibende Beträge an den Leasinggeber zu entrichten. Diese enthielten aber ab dem fünften Mietjahr Mietvorauszahlungen in jährlich ansteigender Höhe für die Zeit nach Ablauf der Grundmietzeit. Folglich lagen für die Grundmietzeit sinkende Jahresmieten vor. Der Bundesfinanzhof entschied, dass die Summe der während der vertraglichen Grundmietzeit geschuldeten Jahresmieten abzüglich der Mietvorauszahlungen für die Zeit nach Ablauf der Grundmietzeit in jährlich gleichbleibenden Beträgen auf die Grundmietzeit zu verteilen ist und „daß demgemäß der Teil der vertraglichen Jahresmieten, der in den ersten Jahren der Grundmietzeit über den sich ergebenden Jahresaufwand hinausgeht, zu aktivieren ist"[753]. Zwar wertete der Bundesfinanzhof den zu aktivierenden Teil der Jahresmiete als (steuerlich-fiktive) Mietvorauszahlungen, jedoch ließ er offen, „ob sich die Pflicht zur Aktivierung nur aus den Vorschriften über die Bildung aktiver Rechnungsabgrenzungsposten (§ 5 Abs. 3 EStG) oder nur aus den Vorschriften über den Ansatz entgeltlich erworbener immaterieller Anlagewerte (§ 5 Abs. 2 EStG) oder aus beiden Vorschriften ergibt, und insbesondere in welchem Verhältnis diese Vorschriften zueinander stehen".[754]

Besondere Beachtung gebührt der Argumentation pro Bilanzierung als immaterielles Wirtschaftsgut. Der Ansatz eines Aktivpostens entfalle für ein entgeltlich

---

750 Vgl. *Babel* (Aktivierungsfähigkeit, 1997), S. 2261-2268, hier S. 2263; so sind Pachtvorauszahlungen keine Anschaffungskosten für ein Nutzungsrecht, sondern lediglich als Rechnungsabgrenzungsposten zu bilanzieren vgl. BFH-Urteil vom 11.10.1983, VIII R 61/81, BStBl. II 1984, S. 267-269, hier S. 269; BFH Urteil vom 25.10.1994, VIII R 65/91, BStBl. II 1995, S. 312-315, hier S. 313. Zur Bilanzierung von Vorauszahlungen bei dinglichen Rechtsverhältnissen vgl. *Mathiak* (Rechtsverhältnisse, 1988), S. 397-409, hier S. 405-409.

751 *Babel* (Bewertbarkeit, 1998), S. 778-808, hier S. 783. Im Ergebnis auch *Stapperfend* (Nutzungsrechte bei Einmalzahlung, 1993), S. 525-532, hier S. 529-531.

752 Vgl. BFH-Urteil vom 12.08.1982, IV R 184/79, BStBl. II 1982, S. 696-700; dazu auch *Moxter* (Bilanzrechtsprechung, 2007), S. 29.

753 BFH-Urteil vom 12.08.1982, IV R 184/79, BStBl. II 1982, S. 696-700, hier S. 698.

754 BFH-Urteil vom 12.08.1982, IV R 184/79, BStBl. II 1982, S. 696-700, hier S. 698. Grundsätzliche Bedenken gegen diese Entscheidung äußert *Hauber* (Aktivierung, 1983), S. 740-744. So sei weder ein Rechnungsabgrenzungsposten noch ein immaterielles Wirtschaftsgut zu aktivieren.

erworbenes Nutzungsrecht dann, „wenn das Recht auf Nutzung Bestandteil eines schwebenden Vertrags ist, der noch von keiner Seite (voll) erfüllt ist, soweit der Anspruch auf die künftigen Nutzungen (Nutzungsrecht) und die Verpflichtungen zu künftigen Gegenleistungen (Nutzungsentgelt) sich am Bilanzstichtag gleichwertig gegenüberstehen"[755]. Die Gleichwertigkeit der künftigen Nutzungen zu den künftigen Nutzungsentgelten sei durch die wirtschaftliche Mietvorauszahlung gestört. Der Wert des Rechts zur künftigen Nutzung sei um den Teil der aktivierten Beträge höher als der Wert der künftig während der Grundmietzeit zu entrichtenden Jahresmieten.[756] Eine Folge dieser Argumentation ist, dass ein Nutzungsrecht aus einem schwebenden Geschäft nur dann zu aktivieren ist, wenn der zur Entgeltleistung Verpflichtete eine Vorleistung erbringt.

Ebenso betrachtet die Rechtsprechung auch Wettbewerbsverbote als ein bilanzierungsfähiges Aktivum.[757] So bejahte der Bundesfinanzhof in dem folgenden Sachverhalt das Vorliegen von Greifbarkeit und selbständiger Bewertbarkeit und mithin das Vorliegen eines Wirtschaftsgutes[758]: Der Steuerpflichtige A erwarb von B dessen Unternehmen und hatte darüber hinaus einen bestimmten Betrag X für ein Wettbewerbsverbot an B gezahlt. Das Wettbewerbsverbot sollte mit dem Tod von B erlöschen. Die Zahlung des Entgelts für das Wettbewerbsverbot ist der Mietvorauszahlung vergleichbar, denn auch beim Wettbewerbsverbot handelt es sich um einen gegenseitigen Vertrag i. S. d. §§ 320-327 BGB.[759] Vertragsgegenstand ist das Unterlassen des Wettbewerbs in bestimmter oder unbestimmter Zeit und mithin ein Dauerschuldverhältnis.[760] Die Form der Entgelterbringung – entweder als Einmalbetrag oder als laufende Zahlung während der Geltungsdauer des Vertrages – hat zwar keinen Einfluss auf die Einordnung als Dauerschuldverhältnis[761], gleichwohl soll dies zu einer unterschiedlichen Bilan-

---

755 BFH-Urteil vom 12.08.1982, IV R 184/79, BStBl. II 1982, S. 696-700, hier S. 700.

756 Vgl. BFH-Urteil vom 12.08.1982, IV R 184/79, BStBl. II 1982, S. 696-700, hier S. 700.

757 Vgl. BFH-Urteil vom 25.01.1979, IV R 21/75, BStBl. II 1979, S. 369-372, hier S. 371; BFH-Urteil vom 28.05.1998, IV R 48/97, BStBl. II 1998, S. 775-777, hier S. 776 f.; BFH-Urteil vom 14.02.1973, I R 89/71, BStBl. II 1973, S. 580. Vgl. *Bise* (Wettbewerbsverbot, 1971), S. 312-320, hier S. 313; a. A. *Thiel* (Bilanzierungsnormen, 1970), S. 255-286, hier S. 282: Die Vorauszahlung sei als Rechnungsabgrenzungsposten abzubilden.

758 Vgl. BFH-Urteil vom 25.01.1979, IV R 21/75, BStBl. II 1979, S. 369-372. Zur Urteilsdarstellung siehe *Moxter* (Bilanzrechtsprechung, 2007), S. 19.

759 Vgl. *Grüneberg* (Palandt BGB, 2008), Einf. v. § 320 BGB, Rn. 9.

760 Vgl. *Kliem* (Rechnungsabgrenzung, 2000), S. 102; *Bise* (Wettbewerbsverbot, 1971), S. 312-320, hier S. 312; *Thiel* (Bilanzierungsnormen, 1970), S. 255-286, hier S. 282; BFH-Urteil vom 29.10.1969, IV 175/65, BStBl. II 1979, S. 315-317, hier S. 316.

761 Vgl. *Babel* (Ansatz und Bewertung, 1997), S. 78 f.; *Hommel* (Dauerschuldverhältnisse, 1992), S. 63 f.; *Kliem* (Rechnungsabgrenzung, 2000), S. 114 f.; *Tiedchen* (Vermögensgegenstand, 1991), S. 111; *Thiel* (Nutzungsrechte, 1991), S. 161-198, hier S. 172.

zierung führen.[762] So ist im Falle von laufenden Zahlungen – im Gegensatz zur Vorabentrichtung – das Wettbewerbsverbot nicht als immaterieller Vermögensgegenstand zu aktivieren.[763] Die Bilanzierung als immaterieller Vermögensgegenstand[764] bei Entrichtung eines Einmalbetrages steht in unmittelbarem Widerspruch zu den Bilanzierungsgrundsätzen für schwebende Geschäfte[765], zumal der Bundesfinanzhof auch bei Mietverträgen weder die Wirtschaftsguteigenschaft noch den entgeltlichen Erwerb für den immateriellen Vermögensgegenstand Nutzungsrecht bezweifelt.[766] In diesem Fall verhindert eben nur der Grundsatz der Nichtbilanzierung schwebender Geschäfte den Ausweis als Vermögensgegenstand. Die Folgerung allerdings, dass anders als beim Nutzungspotential aus im Eigentum des Bilanzierenden befindlichen Vermögensgegenständen bei Nutzungsansprüchen aus Dauerschuldverhältnissen die Zahlungsmodalität über die Bilanzierungsfähigkeit entscheide, ist nicht schlüssig, da „Zahlungsmodalitäten grundsätzlich nicht die zu erbringende Leistung [beeinflussen]"[767]. So ist *Babel* zuzustimmen, dass „jedwedem Versuch [..], eine Korrelation zwischen Vermögensgegenstandseigenschaft und (wie auch immer gearteter) Zahlungsmodalität herstellen zu wollen [..] energisch entgegengetreten werden [muss]".[768]

Beurteilt man die Vorleistung, die zu einem aktiven Rechnungsabgrenzungsposten führt, vor dem Hintergrund des Wettbewerbsverbots, so scheint sich hinter dem Rechnungsabgrenzungsposten tatsächlich ein immaterieller Vermögensgegenstand zu verbergen. Denn sowohl beim Wettbewerbsverbot als auch bei den angesprochenen Nutzungsrechten handelt es sich um Vorleistungen im Rahmen schwebender Dauerschuldverhältnisse.[769] Eine konsequente Anwendung des Grundsatzes der Nichtbilanzierung schwebender Geschäfte und mithin das konkrete Ausweisverbot von Vermögensgegenständen aus schwebenden

---

762 Für den Fall des Erbbaurechts vgl. *Boorberg* (Erbbaurechte, 1980), S. 1682-1685, hier S. 1684 f. und *Rautenberg* (Bilanzierungsfragen, 1978), S. 427-438, hier S. 430 f. Vgl. *Stapperfend* (Nutzungsrechte bei Einmalzahlung, 1993), S. 525-532, hier S. 531 f. zur Bilanzierung von (unbefristeten) Nutzungsrechten bei Einmalzahlung.

763 Vgl. *Heuer* (HHR, 1985), § 5 EStG, Anm. 1581 f.; *Kliem* (Rechnungsabgrenzung, 2000), S. 102; im Ergebnis auch BFH-Urteil vom 27.03.1968, I 224/64, BStBl. II 1968, S. 520-521.

764 Vgl. auch BFH-Urteil vom 4.09.1962, I 198/61 U, BStBl. III 1963, S. 7; BFH-Urteil vom 31.03.1976, I R 85/74, BStBl. II 1976, S. 475-476, hier S. 476. Vgl. auch zur Bilanzierung von Bierlieferungsrechten das BFH-Urteil vom 26.02.1975, I R 72/73, BStBl. II 1976, S. 13-16, hier S. 14.

765 Vgl. *Thiel* (Bilanzierungsnormen, 1970), S. 255-286, hier S. 282; *Kupsch* (Zuschüsse, 1977), S. 663-771, hier S. 668; BFH-Urteil vom 4.09.1962, I 198/61 U, BStBl. III 1963, S. 7.

766 Vgl. Kapitel 2 I.C.

767 *Hommel* (Dauerschuldverhältnisse, 1992), S. 56.

768 *Babel* (Aktivierungsfähigkeit, 1997), S. 2261-2268, hier S. 2265 f.; vgl. *Böcking* (Bilanzrechtstheorie, 1988), S. 216 f.; *Fabri* (Nutzungsverhältnisse, 1986), S. 130; *Kußmaul* (Nutzungsrechte, 1987), S. 244; *Tiedchen* (Vermögensgegenstand, 1991), S. 111 f.

769 Vgl. *Babel* (Aktivierungsfähigkeit, 1997), S. 2261-2268, hier S. 2265 f.

Geschäften würde sowohl den Ansatz des Wettbewerbsverbots als auch des Nutzungsrechts aus schwebenden Geschäften als immateriellen Vermögensgegenstand unterbinden.[770] Vergegenwärtigt man sich noch einmal die Argumente, die von den Befürwortern einer grundsätzlichen Nutzungsrechtbilanzierung ins Feld geführt werden, so lassen sich deutliche Unstimmigkeiten in der These vom aktiven Rechnungsabgrenzungsposten als immaterielles Wirtschaftsgut offenlegen. „*Nutzungsrechte* stellen Ansprüche aus vertraglich fixierten Nutzungsverhältnissen dar; sie begründen [...] die gesicherte Rechtsposition aus einer Sache, die nicht in das Eigentum des Nutzungsberechtigten übergeht [...] – von Verfügung über die *Substanz* abgesehen –, eigentümerähnlich die wirtschaftlichen Nutzungsmöglichkeiten zu ziehen."[771] Nutzungsrechte aus Dauerrechtsverhältnissen sind grundsätzlich als schwebende Geschäfte im Sinne des Bilanzrechts einzustufen. Ein Nutzungsrecht stellt unbeschadet seines Charakters als rechtlicher Anspruch aus einem schwebenden Dauerschuldverhältnis einen Vermögensgegenstand dar.[772] Der Ausweis des Nutzungsrechts aus dem schwebenden Vertrag scheitert nach dem geltenden Bilanzrecht nicht an den Vermögensgegenstandskriterien, sondern lediglich am Grundsatz der Nichtbilanzierung schwebender Geschäfte.[773] Dementsprechend wird der Ausweis eines Nutzungsrechts bei einem Mietvertrag für die unkündbare Grundmietzeit gefordert. Bei einem auf fünf Jahre befristeten Mietvertrag, dessen unkündbare Grundmietzeit sich auf drei Jahre belaufe, habe mithin die Aktivierung des Nutzungsrechts für die gesicherte Rechtsposition von drei Jahren zu erfolgen.[774] Die Bewertung erfolgt bei laufender Entrichtung zum Barwert der Mietzahlungen, den Zeitraum von drei Jahren betreffend.[775] Dementsprechend kann auch bei Einmalzahlung nur der anteilige Betrag für die gesicherte Rechtsposition als Anschaffungskosten des Nutzungsrechts zum Ansatz kommen.

Zur Veranschaulichung der nachstehenden Überlegungen sei von einem vereinfachten Beispiel ausgegangen. *Die Vertragsparteien A (Mieter) und B (Vermieter) schließen einen Mietvertrag mit einer Vertragslaufzeit von 5 Jahren. Nach Ablauf der dreijährigen unkündbaren Grundmietzeit besteht für den Vermieter ein monatliches Kündigungsrecht. Der Mietzins beträgt bei einer jährlich nachschüssigen Zahlung 100.000 Euro. Die Vorauszahlung erfolgt zum Barwert der jährlichen Mietzinszahlungen. Dabei sei ein Kalkulationszinssatz von 5,5% unterstellt. Demzufolge hat der Mieter bei einer Entrichtung des Einmalbetrags für*

---

770 Zum Wettbewerbsverbot vgl. *Thiel* (Bilanzierungsnormen, 1970), S. 255-286, hier S. 282; *Kaufmann* (Bilanzierung, 1993), S. 290-292, hier S. 292.

771 *Babel* (Aktivierungsfähigkeit, 1997), S. 2261-2268, hier S. 2268 (Hervorhebung im Original).

772 Vgl. *Babel* (Aktivierungsfähigkeit, 1997), S. 2261-2268, hier S. 2268.

773 Vgl. Kapitel 2 I.C.

774 Vgl. beispielsweise *Meilicke* (Nutzungsrechte, 1991), S. 579-587, hier S. 584.

775 Vgl. *Babel* (Ansatz und Bewertung, 1997), S. 145; *Meilicke* (Nutzungsrechte, 1991), S. 579-587, hier S. 584.

*3 Jahre (5 Jahre) einen Betrag in Höhe von 269.793 Euro (427.028 Euro) auf-
zuwenden.*

Der Mieter aktiviert das Nutzungsrecht zu Anschaffungskosten in Höhe von
269.793 Euro. Das Nutzungsrecht ist unabhängig von einer etwaigen Vorauszahlung zu aktivieren.[776] Erfolgt eine laufende jährliche Zahlung, so ist die Zahlungsverpflichtung in korrespondierender Höhe zum Zugangswert des Wirtschaftsgutes Nutzungsrecht zu passivieren. Für den Fall, dass der Vorauszahlungszeitraum und der Zeitraum der gesicherten Rechtsposition übereinstimmen,
könnte die Vorauszahlung als Form der Barzahlung interpretiert werden. Betrachtet man hingegen den Fall, dass der Vorauszahlungszeitraum (5 Jahre) und
der Zeitraum der gesicherten Rechtsposition (3 Jahre) auseinanderfallen, ergibt
sich ein abweichendes Bild. So kann weiterhin lediglich der Betrag in Höhe von
269.793 Euro als Nutzungsrecht ausgewiesen werden. Die Differenz zwischen
dem verausgabten Betrag in Höhe von 427.028 Euro und dem Wert des Nutzungsrechts ist als Mietvorauszahlung zu qualifizieren, da es sich lediglich um
einen bloßen Nutzungsvorteil handelt. Dieser Teil der Ausgabe in Höhe von
157.235 Euro müsste dann als aktiver Rechnungsabgrenzungsposten in Erscheinung treten. Somit ist es auch aus diesem Grunde nicht plausibel, den aktiven
Rechnungsabgrenzungsposten als immaterielles Wirtschaftsgut Nutzungsrecht
zu deuten.

Bei Aufgabe des Grundsatzes der Nichtbilanzierung schwebender Geschäfte wäre ein Nutzungsrecht bei Vorliegen der Vermögensgegenstandseigenschaften
unabhängig von den Zahlungsmodalitäten zu aktivieren.[777] Zu erwartende Nutzungsvorteile, die sich nicht in einer gesicherten Rechtsposition niederschlagen,
sind jedoch keine Vermögensgegenstände. Die bloße Möglichkeit, ein Grundstück nutzen zu können, ist zwar ein wirtschaftlicher Vorteil, aber dessen Wert
ist wegen der jederzeitigen Entziehbarkeit zu wenig greifbar, um zu einem Wirtschaftsgut zu erstarken.[778] Für den Fall, dass die gesicherte Rechtsposition mit
dem Vorauszahlungszeitraum übereinstimmt, bedürfte es dann keines aktiven
Rechnungsabgrenzungspostens mehr. Allerdings müsste weiterhin ein Rechnungsabgrenzungsposten gebildet werden für Vorauszahlungszeiträume, die sich
über die gesicherte Rechtsposition in Gestalt der unkündbaren Grundmietzeit
hinaus erstrecken. Der wirtschaftliche Vorteil, der durch die Vorausleistung geschaffen und als aktiver Rechnungsabgrenzungsposten bilanziert wird, kann

---

776 Vgl. *Babel* (Ansatz und Bewertung, 1997), S. 145; *Tiedchen* (Vermögensgegenstand,
1991), S. 111 f.

777 Vgl. *Babel* (Ansatz und Bewertung, 1997), S. 134 f.

778 Vgl. *Moxter* (Bilanzrechtsprechung, 2007), S. 10 f.; *Meilicke* (Nutzungsrechte, 1991),
S. 579-587, hier S. 584.

demnach nicht identisch sein mit dem wirtschaftlichen Vorteil der zum Wirtschaftsgut Nutzungsrecht erstarkt.[779]

2. Der Rechnungsabgrenzungsposten als (Geld-)Forderung

Wird nicht der Sach- oder Dienstleistungsanspruch aus dem zugrunde liegenden schwebenden Geschäft aktiviert, so könnte die Vorauszahlung als schwebendes Kreditgeschäft anzusehen sein.[780] In der aktivierten Forderung würde dann der bestehende Anspruch auf Rückzahlung des vorgeleisteten Entgelts im Falle der Rückabwicklung des schwebenden Geschäfts bzw. bei Nichterfüllung der Sachleistung zum Ausdruck kommen.[781] Die Vorleistung des Entgelts bis zur Erbringung der Sach- oder Dienstleistung durch die andere Vertragsseite müsste dann als Kreditgeschäft interpretiert werden, so dass durch die Vorleistung eine Darlehensforderung entstünde.[782] Im Folgenden gilt es deshalb zu klären, ob die Voraussetzungen für die Bilanzierung einer (Geld-) Forderung vorliegen.

Grundsätzlich entsteht ein Kreditverhältnis, wenn die eine Vertragspartei der anderen Partei Zahlungsmittel zur Verfügung stellt.[783] Die Vorleistung ermöglicht dem zur Sach- oder Dienstleistung Verpflichteten, die finanziellen Mittel zu verwenden, ohne dass er selbst sofort seiner Leistungsverpflichtung nachkommen muss.[784] Anerkennt man das Vorliegen eines Kreditgeschäfts, so ist die Erbringung der Gegenleistung als Rückerstattung der Vorausleistung und folglich als Darlehenstilgung zu interpretieren.[785] Die Einordnung der Vorauszahlung als Kreditgewährung führt jedoch zu einer Umqualifizierung bzw. Erweiterung der Leistungsbeziehungen des Dauerrechtsverhältnisses.[786] Eine Rückzahlungsforderung wegen Nichterfüllung seitens des Vertragspartners ist erst auszuweisen, wenn der maßgebliche Tatbestand für die Entstehung des Rückzahlungsanspruchs verwirklicht ist.[787] Voraussetzung für das Entstehen des Rückzahlungsanspruchs ist mithin die vorzeitige Beendigung des Dauerrechtsverhältnisses, so dass die Gegenleistung nicht mehr erbracht wird, auf die sich die Vor-

779 *Tiedchen* (HdJ, 2006), Abt. II/11, Rn. 37; so auch *Fabri* (Nutzungsverhältnisse, 1986), S. 167.

780 In diesem Sinne *Hoyos/Huber* (BeckBilKomm, 2006) § 247 HGB, Anm. 545, bezüglich der Bilanzposition „geleistete Anzahlungen". So auch *Adler/Düring/Schmaltz* (Rechnungslegung, 1998), § 250 HGB, Rn. 14; *Baier* (Vorleistung, 1991), S. 2349-2351, hier S. 2350, spricht von einer „Ähnlichkeit" mit einem Kreditgeschäft. Vgl. hierzu auch BFH-Urteil vom 16.05.1973, I R 186/71, BStBl. II 1974, S. 25-27, hier S. 26.

781 Vgl. *Kliem* (Rechnungsabgrenzung, 2000), S. 142.

782 Vgl. *Mathiak* (Rechtsprechung, 1990), S. 691-696, hier S. 695.

783 Vgl. *Schäfer* (GoB für Forderungen, 1977), S. 30.

784 Vgl. *Kliem* (Rechnungsabgrenzung, 2000), S. 145.

785 Vgl. *Kliem* (Rechnungsabgrenzung, 2000), S. 145.

786 Vgl. *Kliem* (Rechnungsabgrenzung, 2000), S. 145.

787 Vgl. *Baier* (Vorleistung, 1991), S. 2349-2351, hier S. 2350; *Gschwendtner* (Vorleistungen, 1995), S. 417-426, hier S. 421.

leistung bezieht.[788] Zu diesem Zeitpunkt liegen dann jedoch nicht mehr die Voraussetzungen für die Bildung eines aktiven Rechnungsabgrenzungspostens vor.[789] Der Rückzahlungsanspruch ist unter den sonstigen Vermögensgegenständen des Umlaufvermögens als Forderung auszuweisen.[790]

Vergegenwärtigt man sich die Bilanzierung von Gehaltsvorschüssen als Forderung bzw. sonstiger Vermögensgegenstand[791], so wird die Abgrenzung zum aktiven Rechnungsabgrenzungsposten ersichtlich. Die Einordnung des Gehaltsvorschusses zu den sonstigen Vermögensgegenständen als Geldforderungen setzt einen unbedingten Rückzahlungsanspruch voraus, so dass neben dem Arbeitsvertrag ein weiteres Dauerschuldverhältnis „Arbeitgeberdarlehen" entsteht.[792] Obgleich die Gehaltsvorauszahlung mit dem zu einem späteren Zeitpunkt entstehenden Gehaltsanspruch verrechnet wird und somit die Tilgung der Forderung durch den Arbeitnehmer mit der Erbringung seiner Arbeitsleistung erfolgt, steht der Gehaltsvorschuss aufgrund des unbedingten Rückzahlungsanspruchs außerhalb des schwebenden Arbeitsverhältnisses. Letztlich erfolgt keine Bilanzierung einer Vorleistung, sondern die eines Kreditgeschäftes. Liegt kein unbedingter Rückzahlungsanspruch vor, so tritt das Arbeitsverhältnis in den Vordergrund. Daher scheidet eine bilanzielle Abbildung der Vorleistung als Forderung aus.[793]

3. Der Rechnungsabgrenzungsposten als Wirtschaftsgut „Vorauszahlung"

a. Wirtschaftlicher Vermögensvorteil

Der Wirtschaftsgutbegriff umfasst Sachen, Rechte, tatsächliche Zustände, konkrete Möglichkeiten oder sonstige wirtschaftliche Vorteile, deren Erlangung sich der Kaufmann etwas kosten lässt, die nach der Verkehrsauffassung einer selbständigen Bewertung zugänglich sind und einzeln oder im Zusammenhang mit dem Betrieb übertragbar sind, sofern die Aufwendungen einen über die Dauer

---

788 Vgl. *Gschwendtner* (Vorleistungen, 1995), S. 417-426, hier S. 421; *Kliem* (Rechnungsabgrenzung, 2000), S. 160; *Fabri* (Nutzungsverhältnisse, 1986), S. 168 f.; BFH-Urteil vom 11.10.1983, VIII R 61/81, BStBl. II 1984, S. 267-269, hier S. 268 f.

789 Vgl. *Kliem* (Rechnungsabgrenzung, 2000), S. 160.

790 Vgl. *Hoyos/Ring* (BeckBilKomm, 2006), § 247 HGB, Anm. 120; *Bauer* (Kirchhof/Söhn/Mellinghoff, 2001), § 5 EStG, F 153.

791 Vgl. *Hoyos/Ring* (BeckBilKomm, 2006), § 247 HGB, Anm. 124; *Dusemond/Heusinger/-Knop* (HdRE, 2003), § 266 HGB, Rn. 87; a. A. *Bauer* (Kirchhof/Söhn/Mellinghoff, 2001), § 5 EStG, F 317; *Döllerer* (Bilanzierung, 1974), S. 1541-1548, hier S. 1546.

792 Zum Vorliegen eines Arbeitgeberdarlehen vgl. *Bauer* (Kirchhof/Söhn/Mellinghoff, 2001), § 5 EStG, F 317. So sind Lohn- und Gehaltsvorschüsse grundsätzlich als Rechnungsabgrenzungsposten zu bilanzieren, es sei denn, der Darlehenscharakter überlagert die vorweggenommene Lohn- bzw. Gehaltszahlung.

793 Im Ergebnis auch *Kliem* (Rechnungsabgrenzung, 2000), S. 146.

des jeweiligen Steuerabschnitts hinausreichenden Nutzen versprechen.[794] Nach der Rechtsprechung des Bundesfinanzhofs ist das Vorliegen eines Vermögensgegenstandes bzw. Wirtschaftsgutes davon abhängig, „ob ein wirtschaftlicher Wert vorliegt, eine selbständige Bewertung möglich und ein greifbarer, längerfristiger Nutzen gegeben ist [...]".[795]

Unabdingbar für das Vorliegen eines Wirtschaftsgutes ist die Existenz eines wirtschaftlichen Vermögenswertes.[796] Dabei erfolgt eine Konkretisierung des Vermögenswerts durch die im Bilanzrecht vorherrschende wirtschaftliche Betrachtungsweise.[797] So richtet sich „die Aktivierung von Vermögensgegenständen in der Handelsbilanz [...] in erster Linie nicht nach rechtlichen, sondern nach wirtschaftlichen Gesichtspunkten".[798] Es zählen zu den bilanzrechtlichen Aktiva „nicht nur Gegenstände im Sinne des bürgerlichen Rechts, sondern auch tatsächliche Zustände, konkrete Möglichkeiten und sämtliche Vorteile für den Betrieb [...]".[799] Demnach tritt als Gegenstand der Aktivierung „nicht die Sache bzw. das Recht in Erscheinung, sondern entsprechend der immer wieder betonten wirtschaftlichen Betrachtungsweise in Handels- und Steuerrecht, der vermögenswerte Vorteil".[800] So sind „die wirklichen Vermögenswerte der einzelnen Bilanzpositionen in deren (positiven oder negativen) Ertragswertanteilen"[801] zu sehen. Einem vermögenswerten Vorteil ist mithin immanent, dass er imstande ist, „dem bilanzierenden Unternehmen einen Ertragswertbeitrag zu leisten"[802]. „Ein Aktivum ist in dem Maße wirtschaftlich wertvoll, in dem es (direkt oder indirekt) künftige Einnahmeüberschüsse erwarten läßt [...]."[803] Aktiviert wird folglich nicht die Ausgabe als solche, sondern der durch die Ausgabe

794 Vgl. BFH-Beschluß vom 3.02.1969, Gr. S. 2/68, BStBl. II 1969, S. 291-294, hier S. 294; BFH-Urteil vom 28.05.1979, I R 1/1976, BStBl. II 1979, S. 734-738, hier S. 736; BFH-Urteil vom 8.04.1992, XI R 34/88, BStBl. II 1992, S. 893-895, hier S. 894; BFH-Urteil vom 26.08.1992, I R 24/91, BStBl. II 1992, S. 977-981, hier S. 978.

795 BFH-Urteil vom 8.04.1992, XI R 34/88, BStBl. II 1992, S. 893-895, hier S. 894; so auch das BFH-Urteil vom 28.05.1979, I R 1/1976, BStBl. II 1979, S. 734-738, hier S. 737.

796 Vgl. *Babel* (Ansatz und Bewertung, 1997), S. 102-104; *Janke* (Objektivierung, 1994), S. 214-231, hier S. 218 f.; *Knapp* (Vermögensgegenstände, 1971), S. 1121-1129, hier S. 1123; *Moxter* (Bilanzrechtsprechung, 2007), S. 6

797 Vgl. *Moxter* (Betrachtungsweise, 1989), S. 232-241, hier S. 237 f.

798 BFH-Urteil vom 9.02.1978, IV R 201/74, BStBl. II 1978, S. 370-372, hier S. 371; ebenso das BFH-Urteil vom 6.12.1978, I R 35/78, BStBl. II 1979, S. 262-263, hier S. 263.

799 BFH-Urteil vom 9.07.1986, I R 218/82, BStBl. II 1987, S. 14-16, hier S. 14. So auch BFH-Urteil vom 28.05.1979, I R 1/76, BStBl. II 1979, S. 734-738, hier S. 736; BFH-Urteil vom 9.02.1978, IV R 201/74, BStBl. II 1978, S. 370-372, hier S. 371, BFH-Beschluß vom 3.02.1969, Gr. S. 2/68, BStBl. II 1969, S. 291-294, hier S. 294; BFH-Urteil vom 29.04.1965, IV 403/62 U, BStBl. III 1965, S. 414-416, hier S. 415.

800 *Eibelshäuser* (Immaterielle Anlagewerte, 1983), S. 240; vgl. hierzu auch *Babel* (Ansatz und Bewertung, 1997), S. 103; *Hommel* (Dauerschuldverhältnisse, 1992), S. 153 f.

801 *Moxter* (Abzinsung, 1993), S. 195-207, hier S. 196.

802 *Hommel* (Immaterielle Anlagewerte, 1998), S. 52.

803 *Moxter* (Abzinsung, 1993), S. 195-207, hier S. 196.

erlangte Gegenwert.[804] Anders ausgedrückt: „Aktiviert werden [...] immer die als Vermögensgegenstand bzw. Rechnungsabgrenzungsposten konkretisierten Umsatzträger"[805]. So wird in wirtschaftlicher Betrachtungsweise beispielsweise nicht die Maschine aktiviert, „sondern die Ausgaben für die Maschinenanschaffung, und zwar nach Maßgabe der von diesen Ausgaben zu erwartenden (künftigen) Beiträge für Leistungen (Umsätze)"[806].

Beim wirtschaftlichen Wert des Vermögensgegenstands/Wirtschaftsguts als Ertragswertbestandteil wird auf das betriebsindividuelle Nutzenpotential abgestellt.[807] Dies wird insbesondere durch die geltende Teilwertvermutung im Anschaffungszeitpunkt deutlich: „Für die Bestimmung des Teilwerts nicht abnutzbarer Wirtschaftsgüter des Anlagevermögens gilt die Vermutung, dass der Teilwert im Zeitpunkt ihres Erwerbs [...] den Anschaffungskosten entspricht."[808] Im Sinne des Teilwertgedankens ist dann „nach dem Ertrag zu fragen, der sich unmittelbar aus der Nutzung/Verwendung des Gegenstandes ziehen läßt und den der Gegenstand somit zum Gesamtertrag des Betriebes beisteuert"[809].

Nachdem in den Vorabschnitten gezeigt werden konnte, dass die Aktivierung der dem Rechnungsabgrenzungsposten zugrundeliegenden Vorleistung weder über einen Sachleistungsanspruch bzw. ein Nutzungsrecht noch eine Geldforderung begründbar ist, bedarf es einer inhaltlichen Konkretisierung des wirtschaftlichen Vorteils, der im aktiven Rechnungsabgrenzungsposten seinen Ausdruck findet. Die Frage lautet also: Worin besteht der wirtschaftliche Vorteil der Vorleistung?

Die Identifizierung des wirtschaftlichen Vorteils soll exemplarisch am Beispiel des Mietvertrags erfolgen. Grundsätzlich tritt das schwebende Geschäft bilanziell nicht in Erscheinung, soweit der Anspruch auf die künftigen Nutzungen (Nutzungsrecht) und die Verpflichtungen zu künftigen Gegenleistungen (Nutzungsentgelt) sich am Bilanzstichtag gleichwertig gegenüberstehen. Die Gleichwertigkeit der künftigen Nutzungen zu den künftigen Nutzungsentgelten wird jedoch durch die Vorleistung (Mietvorauszahlung) gestört. Die Vorleistung tangiert aber keinesfalls den Sachleistungsanspruch bzw. das Nutzungsrecht, da

804 Vgl. *Moxter* (Gewinnermittlung, 1983), S. 300-307, hier S. 304, *derselbe* (Betrachtungsweise, 1989), S. 232-241, hier S. 234 und *derselbe* (Bilanzrechtsprechung, 2007), S. 6.
805 *Moxter* (Betrachtungsweise, 1989), S. 232-241, hier S. 234.
806 *Moxter* (Gewinnermittlung, 1983), S. 300-307, hier S. 304.
807 Vgl. *Hommel/Berndt* (Teilwertabschreibung, 2000), S. 1305-1314, hier S. 1308-1313.
808 BFH-Urteil vom 7.02.2002, IV R 87/99, BStBl. II 2002, S. 294-296, hier S. 295; ebenso BFH-Urteil vom 28.10.1976, IV R 76/72, BStBl. II 1977, S. 73-76, hier S. 74 und BFH-Urteil vom 21.07.1982, I R 177/77, BStBl. II 1982, S. 758-761, hier S. 760: „Bei Wirtschaftsgütern, die nicht der Abnutzung unterliegen, besteht die Vermutung, daß sich ihr Teilwert mit den Anschaffungskosten deckt."
809 *Mellwig* (Teilwertverständnis, 1994), S. 1069-1088, hier S. 1084.

dieses mit Abschluss des Mietvertrages bzw. durch das Innehaben der gesicherten Rechtsposition entstanden ist.[810] Die Vorleistung des Mieters bezieht sich ausschließlich auf die eigene Leistungsverpflichtung, d. h. auf die Zahlung des Mietzinses. In diesem Sinne entledigt sich der Mieter (anteilig) von seiner Zahlungsverpflichtung. Der vermögenswerte Vorteil ist mithin darin zu sehen, dass dem vertraglichen Gegenleistungsanspruch nun lediglich niedrigere laufende bzw. keine Zahlungen mehr gegenüberstehen.[811]

Der wirtschaftliche Vorteil der Vorleistung wird deutlich, wenn man auf den Teilwert abstellt.[812] Sofern keine Vorauszahlung erfolgt, würde ein potentieller Erwerber des Gesamtbetriebes für einen abgeschlossenen Mietvertrag kein gesondertes Entgelt entrichten; es sei denn, es würde sich um einen günstigen Mietvertrag handeln.[813] Bei einer Vorauszahlung hingegen würde der potentielle Erwerber eben diese Vorauszahlung bei seiner Kaufpreisüberlegung durch einen Zuschlag berücksichtigen.[814] Dieser Zuschlag zum Kaufpreis ist unabhängig von der Werthaltigkeit des betriebsindividuellen Nutzungsvorteils. Dass dies so sein muss, lässt sich an folgender Gegenüberstellung verdeutlichen: Ein auf drei Jahre abgeschlossener Mietvertrag hat aufgrund einer nicht vorhandenen Verwertbarkeit des Nutzungsobjektes für den Mieter keinen Wert. Der Gesamtkaufpreis, den ein potentieller Erwerber unter Bezugnahme auf die Unternehmensfortführung zu entrichten bereit wäre, ist im Falle der Mietvorauszahlung um eben diesen Betrag höher als im Falle der noch vollständig ausstehenden Mietzahlungen. Ein potentieller Erwerber des Betriebs würde also diesen Vorteil im Rahmen der Kaufpreisbemessung berücksichtigen.[815] Daher kann man „einer vom Kaufmann erbrachten Vorleistung, die später zu erbringende Zahlungen für die Gegenleistungen der anderen Vertragsseite vermindert, [..] die Vermögenseigenschaft nicht absprechen [..].“[816]

---

810 Vgl. Kapitel 2 I.C.
811 Vgl. *Mellwig* (Quelle, 2005), S. 217-235, hier S. 223 f., *derselbe* (Vorauszahlungen, 2006), S. 89-103, hier S. 96.
812 Der „Teilwert ist der Betrag, den ein Erwerber des ganzen Betriebs im Rahmen des Gesamtkaufpreises für das einzelne Wirtschaftsgut ansetzen würde; dabei ist davon auszugehen, dass der Erwerber den Betrieb fortführt“ (§ 6 Abs. 1 Nr. 1 Satz 3 EStG).
813 Werden beim Eintritt in ein bestehendes Dauerschuldverhältnisse Zahlungen geleisteten, die sich auf die Übernahme des Rechtsanspruchs beziehen, so werden diese im geltenden Bilanzrecht als Nutzungsrechte ausgewiesen. In der hier verwendeten Terminologie entsteht durch die Übertragung des Rechts zunächst ein abstrakter Sachleistungsanspruch, der durch die konkrete Nutzungsmöglichkeit der Vertragssache zu einem Nutzungsrecht erstarkt.
814 Vgl. *Mellwig* (Vorauszahlung, 2006), S. 89-103, hier S. 96.
815 Vgl. *Mellwig* (Vorauszahlung, 2006), S. 89-103, hier S. 95 f.
816 *Mellwig* (Vorauszahlung, 2006), S. 89-103, hier S. 96.

Aus Objektivierungsgründen reicht jedoch das Vorliegen eines wirtschaftlichen Vorteils nicht für die Aktivierung aus.[817] Der wirtschaftliche Vorteil muss zudem greifbar und einer selbständigen Bewertung zugänglich sein, um zu einem aktivierungspflichtigen Wirtschaftsgut zu erstarken.[818] Es wird darauf abgestellt, ob ein gedachter Erwerber des gesamten Betriebs einen durch Aufwendungen geschaffenen Vorteil für so greifbar und so wertvoll hält, dass er dafür im Rahmen des Gesamtkaufpreises ein besonderes Entgelt ansetzt.

b. Das Greifbarkeitsprinzip

Wenn auf der Aktivseite der Bilanz nicht sämtliche vermögenswerte Vorteile ausgewiesen werden, so ist das eine Folge des Objektivierungsbedürfnisses einer Bilanz im Rechtssinne[819]; der wirtschaftliche Vermögensvorteil bedarf zu einer Bilanzierung einer näheren Konkretisierung. Entscheidend für die Qualifikation als Vermögensgegenstand/Wirtschaftsgut ist, dass ein wirtschaftlicher Vermögenswert gegeben ist oder „am Bilanzstichtag ein wirtschaftlich ausnutzbarer Vermögensvorteil vorliegt, der als realisierbarer Vermögenswert angesehen werden kann"[820]. „Dies ist der Fall, wenn ein fremder Dritter bei Fortführung des Unternehmens diesen Gegenstand im Rahmen der Kaufpreisbemessung berücksichtigen würde."[821] In diesem Sinne muss der wirtschaftliche Vorteil „als Einzelheit von Bedeutung und bei seiner Veräußerung greifbar"[822] sein. Diese Aktivierungsvoraussetzung gebietet, dass es sich „immer um ein Gut handeln [muss], das bei der Veräußerung des ganzen Betriebs sozusagen greifbar ist, d. h. als Einzelheit ins Gewicht fällt […], sich aber nicht so ins allgemeine verflüchtigt, daß es nur als Steigerung des good will des ganzen Unternehmens in die Erscheinung tritt".[823] Erst „die Greifbarkeit […] erweist das Wirtschaftsgut und rechtfertigt [...] seine Aktivierung […]."[824] Das Greifbarkeitsprinzip entscheidet demnach, „ob der in Frage stehende Vermögenswert dem Grunde nach isolierbar ist, d. h. sich nicht so ins Allgemeine verflüchtigt, daß er im Geschäfts- oder Firmenwert aufgeht"[825]. Kritisch ist die Greifbarkeit bei unkörperlichen Gegenständen, dort insbesondere bei Nicht-Rechten, z. B. ungeschütztem

---

817 Vgl. *Babel* (Ansatz und Bewertung, 1997), S. 104; *Moxter* (Betrachtungsweise, 1989), S. 232-241, hier S. 234 f.

818 Vgl. *Janke* (Objektivierung, 1994), S. 214-231, hier S. 219-221 und S. 229.

819 Vgl. *Moxter* (Gewinnermittlung, 1983), S. 300-307, hier S. 305, *derselbe* (Betrachtungsweise, 1989), S. 232-241, hier S. 234 f.

820 BFH-Urteil vom 9.07.1986, I R 218/82, BStBl. II 1987, S. 14-16, hier S. 14.

821 BFH-Urteil vom 9.07.1986, I R 218/82, BStBl. II 1987, S. 14-16, hier S. 14.

822 BFH-Urteil vom 28.01.1954, IV 255/53 U, BStBl. III 1954, S. 109-111, hier S. 110.

823 RFH-Urteil vom 21.10.1931, VI A 2002/29, RStBl. 1932, S. 305-308, hier S. 307 (Hervorhebung im Original). Zu den Ursprüngen und der Entwicklung des Greifbarkeitsprinzips vgl. *Eibelshäuser* (Immaterielle Anlagewerte, 1983), S. 71 ff.

824 BFH-Urteil vom 18.06.1975, I R 24/73, BStBl. II 1975, S. 809-811, hier S. 811.

825 *Hommel* (Immaterielle Anlagewerte, 1998), S. 213.

Know-how. Als immaterielle Vermögenswerte kommen daher vornehmlich Rechte (Eigentums- und Vermögensrechte) in Betracht, da diese als Einzelheit nachweisbar sein dürften. Es gilt mithin bei Sachen und Rechten die Vermutung, dass diese greifbar werthaltig sind. Für bloße Vorteile besteht gegenüber Sachen und Rechten eine umgekehrte Beweislast: Es ist im Einzelfall immer der Beweis anzutreten, dass sie tatsächlich greifbar werthaltig sind.[826]

Der wirtschaftliche Vorteil der Vorauszahlung ist kein Sachleistungsanspruch bzw. Nutzungsrecht. Es bedarf folglich einer Konkretisierung und Identifizierung des wirtschaftlichen Vorteils, um diesen vom Geschäfts- oder Firmenwert abzugrenzen. Denn es könnte strittig sein, wie greifbar, wie konkretisiert das durch die Ausgabe Erlangte ist.[827] Der wirtschaftliche Vorteil, der im aktiven Rechnungsabgrenzungsposten seinen Ausdruck findet, ist vom Geschäfts- oder Firmenwert abgrenzbar: Der aktive Rechnungsabgrenzungsposten verkörpert den Abbau einer Zahlungsverpflichtung, d. h. durch die Vorausleistung wird die mit der Inanspruchnahme der Gegenleistung einhergehende bilanzrechtliche Schuld am Entstehen gehindert. Der wirtschaftliche Vorteil besteht also darin, dass ein „Weniger" an Zahlungsverpflichtung bei einem unverändert vorhandenen Anspruch auf Gegenleistung gegeben ist. Der wirtschaftliche Vorteil darf nicht mit dem Ertragswertbeitrag des Leistungsanspruchs verwechselt werden. Dieser ist, sofern es sich um keine gesicherte Rechtsposition handelt, zu wenig greifbar und geht deshalb im Geschäfts- oder Firmenwert auf. Der Abbau der Zahlungsverpflichtung ist hingegen eindeutig vom Goodwill abgrenzbar; dieser Vorteil ist nicht so allgemein, dass er nur in der Steigerung des Geschäfts- oder Firmenwertes in Erscheinung tritt. Das Vorliegen eines schwebenden Geschäfts, d. h. das Vorhandensein eines Gegenleistungsanspruchs, ermöglicht eine konkrete Zuordnung der Vorauszahlung.

c.   Das Prinzip der selbständigen Bewertbarkeit

Ob ein dem Grunde nach isolierbarer (greifbarer) Vermögenswert (wirtschaftlicher Vorteil) einen Vermögensgegenstand bildet, bestimmt sich in einem nachgelagerten Schritt.[828] Der werthaltige greifbare wirtschaftliche Vorteil muss einer selbständigen Bewertung zugänglich sein, d. h. „ein bilanzierungsfähiges Aktivum hat nicht nur als Einzelheit greifbar zu sein, ihm muß auch im konkreten Einzelfall ein isolierter, abgrenzbarer Wert zugeordnet werden können"[829]. Das Gesetz fordert in § 252 Abs. 1 Nr. 3 HGB bzw. § 6 Abs. 1 EStG die

---

826   Vgl. *Babel* (Ansatz und Bewertung, 1997), S. 109.
827   Vgl. *Moxter* (Bilanzrechtsprechung, 2007), S. 72: „ungeachtet des Gesetzeswortlauts werden als RAP nicht bloße Ausgaben aktiviert, sondern das hierfür greifbar Erlangte: strittig kann nur sein, wie greifbar, wie konkretisiert das Erlangte zu sein hat."
828   Vgl. *Hommel* (Immaterielle Anlagewerte, 1998), S. 213.
829   *Babel* (Ansatz und Bewertung, 1997), S. 110.

Bewertung der einzelnen Vermögensgegenstände bzw. Wirtschaftsgüter. Dieser Grundsatz der Einzelbewertung setzt voraus, dass Vermögensgegenstände bzw. Wirtschaftsgüter überhaupt einzeln bzw. selbständig bewertet werden können.[830] In diesem Sinne wird das Prinzip der selbständigen Bewertbarkeit zum Ansatzkriterium.[831] Selbständige Bewertbarkeit setzt voraus, dass ein wirtschaftlicher Vorteil (bzw. eine wirtschaftliche Last) als Einzelheit nachweisbar (greifbar) sein muss; die Position muss vom Geschäftswert abgrenzbar sein, so dass dieser Position ein Wert zugeordnet werden kann. Dies gilt für die Zugangsbewertung und die Wertfortführung.

Für die aktiven Rechnungsabgrenzungsposten fordert das Gesetz, dass sie Aufwand für eine Zeit nach dem Abschlussstichtag bilden. Damit wird bereits rein „formal eine ermessensfreie Zugangs- und Folgebewertung erreicht"[832]. In diesem Sinne erzwingt die höchstrichterliche Finanzrechtsprechung eine objektivierte Aufwandszurechnung.[833] Verlässt man den Wortlaut des Gesetzes und deutet den aktiven Rechnungsabgrenzungsposten als Vorleistung im Rahmen schwebender Dauerrechtsverhältnisse, kann nichts anderes gelten: Die Bestimmbarkeit eines Ausgangswertes ist unproblematisch, da sich der Zugangswert des (aktiven) Rechnungsabgrenzungspostens durch die Höhe der Ausgabe eindeutig bestimmt.[834] Aber auch die objektivierte Wertfortführung als Bestandteil der selbständigen Bewertbarkeit ist unproblematisch: Der Vorleistung muss ein noch ausstehender Leistungsanspruch gegenüberstehen. Diese Voraussetzung entfaltet nicht nur für den Ansatz, sondern auch für die Bewertung ihre Bedeutung. Der Wert der Vorleistung bestimmt sich in Abhängigkeit von der Höhe der bereits in Anspruch genommenen Gegenleistung bzw. der noch ausstehenden Gegenleistung.

B. Der passive Rechnungsabgrenzungsposten: Wirtschaftsgut oder Verrechnungsposten?

1. Der passive Rechnungsabgrenzungsposten als Leistungsverpflichtung

In einem von beiden Seiten unerfüllten schwebenden Geschäft wird die rechtliche Leistungsverpflichtung durch den Anspruch auf Erhalt des Entgelts kompensiert.[835] Während der Nichtausweis der Verpflichtung aus dem schwebenden Geschäft mit dem fehlenden Vorhandensein einer wirtschaftlichen Last begründet wurde, versagt dieses Argument, wenn der zur Entgeltleistung Verpflichtete

---

830 Vgl. *Moxter* (Bilanzrechtsprechung, 2007), S. 8 f.
831 Vgl. *Moxter* (Bewertbarkeit, 1987), S. 1846-1851, hier S. 1847 ff.
832 *Moxter* (GoR, 2003), S. 91.
833 Vgl. *Moxter* (GoR, 2003), S. 91.
834 So bereitet nach *Moxter* (Bilanzrechtsprechung, 2007), S. 72, die „selbständige Bewertbarkeit [...] bei aktiven RAP ohnehin keine Probleme."
835 Vgl. Kapitel 2 I.D.

eine Vorausleistung erbracht hat. Die Vorausleistung führt zu einer Vermögensmehrung, die sich i. d. R. in einem Kassenzugang niederschlägt. Die Leistungsverpflichtung wird nunmehr nicht (in voller Höhe) durch den verbleibenden zukünftigen Entgeltanspruch kompensiert, so dass eine wirtschaftliche Last in Höhe der vereinnahmten Vorausleistung entsteht. Durch die Erbringung der Vorausleistung hat die Gegenseite ihre eigene Leistung (teilweise) erbracht, so dass die zukünftige Vermögensminderung durch die eigene Sachleistungserbringung grundsätzlich (anteilig) als Verbindlichkeit bzw. Rückstellung für ungewisse Verbindlichkeiten auszuweisen wäre.[836] Dies steht auch im Einklang mit der Rechtsprechung des Bundesfinanzhofs, der für das Vorliegen eines passiven Rechnungsabgrenzungspostens „eine über den Bilanzstichtag hinausreichende selbständig bewertbare Verpflichtung" für erforderlich hält.[837] Indem der Bundesfinanzhof auf eine ausstehende Leistungsschuld für den Ansatz eines passiven Rechnungsabgrenzungspostens abstellt, „impliziert er selbst eine Parallele zum bilanzrechtlichen Verbindlichkeitsbegriff"[838].

Die Bilanzierung als Leistungsverpflichtung würde jedoch implizieren, dass sich die Bewertung der wirtschaftlichen Last an den Aufwendungen zu orientieren habe, die zur Erfüllung der Leistungsverpflichtung erbracht werden müssen.[839] Anders ausgedrückt: Die Bewertung einer Sachleistungsverpflichtung erfolgt zum Erfüllungsaufwand und nicht in Höhe des vereinnahmten Entgelts. Als Erfüllungsbetrag von Sach- oder Dienstleistungsverpflichtungen ist der Geldwert der erforderlichen Aufwendungen anzusetzen.[840] Da in dem vereinnahmten Entgelt regelmäßig auch Gewinnbestandteile enthalten sind, käme es offensichtlich zu einer Diskrepanz zwischen dem vereinnahmten Entgelt und der passivierten Leistungsverpflichtung, die mit den geltenden Gewinnrealisierungsgrundsätzen nicht vereinbar ist.[841] Eine Gewinnrealisierung erfolgt nicht bereits dann, wenn „der zur Gegenleistung Verpflichtete seiner Leistungsschuld wahrscheinlich nachkommen wird, sondern erst dann, wenn dies so gut wie sicher feststeht und eine Erhebung eines Rückzahlungsanspruchs quasisicher ausgeschlossen werden kann"[842]. Die wirtschaftliche Last, die in dem passiven Rechnungsabgrenzungs-

836 Vgl. *Kliem* (Rechnungsabgrenzung, 2000), S. 123 f.
837 BFH-Urteil vom 9.03.1988, I R 262/83, BStBl. II 1988, S. 592-596, hier S. 594. Vgl. hierzu auch *Berndt* (Grundsätze, 1998), S. 232 ff.
838 *Berndt* (Grundsätze, 1998), S. 234.
839 Vgl. BFH-Urteil vom 9.12.1993, IV R 130/91, BStBl. II 1995, S. 202-204, hier S. 203. So müsste die „Sachleistungsverpflichtung mit dem Erfüllungsbetrag bewertet werden [..], nicht aber mit den erhaltenen Einnahmen." Vgl. auch BFH-Urteil vom 13.12.1972, I R 7 – 8/70, BStBl. II 1972, S. 217-218, hier S. 218.
840 Zur Diskrepanz der Bewertung von Sach- oder Dienstleistungsverpflichtungen in Handelsbilanz und Steuerbilanz vgl. *Hoyos/Ring* (BeckBilKomm, 2006), § 253 HGB, Anm. 158 ff.
841 Vgl. *Kliem* (Rechnungsabgrenzung, 2000), S. 125-130.
842 *Berndt* (Grundsätze, 1998), S. 238.

posten ihren Ausdruck findet, kann mithin keine Sachleistungsverpflichtung i. e. S. sein.[843]

2. Der passive Rechnungsabgrenzungsposten als Geldverbindlichkeit

Die Bewertung des passiven Rechnungsabgrenzungspostens in Höhe des vereinnahmten Entgelts deutet zunächst auf die bilanzielle Abbildung einer Geldverbindlichkeit hin.[844] Geldverbindlichkeiten sind mit ihrem Rückzahlungsbetrag bzw. Erfüllungsbetrag anzusetzen, der i. d. R. dem vereinnahmten Entgelt entspricht. Mithin würde im Rechnungsabgrenzungsposten die potentielle Rückzahlungsverpflichtung zum Bilanzstichtag zum Ausdruck kommen. Es soll jedoch nicht primär die Rückzahlungsverpflichtung der erhaltenen Geldleistung für den Fall der nicht erbrachten Sachleistung ausgewiesen werden, sondern die nicht mehr durch den Entgeltleistungsanspruch gedeckte Leistungsverpflichtung. Eine Bilanzierung als Geldverbindlichkeit würde entsprechend der Bilanzierung des aktiven Rechnungsabgrenzungspostens als Geldforderung implizieren, dass der Tatbestand für die Entstehung des Rückzahlungsanspruchs erfüllt ist.[845] Dies ist bei Dauerschuldverhältnissen dann der Fall, wenn wegen einer vertragsgemäßen Kündigung bzw. einer Kündigung aus wichtigem Grund die Leistungsbeziehung vorzeitig beendet wird.[846] Die Bilanzierung als Geldverbindlichkeit lässt sich analog zur Bilanzierung des aktiven Rechnungsabgrenzungspostens als Geldforderung nicht begründen. Der passive Rechnungsabgrenzungsposten wird erst zu einer Geldverbindlichkeit, wenn kein schwebendes Geschäft mehr vorliegt. Daher kann eine erhaltene Vorauszahlung im Rahmen eines Dauerrechtsverhältnisses keine Geldverbindlichkeit begründen.

Die Abgrenzung einer Darlehensverbindlichkeit vom passiven Rechnungsabgrenzungsposten lässt sich auch anhand der bilanziellen Abbildung der Forfaitierung künftiger (Miet-)Forderungen darlegen.[847] Bei der Forfaitierung haftet der Verkäufer lediglich für den rechtlichen Bestand und das künftige Entstehen (Verität) der verkauften Forderung.[848] Die erfolgswirksame Vereinnahmung des Kaufpreises im Sinne des Realisationsprinzips scheitert an eben dieser noch ausstehenden eigenen Leistungsverpflichtung des Verkäufers, so dass es eines passiven Rechnungsabgrenzungspostens bedarf.[849] „Verbleibt hingegen das Bonitätsrisiko (damit die Delkrederehaftung) hinsichtlich der abgetretenen Forde-

---

843 So auch *Kliem* (Rechnungsabgrenzung, 2000), S. 130.

844 Vgl. zur Entstehung von Kreditverhältnissen *Schäfer* (GoB für Forderungen, 1977), S. 30: „Kreditverhältnisse entstehen ferner, wenn die Unternehmung als Vorleistung an andere Wirtschaftseinheiten Zahlungsmittel zur Verfügung stellt."

845 Vgl. Kapitel 2 II.A.2.

846 Vgl. *Kliem* (Rechnungsabgrenzung, 2000), S. 142 ff.

847 Vgl. hierzu das BFH-Urteil vom 5.05.1999, XI R 6/98, BStBl. II 1999, S. 735-737.

848 Vgl. *Hastedt/Mellwig* (Leasing, 1998), S. 89 f.

849 Vgl. BFH-Urteil vom 24.07.1996, I R 94/95, BStBl. II 1997, S. 122-125, hier S. 123.

rungen (teilweise) beim Verkäufer", dann liegt ein „Darlehensverhältnis" vor.[850] Das vereinnahmte Entgelt „stellt dann eine bloße Vorfinanzierung der Mietforderungen dar, deren Abtretung lediglich erfüllungshalber erfolgt"[851]. Bei dieser sog. „unechten Forfaitierung" tritt neben die eigentliche Leistungsverpflichtung die Übernahme des Bonitätsrisikos.[852] Eine mögliche Rückzahlungsverpflichtung kann hier anders als bei der (echten) Forfaitierung auch durch die mangelnde Zahlungsfähigkeit des Mieters ausgelöst werden. Der Vermieter kann eine potentielle Rückzahlungsverpflichtung des vereinnahmten Entgelts nicht durch das Erbringen seiner Leistung ausschließen. In diesem Sinne überlagert die (potentielle) Rückzahlungsverpflichtung die eigene Leistungsverpflichtung.

3. Der passive Rechnungsabgrenzungsposten als Wirtschaftsgut „erhaltene Vorauszahlung"

Unbestreitbar entsteht für den zur Sach- oder Dienstleistung Verpflichteten eine wirtschaftliche Last mit der Vereinnahmung des (anteiligen) Leistungsentgelts, da die eigene (anteilige) Leistungsverpflichtung nicht mehr durch zukünftige Vermögensmehrungen kompensiert wird. Das Vorliegen einer wirtschaftlichen Last kann nicht fraglich sein. Zwar verkörpert der passive Rechnungsabgrenzungsposten keine Sachleistungsverpflichtung; dennoch liegt der Ansatz des passiven Rechnungsabgrenzungspostens in der Leistungsverpflichtung begründet. Die empfangene Vorausleistung ist in Folge des Realisationsprinzips bis zur Erbringung der eigenen Leistung erfolgsneutral zu halten.[853] Erst durch die Erbringung der eigenen Leistung wird der Anspruch auf Erhalt des Entgelts quasi-sicher[854], so dass eine Rückzahlungsverpflichtung des bereits vereinnahmten Entgelts so gut wie sicher ausgeschlossen werden kann. Obschon der passive Rechnungsabgrenzungsposten keine Geldverbindlichkeit verkörpert, erfolgt eine Bewertung (zumindest) im Zugangszeitpunkt zu dem Betrag, der für eine Geldverbindlichkeit typisch ist, nämlich dem zugeflossenen Geldbetrag, der zugleich dem Rückzahlungsbetrag entspricht. Auch das Faktum, dass Zahlungsmodalitäten keinen unmittelbaren Einfluss auf die Ertrags- und Aufwandsrealisation haben, verdeutlicht die Bedeutung der Gewinnrealisierungsprinzipien bei der Bilanzierung der (passiven) Rechnungsabgrenzungsposten.[855] So hat die Ertragsrealisation auf Seiten des Vermieters unabhängig davon zu erfolgen, ob die Gegenseite die Entgeltleistung als laufende Zahlungen oder als Einmalbetrag zu

---

850 BFH-Urteil vom 5.05.1999, XI R 6/98, BStBl. II 1999, S. 735-737, hier S. 736.

851 BFH-Urteil vom 5.05.1999, XI R 6/98, BStBl. II 1999, S. 735-737, hier S. 736.

852 Zum Begriff der „unechten Forfaitierung" vgl. BFH-Urteil vom 5.05.1999, XI R 6/98, BStBl. II 1999, S. 735-737, hier S. 736.

853 Vgl. *Moxter* (Bilanzrechtsprechung, 2007), S. 170 f.

854 Vgl. *Moxter* (Bilanzrechtsprechung, 2007), S. 171.

855 Aufwendungen und Erträge des Geschäftsjahres sind unabhängig von den Zeitpunkten der entsprechenden Zahlungen im Jahresabschluß zu berücksichtigen (§ 252 Abs. 1 Nr. 5 HGB).

Beginn bzw. zum Ende des Vertrags erbringt. Während bei Nachleistungen des Mieters der Entgeltanspruch des Vermieters für die bereits erbrachte Gegenleistung als erfolgswirksamer Aktivenzugang im Zeitablauf[856], d. h. mit Leistungserfüllung, zu erfassen ist, erfolgt bei (einer vollständigen) Vorleistung des Mieters eine entsprechende Ertragsvereinnahmung durch die Auflösung des passiven Rechnungsabgrenzungspostens.[857] Eine Forderung auf Erhalt des Entgelts kann nicht mehr entstehen, da der zur Entgeltleistung Verpflichtete dieser Verpflichtung bereits durch die Vorausleistung nachgekommen ist. Der passive Rechnungsabgrenzungsposten wäre demnach in Höhe der entstehenden Forderung aufzulösen, die entstünde, wenn keine Vorauszahlung stattgefunden hätte. Folglich liegt die wirtschaftliche Last, die im passiven Rechnungsabgrenzungsposten ihren Ausdruck findet, darin begründet, dass der durch den Vertrag entstandenen Leistungsverpflichtung nun in Abhängigkeit von der Höhe der Vorausleistung lediglich niedrigere laufende bzw. keine Zahlungen mehr gegenüberstehen.[858] Mit anderen Worten: Die erhaltene Vorleistung „repräsentiert eine wirtschaftliche Vermögensbelastung, weil die eigene Leistung noch zu erbringen ist, so dass ein potentieller Erwerber des Unternehmens bei der Kaufpreisbemessung einen Abschlag vornehmen würde"[859].

C. Fazit: Rechnungsabgrenzungsposten sind Wirtschaftsgüter

Der passive Rechnungsabgrenzungsposten muss „eine über den Bilanzstichtag hinausreichende[,] selbständig bewertbare Verpflichtung"[860] verkörpern. Die Passivierung eines Rechnungsabgrenzungspostens und die damit verbundene Neutralisierung einer Einnahme setzten voraus, „daß der Kaufmann dem Vorauszahlenden [eine] noch künftig zu erbringende Gegenleistung schuldet"[861]. Denn wenn mit der Einnahme keine, „jedenfalls keine risikobehafteten und daher belastenden Gegenleistungsansprüche verbunden [sind], so verbietet sich der Ansatz eines passiven Rechnungsabgrenzungspostens"[862]. Die Ertragsrealisierung der Einnahme ist an das Prinzip der Quasi-Sicherheit gebunden und damit an den Umsatzakt. „Da die Gegenleistung schon erbracht ist, die eigene Leistung aber noch geschuldet wird, ist das Unternehmen wirtschaftlich belastet."[863] Für den aktiven Rechnungsabgrenzungsposten bedeutet dies: Dieser muss einen über den Bilanzstichtag hinausreichenden, selbständig bewertbaren und greifbaren wirtschaftlichen Vorteil verkörpern. Die Aktivierung eines Rechnungs-

---

856 Vgl. *Gschwendtner* (Vorleistungen, 1995), S. 417-426, hier S. 418.
857 Vgl. *Hommel* (Dauerschuldverhältnisse, 1992), S. 22; *Gschwendtner* (Vorleistungen, 1995), S. 417-426, hier S. 425.
858 Vgl. *Mellwig* (Quelle, 2005), S. 217-235, hier S. 225.
859 *Mellwig* (Quelle, 2005), S. 217-235, hier S. 224.
860 BFH-Urteil vom 9.03.1988, I R 262/83, BStBl. II 1988, S. 592-596, hier S. 594.
861 *Berndt* (Grundsätze, 1998), S. 232.
862 *Berndt* (Grundsätze, 1998), S. 232.
863 *Hüttemann* (GoB für Verbindlichkeiten, 1976), S. 21.

abgrenzungspostens und die damit verbundene Neutralisierung einer Ausgabe setzen voraus, dass der Kaufmann einen Anspruch auf Gegenleistung besitzt. Sollte der Ausgabe kein Leistungsanspruch gegenüberstehen, hat der Ausweis eines aktiven Rechnungsabgrenzungspostens zu unterbleiben. In diesem Fall begleicht die Ausgabe nur eine bereits bestehende wirtschaftliche Last. Der wirtschaftliche Vorteil besteht darin, dass die eigene Leistung bereits erbracht wurde, die Gegenleistung aber noch aussteht. Für die zukünftige Inanspruchnahme der Gegenleistung bedarf es keiner eigenen Leistung mehr.

Zusammenfassend gilt: Rechnungsabgrenzungsposten sind Wirtschaftsgüter. Sie verkörpern wirtschaftliche Vorteile bzw. wirtschaftliche Lasten: „Der vermögenswerte Vorteil, der im aktiven Rechnungsabgrenzungsposten seinen Ausdruck findet, liegt in dem Faktum, dass der durch den Vertrag entstandene [Gegenleistungs-]Anspruch [...] [nun lediglich] niedrigere laufende bzw. keine Zahlungen mehr erfordert."[864] Dementsprechend liegt bei einem passiven Rechnungsabgrenzungsposten der Vermögensnachteil darin, „dass eine [Gegenleistungs-]verpflichtung besteht, aber nur noch niedrigere Zahlungen der Gegenseite zu erwarten sind"[865]. Rechnungsabgrenzungsposten sind Vorauszahlungen und zwar geleistete bzw. erhaltene Vorauszahlungen bei schwebenden Dauerrechtsverhältnissen.[866]

III. Detailregelungen zum Ansatz und Ausweis

A. Rechnungsabgrenzungsposten als besondere Form der Anzahlung

1. Gemeinsamkeit von Anzahlungen und Rechnungsabgrenzungsposten

Sowohl Rechnungsabgrenzungsposten als auch Anzahlungen sind Vorleistungen des Entgeltleistungs-Verpflichteten im Rahmen schwebender Geschäfte. Insbesondere bei erhaltenen Anzahlungen und passiven Rechnungsabgrenzungsposten sind die Parallelen augenscheinlich. Beide Passivpositionen gewährleisten, dass ein bereits vorab erhaltenes Entgelt erst zum Zeitpunkt der Leistungserbringung erfolgswirksam wird.[867] Die Bilanzposten passive Rechnungsabgrenzung und erhaltene Anzahlung sichern den zeitlichen Zusammenfall von Ertragsrealisierung und Umsatzakt. Ebenso sind die Parallelen zwischen aktiven Rechnungsabgrenzungsposten und geleisteten Anzahlungen unverkennbar. Auch bei geleisteten Anzahlungen handelt es sich um Vorleistungen der bilanzierenden Unternehmung auf ein vom Vertragspartner noch nicht erfülltes Geschäft. Somit dient die Aktivierung der geleisteten Anzahlung der erfolgsneutralen Erfassung des

864 *Mellwig* (Vorauszahlung, 2006), S. 89-103, hier S. 96, *derselbe* (Quelle, 2005), S. 217-235, hier S. 225.

865 *Mellwig* (Quelle, 2005), S. 217-235, hier S. 225.

866 Vgl. *Mellwig* (Quelle, 2005), S. 217-235, hier S. 225.

867 Vgl. BFH-Urteil vom 7.03.2007, I R 18/06, BStBl. II 2007, S. 697-699, hier S. 698.

schwebenden Geschäfts.[868] Zugleich mindern geleistete Anzahlungen die bilanziell mit Erfüllung der Sach- oder Dienstleistungsverpflichtung entstehende Gegenleistungsverpflichtung oder begründen gegebenenfalls einen Rückzahlungsanspruch, wenn der andere Vertragsteil seine Leistung nicht erbringt.[869] Zudem
hat erst ab dem Zeitpunkt der vertraglich geschuldeten Leistungserbringung eine
Erfolgswirksamkeit als Aufwand beim Vorausleistenden (bzw. als Ertrag beim
Leistungserbringenden) einzutreten.[870] Damit betreffen Rechnungsabgrenzungsposten und Anzahlungen Vorleistungen des zur Entgeltleistung Verpflichteten
für erst in einer späteren Rechnungsperiode erfolgende Gegenleistungen.

2. Abgrenzung von Rechnungsabgrenzungsposten zur Anzahlung

Wenngleich die Parallelen zwischen Rechnungsabgrenzungsposten und Anzahlungen offensichtlich sind, so ist die (notwendige) „Abgrenzung der Anzahlung
gegenüber den Rechnungsabgrenzungsposten [..] streitig"[871]. Nach *Schütz*[872] ist
das „einzig unterscheidende Wesensmerkmal dieser beiden Bilanzpositionen
[...] [die] Höhe des für die Begleichung der noch ausstehenden Gegenleistung in
der Bilanz zu berücksichtigenden Zahlungsbetrages."[873] Durch Anzahlungen
werde nur ein Teil der Gegenleistung beglichen; durch den aktiven Rechnungsabgrenzungsposten komme hingegen zum Ausdruck, dass die gesamte Schuld
für eine noch nicht bewirkte oder noch nicht vollständig bewirkte Leistung in
ihrer vollen Höhe durch eine einmalige Zahlung im Voraus beglichen würde.
Deshalb spreche man im Falle von Rechnungsabgrenzungsposten auch von Vorauszahlungen und nicht von Anzahlungen. Anzahlungen hätten demnach einen
Teilzahlungscharakter, wohingegen der Rechnungsabgrenzungsposten für Voll-
zahlungen stünde.[874] Allerdings ist dies kein zutreffendes Abgrenzungskriterium.[875] Denn zum einen werden Rechnungsabgrenzungsposten auch für teilweise geldliche Vorausleistungen gebildet. Als Beispiel sei eine Mietvorauszahlung für die Hälfte der vertraglichen Nutzungsdauer angeführt. Zum anderen
erscheint die Aktivierung beispielsweise einer Vollzahlung einer Maschine
durch eine geleistete Anzahlung zwingend.

Daneben wird auch eine Abgrenzung dergestalt vorgenommen, dass hinter
Rechnungsabgrenzungsposten nicht bilanzierungsfähige Vorteile stehen, während Anzahlungen den Erwerb von bilanzierungsfähigen Wirtschaftsgütern be-

---

868 Vgl. BFH Urteil vom 25.10.1994, VIII R 65/91, BStBl. II 1995, S. 312-315, hier S. 315.
869 Vgl. BFH-Urteil vom 23.02.2005, I R 9/04, BStBl. II 2005, S. 481-483, hier S. 482.
870 Vgl. *Federmann* (HHR, 2005), § 5 EStG, Anm. 1917.
871 BFH Urteil vom 25.10.1994, VIII R 65/91, BStBl. II 1995, S. 312-315, hier S. 315.
872 Vgl. *Schütz* (Abgrenzung I, 1958), S. 29-32, hier S. 29 f. Zur Abgrenzung auf der Passivseite vgl. *Schütz* (Abgrenzung II, 1958), S. 57-58, hier S. 57.
873 *Schütz* (Abgrenzung I, 1958), S. 29-32, hier S. 29.
874 Vgl. *Stapf* (Abgrenzung, 1968), S. 137; *Köhler* (Anzahlungen, 1999), S. 8-13, hier S. 11.
875 Vgl. *Tiedchen* (HdJ, 2006), Abt. II/11, Rn. 47.

dingen.[876] „Anzahlungen führen zu bilanzierungsfähigen Wirtschaftsgütern; Rechnungsabgrenzungsposten gerade nicht."[877] Zur Unterstützung dieser These wird auf das Bilanzgliederungsschema verwiesen, wonach „ ‚geleistete Anzahlungen' nur im Zusammenhang mit bilanzierungsfähigen WG [Wirtschaftsgütern] in Betracht kommen".[878] Dagegen lässt sich die Position der sonstigen Vermögensgegenstände (Aktivseite B. II. 4) ins Feld führen. Denn diese Position stellt einen Sammelposten dar, der alle Vermögensgegenstände des Umlaufvermögens aufnimmt, die keiner anderen Position zuzuordnen sind.[879] Damit gehören zu den sonstigen Vermögensgegenständen auch geleistete Anzahlungen, aber nur soweit diese nicht im Anlagevermögen oder bei den Vorräten auszuweisen sind. Nach *Ellrott/Ring*[880] handelt es sich insbesondere um Vorleistungen auf nicht aktivierbare Gegenleistungen, die zukünftig z. B. Reparatur- oder Werbeaufwand darstellen. So heißt es auch in der Rechtsprechung des Bundesfinanzhofs, dass „derartige Vorleistungen [..] – und zwar ohne Rücksicht auf die Aktivierbarkeit der Lieferung oder Leistung des anderen Teiles – zu aktivieren"[881] sind. In der Urteilsbegründung erfolgte ein Rückgriff auf das damalige Bilanzgliederungsschema des § 131 Abs. 1 AktG 1937, das gem. § 131 Abs. 1 A II Nr. 7 AktG 1937 nur im Umlaufvermögen eine einzige Position Anzahlungen betreffend vorsah. Im daran anknüpfenden Urteil vom 4. August 1976 erfolgte dementsprechend ein Verweis auf § 151 Abs. 1 Aktivseite III B 1 AktG 1965 als Nachfolgeregelung des § 131 AktG 1937.[882] Somit ist heute unstrittig, dass Anzahlungen auch dann zu aktivieren sind, wenn die Gegenleistung selbst nicht aktivierungsfähig ist.[883]

Nach Auffassung *Roses* ließe sich eine sinnvolle Abgrenzung nur dadurch erreichen, dass „in die Rechnungsabgrenzung nur Posten aufzunehmen [sind], die Vorleistungen für solche Leistungen darstellen, welche sich über mehr als einen Abschlußzeitraum erstrecken"[884]. Als Beispiel führt *Rose* die vorausgezahlte Messestandsmiete an, die voll in das nachfolgende Geschäftsjahr der anmieten-

---

876 Vgl. *Döllerer* (Rechnungslegung, 1965), S. 1405-1417, hier S. 1408, *derselbe* (Wirtschaftsgut, 1965), S. 326-329, hier S. 329.

877 *Trzaskalik* (Nutzungsrechte, 1983), S. 126-135, hier S. 130, Fn. 22.

878 *Federmann* (HHR, 2005), § 5 EStG, Anm. 1917; vgl. auch *Kliem* (Rechnungsabgrenzung, 2000), S. 147 und S. 261.

879 Vgl. *Adler/Düring/Schmaltz* (Rechnungslegung, 1995), § 266 HGB, Rn. 134; *Ellrott/-Ring* (BeckBilKomm, 2006), § 247 HGB, Anm. 120; so auch *Dusemond/Heusinger/-Knop* (HdRE, 2003), § 266 HGB, Rn. 87; *Reiner/Haußer* (MünchKomm, 2008), § 266 HGB, RdNr. 69.

880 Vgl. *Ellrott/Ring* (BeckBilKomm, 2006), § 247 HGB, Anm. 122.

881 BFH Urteil vom 16.05.1973, I R 186/71, BStBl. II 1974, S. 25-27, hier S. 26.

882 Vgl. BFH Urteil vom 4.08.1976, I R 145/74, BStBl. II 1976, S. 675-676, hier S. 676.

883 Vgl. BFH vom 25.10.1994, VIII R 65/91, BStBl. II 1995, S. 312-315, hier S. 315; *Weber-Grellet* (Schmidt EStG-Kommentar, 2008), § 5 EStG, Rz. 270 Stichwort: „Anzahlungen".

884 *Rose* (Rechnungsabgrenzungsposten, 1984), S. 141-168, hier S. 160.

den Unternehmung fiel.[885] Diese Vorausleistung sei als Anzahlung zu bilanzieren. Aus dem aus der Rechtsprechung gewonnenen Definitionsmerkmal der „zeit(raum)bezogene[n] Gegenleistung" leitet *Rose* zunächst ab, „daß eine Ausgabe [...], die nur durch eine einmalige (also nicht dauerhafte) Gegenleistung bzw. durch mehrere einzelne Gegenleistungen noch auszugleichen ist, keinen Rechnungsabgrenzungsposten ins Leben ruft, sondern schlicht als Forderung (bzw. Anzahlung) [...] auszuweisen ist"[886]. Die Gegenleistung müsse eben einen Zeitraum umfassen, d. h. sie müsse so etwas wie eine Dauerleistung, ein Leistungskontinuum darstellen. Damit würden beispielsweise Vorauszahlungen auf Sukzessivlieferungsverträge zwingend als Anzahlungen ausgewiesen werden. Eine Begründung dafür, warum eine „Dauerleistung" wenigstens zwei Wirtschaftsjahre des Bilanzierenden berühren muss, um als Rechnungsabgrenzungsposten ausgewiesen werden zu können, ist dies jedoch nicht.[887]

Das Merkmal der Zeitraumbezogenheit erscheint auf den ersten Blick als die einzig chlüssige Abgrenzungsform[888], denn Rechnungsabgrenzungsposten kommen nur in Betracht bei Rechtsverhältnissen, bei denen Leistung und Gegenleistung ihrer Natur nach zeitbezogen sind, aber zeitlich auseinanderfallen. Demgegenüber sind Anzahlungen nicht auf einen bestimmten Zeitraum bezogen, sondern vielmehr Vorausleistungen auf zeitpunktbezogene Leistungen. Demnach sind Rechnungsabgrenzungsposten Vorauszahlungen (Vorleistungen) auf Dauerrechtsverhältnisse.[889] Allerdings lässt sich eine Abgrenzung nach dem Merkmal der Zeitraumbezogenheit vor dem Hintergrund der höchstrichterlichen Finanzrechtsprechung nicht durchgängig durchführen. Der Bundesfinanzhof geht von einem sehr weiten Verständnis der Anzahlungen aus: „Danach kommen als Anzahlungen Vorleistungen aus schwebenden Verträgen aller Art in Betracht, insbesondere auch auf zeitraumbezogene Verträge, wie Dienst-, Pacht- oder Mietverträge."[890] Insoweit unterscheiden sich die beiden betrachteten Bilanzpositionen nicht.

Nach alledem erscheint eine sinnvolle Abgrenzung – unter Berücksichtigung der Rechtsprechung des Bundesfinanzhofs – nur unter Heranziehung von zwei Abgrenzungsmerkmalen möglich. Der Rechnungsabgrenzungsposten setzt eine zeitraumbezogene Gegenleistung voraus. Dies schließt allerdings eine Aktivierung als Anzahlung im Sinne der Rechtsprechung des Bundesfinanzhofs nicht aus. Fügt man diesem ersten Merkmal das Kriterium des Leistungsbeginns hin-

---

885 Vgl. *Rose* (Rechnungsabgrenzungsposten, 1984), S. 141-168, hier S. 145, Fn. 48.
886 *Rose* (Rechnungsabgrenzungsposten, 1984), S. 141-168, hier S. 156.
887 Vgl. *Bauer* (Kirchhof/Söhn/Mellinghoff, 2001), § 5 EStG, F 54, der die von *Rose* vorgeschlagene Differenzierung ebenfalls für sachlich nicht gerechtfertigt erachtet.
888 Vgl. *Bauer* (Kirchhof/Söhn/Mellinghoff, 2001), § 5 EStG, F 55.
889 Vgl. *Mellwig* (Quelle, 2005), S. 217-235, hier S. 224; *Babel* (Dreieck, 2007), S. 1-36, hier S. 24.
890 BFH-Urteil vom 25.10.1994, VIII R 65/91, BStBl. II 1995, S. 312-315, hier S. 315.

zu, ist eine eindeutige Abgrenzung möglich. Einem Rechnungsabgrenzungsposten liegt dann eine zeitraumbezogene Gegenleistung zugrunde, mit deren
Ausführung bereits begonnen wurde. Dementsprechend kommt es zur Bilanzierung einer Anzahlung, wenn zwar das Merkmal der Zeitraumbezogenheit erfüllt
ist, mit der eigentlichen Leistungserbringung aber noch nicht begonnen wurde.
Das zuvor diskutierte Beispiel der Anmietung und Vorauszahlung eines Messe-
standes für das nachfolgende Geschäftsjahr wäre demnach als Anzahlung zu bilanzieren, ohne dass es der Einschränkung *Roses* bedürfte. Modifiziert man dieses Beispiel dahingehend, dass der Messestand nicht nur für das folgende Geschäftsjahr, sondern auch für das darauf folgende Geschäftsjahr angemietet
wird, erfolgt eine Umbuchung der Anzahlung in einen Rechnungsabgrenzungsposten zum Zeitpunkt des Mietbeginns. Diese Abgrenzung hat zudem den Vorteil, dass der aktive Rechnungsabgrenzungsposten eine Vorleistung im Rahmen
eines schwebenden Geschäftes anzeigt, bei dem der zur Sach- oder Dienstleistung Verpflichtete mit seiner Leistungserbringung bereits begonnen hat. Die
Anzahlung wäre demnach eine Vorleistung im Rahmen eines schwebenden Geschäfts, bei der die Gegenleistung zur Gänze noch aussteht. Zudem bedürfte es
im Rahmen der Anzahlungen keiner Differenzierung zwischen zeitpunkt- und
zeitraumbezogenen Gegenleistungen.

Einfacher und nicht wesentlich weniger aussagekräftig könnte eine Abgrenzung
der Anzahlung und des Rechnungsabgrenzungspostens vorgenommen werden,
wenn man entgegen der Rechtsprechung Vorleistungen im Rahmen schwebender Dauerrechtsverhältnisse stets als Rechnungsabgrenzungsposten und Vorleistungen, denen keine zeitraumbezogene, sondern eine zeitpunktbezogene Gegenleistung gegenübersteht, als Anzahlungen bilanziert. Kurz gefasst: Vorleistungen auf zeitraumbezogene Gegenleistungen sind Rechnungsabgrenzungsposten,
Vorleistungen auf zeitpunktbezogene Gegenleistungen sind Anzahlungen.

B.   Der Ausweis der Rechnungsabgrenzungsposten

Rechnungsabgrenzungsposten „bilden nichts anderes ab als *Anzahlungen*"[891] mit
dem wesentlichen Unterschied, „dass bei den Anzahlungen die spätere Gegenleistung zeitpunktbezogen, bei den Rechnungsabgrenzungsposten die spätere
Gegenleistung zeitraumbezogen erfolgt."[892] Anzahlungen wie Rechnungsabgrenzungsposten „stellen keine Ansprüche oder Verpflichtungen bezüglich
der Sach- oder Dienstleistung"[893], sondern einen Kassenbetrag und Merkposten

---

891 *Babel* (Dreieck, 2007), S. 1-36, hier S. 23 (Hervorhebung im Original).
892 *Mellwig* (Quelle, 2005), S. 217-235, hier S. 223; vgl. auch *Kupsch* (BHR, 2002), § 250
      HGB, Rz. 14.
893 *Mellwig/Sabel* (Nichtbilanzierung schwebender Geschäfte, 2005), S. 357-370, hier
      S. 358.

139

dar.[894] Dies ändert nichts – wie gezeigt werden konnte – an ihrem Wirtschaftsgutcharakter. Vorleistungen sind Wirtschaftsgüter bzw. Vermögensgegenstände,
daher müssen sie entweder dem Anlage- oder dem Umlaufvermögen zugeordnet
werden. „Beide Vermögensarten schließen einander aus; zwischen ihnen gibt es
keine dritte Vermögensart."[895] Die gegenwärtig noch als Rechnungsabgrenzungsposten ausgewiesenen Sachverhalte sollten daher generell in das Bilanzgliederungsschema aufgenommen werden, „wie dies in einigen Ländern schon
zugelassen ist".[896]

Erkennt man an, dass Rechnungsabgrenzungsposten einen Spezialfall der Anzahlungen verkörpern, so hat sich der Ausweis dieser Vorleistungen am Ausweis der Anzahlungen zu orientieren. De lege ferenda würden dann nicht mehr
nach dem Umlaufvermögen auf der Aktivseite bzw. nach den Schulden auf der
Passivseite die Rechnungsabgrenzungsposten ausgewiesen, sondern die Vorleistungen bei Dauerrechtsverhältnissen müssten systematisch in das Bilanzgliederungsschema für Vermögensgegenstände und Schulden eingepasst werden. Diese Eingliederung der „Rechnungsabgrenzungsposten" in das Bilanzgliederungsschema des § 266 HGB kann letztlich nur durch einen impliziten Rückgriff auf
§ 247 Abs. 2 HGB erfolgen. Danach sind beim Anlagevermögen „nur die Gegenstände auszuweisen, die bestimmt sind, dauernd dem Geschäftsbetrieb zu
dienen". Der Begriff „dauernd" darf jedoch nicht als reiner Zeitbegriff im Sinne
von „immer" verstanden werden.[897] Die höchstrichterliche Finanzrechtsprechung
stellt primär auf die Art des Einsatzes des Wirtschaftsguts ab. Ein Wirtschaftsgut
zählt demnach zum Anlagevermögen, wenn der Unternehmer nicht aus dessen
Veräußerung oder Verbrauch seinen Ertrag zu erzielen beabsichtigt, sondern aus
dessen dauerndem Gebrauch.[898] „Die vorgesehene Art – nicht Dauer – des Die-
nens für den Betrieb entscheidet über die Zugehörigkeit eines Wirtschaftsguts
zum Anlage- oder Umlaufvermögen."[899] Eine längere Verweildauer kann allerdings ein Indiz für die Zurechnung zum Anlagevermögen sein.[900] Das Wirtschaftsgut „Vorauszahlung" dient dem Geschäftsbetrieb insoweit, als es die
durch die Inanspruchnahme der Gegenleistung wirtschaftlich verursachte Zahlungsverpflichtung am Entstehen hindert.

894 Vgl. *Mellwig* (Quelle, 2005), S. 217-235, hier S. 228.
895 BFH-Urteil vom 13.01.1972, V R 47/71, BStBl. II 1972, S. 744-746, hier S. 745.
896 *Beisse* (Bild, 1994), S. 3-31, hier S. 28, der jedoch eine Einreihung „unter die Forderungen und die Verbindlichkeiten" vorsieht. Vgl. *Beisse* (Wandlungen, 1995), S. 67-85,
hier S. 76; *Biener* (Transformation, 1993), S. 707-715, S. 713; *Babel* (Dreieck, 2007),
S. 1-36, hier S. 23.
897 Vgl. *Hoyos/Huber* (BeckBilKomm, 2006), § 247 HGB, Anm. 353; *Adler/Düring/-
Schmaltz* (Rechnungslegung, 1998), § 247 HGB, Rn. 111.
898 Vgl. BFH-Urteil vom 1.10.1970, V R 49/70, BStBl. II 1971, S. 34-36, hier S. 35. Zur
Abgrenzung von Anlage- und Umlaufvermögen vgl. auch *Winnefeld* (Bilanz-Handbuch,
2002), Kapitel D, Rz. 515-530.
899 BFH-Urteil vom 13.01.1972, V R 47/71, BStBl. II 1972, S. 744-746, hier S. 745.
900 Vgl. BFH-Urteil vom 5.02.1987, IV R 105/84, BStBl. II 1987, S. 448-451, hier S. 450.

Die Zurechnung der Vorauszahlung hat analog zum Ausweis der geleisteten Anzahlungen nach § 266 HGB an die Eigenschaften der Gegenleistung anzuknüp-
fen. Dabei ist es unerheblich, dass die Gegenleistung bei den auf Nutzungsüberlassung gerichteten Dauerschuldverhältnissen nicht zu einem bilanzierbaren
Vermögensgegenstand führt. Nicht der Zugang eines Wirtschaftsgutes ist ausschlaggebend für die Zuordnung zum Anlage- oder Umlaufvermögen, sondern
die mit der Auszahlung verbundene Leistungsverwendung im Betrieb. Eine Nutzungsüberlassung ist stets auf den Gebrauch des Gegenstandes gerichtet; die
Veräußerung oder der Verbrauch sind in Ermangelung des Eigentums an dem
Gegenstand ausgeschlossen. Grundsätzlich kommt somit eine Zuordnung der
Vorauszahlung nur zum Anlagevermögen in Betracht.[901] Dies könnte unter einem neuen Gliederungspunkt A. IV. *Vorauszahlungen für Dauerrechtsverhältnisse* erfolgen. Nur bei kurzfristigen Nutzungsüberlassungen ist eine Zuordnung
der Vorauszahlung zum Umlaufvermögen zweckmäßig, „da auch für den Gebrauch bestimmte, abnutzbare Wirtschaftsgüter kein Anlagevermögen darstellen, wenn sich ihre Nutzung auf einen kurzen Zeitraum erstreckt"[902]. Ein kurzer
Zeitraum wird dabei häufig bei einer Nutzung von unter einem Jahr angenommen.[903] Die Zuordnung könnte wie bei den Anzahlungen auch unter den sonstigen Vermögensgegenständen (B. II. 4.) erfolgen.

Auf der Passivseite hingegen bedürfte es lediglich einer systemgerechten Aus-
dehnung der Position C. 3. erhaltene Anzahlungen auf Bestellungen. Dieser Posten könnte fortan C. 3. erhaltene Vorauszahlungen lauten. Dies erscheint auch
vor dem Hintergrund der geltenden Regelung sachgerecht, da dem Zusatz „auf
Bestellungen" nicht entnommen werden kann, dass erhaltene Anzahlungen nur
dann vorliegen, wenn der Vertrag bürgerlich-rechtlich zustande gekommen ist.
Vielmehr ist der Zusatz „auf Bestellungen" so zu interpretieren, dass hier nur
Vorleistungen auszuweisen sind, die sich auf die Umsatzerlösen entsprechenden
Lieferungen und Leistungen beziehen.[904]

---

901 Vgl. *Mellwig* (Vorauszahlung, 2006), S. 89-103, hier S. 99.
902 *Mellwig* (Vorauszahlung, 2006), S. 89-103, hier S. 99.
903 Vgl. *Hoffmann* (Littmann/Bitz/Pust, 2007), §§ 4, 5 EStG, Rn. 608.
904 Vgl. *Adler/Düring/Schmaltz* (Rechnungslegung, 1995), § 266 HGB, Rn. 223; *Hoyos/-
    Ring* (BeckBilKomm, 2006), § 266 HGB, Anm. 224; *Dusemond/Heusinger/Knop*
    (HdRE, 2003), § 266 HGB, Rn. 152.

Kapitel 3:
Der Rechnungsabgrenzungsposten als bewertbares Wirtschaftsgut

I. Planmäßige Folgebewertung

A. Die planmäßige Periodisierung von erbrachten und erhaltenen Vorleistungen

Erkennt man die Wirtschaftsguteigenschaft des Rechnungsabgrenzungspostens, wie in *Kapitel 2* dargelegt, an, so erfordert dies bereits formal eine Anwendung der allgemeinen Bilanzierungsprinzipien und mithin eine Bewertung der Rechnungsabgrenzungsposten. So lautet die erste Frage: Welche Konsequenzen ergeben sich, wenn man die Regelungen zur planmäßigen Abschreibung sinngemäß auf das Wirtschaftsgut Vorauszahlung überträgt? Damit stellt sich zugleich die Frage, inwiefern die These des Bundesfinanzhofs, dass Rechnungsabgrenzungsposten lediglich über die relevanten Perioden „zu verteilen [sind], ohne daß es einer Bewertung des Rechnungsabgrenzungspostens bedürfte"[905], materiell mit den für Wirtschaftsgüter relevanten Bewertungsnormen in Konflikt steht.

Das Abschreibungsprinzip ergibt sich unmittelbar aus dem Realisationsprinzip: So regelt das Realisationsprinzip – als Nettorealisationsprinzip –, da es den Gewinn als Umsatzgewinn festlegt, zugleich die Aufwandsrealisierung.[906] Mithin sind Ausgaben zu aktivieren, sofern diese zukünftig ertragswirksam sind, d. h. „Aufwand [..] entsteht [erst] in dem Zeitpunkt, ab dem eine Ausgabe für die Zukunft nicht mehr ertragswirksam ist"[907]. In diesem Sinne sind „Ausgaben, die künftige Leistungen ermöglichen, durch Aktivierung zu neutralisieren, bis die entsprechende Leistung erfolgt ist"[908]. So sind Ausgaben für einen abnutzbaren Anlagegegenstand entsprechend ihren (geschätzten) künftigen Leistungsbeiträgen zu aktivieren.[909] Die Anschaffungs- oder Herstellungskosten werden anteilig den Geschäftsjahren zugeordnet, in denen Umsätze ermöglicht werden.[910] Zum Teil wird in der Literatur daraus abgeleitet, dass die Abschreibung umsatz- bzw. ertragsproportional zu erfolgen habe.[911] Abschreibungen auf abnutzbare Anlagegegenstände sind demnach degressiv zu bemessen, wenn „nach objektiven Anhaltspunkten mit künftig fallenden Geschäftsjahresumsätzen [...] zu

905 BFH-Urteil vom 12.07.1984, IV R 76/82, BStBl. II 1984, S. 713-714, hier S. 714.
906 Vgl. *Moxter* (Realisationsprinzip, 1984), S. 1780-1786, hier S. 1783 f.
907 *Moxter* (Gewinnermittlung, 1983), S. 300-307, hier S. 305.
908 *Mellwig* (Beck'sches HdR, 2003), B 164, Rz. 21.
909 Vgl. *Mellwig* (Beck'sches HdR, 2003), B 164, Rz. 21.
910 Vgl. *Böcking* (Umsatzbezogene Gewinnrealisierung, 1989), S. 491-515, hier S. 496.
911 Vgl. *Breidert* (Abschreibungen, 1994), S. 9-14; *Eibelshäuser* (Abschreibungen, 1997), S. 153-169, hier S. 160-162; *Moxter* (GoR, 2003), S. 206 f.

rechnen ist [...]."[912] Die umsatzproportionale Abschreibung berücksichtigt folglich auch den Wert der eigenen Leistung (Menge und Preis). Eine strikt umsatzbezogene Ausgabenaktivierung und Ausgabenverteilung widerspricht jedoch dem Erfordernis der Rechtssicherheit[913], denn es bedarf einer Bestimmung der konkreten Erträge, die durch das jeweilige Anlagegut alimentiert werden.[914] Die Höhe der Abschreibungen hat sich daher nicht an den periodenspezifischen Erträgen zu orientieren, sondern die Anlageaufwendungen sind den Perioden möglicher Ertragserzielung zuzuordnen.[915] Diese Zuordnung hat primär leistungsbezogen zu erfolgen (Mengengerüst). Lässt sich eine leistungsbezogene Aufwandsverrechnung nicht objektiviert ermitteln, so kann die Aufwandsverrechnung nur zeitabhängig mittels Nutzungsdauerschätzung erfolgen.[916] Daraus folgt wiederum zwangsläufig eine lineare Abschreibung, sofern nicht nachprüfbare Gründe für einen anderen Abschreibungsverlauf sprechen.[917] So können beispielsweise mit der Nutzungsdauer ansteigende Reparatur- und Instandhaltungsaufwendungen eine geometrisch-degressive Abschreibung wirtschaftlich begründen.[918] Dieser Objektivierung ist das Steuerrecht durch eine Normierung der Abschreibung (Afa) in § 7 EStG gefolgt.

Überträgt man diese aus dem Realisationsprinzip abgeleitete Aufwandsverrechnung aktivierter Ausgaben auf den aktiven Rechnungsabgrenzungsposten, so ergibt sich Folgendes: Die Aufwandsverrechnung hat leistungsbezogen und nicht ertragsbezogen zu erfolgen. Die Laufzeit des Dauerrechtsverhältnisses bzw. der Zeitraum die Vorauszahlung betreffend gilt als Zeitraum möglicher Ertragserzielung. Dieser Zeitraum ist sinngemäß als betriebsgewöhnliche Nutzungsdauer zu interpretieren. Bei der leistungsbezogenen Aufwandsverrechnung ist wiederum der Wert der bezogenen Gegenleistung maßgeblich. Bei einer im Zeitablauf unveränderten Gegenleistung hat demgemäß eine lineare Auflösung des Rechnungsabgrenzungspostens zu erfolgen. Prima vista gibt es scheinbar keine wesentlichen Unterschiede zwischen der Bewertungsmethodik des aktiven

---

912 *Moxter* (Bilanzrechtsprechung, 2007), S. 248.

913 So auch *Moxter* (Gewinnermittlung, 1983), S. 300-307, hier S. 305.

914 Vgl. *Siegel* (Periodisierungsprinzip, 1994), S. 1-24, hier S. 10, *derselbe* (Metamorphosen, 1992), S. 585-605, hier S. 597.

915 Vgl. *Mellwig* (Beck'sches HdR, 2003), B 164, Rz. 22; *Eibelshäuser* (Abschreibungen, 1997), S. 153-169, hier S. 163, sieht in den normierten Abschreibungsvorschriften des Steuerrechts eine durch Praktikabilitätsüberlegungen erzwungene Vereinfachung, die grudsätzlich eine umsatzadäquate Aufwandsverrechnung anstrebt. Vgl. auch *Moxter* (Bilanzrechtsprechung, 2007), S. 248.

916 Vgl. *Mellwig* (Beck'sches HdR, 2003), B 164, Rz. 22; vgl. auch *Schneider* (Abschreibungsverfahren, 1974), S. 365-376, hier S. 375 f.: „Alle Ausgaben, die eine zeitlich begrenzte, über eine Abrechnungsperiode hinausragende Leistungsbereitschaft schaffen, sind allen Perioden der Leistungsbereitschaft gleichmäßig als Aufwand zu verrechnen."

917 Vgl. *Schneider* (Abschreibungsverfahren, 1974), S. 365-376, hier S. 375 f.: So habe grundsätzlich eine lineare Verteilung der Anschaffungskosten mangels besserer Gründe zu erfolgen.

918 Vgl. *Mellwig* (Beck'sches HdR, 2003), B 164, Rz. 22; *Leffson* (GoB, 1987), S. 314.

Rechnungsabgrenzungspostens und dem Abschreibungsprinzip. Allerdings erfolgt bei der Bewertung des Rechnungsabgrenzungspostens eine dem Vorauszahlungscharakter entsprechende stärkere Verrechtlichung. Während für die Abschreibung auf die *betriebs*gewöhnliche Nutzungsdauer abgestellt wird, die abweichen kann von der gewöhnlichen Nutzungsdauer – im Sinne einer objektbezogenen Nutzungsdauer –[919], ist der Zeitraum der möglichen Ertragserzielung durch das Korsett des Dauerrechtsverhältnisses vorherbestimmt.

Zur Veranschaulichung dieses Unterschiedes diene der Vergleich zwischen der Aufwandsperiodisierung der Anschaffungskosten einer Maschine und der eines vorausbezahlten Mietzinses: Die Periodisierung der Anschaffungskosten erfolgt gemäß Realisationsprinzip nach der erstellten Leistung, d. h. die betriebsindividuelle Leistungserstellung bestimmt die betriebsgewöhnliche Nutzungsdauer und mithin den Zeitraum der Ausgabenverteilung. Die Periodisierung der Vorauszahlung erfolgt ebenfalls leistungsbezogen. Doch bestimmt nicht die eigene Leistungserstellung, sondern die Inanspruchnahme der Gegenleistung die Periodisierung, denn dem Grunde nach wird die Vorleistung für die Gegenleistung der anderen Vertragsseite erbracht. Da die Vorauszahlung lediglich die Leistungserbringung der anderen Vertragsseite abgilt, ist eine von den rechtlichen Rahmenbedingungen abweichende Verteilung der Vorauszahlung mit dem Vorauszahlungscharakter des Rechnungsabgrenzungspostens unvereinbar. Diese mit dem Vorauszahlungscharakter des Rechnungsabgrenzungspostens zwingend verbundene Bewertungsmethodik entspricht im Ergebnis der im ersten Kapitel dargelegten Auflösungsmethodik des Bundesfinanzhofs. Danach bestimmt die Bewertung des Rechnungsabgrenzungspostens der rechtliche Jahreswert der Sach- oder Dienstleistung, der sich wiederum aus dem objektivierten Funktionswert der Nutzungsüberlassung ableitet.[920]

Die Folgebewertung der erhaltenen Vorleistung ist untrennbar verbunden mit der Ertragsrealisierung bei Dauerrechtsverhältnissen. Der Ertragsrealisierungszeitpunkt wird durch das Realisationsprinzip konkretisiert, so dass die Bewertung oder Auflösung des passiven Rechnungsabgrenzungspostens als Folge des Realisationsprinzips zu sehen ist. Erfolgswirksame Forderungszugänge entstehen bei Dauerrechtsverhältnissen zum Zeitpunkt der Leistungserbringung durch den zur Sachleistung Verpflichteten. Dies entspricht dem Realisationsprinzip, welches festlegt, dass der Gewinn eines Geschäftes zu dem Zeitpunkt zu erfas-

---

919 Zur Bestimmung der betriebsgewöhnlichen Nutzungsdauer vgl. *Hommel* (Steuerbilanz, 2001), S. 247-252, hier S. 250 f.; *Moxter* (Bilanzrechtsprechung, 2007), S. 256-259; *Naumann/Breker* (HdJ, 2003), Abt. I/7, Rn. 355. Siehe hierzu auch das BFH-Urteil vom 19.11.1997, X R 78/94, BStBl. II 1998, S. 59-62, hier S. 61: Danach ist für die Bestimmung der Nutzungsdauer nicht die Dauer der betrieblichen Nutzung durch den einzelnen Steuerpflichtigen, „sondern die objektive Nutzbarkeit eines Wirtschaftsguts unter Berücksichtigung der besonderen betriebstypischen Beanspruchung" maßgebend.

920 Vgl. Kapitel 1 III.A.

sen ist, zu dem der zur Lieferung oder Leistung Verpflichtete den Vertrag erfüllt.[921] „Die Vermieterleistung und vergleichbare Dauerschuldleistungen weisen für Zwecke der Ertrags- und Gewinnrealisierung (§ 252 Abs. 1 Nr. 4 zweiter Halbsatz) die Besonderheit auf, daß sie [...] in einem Zeitraum zu erbringen sind."[922] Daher ist anders als bei Veräußerungsverträgen kein Erfüllungszeitpunkt auszumachen, an den die Realisierung anknüpfen könnte. Jedoch ist die Forderung auf Erhalt des Mietzinses so gut wie sicher und daher realisiert, soweit die Vermieterleistung in der Vergangenheit erbracht wurde.[923] Es ist deshalb im Einzelfall zu prüfen, ob durch die eigene Leistungsbewirkung der Anspruch auf Erhalt der Gegenleistung „quasi-sicher" geworden ist, denn die Gewinnrealisierung verlangt in erster Linie das Vorliegen dieses quasi-sicheren Anspruchs.[924] Die Gewinnrealisierung bei Dauerschuldverhältnissen wird nicht durch den Erhalt der Vorleistung bestimmt. Dementsprechend kann eine zeitproportionale Auflösung des passiven Rechnungsabgrenzungspostens nur erfolgen, sofern dies mit dem Vorsichtsprinzip in seiner Ausprägung als Realisationsprinzip übereinstimmt.[925] Die Auflösung des Rechnungsabgrenzungspostens erfolgt zum „Erfüllungszeitpunkt"; die für die Vorleistung gebildeten Rechnungsabgrenzungsposten werden mit den zu diesem Zeitpunkt entstehenden Forderungen verrechnet. Die Entstehung der Forderung verdrängt den passiven Rechnungsabgrenzungsposten.[926]

B. Zur Berücksichtigung von Zinseffekten bei der Bewertung von Rechnungsabgrenzungsposten

1. Aktive Rechnungsabgrenzung und Zinseffekt

Die Ausgeglichenheit eines schwebenden Geschäfts wird gestört, wenn die Ausgabe (Einnahme) für eine Leistung nicht Zug um Zug erfolgt, sondern im Voraus getätigt (erzielt) wird. Das zeitliche Auseinanderfallen von Leistung und Gegenleistung bringt das schwebende Geschäft aus dem Gleichgewicht. Das bilanzrechtliche Gleichgewicht, d. h. die Zuordnung von Aufwand bzw. Ertrag in jene Periode, in der die Leistung erfolgt, wird durch die Bilanzierung von Rechnungsabgrenzungsposten bzw. Anzahlungen gewährleistet.

Jedoch ist zu bedenken, dass die periodengerechte Zuordnung der Ausgaben noch nicht zu einer völligen wirtschaftlichen Ausgeglichenheit des schwebenden Geschäfts führt. Der Vorleistende wird bei der Vorleistung als wirtschaftlich

921 Vgl. *Daubner* (Realisationsprinzip, 2003), S. 249-251.
922 BFH-Urteil vom 20.05.1992, X R 49/89, BStBl. II 1992, S. 904-909, hier S. 906 (Hervorhebung im Original).
923 Vgl. BFH-Urteil vom 20.05.1992, X R 49/89, BStBl. II 1992, S. 904-909, hier S. 906.
924 Vgl. BFH-Urteil vom 10.09.1998, IV R 80/96, BStBl. II 1999, S. 21-23, hier S. 22.
925 Vgl. hierzu das Beispiel von *Hommel* (Dauerschuldverhältnisse, 1992), S. 72 f.
926 Vgl. BFH-Urteil vom 20.05.1992, X R 49/89, BStBl. II 1992, S. 904-909, hier S. 907.

handelnder Kaufmann die Zinseffekte der Vorleistung berücksichtigen.[927] So enthält die Vorleistung einen zusätzlichen wirtschaftlichen Vorteil für die andere Vertragspartei, der in einer vorzeitigen Kapitalnutzung besteht.[928] Diese Vorteilsgewährung wird für den Vorleistenden nur dann in Betracht kommen, wenn die Vorauszahlung so bemessen ist, dass die wirtschaftliche Ausgeglichenheit von Leistung und Gegenleistung gewährleistet bleibt. Bei einer wirtschaftlichen Würdigung der Vorleistung und mithin des Rechnungsabgrenzungspostens liegen damit regelmäßig Zinsüberlegungen zugrunde.[929] Es stellt sich die Frage, ob und unter welchen Voraussetzungen ein Zinsanteil zu berücksichtigen ist mit der Konsequenz, dass der Rechnungsabgrenzungsposten für Zwecke der Bewertung wie eine abgezinste Forderung zu behandeln ist. Dementsprechend wäre unter Berücksichtigung eines sinkenden Zins- und eines steigenden Tilgungsanteils eine progressive Auflösung geboten.[930]

Zur Veranschaulichung diene folgendes Beispiel:[931] A und B schließen einen Mietvertrag mit einer Vertragslaufzeit von 5 Jahren. Die vereinbarte und zugleich marktgerechte Jahresmiete beträgt 100.000 Euro. Der Mieter möchte jedoch eine Mietvorauszahlung für die komplette Mietzeit von 5 Jahren leisten. Der Betrag der zwischen den beiden Mietparteien vereinbarten Mietvorauszahlung beläuft sich – unter Berücksichtigung eines Zinssatzes von 10% – lediglich auf 379.079 Euro. Beide Vertragsparteien akzeptieren mithin den Barwert der künftigen Mietzahlungen als Mietvorauszahlung und haben damit konkludent eine Verzinsung vereinbart. Wirtschaftlich lässt sich dieses Geschäft in seine zwei Komponenten zerlegen. Zum einen erfolgt ein verdecktes Kreditgeschäft in Höhe der Vorauszahlung. Dabei erfolgen die Rückzahlung des Darlehens und die Abgeltung der Kapitalüberlassung durch die Überlassung der Mietsache. Zum anderen stellt der Nutzungsüberlassungsvertrag selbst die zweite Komponente dar. So vertreten beispielsweise *Adler/Düring/Schmaltz* die Auffassung, dass „bei einer Vorauszahlung für eine längere Periode [...] die Parteien in ihrem Kalkül eine Abzinsung vornehmen (Barwert) [werden]"[932]. Dies bedeute, „dass der Zins auf die Vorauszahlung ebenfalls als Leistung zu verstehen ist"[933]. Folglich sei bei nicht unbedeutenden Beträgen eine Auflösung „nach der finanzmathematischen Methode vorzunehmen"[934].

---

927 Vgl. *Achatz/Kofler* (Abzinsung, 2001), S. 185-220, hier S. 209.

928 Vgl. *Clemm* (Abzinsung, 1993), S. 177-194, hier S. 189: So liegt bei An- oder Vorauszahlungen eine „Kreditgewährung" des Abnehmers an den Lieferanten vor.

929 Vgl. *Achatz/Kofler* (Abzinsung, 2001), S. 185-220, hier S. 209.

930 Vgl. *Tiedchen* (HdJ, 2006), Abt. II/11, Rn. 123 f.

931 In Anlehnung an *Achatz/Kofler* (Abzinsung, 2001), S. 185-220, hier S. 209.

932 *Adler/Düring/Schmaltz* (Rechnungslegung, 1998), § 250 HGB, Rn. 50.

933 *Adler/Düring/Schmaltz* (Rechnungslegung, 1998), § 250 HGB, Rn. 50.

934 *Adler/Düring/Schmaltz* (Rechnungslegung, 1998), § 250 HGB, Rn. 50; *Tiedchen* (HdJ, 2006), Abt. II/11, Rn. 124, differenziert für den Fall, dass die Vertragsparteien selbst eine Abzinsung vornehmen. In diesem Fall sei eine Verzinsung der Vorauszahlung konkludent zwischen den beiden Vertragsparteien vereinbart worden.

Hinter der Forderung nach einer ansteigenden Auflösung des Rechnungsabgrenzungspostens steht folgende Überlegung[935]: Es handelt sich um zwei gegenläufige Effekte. Zum einen erfordert die Nutzungsüberlassung der Mietsache eine im Zeitablauf gleichbleibende Auflösung des Rechnungsabgrenzungspostens, da die Inanspruchnahme der Nutzungsüberlassung im Zeitablauf konstant ist. Zum anderen ist der Vorteil zu berücksichtigen, dass nicht der aufsummierte Betrag der einzelnen Nutzungsentgelte der jeweiligen Perioden vorausgezahlt wird, sondern nur deren Barwert. Dieser Vorteil nimmt im Zeitablauf ab, da auch die Höhe der Kreditgewährung im Zeitablauf sinkt. Demnach entspricht der Rechnungsabgrenzungsposten am zweiten Bilanzstichtag dem Barwert der noch fiktiv ausstehenden Zahlungen des Mietzinses der Folgeperioden.[936] Konkret bedeutet dies für das Beispiel: Die Vorauszahlung in Höhe von 379.079 Euro generiert fiktive Zinserträge in Höhe von 37.907 Euro bei dem frei gegriffenen und unterstellten Zinssatz von 10%. Dem gegenüber wären bei einer jährlichen Zahlung des Mietzinses 100.000 Euro als Mietaufwand zu erfassen. Da das Nutzungsentgelt in Höhe von 100.000 Euro die Zinserträge aus der Vorauszahlung in Höhe von 37.907 Euro um den Betrag von 62.092 Euro übersteigt, ist diese Differenz als Tilgung des durch die Vorauszahlung bereitgestellten Kapitals zu interpretieren.[937] Die Höhe des Rechnungsabgrenzungspostens beträgt daher nach Ablauf der ersten Periode 316.987 Euro.

Die Berücksichtigung des Zinsanteils bei der Auflösung des Rechnungsabgrenzungspostens erscheint in den Fällen geboten, in denen dem Vertragsverhältnis – wie dies im Ausgangssachverhalt unterstellt wurde – eine konkrete Vereinbarung eines Zinsanteils entnommen werden kann.[938] Nur in diesem Fall ist eine Berücksichtigung des Zinsanteils mit der Objektivierungserfordernis der Bilanz im Rechtssinne zu vereinbaren.[939] Anders ausgedrückt: Eine „Berücksichtigung lediglich fiktiver Zinsen ist objektivierungsbedingt unzulässig"[940]. Dieses Objektivierungsbedürfnis wiegt umso schwerer, weil durch eine progressive Aufwandsverrechnung als Folge der Vereinnahmung fiktiver Zinsen ein im Sinne des Realisationsprinzips zu hoher Gewinn ausgewiesen werden würde. Im Ergebnis heißt dies: Eine Auflösung des Rechnungsabgrenzungspostens unter Berücksichtigung des Zinseffektes ist nur zulässig und dann geboten[941], wenn dem Objektivierungsbedürfnis der Bilanz im Rechtssinne Genüge getan wurde,

---

935 Vgl. *Achatz/Kofler* (Abzinsung, 2001), S. 185-220, hier S. 210 f.

936 Vgl. *Achatz/Kofler* (Abzinsung, 2001), S. 185-220, hier S. 211.

937 Vgl. *Achatz/Kofler* (Abzinsung, 2001), S. 185-220, hier S. 211.

938 Vgl. *Tiedchen* (HdJ, 2006), Abt. II/11, Rn. 123 f.; *Kupsch* (BHR, 2002), § 250 HGB, Rz. 46.

939 Vgl. *Achatz/Kofler* (Abzinsung, 2001), S. 185-220, hier S. 219 f.

940 *Kupsch* (BHR, 2002), § 250 HGB, Rz. 46.

941 Gegen eine Berücksichtigung von Zinseffekten *Weber-Grellet* (Schmidt EStG-Kommentar, 2008), § 5 EStG, Rz. 253; *Schreiber* (Blümich EStG-Kommentar, 2007), § 5 EStG, Rz. 691; *Bauer* (Kirchhof/Söhn/Mellinghoff, 2001), § 5 EStG, F 151.

wenngleich bei einer Vorauszahlung für einen längeren Zeitraum wirtschaftlich stets Zinsen zu vermuten sind.

2. Passive Rechnungsabgrenzung und Zinseffekt

Wechselt man die Perspektive und betrachtet den oben dargestellten Ausgangsfall, so stellt sich die Frage nach der Berücksichtigung des Zinseffektes auf Seiten des Vermieters. Zu berücksichtigen ist, dass die Auflösung des Rechnungsabgrenzungspostens unmittelbar mit einer Ertragsrealisierung verbunden ist. Die Auflösung des Rechnungsabgrenzungspostens führt so zu einem grundsätzlich ausschüttungsoffenen und mithin verteilbaren Gewinn.[942]

Die Diskussion über die Berücksichtigung von Zinseffekten bei passiven Rechnungsabgrenzungsposten wird vornehmlich am Beispiel der Forfaitierung von Leasingraten geführt.[943] „Die Zahlung des Forfaitierungserlöses stellt sich [..] aus Sicht des Realisationsprinzips ähnlich einer Vorauszahlung des Leasingnehmers und damit einer Mietvorauszahlung dar."[944] Daher kann die Diskussion über den passiven Rechnungsabgrenzungsposten bei der Forfaitierung von Leasingraten auf längerfristige Vorauszahlungen übertragen werden.

Anstoß für diese Diskussion war das Urteil des Bundesfinanzhofs vom 24. Juli 1996.[945] Diesem lag folgender Sachverhalt zugrunde: Eine Leasinggesellschaft verleaste bewegliche Sachen gegen gleich bleibende (lineare) Leasingraten, wobei die Leasinggesellschaft die Anschaffung der Leasinggegenstände durch die Veräußerung des Entgeltanspruchs der Leasingraten zum Barwert finanzierte. Für die Einnahmen aus der Forfaitierung müsse ein passiver Rechnungsabgrenzungsposten gebildet werden, da der Leasinggeber gegenüber dem Forderungskäufer für die einredefreie Erfüllung des Leasingvertrages Sorge zu tragen habe.[946] Hierin bestehe gerade die Ähnlichkeit zur Mietvorauszahlung.[947] So kann der rechtliche Bestand der Forderung nur dadurch gesichert werden, dass der Leasinggeber seiner vertraglichen Verpflichtung aus dem Nutzungsüberlas-

---

942 Vgl. *Beisse* (Verhältnis, 1984), S. 1-14, hier S. 4.

943 Vgl. *Achatz/Kofler* (Abzinsung, 2001), S. 185-220, hier S. 212-214; *Blauberger* (Auflösung, 1994), S. 148-150; *Haarmann* (Auflösung, 1993), S. 321-333; *Lißmann* (Passive Rechnungsabgrenzung, 1991), S. 1479-1481; *Moxter* (Bilanzrechtsprechung, 1997), S. 433-436.

944 BFH-Urteil vom 24.07.1996, I R 94/95, BStBl. II 1997, S. 122-125, hier S. 123.

945 Vgl. BFH-Urteil vom 24.07.1996, I R 94/95, BStBl. II 1997, S. 122-125.

946 Vgl. BFH-Urteil vom 24.07.1996, I R 94/95, BStBl. II 1997, S. 122-125, hier S. 123.

947 Vgl. *Grewe* (Grundfragen, 1990), S. 161-168, hier S. 166 f.; *Groove* (Gewinnrealisierung, 1984), S. 889-893, hier S. 890; *Krüger* (Verlustvorträge, 1983), S. 361-364, hier S. 362.

sungsvertrag nachkommt.[948] Zur Veranschaulichung diene folgendes Beispiel: Die Leasingraten eines auf fünf Jahre abgeschlossenen Immobilienleasingvertrages betragen jährlich 100.000 Euro.[949] Werden die Forderungen zu Beginn der Grundmietzeit beispielsweise an ein Kreditinstitut veräußert, erhält der Leasinggeber bei einem unterstellten Diskontsatz von 10% 379.079 Euro. Die Forfaitierung von Leasingraten ähnelt dem im Vorabschnitt dargestellten Beispiel einer konkludenten Zinsvereinbarung.

In Höhe der tatsächlich erhaltenen Vorauszahlung hat der Vermieter einen passiven Rechnungsabgrenzungsposten zu bilden.[950] So eindeutig die Erst- oder Zugangsbewertung erfolgt, so differenziert sind in diesem Kontext die Auffassungen über eine mögliche Folgebewertung bzw. Auflösung des Rechnungsabgrenzungspostens.[951] Unter Hinweis auf die Rechtsprechung des Bundesfinanzhofs[952] wird die lineare Auflösung des passiven Rechnungsabgrenzungspostens gefordert, die zudem sogar als einzig zulässige Auflösungsmethode angesehen wird.[953] Der Standpunkt des Bundesfinanzhofs negiert das Vorliegen eines zu berücksichtigenden Zinseffektes mit einer formalen Begründung: „Die Forfaitierung ist ihrer Rechtsnatur nach Kaufvertrag und nicht Darlehensgewährung. Bilanzrechtlich darf ein eindeutiger Kaufvertrag nicht aufgrund ‚wirtschaftlicher Betrachtungsweise' zu einem Kreditgeschäft umqualifiziert werden."[954] Die lineare Auflösung des passiven Rechnungsabgrenzungspostens ist dann eine Folge der grundsätzlich geltenden Auflösungsmethodik des Rechnungsabgrenzungspostens: „Der passive Rechnungsabgrenzungsposten ist Ausdruck einer Leistungsverpflichtung, die der sofort erfolgswirksamen Vereinnahmung entgegensteht. Bleibt diese nach Art und Umfang gleich, führt dies zu einer im Zeitablauf entsprechenden linearen Auflösung des Rechnungsabgrenzungspostens."[955] Letztlich ergibt sich im Beispiel eine periodische ertragswirksame Auflösung

---

948 Vgl. *Blauberger* (Auflösung, 1994), S. 148-150, hier S. 148; *Lißmann* (Passive Rechnungsabgrenzung, 1991), S. 1479-1481, hier S. 1480.

949 Hierbei wird unterstellt, dass die linearen Leasingraten zugleich Ausdruck einer gleichbleibenden Leistungsverpflichtung in den einzelnen Teilperioden sind.

950 Vgl. *IDW* (HFA 1/1989, 1989), S. 625-626, hier S. 626; *Link* (Ertragsvereinnahmung, 1988), S. 616-618, hier S. 617; BMF-Schreiben vom 9.01.1996, IV B – S 2170 – 135/95, BStBl. I 1996, S. 9.

951 A. A. *Bink* (Bilanzierung, 1987), S. 1106-1108, hier S. 1106 und *derselbe* (Bilanzierung, 1994), S. 1304-1308, hier S. 1308.

952 Vgl. BFH-Urteil vom 24.07.1996, I R 94/95, BStBl. II 1997, S. 122-125, hier S. 122.

953 Vgl. *Weber-Grellet* (Schmidt EStG-Kommentar, 2008), § 5 EStG, Rz. 253; *Schreiber* (Blümich EStG-Kommentar, 2007), § 5 EStG, Rz. 691; *Bauer* (Kirchhof/Söhn/-Mellinghoff, 2001), § 5 EStG, F 151. Für eine lineare Auflösung auch *Bink* (Bilanzierung, 1987), S. 1106-1108, hier S. 1107.

954 BFH-Urteil vom 24.07.1996, I R 94/95, BStBl. II 1997, S. 122-125, hier S. 125.

955 BFH-Urteil vom 24.07.1996, I R 94/95, BStBl. II 1997, S. 122-125, hier S. 124; so forderte die Finanzverwaltung bereits vor dem Urteilsspruch des BFH die lineare Auflösung. Vgl. BMF-Schreiben vom 9.01.1996, IV B – S 2170 – 135/95, BStBl. I 1996, S. 9 und BMF-Schreiben vom 19.02.1992 – IV B 2 – S 2170 – 17/92, DB 1992, S. 608.

des passiven Rechnungsabgrenzungspostens von 75.816 Euro p.a. Dem Ablösungsrisiko des Leasinggebers, bei einer nicht vertragsgemäßen Erfüllung des Leasingvertrages oder bei einer vorzeitigen Auflösung des Leasingvertrages den Barwert der noch nicht gezahlten Leasingraten zurückerstatten zu müssen, sei „zu gegebener Zeit [...] durch Bildung von Verbindlichkeiten oder Rückstellungen Rechnung zu tragen"[956].

Diese Auffassung des Bundesfinanzhofs wird in der Literatur zu Recht kritisiert.[957] Die Auflösung des Rechnungsabgrenzungspostens hat dem Realisationsprinzip in Verbindung mit dem Vorsichtsprinzip zu folgen. Das Realisationsprinzip bewirkt, dass die Auflösung des Rechnungsabgrenzungspostens an die eigene Leistungserbringung anknüpft. Erfolgt durch die Nutzungsüberlassung im Zeitablauf eine gleichbleibende Leistungserbringung, spricht dies zwar auf den ersten Blick für eine lineare Auflösung. Allerdings wird vernachlässigt, dass Vorauszahlungen für künftige Leistungen bzw. der Kaufpreis für künftige Forderungen regelmäßig nicht dem Nominalwert der Forderung bzw. den undiskontierten aufsummierten Nutzungsentgelten entsprechen.[958] Die Vorauszahlung der Nutzungsentgelte zum Barwert bzw. der Verkauf der Forderung zum Barwert implizieren, dass für die im Zeitablauf gleichbleibenden Nutzungsentgelte entsprechend dem zeitlichen Anfall in der Höhe divergierende Beträge geleistet werden. Folglich sind der Kaufpreis der Forderung bzw. der Wert der Forderung niedriger als die Summe der künftigen Forderungen bzw. der laufend zu zahlenden Nutzungsentgelte. Diese Differenz ist in einer wirtschaftlichen Betrachtungsweise als Kapitalnutzungsentgelt für die vorzeitige Entrichtung der Nutzungsentgelte zu qualifizieren.[959] In diesem Sinne stellt die Vorauszahlung bzw. der Kaufpreis der Forderung eine Form der Kapitalüberlassung dar.[960] Die Höhe der Kapitalüberlassung sinkt jedoch im Zeitablauf, da durch die Leistungserbringung eine Kapitalrückführung erfolgt. Der im Zeitablauf gleichbleibenden Leistungserbringung Nutzungsüberlassung steht die im Zeitablauf abnehmende

---

956 BFH-Urteil vom 24.07.1996, I R 94/95, BStBl. II 1997, S. 122-125, hier S. 124.

957 Vgl. *Blauberger* (Auflösung, 1994), S. 148-150, hier S. 149; *Lißmann* (Passive Rechnungsabgrenzung, 1991), S. 1479-1481, hier S. 1481; *Moxter* (Bilanzrechtsprechung, 1997), S. 433-436. Für eine Berücksichtigung von Zinseffekten vgl. *Meilicke* (Beurteilung, 1983), S. 737-741, hier S. 740.

958 Vgl. *Blauberger* (Auflösung, 1994), S. 148-150, hier S. 149; *Lißmann* (Passive Rechnungsabgrenzung, 1991), S. 1479-1481, hier S. 1481.

959 Vgl. *Haarmann* (Auflösung, 1993), S. 321-333, hier S. 333. Jedoch fordert *Haarmann* für die Abbildung der Zinsvorauszahlung einen aktiven Rechnungsabgrenzungsposten. Das Forfaitierungsgeschäft bedinge demnach zwei Rechnungsabgrenzungsposten: Einen Aktiven und einen Passiven. Wenngleich diese Bilanzierungsform mit dem geltenden Recht nicht vereinbar ist, da der passive Rechnungsabgrenzungsposten maximal in Höhe des erhaltenen Entgelts passiviert werden darf, so veranschaulicht diese Bruttobilanzierung den Zinseffekt des Forfaitierungsgeschäfts.

960 Vgl. *Lißmann* (Passive Rechnungsabgrenzung, 1991), S. 1479-1481, hier S. 1481.

Leistungsinanspruchnahme Kapitalnutzung gegenüber.[961] Der Wert der eigenen Leistungserbringung im Forfaitierungsfall bestimmt sich durch die jeweils entstehende Forderung, im Beispiel also pro Periode in Höhe von 100.000 Euro. Für den Fall des Mietvertrages mit konkludent geschlossener Zinsvereinbarung kann nichts anderes gelten. Dem Wert der eigenen Leistungserbringung im ersten Jahr steht die Kapitalnutzung in Höhe des Forderungskaufpreises bzw. der Vorauszahlung von 379.079 Euro gegenüber. Der Wert der Kapitalnutzung beläuft sich auf 37.908 Euro. Dies entspricht einer Verzinsung des Forderungskaufpreises bzw. der Vorauszahlung mit dem der vertraglichen Vereinbarung zugrundeliegenden internen Diskontsatz.[962] In Bezug auf die Kapitalüberlassung zerfällt der Wert der eigenen Leistungserbringung (100.000 Euro) in einen Zinsanteil von 37.908 Euro und einen Tilgungsanteil von 62.092 Euro, so dass die Höhe der Kapitalüberlassung am Ende der ersten Periode nur noch 316.987 Euro beträgt. Dabei entspricht der Tilgungsanteil dem Auflösungsbetrag des passiven Rechnungsabgrenzungspostens. Im Ergebnis erfolgt bei linearen Nutzungsentgelten als Ausdruck eines gleichbleibenden Jahreswerts der eigenen Leistungserbringung eine progressive (kapitalanteilige) Auflösung des Rechnungsabgrenzungspostens.[963]

Ein gewichtiges Argument für die Anwendung der progressiven Auflösung ist das in § 252 Abs. 1 Nr. 4 HGB verankerte Vorsichtsprinzip.[964] Im Vergleich zur progressiven Methode erfolgt bei Anwendung der linearen Auflösung in den ersten Perioden der Ausweis eines Mehrertrages in Höhe von 13.724 Euro. Jedoch ist fraglich, ob dieser Teil bereits im Sinne des Realisationsprinzips als realisiert angesehen werden kann. Denn nur die Berücksichtigung des Zinseffektes bei der Auflösung des Rechnungsabgrenzungspostens gewährleistet, dass das Risiko einer vorzeitigen Ablösung des Leasingvertrages bzw. einer Rückzahlung der vorab vereinnahmten Nutzungsentgelte bei Nichterbringung der eigenen Leistung abgedeckt wird.[965] Dieses Risiko darf auch nicht erst dann bilanziell in Erscheinung treten, wenn es sich hinreichend konkretisiert hat, sondern es muss grundsätzlich berücksichtigt werden, da sich der Nutzungsüberlasser sonst rei-

---

961 Vgl. *Achatz/Kofler* (Abzinsung, 2001), S. 185-220, hier S. 213; *Blauberger* (Auflösung, 1994), S. 148-150, hier S. 150; *Lißmann* (Passive Rechnungsabgrenzung, 1991), S. 1479-1481, hier S. 1481.

962 Vgl. *Achatz/Kofler* (Abzinsung, 2001), S. 185-220, hier S. 212 f.

963 Vgl. *Achatz/Kofler* (Abzinsung, 2001), S. 185-220, hier S. 213 f.; *Lißmann* (Passive Rechnungsabgrenzung, 1991), S. 1479-1481, hier S. 1481.

964 Vgl. *Blauberger* (Auflösung, 1994), S. 148-150, hier S. 150.

965 So auch *Blauberger* (Auflösung, 1994), S. 148-150, hier S. 150. Zur Berücksichtigung des Ablösungsrisikos vgl. *Moxter* (Bilanzrechtsprechung, 1997), S. 433-436, hier S. 435 f.; *Lißmann* (Passive Rechnungsabgrenzung, 1991), S. 1479-1481, hier S. 1481.

cher rechnen würde, als er ist.[966] Denn gerade das Risiko der eigenen Nichterfüllung ist maßgeblich für die Gewinnrealisierung, knüpft doch das Realisationsprinzip an die eigene Leistungserbringung des Kaufmanns an.[967] Bei einem konkludent vereinbarten Diskontierungssatz deckt sich somit der Barwert der zurückzukaufenden Leasingforderungen mit dem Bilanzansatz des passiven Rechnungsabgrenzungspostens. Aber selbst für den Fall, dass sich aus den Vertragsvereinbarungen kein Zinssatz bestimmen lässt, erscheint vor dem Hintergrund des Vorsichtsprinzips eine Berücksichtigung verdeckter Zinsen geboten.[968]

II. Außerplanmäßige Abschreibung und Verlustantizipation

A. Realisationsprinzip und außerplanmäßige Abschreibung

Die planmäßige Abschreibung wird durch eine außerplanmäßige Abschreibung ergänzt. Eine außerplanmäßige Abschreibung auf den beizulegenden Wert, die auf einer Änderung des Abschreibungsplans beruht, wird – wie auch die planmäßige Abschreibung – als Folge des Realisationsprinzips gedeutet.[969] Diese Form der Abschreibung ist bei einer Änderung des Abschreibungsplans angezeigt, wenn ansonsten die planmäßige Abschreibung „nicht nur zu einer unrichtigen Belastung künftiger Perioden, sondern auch zu einer Überbewertung des Vermögensgegenstandes geführt hat"[970]. Der beizulegende Wert entspricht in diesem Sinne dem Wert, der sich ergeben hätte, wenn von vornherein richtig abgeschrieben worden wäre.[971] Damit ist gewährleistet, „daß die planmäßige Abschreibung vom Zeitpunkt der Erwartungsänderung an so bemessen werden kann, wie es das Realisationsprinzip bei vollkommener Information im Anschaffungs- oder Herstellungszeitpunkt [...] geboten hätte"[972]. Eine zum Ausgleich versäumter Abschreibungen erfolgende Erhöhung künftiger Abschreibung kollidiert mit dem Vorsichtsprinzip.[973] Denn durch die Verteilung der fortgeführten

---

966 Vgl. *Moxter* (Bilanzrechtsprechung, 1997), S. 433-436, hier S. 435 f.; a. A. BFH-Urteil vom 24.07.1996, I R 94/95, BStBl. II 1997, S. 122-125, hier S. 124. Eine lineare Auflösung widerspreche nicht dem Vorsichtsprinzip: „Dem Risiko des Leasinggebers, bei nicht vertragsgemäßer Erfüllung des Leasingvertrages oder bei einer vorzeitigen Auflösung desselben an den Forderungsverkäufer den Barwert der noch nicht gezahlten Leasingraten ablösen zu müssen, wäre zu gegebener Zeit nach allgemeinen Bilanzierungsgrundsätzen durch Bildung von Verbindlichkeiten oder Rückstellungen Rechnung zu tragen."

967 Vgl. *Leffson* (GoB, 1987), S. 262-268; *Moxter* (Bilanzrechtsprechung, 1985), S. 11.

968 A. A. *Achatz/Kofler* (Abzinsung, 2001), S. 185-220, hier S. 214 ff.

969 Vgl. *Daubner* (Realisationsprinzip, 2003), S. 236.

970 *Mellwig* (Beck'sches HdR, 2003), B 164, Rz. 25.

971 Vgl. *Breidert* (Abschreibungen, 1994), S. 30-34.

972 *Eibelshäuser* (Abschreibungen, 1997), S. 153-169, hier S. 165.

973 Vgl. *Eibelshäuser* (Abschreibungen, 1997), S. 153-169, hier S. 167; *Leffson* (GoB, 1987), S. 448 f.

Anschaffungskosten auf die verkürzte Restnutzungsdauer werden künftige Jahre mit dem Aufwand belastet, der von früheren Jahren hätte getragen werden müssen.[974] Diese Form der außerplanmäßigen Abschreibung ist folglich als „Nachholungsabschreibung" zu qualifizieren.[975] Dabei ist der niedriger beizulegende Wert als „Abschreibungskorrekturwert" im Sinne des Realisationsprinzips zu verstehen.[976] Zwar erscheinen steuerrechtlich andere als die für das Handelsrecht skizzierten Regelungen für die abnutzungsbedingten außerplanmäßigen Abschreibungen nicht begründbar[977], dennoch wird aus dem Wortlaut gefolgert, dass nur außergewöhnliche Ereignisse zu einer AfaA führen können.[978] Eine Verkürzung der Nutzungsdauer aufgrund einer ursprünglichen Fehlschätzung der Nutzungsdauer hat nach der Rechtsprechung des Bundesfinanzhofs nicht durch eine Nachholabschreibung zu erfolgen, sondern durch eine Verteilung der verbliebenen Anschaffungskosten auf die nun verkürzte Nutzungsdauer.[979]

Die außerplanmäßige Abschreibung als Folge des Realisationsprinzips ist als Korrekturabschreibung zur planmäßigen Abschreibung anzusehen. Dementsprechend ist eine außerplanmäßige Auflösung des Rechnungsabgrenzungspostens geboten, sofern sich im Nachhinein herausstellt, dass die Vorauszahlung im Verhältnis der ausstehenden zu der bereits in Anspruch genommenen Gegenleistung zu hoch bewertet ist. Dies ist immer dann der Fall, wenn die Vorauszahlung eine bereits in der Vergangenheit empfangenen Gegenleistung abgilt und mithin ihren Vorleistungscharakter verliert. Die mit dem Vorauszahlungscharakter einhergehende Verrechtlichung erfordert allerdings als zusätzliche Voraussetzung eine nachträgliche Änderung der rechtlichen Rahmendaten. In diesem Sinne gebietet das Realisationsprinzip eine Nachholauflösung.

Die so eben dargelegte Bewertung des Rechnungsabgrenzungspostens als Vorauszahlung stimmt darüber hinaus mit der Forderung des Bundesfinanzhofs überein, dass sich der aktive Rechnungsabgrenzungsposten nach dem Verhältnis der am Abschlussstichtag noch ausstehenden zeitbezogenen Gegenleistung des Vertragspartners zur gesamten Gegenleistung des Vertragspartners bemisst. Somit bestimmt der rechtliche Jahreswert der einzelnen Perioden die Höhe des Rechnungsabgrenzungspostens.[980]

---

974 Vgl. *Moxter* (Bilanzrechtsprechung, 2007), S. 262 f.
975 *Eibelshäuser* (Abschreibungen, 1997), S. 153-169, hier S. 165; vgl. auch *Koch* (Problematik, 1960), S. 319-353, hier S. 334; *Moxter* (Bilanzlehre, 1986), S. 55.
976 *Koch* (Problematik, 1960), S. 319-353, hier S. 334.
977 Vgl. *Eibelshäuser* (Abschreibungen, 1997), S. 153-169, hier S. 166 f.
978 Vgl. *Mellwig* (Beck'sches HdR, 2003), B 164, Rz. 27; BFH-Urteil vom 8.07.1980, VIII R 176/78, BStBl. II 1980, S. 743-744, hier S. 744.
979 Vgl. BFH-Urteil vom 3.07.1980, IV R 31/77, BStBl. II 1981, S. 255-258, hier S. 256 f.
980 Vgl. Kapitel 1 III.A.

B. Verlustantizipation: Teilwertabschreibung oder Drohverlustrückstellung?

Da es sich bei Rechnungsabgrenzungsposten – entgegen der Auffassung des BFH – um Wirtschaftsgüter handelt, muss diskutiert werden, ob sie einer Teilwertabschreibung zugänglich sind. Es stellt sich die Frage, ob die Anwendung des Imparitätsprinzips auf den Rechnungsabgrenzungsposten in seiner Ausprägung der verlustantizipierenden außerplanmäßigen Abschreibung sachlich zu rechtfertigen ist. Sollte dies nicht der Fall sein, so wäre dem Bundesfinanzhof im Ergebnis zu zustimmen und eine mit dem Rechnungsabgrenzungsposten als Wirtschaftsgut zu vereinbarende Lösung aufgezeigt. Zugleich verbliebe bei schwebenden Geschäften mit Vorauszahlungen zum Zwecke der Verlustantizipation ausschließlich das Instrument der Drohverlustrückstellung.

Nach § 249 Abs. 1 Satz 1 HGB sind drohende Verluste aus schwebenden Geschäften mittels einer Rückstellung zu berücksichtigen. Die Pflicht zur Bildung einer Rückstellung für drohende Verluste ist eine weitere Ausprägung des Imparitätsprinzips.[981] Die Aufgabe der Drohverlustrückstellung besteht darin, den am Abschlussstichtag erkennbaren Verpflichtungsüberschuss (Aufwandsüberschuss) aus einem schwebenden Geschäft als eine bereits absehbare, aber noch nicht realisierte Vermögensminderung auszuweisen.[982] Der negative Erfolgsbeitrag soll hierdurch von der Gewinnverteilung ausgenommen werden.[983] Bei der Bestandsbewertung in Folge des gesetzlich kodifizierten Niederstwertprinzips werden eingetretene, aber noch nicht am Markt realisierte Vermögensminderungen durch eine außerplanmäßige Abschreibung im Sinne des Imparitätsprinzips antizipiert.[984] Der Zweck des Niederstwertprinzips und der Rückstellung für drohende Verluste aus schwebenden Geschäften ist, dass „künftige Verluste also antizipiert werden"[985].

Bei schwebenden Geschäften im Sinne zweiseitig unerfüllter Verträge ist der Ausweis erwarteter negativer Erfolgsbeiträge als Rückstellung üblich, da es in diesem Fall regelmäßig an einem bewertungsfähigen Aktivum mangelt.[986] Die Situation stellt sich indes anders dar, wenn aufgrund einer Vorleistung das

981 Vgl. *Döllerer* (Grenzen, 1978), S. 129-152, hier S. 148; *Naumann* (Abgrenzung, 1998), S. 527-531, hier S. 528; BFH-Beschluß vom 23.06.1997, Gr. S. 2/93, BStBl. II 1997, S. 735-739, hier S. 738.

982 Vgl. *Kessler* (Dauerschuldverhältnisse, 1992), S. 138; *Hoyos/Ring* (BeckBilKomm, 2006), § 249 HGB, Anm. 52.

983 Vgl. *Heddäus* (Grenzen, 1997), S. 1463-1471, hier S. 1463.

984 Vgl. hierzu grundlegend *Koch* (Niederstwertprinzip, 1957), S. 1-6, S. 31-35 und S. 60-63. Zum Verhältnis von Niederstwertvorschrift und Imparitätsprinzip vgl. auch *Schulte* (Imparitätsprinzip, 1979), S. 505-510.

985 *Groh* (Darlehen, 1991), S. 297-305, hier S. 298.

986 Vgl. *Leffson* (GoB, 1987), S. 414 f.

schwebende Geschäft mit einem „untrennbar zugehörigen Aktivum"[987] einhergeht. Es gilt also zu klären, ob die Verlustantizipation auch in diesem Fall passivisch zu erfolgen hat oder ob eine aktivische Verlustberücksichtigung, die an der Bestandsbewertung ansetzt, angezeigt ist.[988]

Sieht man den Zweck von § 249 Abs. 1 Satz 1 HGB darin, negative Erfolgsbeiträge aus schwebenden Geschäften mangels zugehöriger Aktiva passivisch zu erfassen, ist beim Vorhandensein eines Wirtschaftsgutes die Rückstellungsbildung wegen der Existenz eines Aktivums nicht unmittelbar einsichtig.[989] So wird die Auffassung vertreten, dass eine teleologische Reduktion der Vorschrift über die Rückstellungsbildung für drohende Verluste dazu führe, dass eine passivische Verlustantizipation nur dann angebracht sei, wenn es an einem zugehörigen Aktivum fehle.[990]

Der Unterschied zwischen Aktivenkorrektur und Drohverlustrückstellung ist darin zu sehen, dass die Antizipation negativer Erfolgsbeiträge durch eine Rückstellung für drohende Verluste „eine von der Bestandsbewertung gelöste Veranschlagung negativer Deckungsbeiträge für eingeleitete Geschäfte ist"[991], wohingegen die Aktivenkorrektur an der Bestandsbewertung ansetzt. Die Drohverlustrückstellung und die verlustantizipierende außerplanmäßige Abschreibung haben demgemäß zwei unterschiedliche Anwendungsbereiche. Nur für den Fall, dass sowohl das eingeleitete schwebende Geschäft als auch die Bestandsbewertung an sich eine Verlustantizipation gebietet, stehen diese beiden bilanzrechtlichen Instrumente der Verlustantizipation im Konkurrenzverhältnis zueinander. In diesem Sinne gebührt der Aktivenkorrektur der Vorrang, wenn sowohl die Voraussetzungen für eine Teilwertabschreibung als auch für eine Rückstellung für drohende Verluste aus schwebenden Geschäften vorliegen. Eine Drohverlustrückstellung kommt mithin bei Vorliegen eines zum schwebenden Geschäft gehörigen Aktivums nur dann in Betracht, wenn eine außerplanmäßige Abschreibung auf den niedrigeren beizulegenden Wert bzw. eine Teilwertabschreibung in Folge eines nicht vorhandenen niedrigeren beizulegenden Wert bzw. niedrigeren Teilwert ausscheidet.

Für die Entscheidung Drohverlustrückstellung oder Teilwertabschreibung kommt der Ermittlung des Teilwerts maßgebliche Bedeutung zu. Der Teilwertvermutung im Zeitpunkt der Anschaffung folgend, gilt bei Vorauszahlungen –

987 *Babel* (Bewertbarkeit, 1998), S. 778-808, hier S. 797.
988 Zum grundsätzlichen Vorrang der außerplanmäßigen Abschreibung vor der Bildung einer Drohverlustrückstellung vgl. *IDW* (RS HFA 4, 2000), S. 716-721, hier S. 718 f.
989 Vgl. *Babel* (Bewertbarkeit, 1998), S. 778-808, hier S. 797.
990 Zum Vorrang der Aktivenkorrektur *Herzig* (Verlustaufträge, 2001), S. 281-310, hier S. 290-295; *Herzig/Teschke* (Vorrang, 2006), S. 576-581, hier S. 576 f.; BFH-Urteil vom 7.09.2005, VIII R 1/03, BStBl. II 2006, S. 298-305, hier S. 302 f.
991 *Leffson* (GoB, 1987), S. 396.

wie bei allen andern Wirtschaftsgütern auch – der Wert des verausgabten Betrags als Teilwert. Der Wert der Vorauszahlung besteht in der Abgeltung einer erst später – d. h. durch die Inanspruchnahme der Gegenleistung – wirtschaftlich entstehenden Verpflichtung. Die Bestimmung des Werts durch den Abbau einer durch ein Rechtsverhältnis begründeten Zahlungsverpflichtung hat zur Folge, dass die Wertobergrenze der Vorauszahlung durch die Höhe des verausgabten Betrags bestimmt wird. Der Teilwert der Vorauszahlung entspricht in diesem Sinne der „Höhe des vorgeleisteten Betrages"[992]. Ein höherer Teilwert ist damit ausgeschlossen. Aber auch ein niedriger Teilwert ist nicht begrundbar: Der Wert der Vorauszahlung bestimmt sich durch den Abbau der rechtlichen Zahlungsverpflichtung. Sofern noch keine Gegenleistung in Anspruch genommen wurde, entspricht der Teilwert der Höhe der Vorauszahlung. In diesem Sinne entspricht der Teilwert an späteren Bilanzstichtagen dem Zugangswert der Vorauszahlung abzüglich der durch die Inanspruchnahme der Gegenleistung wirtschaftlich verursachten Zahlungsverpflichtung. Die Höhe der Zahlungsverpflichtung bestimmt sich ausschließlich durch das der Vorauszahlung zugrundeliegende Rechtsverhältnis. Der Teilwert der Vorauszahlung entspricht mithin zu jedem Bilanzstichtag dem Zugangswert abzüglich des planmäßigen Auflösungsbetrags gegebenenfalls korrigiert um eine Nachholauflösung, d. h. den fortgeführten Anschaffungskosten.

Im Ergebnis heißt dies: Das Wirtschaftsgut Vorauszahlung ist mangels niedrigerem Teilwert einer Teilwertabschreibung nicht zugänglich. Eine potentielle Verlustantizipation hat folglich, wie bei zweiseitig unerfüllten schwebenden Geschäften, mittels Drohverlustrückstellung zu erfolgen. Die aus dem Sachverhalt heraus gebotene passivische Verlustantizipation führt wegen des konkreten Ansatzverbotes in § 5 Abs. 4a EStG zu einer Nichtberücksichtigung dieser negativen Erfolgsbeiträge im Rahmen der steuerlichen Gewinnermittlung, bis der Schwebezustand beendet ist.[993] Daher ist der Rechtsprechung des Bundesfinanzhofs zuzustimmen, dass die Rechnungsabgrenzungsposten einer Teilwertabschreibung nicht zugänglich sind. Nur das Argument, dass Rechnungsabgrenzungsposten eben anders als Wirtschaftsgüter begrifflich keinen Teilwert besäßen, überzeugt nicht, denn es sind Wirtschaftsgüter mit einem bestimmbaren Teilwert.

Die im Anschluss zu diskutierenden ausgewählten Einzelfälle sind eine Modifikation des nachfolgenden Grundfalls. Die bilanzierenden Kaufleute A und B schließen einen Mietvertrag mit einer Laufzeit von 5 Jahren. Die Jahresmiete beträgt 100.000 Euro und entspricht dem rechtlichen Jahreswert der Leistungsverpflichtung. Es wird demnach unterstellt, dass die Leistung des Vermieters B in Art und Umfang im Zeitablauf konstant ist. Zur Vereinfachung werden Zins-

---

992 *Mellwig* (Quelle, 2005), S. 217-235, hier S. 229.
993 Vgl. *Moxter* (Verluste, 1998), S. 509-515, hier S. 514.

überlegungen ausgeblendet. Eine Vorauszahlung erfolgt demnach zum Nominalwert in Höhe von 500.000 Euro.

C. Anwendung auf ausgewählte Einzelfälle

1. Anpassung an eine veränderte vertragliche Nutzung

Nachträgliche Änderungen des Vertragsverhältnisses bezüglich Umfang und Preis der Gegenleistung sind Anpassungen an eine veränderte vertragliche Nutzung.[994] Wird beispielsweise der Gegenleistungszeitraum verkürzt, für den die Vorleistung erbracht wurde, so stellt sich die Frage nach der Auswirkung auf die Bewertung des Rechnungsabgrenzungspostens. Der Ausgangsfall wird daher wie folgt modifiziert: Nach Ablauf des zweiten Nutzungsjahres vereinbaren die beiden Vertragsparteien eine vorzeitige Beendigung des Mietvertrages nach vier Nutzungsjahren. Dabei ist jedoch zu berücksichtigen, dass bei einer vorzeitigen Beendigung eines Dauerschuldverhältnisses in der Regel ein Rückerstattungsanspruch entsteht, dessen Wert sich nicht nach den jeweiligen Marktverhältnissen, sondern nach dem Umfang der noch nicht verbrauchten Vorleistung bemisst.[995] Demnach ist bei vorzeitiger Beendigung des Vertrages der Rechnungsabgrenzungsposten insoweit aufzulösen, als die vorgeleisteten Beträge zurückgefordert werden können bzw. die vereinnahmten Beträge zu erstatten sind.[996] Die Erstattungsansprüche bzw. Rückzahlungsforderungen sind in gleicher Höhe als Forderung bzw. Verbindlichkeit auszuweisen.[997] In diesem Fall erfolgt eine außerplanmäßige Auflösung des Rechnungsabgrenzungspostens in Höhe von 100.000 Euro. Der Betrag von 100.000 Euro ist als Forderung bzw. Verbindlichkeit auszuweisen. Es kommt mithin zu einem erfolgsneutralen Aktiv- bzw. Passivtausch. Diesem Sachverhalt steht die Bilanzierung dem Grunde nach näher als die Bewertung.

Interessanter ist eine Verkürzung der Vertragslaufzeit ohne eine Rückgewähr der anteiligen Vorauszahlung. Hier stellt sich die Frage, ob die Vorauszahlung ausschließlich auf die nun verminderte Zeitspanne zu verteilen ist oder ob eine außerplanmäßige Abschreibung im Sinne einer Nachholabschreibung zu erfolgen hat. Der Sachverhalt wird also dergestalt abgewandelt, dass sich die Vertragsparteien A und B auf eine Verkürzung der Mietzeit einigen, wobei sie zugleich eine Rückzahlung des Nutzungsentgelts für das fünfte Jahr vertraglich ausschließen. Folglich stellt sich die Frage, ob das Nutzungsentgelt für die fünf-

---

994 Vgl. hierzu *Bauer* (Kirchhof/Söhn/Mellinghoff, 2001), § 5 EStG, F 153; *Federmann* (HHR, 2005), § 5 EStG, Anm. 1934; *Kupsch* (BHR, 2002), § 250 HGB, Rz. 41.

995 Vgl. *Kupsch* (BHR, 2002), § 250 HGB, Rz. 45.

996 Vgl. *Bauer* (Kirchhof/Söhn/Mellinghoff, 2001), § 5 EStG, F 153; *Kupsch* (BHR, 2002), § 250 HGB, Rz. 47.

997 Vgl. *Bauer* (Kirchhof/Söhn/Mellinghoff, 2001), § 5 EStG, F 153.

te Periode den noch ausstehenden Nutzungsjahren drei und vier zuzuordnen ist oder der gesamten Vertragsdauer von vier Jahren.

Zunächst sei unterstellt, dass der Wert der Gegenleistung im Zeitablauf konstant bleibt. Es sind also keine äußeren Anzeichen dafür erkennbar, dass sich die verminderte Vertragslaufzeit als konkludent vereinbarte Mieterhöhung der Jahre drei und vier darstellt. Dennoch ist der Mieter bereit, für die um ein Jahr verkürzte Vertragslaufzeit den vollen Mietpreis zu entrichten. Aufgrund der neuen vertraglichen Vereinbarung ergibt sich für den Mieter bei konstanter Leistungserbringung eine wertmäßige Zahlungsverpflichtung von 125.000 Euro p.a., da sich der Mietzins in Höhe von 500.000 Euro nun vertragsgemäß auf die Vertragslaufzeit von 4 Jahren bezieht. Im Sinne der planmäßigen Abschreibung erfolgte in den beiden ersten Jahren nur eine Auflösung des aktiven Rechnungsabgrenzungspostens gemäß der ursprünglichen vertraglichen Vereinbarung in Höhe von 100.000 Euro p.a., so dass der aktive Rechnungsabgrenzungsposten zunächst am Abschlussstichtag 2 mit 300.000 Euro ausgewiesen wird.[998] Wäre die verkürzte Vertragslaufzeit bereits zu Beginn der Vertragslaufzeit bekannt gewesen, so hätte auch eine Auflösung des Rechnungsabgrenzungspostens über 4 Jahre erfolgen müssen, so dass eine Auflösung des Rechnungsabgrenzungspostens in Höhe von 125.000 Euro p.a. erfolgt wäre. Demzufolge müsste zum Abschlussstichtag 2 eine Nachholauflösung bzw. Nachholabschreibung in Höhe von 50.000 Euro erfolgen.[999] Der dann noch verbleibende Rechnungsabgrenzungsposten in Höhe von 250.000 Euro wäre auf die verbleibende Vertragslaufzeit von 2 Jahren zu verteilen.

Sind äußere Anzeichen dafür erkennbar, dass sich der Wert der noch ausstehenden Gegenleistung erhöht, zum Beispiel aufgrund eines gestiegenen Mietzinsniveaus, so ließe sich eine Auflösung des Rechnungsabgrenzungspostens über die verminderte Restlaufzeit begründen. Denkbar wäre beispielsweise, dass der Mietzins für ein Gebäude gleicher Art und Güte aufgrund größerer Nachfrage auf 150.000 Euro p.a. gestiegen ist. Die beiden Vertragsparteien würden demnach implizit durch die vorzeitige Beendigung bei gleichzeitiger Aufrechterhaltung des Mietpreises eine Mietpreiserhöhung für die noch ausstehenden Mietperioden vereinbaren. In diesem Fall steht die Mietdauerverkürzung für eine nachträgliche Preiserhöhung der noch verbleibenden Mietperioden. Eine aufwandswirksame Verteilung der Vorauszahlung auf die noch ausstehenden Mietperioden wäre demnach im Sinne des Realisationsprinzips sachgerecht. Der aktive Rechnungsabgrenzungsposten wäre mit 300.000 Euro zum Bilanzstichtag 2 zu bewerten. Hierbei ist jedoch deutlich hervorzuheben, dass nicht der Anstieg des Mietzinsniveaus ursächlich für die Verteilung der Vorauszahlung auf die Perioden 3 und 4 ist, sondern die Kombination aus Verkürzung der vertraglichen

---

998 Zur planmäßigen Auflösung des Rechnungsabgrenzungsposten vgl. Kapitel 3 I.A.
999 Vgl. Kapitel 3 II.A.

Mietdauer und Anstieg des Mietzinsniveaus. Diese Kombination lässt sich wirtschaftlich als nachträgliche Preisanpassung der Perioden 3 und 4 interpretieren.

Eine Nachholabschreibung des Rechnungsabgrenzungspostens ist immer dann geboten, wenn die aktivierte Vorauszahlung nicht mehr zur Gänze die zukünftige Inanspruchnahme der Gegenleistung abgilt, sondern bereits durch die Inanspruchnahme der Gegenleistung in vergangenen Perioden an Wert eingebüßt hat. Dies kann nur bei nachträglichen Änderungen der Vertragsdaten der Fall sein, da die planmäßige Folgebewertung grundsätzlich gewährleistet, dass der aktivierte Betrag ausschließlich der Abgeltung der zukünftigen Leistungsinanspruchnahme dient. Für die sich aus der vertraglichen Änderung ergebenden modifizierte Zuordnung der Entgeltleistung zu zukünftigen bzw. vergangenen Perioden bedarf es einer wirtschaftlichen Würdigung des der Vorauszahlung zugrundeliegenden Rechtsgeschäfts.

2. Marktbezogene Preisänderungen

Eine andere Frage betrifft die Bedeutung von marktbezogenen Preisänderungen für die Bewertung von Rechnungsabgrenzungsposten. Zur Veranschaulichung diene wiederum das Beispiel des Mietvertrages über 5 Jahre mit einer geleisteten Mietvorauszahlung in Höhe von 500.000 Euro. Betrachtet man den vorleistenden Mieter A, so ist das Szenario des gesunkenen Mietzinsniveaus von besonderem Interesse. Es sei nun unterstellt, dass der Mietzins für ein Gebäude gleicher Art und Güte aufgrund einer verringerten Nachfrage auf 80.000 Euro p.a. gesunken ist.

Die Befürworter einer aktivischen Wertkorrektur setzen den Rechnungsabgrenzungsposten, d. h. die Vorauszahlung, mit dem Leistungsanspruch bzw. einem Nutzungsrecht gleich.[1000] Unter diesem Blickwinkel erscheint der außerplanmäßigen Abschreibung der Vorrang zu gebühren, da eine Drohverlustrückstellung nur in Betracht kommt, sofern der drohende Verlust nicht bereits anderweitig in der Bilanz berücksichtigt wurde. Diese Argumentation überzeugt jedoch nur, sofern in dem Rechnungsabgrenzungsposten der Leistungsanspruch erblickt wird und der Teilwert sich an den Wiederbeschaffungskosten orientiert.

Kehrt man jedoch den Vorauszahlungscharakter des Rechnungsabgrenzungspostens hervor, ist eine andere Beurteilung zwingend. Der Wert der Vorauszahlung bestimmt sich durch den Abbau der durch das Dauerschuldverhältnis begründeten Zahlungsverpflichtung. Die Höhe der Zahlungsverpflichtung ist indes unabhängig von der Höhe des Marktzinsniveaus und folglich nicht durch marktbezogene Preisänderungen beeinflussbar. Eine marktbegründete Absenkung des Werts des Leistungsanspruchs kann dementsprechend nicht durch eine Aktiven-

---

1000 Vgl. beispielsweise *Babel* (Bewertbarkeit, 1998), S. 778-808, hier S. 797.

korrektur erfolgen, sondern – wenn überhaupt – nur durch die Bildung einer Drohverlustrückstellung.[1001]

Spiegelbildlich ließe sich eine Teilwertzuschreibung des passiven Rechnungsabgrenzungspostens nur über die Bilanzierung einer Sach- oder Dienstleistungsverpflichtung rechtfertigen. Zur Verdeutlichung sei folgende Überlegung eingefügt. Der Vermieter muss selbst das vermietete Objekt anmieten. Aufgrund eines gestiegenen Marktzinsniveaus bedarf es zukünftig statt 95.000 Euro 105.000 Euro p.a., um das weitervermietete Objekt anzumieten. Die Bilanzierung der Leistungsverpflichtung habe sich demnach an den Aufwendungen zu orientieren, die zur Erfüllung der Leistungsverpflichtung aufgewendet werden müssen. Bei einer Interpretation des passiven Rechnungsabgrenzungspostens als erhaltene Vorauszahlung bestimmt sich der Wert des Rechnungsabgrenzungspostens indes nicht nach dem Geldeswert der erforderlichen Aufwendungen, sondern ausschließlich über das Realisationsprinzip im Sinne der Ertragsrealisierung. Die Ertragsrealisierung knüpft an die am Markt erbrachte Umsatzleistung an und mithin an die vertragliche Vereinbarung, die grundsätzlich nicht durch marktbezogene Preisänderung beeinflusst wird. Der aus einer marktbezogenen Preisänderung entstehende Aufwandsüberschuss kann demnach nur über eine Drohverlustrückstellung berücksichtigt werden.

3. Eigenbetriebliche Nutzungsänderung

Die eigenbetriebliche Nutzungsänderung, d. h. die veränderte Verwendung des überlassenen Vermögensgegenstandes im Betrieb des Mieters, hat keinen Einfluss auf die andere Vertragsseite, sofern der Leistungsumfang nicht verändert wird. Daher soll an dieser Stelle ausschließlich die Seite des vorleistenden Mieters diskutiert werden, und zwar anhand der folgenden These: „Aktive RAP müssen Vermögenswerte im wirtschaftlichen Sinne verkörpern: Wirtschaftlich wertlose Rechte bilden keine aktiven Rechnungsabgrenzungsposten; so dürfen zum Beispiel Mietvorauszahlungen nicht aktiviert werden, wenn sich das Mietobjekt nach vernünftiger kaufmännischer Beurteilung als nachhaltig nicht nutzbar erweist."[1002] Diese These soll auf ihre Gültigkeit hin untersucht werden bzw. es soll herausgearbeitet werden, welche Annahmen dieser zugrunde liegen.

Die These fußt auf der Überlegung, dass sich die Bewertung des Rechnungsabgrenzungspostens an der Nutzung des Mieters selbst zu orientieren habe. Dabei könne es nicht darauf ankommen, dass das gemietete Objekt gleichmäßig zur

---

1001 Für eine außerplanmäßige Abschreibung vgl. *Adler/Düring/Schmaltz* (Rechnungslegung, 1998), § 250 HGB, Rn. 47 und *Ellrott/Krämer* (BeckBilKomm, 2006), § 250 HGB, Anm. 30.

1002 *Moxter* (GoR, 2003), S. 90; vgl. auch *Flume* (Steuerbilanz, 1958), S. 1045-1054, hier S. 1048.

Verfügung stehe, entscheidend sei die gleichmäßige Nutzbarkeit durch den Mieter.[1003] Als Begründung dieser These wird das Realisationsprinzip herangeführt, das gebiete, nur Ausgaben in dem Maße zu aktivieren, in dem diese künftige Umsätze alimentierten.[1004] So erläutert *Moxter* diese These am Beispiel eines fünfjährigen Mietvertrages. Unterstellt wird eine Mietvorauszahlung für fünf Jahre in Höhe von 1.000.000 Euro. Diese 1.000.000 Euro sollten gleichmäßig auf die Mietzeit verteilt werden, sofern die Leistung des Vermieters gleichmäßig genutzt werde.[1005] Wenn der Mieter aber plane, nach drei Jahren einen eigenen Neubau zu erstellen, und daher die angemieteten Räume voraussichtlich nur partiell nutze, sei eine degressive Rechnungsabgrenzung geboten.[1006] Folgt man dieser Ansicht, ist die weitere Argumentation bezüglich der außerplanmäßigen Abschreibung auf den aktiven Rechnungsabgrenzungsposten zwingend. Denn „wenn bei von vornherein absehbarer degressiver wirtschaftlicher Gegenleistung" – in dem oben geschilderten Fall betrifft dies die fünfjährige Nutzungsüberlassung seitens des Vermieters, die im Extremfall nur drei Jahre vom Mieter in Anspruch genommen wird – „die degressive Rechnungsabgrenzung geboten ist", so folge daraus, „daß bei einer wirtschaftlichen Gegenleistung, die im Zeitablauf überraschend degressiv wird, eine außerplanmäßige Abschreibung auf den RAP zu erfolgen hat".[1007] Der Gedanke der Wertbeimessung an der eigenen Nutzung ähnelt den Überlegungen *Babels*, der im aktiven Rechnungsabgrenzungsposten einen immateriellen Vermögensgegenstand sieht.[1008] So erzwingen nach *Babel* „die unabweisbar zu Tage tretenden materiellen Parallelen zwischen aktiven Rechnungsabgrenzungsposten und immateriellen Vermögensgegenständen [...] eine Übertragung der bilanzrechtlichen Bewertungsgrundsätze für immaterielle Vermögensgegenstände auf die Folgebewertung von Rechnungsabgrenzungsposten"[1009].

Zu differenzieren ist, ob die Begründung für die außerplanmäßige Abschreibung im Realisationsprinzip oder im Imparitätsprinzip wurzelt. Betrachtet werden soll wiederum der oben geschilderte Fall des fünfjährigen Mietvertrages, bei dem der Mieter ab dem vierten Jahr von der Nutzung der Vertragssache absieht und sich insofern die Anmietung in den dann noch verbleibenden beiden Jahren als Fehlmaßnahme darstellt. Abweichend von den obigen Ausführungen soll zu-

---

1003 Vgl. *Moxter* (Bilanzrechtsprechung, 2007), S. 82.

1004 Vgl. *Moxter* (Bilanzrechtsprechung, 2007), S. 82.

1005 Vgl. *Moxter* (Bilanzrechtsprechung, 2007), S. 82: Es könne grundsätzlich nicht darauf ankommen, dass das gemietete Objekt gleichmäßig zur Verfügung stehe, sondern entscheidend sei die gleichmäßige Nutzbarkeit durch den Vermieter. Dies sei die so zu verstehende wirtschaftliche Gegenleistung.

1006 Vgl. *Moxter* (Bilanzrechtsprechung, 2007), S. 82.

1007 *Moxter* (Bilanzrechtsprechung, 2007), S. 83: Daher sei sowohl handelsrechtlich als auch steuerrechtlich eine außerplanmäßige Abschreibung geboten.

1008 So sieht *Babel* (Ansatz und Bewertung, 1997), S. 135 f. im Disagio beispielsweise ein Kapitalnutzungsrecht.

1009 *Babel* (Bewertbarkeit, 1998), S. 778-808, hier S. 789.

nächst keine Vorleistung seitens des Mieters erbracht werden, sondern der Mietzins laut Mietvertrag am Ende der Laufzeit des Vertrages als Einmalbetrag beglichen werden.[1010] Hier finden die Grundsätze ordnungsmäßiger Bilanzierung schwebender Geschäfte Anwendung. Zunächst ist daher von der Ausgeglichenheit von Ansprüchen und Verpflichtungen auszugehen.[1011] Am Ende des ersten Jahres der Nutzung befindet sich der Mieter im Erfüllungsrückstand, da er bereits die Leistung des Vertragspartners in Anspruch genommen hat, die eigene Leistung aber insoweit noch aussteht.[1012] Dabei ist das vereinbarte Leistungsentgelt bei gleichbleibender Leistungserbringung anteilig auf die entsprechenden Mietperioden aufzuteilen. Mithin hat der Mieter nach dem ersten Jahr der Nutzung 1/5 des Einmalbetrages als Verbindlichkeit zu passivieren. Entsprechend ist in den Perioden zwei und drei zu verfahren. Am Ende des dritten Jahres konkretisiert sich, dass der Mieter auf die Nutzung der Vertragssache verzichtet, da die Möglichkeit zur Nutzung für diesen keinen Wert mehr besitzt. In diesem Moment kommt die Verlustantizipation mittels einer Rückstellung für drohende Verluste aus schwebenden Geschäften in Betracht. Dabei ist zu beachten, dass Dauerschuldverhältnisse nur insoweit noch schwebende Geschäfte sind, als sie noch nicht abgewickelt sind. Ein Abstellen auf die Gesamtlaufzeit des Vertrages, im Sinne der Ganzheitsbetrachtung des Bundesfinanzhofs[1013], verstieße gegen tragende GoB.[1014] Denn vergangene Gewinne aus schwebenden Dauerschuldverhältnissen können nicht künftig drohende Aufwandsüberschüsse kompensieren.[1015] Daher sind die Wertverhältnisse am Abschlussstichtag maßgeblich.[1016] Der schwebende Teil am Abschlussstichtag 3 kann sich demnach nur noch auf die noch ausstehenden Nutzungsjahre erstrecken, d. h. in diesem Fall auf die vereinbarten Nutzungsjahre vier und fünf. Da per Annahme keine positiven Erfolgsbeiträge mehr aus dem schwebenden Geschäft zu erwarten sind, hat eine Passivierung der Drohverlustrückstellung in Höhe der noch ausstehenden Leistungsentgelte zu erfolgen.[1017] Diese Verlustantizipation ist Ausdruck des Imparitätsprinzips.

Modifiziert man diesen Ausgangsfall nun um eine Mietvorauszahlung, so fordern Teile des Schrifttums eine außerplanmäßige Auflösung des durch die Vor-

---

1010 Zur Vereinfachung soll auch an dieser Stelle von der Berücksichtigung von Zinseffekten abgesehen werden.

1011 Vgl. *Hoyos/Ring* (BeckBilKomm, 2006), § 249 HGB, Anm. 62.

1012 Vgl. *Hoyos/Ring* (BeckBilKomm, 2006), § 249 HGB, Anm. 67.

1013 Zur Rechtsprechung des Bundesfinanzhofs vgl. *Döllerer* (Ansatz und Bewertung, 1987), S. 67-72, hier S. 68 und *Heddäus* (GoB für Drohverlustrückstellungen, 1997), S. 123.

1014 Vgl. *Heddäus* (GoB für Drohverlustrückstellungen, 1997), S. 124 f.; *Hommel* (Baetge/-Kirsch/Thiele, 2002), § 249 HBG, Rz. 123.

1015 Vgl. *Hommel* (Baetge/Kirsch/Thiele, 2002), § 249 HBG, Rz. 122-124.

1016 Vgl. *Hommel* (Baetge/Kirsch/Thiele, 2002), § 249 HBG, Rz. 124.

1017 Vgl. BFH-Urteil vom 7.10.1997, VIII R 84/94, BStBl. II 1988, S. 331-332. Siehe hierzu auch *Moxter* (Bilanzrechtsprechung, 2007), S. 168 f.

leistung entstehenden Rechnungsabgrenzungspostens.[1018] Sofern die künftige Gegenleistung für den Vorleistenden keinen oder einen niedrigeren Wert besitze, zum Beispiel, „weil die Räumlichkeiten nicht (mehr) genutzt werden", sei diesem Umstand durch eine entsprechende Auflösung des Rechnungsabgrenzungspostens Rechnung zu tragen.[1019] Überträgt man diese Forderung unter Bejahung der Wirtschaftsguteigenschaft des Rechnungsabgrenzungspostens in die steuerrechtliche Terminologie, so hat für diesen Fall eine Teilwertabschreibung zu erfolgen. Mithin stellt sich die Frage des Konkurrenzverhältnisses von Drohverlustrückstellung und Teilwertabschreibung bzw. Verlustabschreibung. Grundsätzlich gilt der Vorrang der Teilwertabschreibung, da eine Drohverlustrückstellung nur in Betracht kommt, sofern der künftige Aufwandsüberschuss nicht bereits in der Bewertung von Aktiva oder Passiva seinen Niederschlag gefunden hat.[1020] Die Verlustantizipation auf der Aktivseite mittels Abschreibung bzw. auf der Passivseite mittels Zuschreibung setzt jedoch zwingend voraus, dass das Aktivum (Passivum) einen niedrigeren (höheren) Teilwert besitzt. Würde der Rechnungsabgrenzungsposten das Nutzungsrecht verkörpern, wäre ein niedrigerer Teilwert zwingend zu bejahen. Denn das mit dem Nutzungsrecht verbundene Einnahmepotential beliefe sich auf null, da die Räumlichkeiten für den Nutzenden keinen Wert mehr besäßen. Allerdings besteht der wirtschaftliche Vorteil des Rechnungsabgrenzungspostens gerade nicht in dem Nutzungsrecht[1021], sondern in dem vorgezogenen Abbau einer Zahlungsverpflichtung.[1022] Der Teilwert der Vorauszahlung bestimmt sich daher nicht über die Verwertbarkeit des überlassenen Gutes, sondern ausschließlich über den Wert der Zahlungsverpflichtung. Bei der Interpretation des Rechnungsabgrenzungspostens als Form der Vorauszahlung ist zu folgern, dass dieser einer verlustantizipierenden Abschreibung nicht zugänglich ist.

Nach diesen Ergebnissen soll der von *Moxter* beschriebene Ausgangsfall diskutiert werden:[1023] Der Mieter weiß bereits im Zeitpunkt des Abschlusses des Mietvertrags, dass er die Büroräume nur drei Jahre nutzen wird, da im vierten Jahr der Umzug in das dann fertig gestellte eigene Bürogebäude erfolgt. Dennoch ist der Mieter bereit, einen fünfjährigen Mietvertrag abzuschließen. Zum Zeitpunkt des Vertragsabschlusses gilt die allgemeine Ausgeglichenheitsvermutung. Rein schuldrechtlich stehen sich Leistungsanspruch und Leistungsentgelt ausgeglichen gegenüber. Aber nicht nur im Sinne einer formalrechtlichen Be-

---

1018 Vgl. *Moxter* (Bilanzrechtsprechung, 2007), S. 82 f., *derselbe* (GoR, 2003), S. 92 f.; *Adler/Düring/Schmaltz* (Rechnungslegung, 1998), § 250 HGB, Rn. 47; *Ellrott/Krämer* (BeckBilKomm, 2006), § 250 HGB, Anm. 30. Siehe auch *Ballwieser* (MünchKomm, 2008), § 250 HGB, RdNr. 11, der zwar eine außerplanmäßige Abschreibung für möglich hält, allerdings das Instrument der Drohverlustrückstellung bevorzugt.

1019 *Ellrott/Krämer* (BeckBilKomm, 2006), § 250 HGB, Anm. 30.

1020 Vgl. Kapitel 3 II.B.

1021 Vgl. Kapitel 2 II.A.1.b.

1022 Vgl. Kapitel 2 II.A.3.

1023 Vgl. *Moxter* (Bilanzrechtsprechung, 2007), S. 82 f.

trachtungsweise, sondern auch in wirtschaftlicher Hinsicht ist die Ausgeglichenheitsvermutung begründbar: „Kaufleute pflegen sich im normalen Geschäftsverlauf nichts zu schenken."[1024] Daher wird der anmietende Kaufmann voraussichtlich in seiner Kalkulation berücksichtigen, dass die beiden letzten Vertragsjahre wertlos sind und er mithin den vereinbarten Mietzins dieser Jahre als Nutzungsentgelt für die Perioden 1 bis 3 ansehen. Unter diesem Gesichtspunkt kann der Vertrag also nur zu Stande kommen, wenn der anmietende Kaufmann selbst von einer Ausgeglichenheit des Nutzungswerts der ersten drei Perioden und der Entgeltverpflichtung für die gesamte Laufzeit des Vertrages ausgeht, obwohl dem vereinbarten Leistungsentgelt der fünfjährige Leistungsanspruch gegenübersteht. Demnach ist der Mieter bereit, den Mietzins für fünf Jahre zu zahlen, obwohl eine Nutzung von mehr als drei Jahren nicht geplant ist. Erblickt man jetzt im aktiven Rechnungsabgrenzungsposten ein Recht zur Nutzung der Sache, so bestimmt sich dessen betriebsgewöhnliche Nutzungsdauer abweichend von der vertraglichen Nutzungsdauer durch den Zeitraum der tatsächlich geplanten Nutzung von drei Jahren.[1025] Die Anschaffungskosten des Rechts sind dann planmäßig auf die drei Jahre zu verteilen. Wenn also von vorne herein absehbar ist, dass die betriebliche Verwendung nur drei Jahre andauert, hat eine Verteilung der Anschaffungsausgabe auf drei Jahre zu erfolgen.[1026] Dementsprechend fungiert eine außerplanmäßige Abschreibung als Nachholabschreibung im Sinne des Realisationsprinzips, wenn sich während der Vertragslaufzeit die vorher geschätzte betriebsgewöhnliche Nutzungsdauer durch eine veränderte eigenbetriebliche Verwendbarkeit verkürzt. Eine Argumentation über das Realisationsprinzip erscheint durchaus begründbar.[1027] Allerdings muss dann der Rechnungsabgrenzungsposten als immaterielles Wirtschaftsgut interpretiert werden.[1028] Die Vorauszahlung wird jedoch geleistet für die Gegenleistung der anderen Vertragsseite; damit befreit sich der Vorleistende zugleich von seiner eigenen Zahlungsverpflichtung. Daher gilt, dass auf gleiche Periodenleistungen gleiche Teile der Vorauszahlung entfallen müssen. Verdeutlicht am Beispiel des Mietvertrages heißt das: Eine im Zeitablauf gleichbleibende Qualität des überlassenen Mietobjektes führt zu einer periodischen konstanten Auflösung des Rechnungsabgrenzungspostens.[1029] „Vorausgezahlt wird also für die (Qualität der) Leistung der Gegenseite, und dies schließt eine Rechnungsabgrenzung in Anpassung an eine spezifische, periodisch unterschiedliche Nutzbarkeit durch den Mieter aus."[1030] Daher ist eine außerplanmäßige Abschreibung des aktiven Rechnungsabgrenzungspostens bei einer eigenbetrieblichen Nutzungsänderung weder über

1024 *Moxter* (Bilanzrechtsprechung, 2007), S. 147; vgl. auch BFH-Urteil vom 11.10.2007, IV R 52/04, DStR 2008, S. 237-240, hier S. 239.

1025 Vgl. *Moxter* (Bilanzrechtsprechung, 2007), S. 256 f.

1026 Vgl. *Moxter* (Bilanzrechtsprechung, 2007), S. 82 f.

1027 Vgl. *Moxter* (Bilanzrechtsprechung, 2007), S. 82 f.

1028 Vgl. *Kupsch* (BHR, 2002), § 250 HGB, Rz. 48.

1029 Vgl. *Mellwig* (Quelle, 2005), S. 217-235, hier S. 227.

1030 *Mellwig* (Quelle, 2005), S. 217-235, hier S. 227.

das Imparitäts- noch über das Realisationsprinzip begründbar. Eine Abgrenzung nach Maßgabe einer von der grundsätzlichen Nutzbarkeit abweichenden tatsächlichen Nutzung im eigenen Betrieb und auch eine Abgrenzung nach Maßgabe unterschiedlicher Periodenumsätze widersprechen dem Vorauszahlungscharakter des Wirtschaftsgutes Rechnungsabgrenzungsposten. Die Bewertung des Rechnungsabgrenzungspostens, „die sich an einer periodisch unterschiedlichen tatsächlichen Nutzung oder aber an schwankenden Periodenumsätzen orientiert, ist eine dynamische Rechnungsabgrenzung, die mit dem gewachsenen Bilanzrecht unvereinbar ist"[1031] und dem Vorauszahlungscharakter von Rechnungsabgrenzungsposten widerspricht. Somit bleibt festzuhalten, dass veränderte Nutzungsmöglichkeiten nicht die Höhe der geleisteten Vorauszahlung beeinflussen, d. h. der Teilwert der Vorauszahlung bleibt davon unberührt; veränderte Nutzungsmöglichkeiten, die einen Verpflichtungsüberschuss induzieren, führen zu einer Rückstellung für drohende Verluste aus schwebenden Geschäften.[1032]

4. Währungsumrechnung und Wechselkursänderung

Abschließend sollen die Auswirkungen von Wechselkursänderungen auf die Bewertung der Rechnungsabgrenzungsposten untersucht werden. Denn grundsätzlich stellt der Wechselkurs im Vergleich zu Geschäften in Inlandswährung eine zusätzliche Wertkomponente dar und mithin ist die Währungsumrechnung Teil der Bewertung.[1033] Da es auch hier an expliziten gesetzlichen Regelungen sowohl handelsrechtlich als auch steuerrechtlich mangelt, ist auf die allgemeinen GoB abzustellen, um eine bilanzzweckadäquate Bilanzierung zu gewährleisten.[1034] Da Rechnungsabgrenzungsposten den Charakter einer Vorauszahlung haben, bietet es sich an, entsprechend den Anzahlungen zu verfahren.[1035] Unterstellt wird dabei eine Mietvorauszahlung in Fremdwährung. Der Mietzins beträgt 100.000 USD für den gesamten Fünfjahreszeitraum. Im Zeitpunkt des Devisenerwerbs bedarf es 75.000 Euro, um 100.000 USD zu erwerben, so dass der Wechselkurs in Mengennotierung 1,33 USD/Euro beträgt. Die in Fremdwährung geleistete Ausgabe ist zunächst mit dem Anschaffungskurs in Inlandswährung umzurechnen. Daher erfolgt eine Bilanzierung des aktiven Rechnungsabgrenzungspostens in Höhe von 75.000 Euro.[1036] Um eine isolierte Betrachtung der möglichen Auswirkungen einer Wechselkursänderung aufzuzeigen, wird unterstellt, dass mit der Leistungserbringung bis zum Abschlussstichtag noch nicht begonnen wurde. Bei einer Abwertung der Inlandswährung auf 1,25 USD/Euro

1031 *Mellwig* (Quelle, 2005), S. 217-235, hier S. 227 f.
1032 Vgl. *Mellwig* (Quelle, 2005), S. 217-235, hier S. 228.
1033 Vgl. *Schröer* (Realisationsprinzip, 1997), S. 321.
1034 Vgl. *Schröer* (Realisationsprinzip, 1997), S. 321-324.
1035 Vgl. *Wlecke* (Währungsumrechnung, 1989), S. 300.
1036 Vgl. *Langel* (Wechselkursänderungen, 1980), S. 259-332, hier S. 311; *Bauer* (Kirchhof/-Söhn/Mellinghoff, 2001), § 5 EStG, F 143.

wären mithin 80.000 Euro aufzuwenden, um eine Vorauszahlung in Höhe von 100.000 USD zu leisten. Eine Zuschreibung des aktiven Rechnungsabgrenzungspostens auf 80.000 Euro würde dem Realisationsprinzip zuwider laufen, da es zu einem Ausweis unrealisierter Gewinne kommen würde. Im Gegensatz hierzu steht der Fall der Aufwertung der Inlandswährung. Der Wechselkurs beträgt zum Bewertungsstichtag 1,4286 USD/Euro, so dass für eine Mietvorauszahlung in Höhe von 100.000 USD lediglich noch 70.000 Euro aufgebracht werden müssten. Bei einer Orientierung des Teilwerts an den Wiederbeschaffungskosten erscheint zunächst die Abwertung des aktiven Rechnungsabgrenzungspostens auf 70.000 Euro zwingend. Wenngleich eine Orientierung an den Wiederbeschaffungskosten in der Praxis weit verbreitet erscheint, gebietet doch die Teilwertabschreibung als Instrument der Verlustantizipation lediglich die Berücksichtigung eines die Bestandsbewertung betreffenden Aufwandsüberschusses.[1037] Eine Bewertung zu 70.000 Euro setzt voraus, dass der Teilwert der Vorauszahlung eben diesem Betrag entspricht. Eine Bewertung der Vorauszahlung zum niedrigeren Stichtagskurs würde jedoch implizieren, dass es sich bei der Vorleistung um eine Darlehensforderung handelt.[1038] Beim Vorliegen einer Darlehensforderung bzw. Geldforderung läge diese Voraussetzung zweifelsfrei vor.[1039] Hinter dem Rechnungsabgrenzungsposten verbirgt sich gerade keine Darlehensforderung, da die Rückzahlung der Vorauszahlung nicht Gegenstand des Vertrages ist, sondern nur dann in Betracht kommt, wenn der Vertrag aufgelöst wird.[1040]

Beim aktiven Rechnungsabgrenzungsposten wird ein Vorleistungsvorgang abgebildet, bei dem die Gegenleistung noch aussteht. Damit stellt sich die Frage, wie hoch der Teilwert der Vorauszahlung ist. Selbst bei einer rein an den Wiederbeschaffungskosten orientierten Teilwertinterpretation vermag das Vorhandensein eines niedrigeren Teilwerts nicht zu überzeugen. Zur Ermittlung des Teilwerts müsste nach dem Betrag gefragt werden, der zum Bewertungsstichtag aufgewendet werden müsste, um die entsprechende Vorauszahlung zu leisten. Dies setzt jedoch voraus, dass der potentielle Erwerber eben zum Bewertungsstichtag noch in der Lage wäre, die entsprechende Mietvorauszahlung zu leisten. Diese Möglichkeit besteht jedoch nicht. Demnach steht der abzugrenzende Betrag mit Erbringung der Vorleistung damit endgültig fest. Zukünftige Wechsel-

---

1037 Vgl. *Moxter* (Teilwertverständnis, 1991), S. 473-481, hier S. 478 f.
1038 Vgl. *Groh* in Bezug auf Anzahlungen (Fremdwährungsgeschäfte, 1986), S. 869-877, hier S. 871; siehe hierzu auch *Langenbucher* (Fremdwährungsgeschäfte, 1988), S. 55.
1039 Vgl. *Langenbucher* (Fremdwährungsgeschäfte, 1988), S. 55; *Burkhardt* (Fremdwährungsgeschäfte, 1988), S. 93 f. Allerdings bedürfte es noch einer Überprüfung, ob es sich um eine dauerhafte Wertminderung handelt.
1040 Vgl. Kapitel 2 II.A.2.

kursänderungen können auch deshalb keine Auswirkung auf die Bewertung des aktiven Rechnungsabgrenzungspostens mehr haben.[1041]

Die Auswirkungen einer Aufwertung der Inlandswährung für die Passivseite werden für die Bewertung des (passiven) Rechnungsabgrenzungspostens unterschiedlich beurteilt.[1042] Zum Teil wird über den Analogieschluss zur Position der Anzahlung geschlossen, dass Wechselkursänderungen sehr wohl einen Einfluss auf die Höhe des Rechnungsabgrenzungspostens haben. Diese Sichtweise setzt aber voraus, dass bereits die Anzahlung als Darlehensforderung interpretiert wird mit der Folge, dass es zu einer grundsätzlichen Zerlegung des Anschaffungsgeschäfts in zwei einzelne Geschäfte kommt. Die Anzahlung wird in diesem Fall als verdeckte Darlehensüberlassung interpretiert, so dass auf die erhaltene Anzahlung bzw. auf den passiven Rechnungsabgrenzungsposten die Bewertungsvorschriften für Geldverbindlichkeiten angewendet werden sollen. Diese Argumentation wurde bereits für den aktiven Rechnungsabgrenzungsposten widerlegt, so dass auf die entsprechende Argumentation verwiesen werden kann.

Ferner wird die Auffassung vertreten, das Realisationsprinzip bzw. das Imparitätsprinzip verlange eine Wertberichtigung des passiven Rechnungsabgrenzungspostens bei einer Aufwertung bzw. Abwertung der Inlandswährung.[1043] Bei einer Aufwertung der Inlandswährung wird durch die Vorauszahlung eine höhere Einnahme erzielt als im Fall der späteren Zahlung.[1044] Daher seien im Sinne des Realisationsprinzips die in Inlandswährung vereinnahmten Erträge der Folgeperioden im Wert zu berichtigen, um eine erfolgsneutrale Bilanzierung zu gewährleisten.[1045] Entsprechend führe eine Vorauszahlung bei einer Abwertung der Inlandswährung zu einem Einnahmeverlust an inländischer Währung, der als Aufwand durch Anpassung des passiven Rechnungsabgrenzungspostens (der erhaltenen Anzahlung) an den neuen Wechselkurs zu berücksichtigen sei.[1046] Dieser Auffassung kann jedoch nicht gefolgt werden: Die abzugrenzenden Einnahmen in fremder Währung sind durch den Wechselkurs zum Zeitpunkt des Zahlungseingangs fixiert.[1047] Mit der Vereinnahmung des Betrags in fremder

---

1041 Im Ergebnis auch *Langel* (Wechselkursänderungen, 1980), S. 259-332, hier S. 311; *Bauer* (Kirchhof/Söhn/Mellinghoff, 2001), § 5 EStG, F 143; *Langenbucher* (Fremdwährungsgeschäfte, 1988), S. 55.

1042 Vgl. *Langel* (Wechselkursänderungen, 1980), S. 259-332, hier S. 324.

1043 Vgl. *Klein* (Wechselkursänderung, 1975), S. 44 f. und S. 50 f., *derselbe* (Aufwertung, 1970), S. 1745-1751, hier S. 1747.

1044 Vgl. *Klein* (Wechselkursänderung, 1975), S. 50.

1045 Vgl. *Klein* (Wechselkursänderung, 1975), S. 50 f., *derselbe* (Aufwertung, 1970), S. 1745-1751, hier S. 1747.

1046 Vgl. *Klein* (Wechselkursänderung, 1975), S. 44 f.

1047 Vgl. *Langenbucher* (Fremdwährungsgeschäfte, 1988), S. 57; *Bauer* (Kirchhof/Söhn/-Mellinghoff, 2001), § 5 EStG, F 144.

Währung ist der Zahlungsvorgang abgeschlossen.[1048] Der (Gesamt-)Ertrag in Inlandswährung steht aufgrund der Umrechnung zum Zeitpunkt der Vereinnahmung fest. Eine Wechselkursänderung kann nur eine Auswirkung auf den Devisenbestand haben.[1049] Der Grundsatz der Einzelbewertung gebietet in diesem Sinne geradezu eine Trennung der Vorauszahlung und des sich daraus ergebenden Devisenbestandes. In diesem Sinne ist es auch für die Bewertung des Rechnungsabgrenzungspostens unerheblich, ob die erhaltenen Devisen in Inlandswährung umgetauscht wurden oder nicht.[1050] Orientiert man sich zudem an den Grundsätzen ordnungsmäßiger Bilanzierung von Dauerrechtsverhältnissen, dann wird offensichtlich, dass eine Wechselkursänderung auch keinen Einfluss auf die Auflösung und mithin auf die Bewertung von passiven Rechnungsabgrenzungsposten entfalten kann. Die Höhe des Gesamtertrags aus dem Mietvertrag ergibt sich bei einer vollständigen Vorabentrichtung des Mietzinses und einer dem Vertrag folgenden Abwicklung des Erfüllungsgeschäfts durch den Wechselkurs zum Zeitpunkt der Vereinnahmung des Mietzinses durch den Vermieter. Wechselkursänderungen betreffen demnach zunächst nur den durch die Vorauszahlung angewachsenen Devisenbestand, sofern ein Umtausch in Inlandswährung noch nicht erfolgt ist.

Allerdings ist es denkbar, dass die Wechselkursänderung einen mittelbaren Einfluss auf die Ausgeglichenheitsvermutung des schwebenden Geschäfts haben kann. Dies ist der Fall, wenn die Aufwendungen, die notwendig sind, um die Leistungspflicht zu erfüllen, ebenfalls in Fremdwährung anfallen. Ein daraus resultierender Aufwandsüberschuss ist dann über die Rückstellung für drohende Verluste aus schwebenden Geschäften zu berücksichtigen.[1051]

III. Zusammenfassung

Die unterschiedlichen Ansätze zur Folgebewertung von Rechnungsabgrenzungsposten basieren auf dem zum Teil sich widersprechenden Verständnis des Rechnungsabgrenzungspostens als Vermögenswert. Erkennt man den Vorauszahlungscharakter von Rechnungsabgrenzungsposten, „so bleibt zur Wertfortführung [...] allein eine Wertzumessung nach dem Verhältnis der noch ausstehenden Gegenleistung zur gesamten Gegenleistung"[1052]. Zu Aufwand bzw. Ertrag werden Rechnungsabgrenzungsposten in der Periode, in der die vertragliche

---

1048 Vgl. *Langel* (Wechselkursänderungen, 1980), S. 259-332, hier S. 324; *Burkhardt* (Fremdwährungsgeschäfte, 1988), S. 115.

1049 Vgl. *Langenbucher* (Fremdwährungsgeschäfte, 1988), S. 54 und S. 56 f.

1050 Vgl. *Bauer* (Kirchhof/Söhn/Mellinghoff, 2001), § 5 EStG, F 144; *Langel* (Wechselkursänderungen, 1980), S. 259-332, hier S. 324. Diese Differenzierung präferiert *Hild* (Auswirkung, 1973), S. 783-785, hier S. 785, *derselbe* (Ausweis, 1970), S. 2133-2136, hier S. 2135.

1051 Vgl. *Langenbucher* (Fremdwährungsgeschäfte, 1988), S. 55.

1052 *Mellwig* (Quelle, 2005), S. 217-235, hier S. 227.

Gegenleistung erbracht wird. Die Auflösung des Rechnungsabgrenzungspostens folgt dem Realisationsprinzip unter Berücksichtigung der besonderen Qualität des Wirtschaftsgutes Vorauszahlung. Daraus erklärt sich beispielsweise eine außerplanmäßige Auflösung bei einer veränderten vertraglichen Laufzeit. Um hiervon abweichende, weiterreichende Bewertungserwägungen im Sinne des Imparitätsprinzips abzuwehren, muss man nur erkennen, „dass Rechnungsabgrenzungsposten Vermögensgegenstände bzw. Verbindlichkeiten besonderer Qualität sind, d.h. Vorauszahlungen für periodisch zu erbringende Gegenleistungen, und dass für die Wertfortführung die periodisch erbrachten Gegenleistungen bestimmend sind"[1053].

Die Auflösung des Rechnungsabgrenzungspostens folgt einzig dem Realisationsprinzip unter Berücksichtigung der Verrechtlichung der Rechnungsabgrenzungsposten im geltenden Bilanzrecht. Der Wert der jeweiligen Vorleistung bestimmt sich maßgeblich aus den Rahmenbedingungen des zugrunde liegenden Dauerrechtsverhältnisses. Der objektivierte Funktionswert und nicht der personenbezogene spezifische Nutzungswert bestimmt den Wert des Rechnungsabgrenzungspostens.

Eine verlustantizipierende Aktivenkorrektur (außerplanmäßige Abschreibung bzw. Teilwertabschreibung) ist mit dem Vorauszahlungscharakter des Rechnungsabgrenzungspostens unvereinbar. Mögliche negative Erfolgsbeiträge aus dem zugrunde liegenden Geschäft sind nicht mit der Vorauszahlung verbunden, sondern haften an dem eigentlichen Rechtsgeschäft. Demzufolge kommt eine Aktivenkorrektur nicht in Betracht. Der Rechnungsabgrenzungsposten dokumentiert einen Zahlungsvorgang. Dieser wird nicht durch die Tatsache beeinflusst, dass der Wert der für die Zahlung zu erwartenden Gegenleistung etwa sinkt. Anders ausgedrückt: Eine Aktivenkorrektur scheidet aus, da auch der Vermögensgegenstand Rechnungsabgrenzungsposten keinen niedrigeren Teilwert besitzen kann. Verluste, die am schwebenden Geschäft haften, sind trotz einer erbrachten bzw. erhaltenen Vorleistung einheitlich über das zweite Instrument der Verlustantizipation als Drohverlustrückstellung zu berücksichtigen.

1053 *Mellwig* (Quelle, 2005), S. 217-235, hier S. 227.

Thesenförmige Zusammenfassung

(1) Rechnungsabgrenzungsposten sind fester Bestandteil der Gewinnermittlung durch Vermögensvergleich. In der Bilanz im Rechtssinne
(Handels- und Steuerbilanz) dienen Rechnungsabgrenzungsposten als
Vermögensbestandteile der Ermittlung eines ausschüttungsoffenen Gewinns, der zugleich als Indikator der wirtschaftlichen Leistungsfähigkeit zur Besteuerung herangezogen wird. Sie können und dürfen nicht
einfach als Relikt der dynamischen Bilanztheorie angesehen werden,
denn auch in einer statischen Vermögensbilanz werden Rechnungsabgrenzungsposten bilanziert. Gerade die durch das AktG 1965 eingeleitete Rechtsentwicklung und der damit verbundene Wandel in der
Rechtsprechung des Bundesfinanzhofs stehen dem entgegen.

(2) Ob Rechnungsabgrenzungsposten Wirtschaftsgüter oder bloße Verrechnungsposten sind, hängt entscheidend von der verwendeten Definition der Rechnungsabgrenzungsposten ab. Bezieht man die Sonderposten der Rechnungsabgrenzung des § 250 Abs. 1 Satz 2 Nr. 1 und
Nr. 2 HGB bzw. § 5 Abs. 5 Satz 2 Nr. 1 und Nr. 2 EStG mit ein, so
sind Rechnungsabgrenzungsposten auch Aktiva ohne Wirtschaftsgutcharakter.

(3) Unter Heranziehung der höchstrichterlichen Finanzrechtsprechung bedingt die Bilanzierung eines Rechnungsabgrenzungsposten i. e. S. das
Vorliegen einer gegenseitigen Rechtsbeziehung, bei der die Sach- oder
Dienstleistung nur im Zeitablauf, – d. h. zeitraum- und nicht zeitpunktbezogen – erbracht werden kann. Eine Bilanzierung kommt mithin nur
in Betracht, wenn der Vorleistung eine bürgerlich- oder öffentlich-
rechtliche Beziehung zugrunde liegt und ein zivil- bzw. bilanzrechtliches Synallagma zum Gegenwert besteht. In diesem Sinne ist ein aktiver Rechnungsabgrenzungsposten eine im Rahmen eines zweiseitig
verpflichtenden Dauerrechtsverhältnisses erbrachte Vorleistung vor
dem Bilanzstichtag, die nach Maßgabe der rechtlichen Gegenleistung
Aufwand für die Zeit nach dem Bilanzstichtag darstellt. Spiegelbildlich
ist ein passiver Rechnungsabgrenzungsposten eine im Rahmen eines
zweiseitig verpflichtenden Dauerrechtsverhältnisses erhaltene Vorleistung vor dem Bilanzstichtag, die nach Maßgabe der rechtlichen Gegenleistung Ertrag für die Zeit nach dem Bilanzstichtag darstellt.

(4) Bei einer systemkonformen Einbindung der Ansatzmerkmale der transitorischen Rechnungsabgrenzungsposten in das System der handelsrechtlichen Grundsätze ordnungsmäßiger Buchführung sind die Ansatzmerkmale *Ausgaben und Einnahmen* auf *tatsächlich erbrachte
Vorleistungen* und somit auf bilanzielle Vermögensänderungen zu be-

schränken. Dies führt im Falle der Disagioverbindlichkeit zu einer Nettobilanzierung, sofern nicht auf die Zahlungsfiktion zurückgegriffen wird. Bei einer weiten Auslegung dieser Begriffe als „gebuchte Einnahmen bzw. Ausgaben" – wie dies in der Rechtsprechung und im Schrifttum zum Teil der Fall ist –, tritt der Verrechnungspostencharakter bzw. Wertberichtigungspostencharakter der Rechnungsabgrenzungsposten zu Tage.

(5)   Die Analyse der Bilanzierung schwebender Geschäfte hat Folgendes gezeigt: Rechte und Pflichten entstehen mit Vertragsabschluss, werden jedoch grundsätzlich nicht bilanziert. Die Aktivierung des Anspruchs auf Erhalt der Gegenleistung (Sachleistungsanspruch i. e. S.) scheitert in Ermangelung nicht vorhandener Anschaffungskosten, denn das Entgelt wird nicht für die Begründung des Anspruchs geleistet, sondern für den Erhalt der Gegenleistung. Die Sach- oder Dienstleistungsverpflichtung hingegen verkörpert als kompensierte Last noch keine bilanzrechtliche Schuld. Tritt zum abstrakten Leistungsanspruch die konkrete Verwertbarkeit des Anspruchs hinzu, entsteht ein weiterer wirtschaftlicher Vorteil, der, sofern er greifbar und einer selbständigen Bewertbarkeit zugänglich ist, ein abstrakt aktivierungsfähiges Wirtschaftsgut darstellt. Die Aktivierung dieses Wirtschaftsgutes scheitert am Grundsatz der Nichtbilanzierung schwebender Geschäfte, der aus Vereinfachungsüberlegungen ein konkretes Aktivierungsverbot für Wirtschaftsgüter aus schwebenden Geschäften vorsieht.

(6)   Konsistent zur Bilanzierung schwebender Geschäfte sind Rechnungsabgrenzungsposten weder Leistungsanspruch noch Leistungsverpflichtung. Die Interpretation des aktiven Rechnungsabgrenzungspostens als Leistungsanspruch i. e. S. scheitert daran, dass das Entgelt in Form der Vorauszahlung nicht für die Begründung des Anspruchs geleistet wird, sondern für den Erhalt der Gegenleistung. Zwar ist die Vorauszahlung als Entgelt bzw. Teilentgelt für die Gegenleistung anzusehen, dennoch hat der Ausweis des erworbenen Einnahmepotentials zu unterbleiben. Zum einen verhindert gerade der Grundsatz der Nichtbilanzierung schwebender Geschäfte diesen Ausweis; zum anderen sind auch Vorleistungen als Rechungsabgrenzungsposten abzubilden, wenngleich kein abstrakt aktivierungsfähiges Wirtschaftgut Nutzungsrecht vorhanden ist. Dementsprechend verkörpert der passive Rechnungsabgrenzungsposten auch keine Leistungsverpflichtung i. e. S., denn abgebildet wird ausschließlich das vereinnahmte Entgelt.

(7)   Der Vorleistung immanent ist eine Kapitalüberlassung auf Zeit. Die Bilanzierung als Kreditgeschäft, d. h. eine Interpretation der Rechnungsabgrenzungsposten als Geldforderungen bzw. Geldverbindlich-

keiten scheitert daran, dass der Rückzahlungsanspruch bzw. die Rückzahlungsverpflichtung erst durch eine Aufhebung des zugrundeliegenden Rechtsgeschäfts entsteht. Für die Bewertung kann das verdeckte
Kreditgeschäft zu berücksichtigen sein. Dem Vorsichtsprinzip folgend
ist bei der passiven Rechnungsabgrenzung stets von verdeckten Zinsen
auszugehen, bei der aktiven Rechnungsabgrenzung nur dann, wenn
zugleich dem Objektivierungsbedürfnis der Bilanz im Rechtssinne entsprochen wurde.

(8)   *Rechnungsabgrenzungsposten* sind *Wirtschaftsgüter:* Der *vermögenswerte Vorteil* besteht darin, dass dem rechtlichen Gegenleistungsanspruch lediglich niedrigere laufende bzw. keine Zahlungen mehr gegenüberstehen. Der aktive Rechnungsabgrenzungsposten verkörpert
ausschließlich den Abbau einer Zahlungsverpflichtung: Durch die
Vorausleistung wird die mit der Inanspruchnahme der Gegenleistung
einhergehende bilanzrechtliche Schuld am Entstehen gehindert. Der
wirtschaftliche Vorteil besteht also darin, dass ein „Weniger" an Zahlungsverpflichtung bei einem unverändert vorhandenen Anspruch auf
Gegenleistung gegeben ist. Der Abbau der Zahlungsverpflichtung ist
auch *greifbar:* Das Vorliegen eines schwebenden Geschäfts, d. h. das
Vorhandensein eines Gegenleistungsanspruchs ermöglicht eine konkrete Zuordnung der Vorauszahlung. Auch das Kriterium der *selbständigen Bewertbarkeit* ist erfüllt: Der Zugangswert des (aktiven) Rechnungsabgrenzungspostens ist durch die Höhe der Ausgabe eindeutig
bestimmt. Die Wertfortführung als Bestandteil der selbständigen Bewertbarkeit ist durch den Vorleistungscharakter gewährleistet.

(9)   Für den Sach- oder Dienstleistungsverpflichteten ensteht eine wirtschaftliche Last mit der Vereinnahmung des (anteiligen) Leistungsentgelts, da die eigene (anteilige) Leistungsverpflichtung nicht mehr
durch zukünftige Vermögensmehrungen kompensiert wird. Zwar verkörpert der passive Rechnungsabgrenzungsposten keine Sachleistungsverpflichtung, dennoch liegt der Ansatz des passiven Rechnungsabgrenzungspostens in der Leistungsverpflichtung begründet und ist
damit *greifbar.* Erst durch die Erbringung der eigenen Leistung wird
der Anspruch auf Erhalt des Entgelts quasisicher, so dass eine Rückzahlungsverpflichtung des bereits vereinnahmten Entgelts so gut wie
sicher ausgeschlossen werden kann. Die *wirtschaftliche Last,* die im
passiven Rechnungsabgrenzungsposten ihren Ausdruck findet, liegt
darin begründet, dass der rechtlichen Leistungsverpflichtung nun in
Abhängigkeit von der Höhe der Vorausleistung lediglich niedrigere
laufende bzw. keine Zahlungen mehr gegenüberstehen.

(10) Rechnungsabgrenzungsposten sind ein Spezialfall der Anzahlung. Eine sinnvolle Abgrenzung der Anzahlung und des Rechnungsabgrenzungspostens könnte vorgenommen werden, wenn man entgegen der Rechtsprechung Vorleistungen im Rahmen schwebender Dauerrechtsverhältnisse stets als Rechnungsabgrenzungsposten und Vorleistungen, denen keine zeitraumbezogene, sondern eine zeitpunktbezogene Gegenleistung gegenübersteht, als Anzahlungen bilanziert. Konsequenterweise sollten die heute noch unter den Rechnungsabgrenzungsposten ausgewiesenen Sachverhalte unter einem neuen Gliederungspunkt A. IV. *Vorauszahlungen für Dauerrechtsverhältnisse* aufgeführt werden. Bei kurzfristigen Dauerrechtsverhältnissen ist eine Zuordnung der Vorauszahlung zum Umlaufvermögen zweckmäßig. Die Zuordnung könnte wie bei den Anzahlungen auch unter den *sonstigen Vermögensgegenständen* (B. II. 4.) erfolgen. Für die Passivseite wäre fortan C. 3. *erhaltene Vorauszahlungen* als Bilanzposten einzufügen.

(11) Erkennt man den Vorauszahlungscharakter von Rechnungsabgrenzungsposten an, so ist eine Bewertung nach dem Verhältnis der noch ausstehenden Gegenleistung zur gesamten Gegenleistung zwingend: Zu Aufwand werden die verausgabten Beträge in der Periode, in der die vertragliche Gegenleistung in Anspruch genommen wird. Die Vorauszahlung verliert dadurch ihren Vorleistungscharakter. Die Periodisierung der Vorauszahlung erfolgt leistungsbezogen. Doch bestimmt nicht die eigene Leistungserstellung, sondern die Inanspruchnahme der Gegenleistung die Periodisierung. Da durch die Vorauszahlung lediglich die Leistungserbringung der anderen Vertragsseite abgegolten wird, ist eine von den rechtlichen Rahmenbedingungen abweichende Verteilung der Vorauszahlung mit dem Vorauszahlungscharakter des Rechnungsabgrenzungspostens unvereinbar.

(12) Eine außerplanmäßige Abschreibung des aktiven Rechnungsabgrenzungspostens ist geboten, sofern eine nachträgliche Veränderung der rechtlichen Rahmendaten dazu führt, dass die Vorauszahlung im Verhältnis der ausstehenden zu der bereits in Anspruch genommenen Gegenleistung zu hoch bewertet ist. Dies ist immer dann der Fall, wenn die Vorauszahlung eine bereits in der Vergangenheit empfangene Gegenleistung abgilt und mithin ihren Vorleistungscharakter verliert. In diesem Sinne gebietet das Realisationsprinzip eine Nachholauflösung.

(13) Eine verlustantizipierende Aktivenkorrektur (außerplanmäßige Abschreibung bzw. Teilwertabschreibung) ist mit dem Vorauszahlungscharakter des Rechnungsabgrenzungspostens unvereinbar. Das von der Rechtsprechung entwickelte Argument gegen eine Teilwertabschreibung, dass Rechnungsabgrenzungsposten eben anders als Wirtschafts-

güter begrifflich keinen Teilwert besäßen, überzeugt nicht. Eine Aktivenkorrektur scheidet dennoch aus, da der Rechnungsabgrenzungsposten als Wirtschaftsgut „Vorauszahlung" keinen niedrigeren Teilwert besitzen kann. Verluste, die am schwebenden Geschäft haften,
sind trotz einer erbrachten bzw. erhaltenen Vorleistung einheitlich über
das zweite Instrument der Verlustantizipation als Drohverlustrückstellung zu berücksichtigen. In der Steuerbilanz kann dieser Aufwandsüberschuss erst mit der Beendigung des schwebenden Geschäfts erfasst
werden.

(14) Bei einer Interpretation des passiven Rechnungsabgrenzungspostens
als erhaltene Vorauszahlung bestimmt sich der Wert des Rechnungsabgrenzungspostens ausschließlich über das (Ertrags-)Realisations-
prinzip. Die Ertragsrealisierung knüpft an die am Markt erbrachte Umsatzleistung an und mithin ausschließlich an die wirtschaftliche Erfüllung der rechtlichen Vereinbarung.

(15) Rechnungsabgrenzungsposten sind Vorauszahlungen bei Dauerrechtsverhältnissen. Diese Vorleistungen verkörpern Wirtschaftsgüter besonderer Qualität. Dies spiegelt sich – wie dargelegt – in der stärkeren
Verrechtlichung bei Ansatz und Bewertung wider.

Quellenverzeichnis

I. Literaturverzeichnis

Achatz, Markus / Kofler, Georg (Abzinsung, 2001): Die Abzinsung von Rechnungsabgrenzungsposten in Handels- und Steuerbilanz, in: Bertl, Romuald u. a. (Hrsg.): Erfolgsabgrenzung in Handels- und Steuerbilanz, Wien: Linde, 2001, S. 185-220.

Adler, Hans / Düring, Walther / Schmaltz, Kurt (Rechnungslegung, 1948): Rechnungslegung und Prüfung der Aktiengesellschaft: Handkommentar für die Bilanzierungs- und Prüfungspraxis nach dem Aktiengesetz unter Berücksichtigung der sonstigen handelsrechtlichen Vorschriften, 2. Auflage, Stuttgart: Schäffer-Poeschel, 1948.

Adler, Hans / Düring, Walther / Schmaltz, Kurt (Rechnungslegung, 1957): Rechnungslegung und Prüfung der Aktiengesellschaft: Handkommentar, Bd. 1 Rechnungslegung, 3. Auflage, Stuttgart: Schäffer-Poeschel, 1957.

Adler, Hans / Düring, Walther / Schmaltz, Kurt (Rechnungslegung, 1968): Rechnungslegung und Prüfung der Aktiengesellschaft: Handkommentar, Bd. 1 Rechnungslegung, 4. Auflage, Stuttgart: Schäffer-Poeschel, 1968.

Adler, Hans / Düring, Walther / Schmaltz, Kurt (Rechnungslegung, 1995): Rechnungslegung und Prüfung der Unternehmen: Kommentar zum HGB, AktG, GmbHG, PublG nach den Vorschriften des Bilanzrichtlinien-Gesetzes, bearb. v. Karl-Heinz Forster u. a., 6. Aufl., Teilbd. 1, Stuttgart: Schäffer-Poeschel, 1995.

Adler, Hans / Düring, Walther / Schmaltz, Kurt (Rechnungslegung, 1998): Rechnungslegung und Prüfung der Unternehmen: Kommentar zum HGB, AktG, GmbHG, PublG nach den Vorschriften des Bilanzrichtlinien-Gesetzes, bearb. v. Karl-Heinz Forster u. a., 6. Aufl., Teilbd. 6, Stuttgart: Schäffer-Poeschel, 1998.

Ahrens, Dieter (Aktienrecht, 1968): Rechnungsabgrenzungsposten nach neuem Aktienrecht, in: DB, 21. Jg. (1968), Heft 7, S. 273-275.

Arbeitskreise der Wissenschaftlichen Kommissionen „Betriebswirtschaftliche Steuerlehre" und „Rechnungswesen" des Verbands der Hochschullehrer für Betriebswirtschaft e. V. (Anzahlungen, 1980): Umsatzsteuer auf Anzahlungen, in: WPg, 33. Jg. (1980), Heft 10, S. 278.

Arbeitskreis „Steuern und Revision" im Bund der Wirtschaftsakademiker (BWA) e.V. (Gesetzeskonforme Definition, 1999): Gesetzeskonforme Definition des Rechnungsabgrenzungspostens – Eine Analyse vor dem Hintergrund des true and fair view, in: DStR, 37. Jg. (1999), Heft 51/52, S. 2135-2142.

176

Arbeitskreis „Immaterielle Werte im Rechnungswesen" der Schmalenbach-Gesellschaft für Betriebswirtschaft e. V. (Kategorisierung, 2001): Kategorisierung und bilanzielle Erfassung immaterieller Werte, in: DB, 54. Jg. (2001), Heft 19, S. 989-995.

Babel, Mathias (Ansatz und Bewertung, 1997): Ansatz und Bewertung von Nutzungsrechten, Betriebswirtschaftliche Studien Rechnungs- und Finanzwesen, Organisation und Institution, Bd. 39, zugl.: Frankfurt/Main, Univ., Diss., 1997, Frankfurt/Main u. a.: Lang, 1997.

Babel, Mathias (Aktivierungsfähigkeit, 1997): Zur Aktivierungsfähigkeit von Nutzungsrechten, in: BB, 52. Jg. (1997), Heft 44, S. 2261-2268.

Babel, Mathias (Bewertbarkeit, 1998): Zur Bewertbarkeit von aktiven Rechnungsabgrenzungsposten, in: ZfbF, 50. Jg. (1998), Heft 9, S. 778-808.

Babel, Mathias (Rückstellungen, 1998): Zum Saldierungsbereich bei Rückstellungen für drohende Verluste aus schwebenden Geschäften, in: ZfB, 68. Jg. (1998), Heft 8, S. 825-849.

Babel, Mathias (Dreieck, 2007): Nutzungsrechte, Rechnungsabgrenzungsposten, schwebende Geschäfte – ein „magisches Dreieck" der Bilanzierung, in: Wehrheim, Michael / Heurung, Rainer: Steuerbelastung – Steuerwirkung – Steuergestaltung, Festschrift zum 65. Geburtstag von Winfried Mellwig, Wiesbaden: DUV, 2007, S. 1-36.

Bachem, Rolf Georg (Auszahlungsdisagio, 1991): Das Auszahlungsdisagio in Bilanz und Vermögensaufstellung des Darlehensnehmers, in: BB, 46. Jg. (1991), Heft 24, S. 1671-1677.

Bachmayr, Karl Erich (Überbewertung, 1976): Bundesfinanzhof gegen Überbewertung in der Handelsbilanz, in: BB, 31. Jg. (1976), Heft 13, S. 561-569.

Bachmayr, Karl Erich (Korreferat, 1977): Korreferat zum Referat Dr. Döllerer: Zur Problematik der Anschaffungs- und Herstellungskosten, in: JbFSt 1976/1977, Herne/Berlin: NWB, 1977, S. 213-221.

Baetge, Jörg / Kirsch, Hans-Jürgen / Thiele, Stefan (Hrsg.) (Baetge/Kirsch/Thiele, 2007): Bilanzrecht: Handelsrecht mit Steuerrecht und den Regelungen des IASB, Kommentar, Losebl.-Ausg., Bonn: Stollfuß, Stand: 21. Aktualisierung, Dezember 2007.

Baier, Carl G. (Vorleistung, 1991): Bilanzierung schwebender Verträge und einer „verlorenen" Vorleistung, in: DB, 44. Jg. (1991), Heft 46, S. 2349-2351.

Baierl, Holger (Beck'sches HdR, 2007): Verbindlichkeiten, in: Castan, Edgar / Böcking, Hans-Joachim u .a. (Hrsg.): Beck'sches Handbuch der Rechnungslegung – HGB und IFRS – Losebl.-Ausg., Band I, B 234, 27. Erg.-Lfg., Juli 2007, München: Beck.

Ballwieser, Wolfgang (Maßgeblichkeitsprinzip, 1990): Ist das Maßgeblichkeitsprinzip überholt?, in: BFuP, 42. Jg. (1990), Heft 6, S. 477-498.

Ballwieser, Wolfgang (Schulden, 1992): Das Anschaffungs- und Höchstwertprinzip für Schulden, in: Moxter, Adolf u. a. (Hrsg.): Rechnungslegung – Entwicklung bei der Bilanzierung und Prüfung von Kapitalgesellschaften, Festschrift zum 65. Geburtstag von Professor Dr. Dr. h. c. Karl-Heinz Forster, Düsseldorf: IDW, 1992, S. 45-62.

Ballwieser, Wolfgang (Beck'sches HdR, 2002): Grundsätze der Aktivierung und Passivierung, in: Castan, Edgar / Böcking, Hans-Joachim u.a. (Hrsg.) Beck'sches Handbuch der Rechnungslegung – HGB und IFRS – Losebl.-Ausg., Band I, B 131, 16. Erg.-Lfg., Februar 2002, München: Beck.

Ballwieser, Wolfgang (MünchKomm, 2008): Kommentierung zu § 250 HGB, in: Schmidt, Karsten (Hrsg.): Münchner Kommentar zum Handelsgesetzbuch, Band 4, Drittes Buch. Handelsbücher, §§ 238-342 a HGB, 2. Auflage, München: Beck, 2008.

Ballwieser, Wolfgang u. a. (Hrsg.) (Festschrift Moxter, 1994): Bilanzrecht und Kapitalmarkt, Festschrift zum 65. Geburtstag von Prof. Dr. Dr. h. c. Dr. h. c. Adolf Moxter, Düsseldorf: IDW, 1994.

Ballwieser, Wolfgang / Moxter, Adolf / Nonnenmacher, Rolf (Hrsg.) (Festschrift Clemm, 1996): Rechnungslegung – warum und wie, Festschrift für Hermann Clemm zum 70. Geburtstag, München: Beck, 1996.

Ballwieser, Wolfgang u. a. (Hrsg.) (Handwörterbuch, 2002): Handwörterbuch der Rechnungslegung und Prüfung, 3. Aufl., Stuttgart: Schäffer-Poeschel, 2002.

Bartels, Peter (Meinungsspiegel, 1994): Meinungsspiegel: Realisationsprinzip und Rückstellungsbildung, in: BFuP, 46. Jg. (1994), Heft 1, S. 56-57.

Barz, Hans u. a. (Hrsg.) (Großkommentar, 1961): Aktiengesetz – Großkommentar, zweite, neu bearbeitete Auflage, Berlin, Walter der Gruyter & Co, 1961.

Barz, Hans u. a. (Hrsg.) (Großkommentar, 1970): Aktiengesetz – Großkommentar, dritte, neu bearbeitete Auflage, Berlin, Walter der Gruyter & Co, 1970.

Bassenge, Peter u. a. (Hrsg.) (Palandt, 2008): Beck'sche Kurz-Kommentare, Band 7, Palandt, Bürgerliches Gesetzbuch, 67. Auflage, München: Beck, 2008.

Bauer, Heinrich (Schwebende Geschäfte, 1981): Schwebende Geschäfte im Steuerrecht, Erlangen/Nürnberg, Univ., Jur. Fak., Diss., 1981.

Bauer, Heinrich (Kirchhof/Söhn/Mellinghoff, 2001): Kommentar zu § 5 EStG, in: Kirchhof, Paul / Söhn, Hartmut / Mellinghoff, Rudolf (Hrsg.): Einkommensteuergesetz Kommentar, Heidelberg: C. F. Müller, 108. Erg.-Lfg., März 2001.

Bauer, Jörg (Zuschüsse, 1985): Zuschüsse und passive Rechnungsabgrenzung, in: BB, 40. Jg. (1985), Heft 3, S. 161-163.

Baxmann, Ulf G. (Zerobonds, 1990): Zerobonds und Beibehaltungswahlrecht, in: WPg, 43. Jg. (1990), Heft 10, S. 288-291.

Beckmann, Reinhard (Zerobonds, 1991): Bilanzierung und Besteuerung von Zero-bonds und Zerofloatern, in: BB, 46. Jg. (1991), Heft 14, S. 938-944.

Beiser, Reinhold (Abzinsung, 2001): Die Abzinsung von Verbindlichkeiten und Rückstellungen im Licht des Leistungsfähigkeitsprinzips, in: DB, 54. Jg. (2001), Heft 6, S. 296-298.

Beisse, Heinrich (Handelsbilanzrecht, 1980): Handelsbilanzrecht in der Rechtsprechung des Bundesfinanzhofs, in: BB, 35. Jg. (1980), Heft 13, S. 637-646.

Beisse, Heinrich (Tendenzen, 1980): Tendenzen der Rechtsprechung des Bundesfinanzhofs zum Bilanzrecht, in: DStR, 18. Jg. (1980), Heft 9, S. 243-252.

Beisse, Heinrich (Verhältnis, 1984): Zum Verhältnis von Bilanzrecht und Betriebswirtschaftslehre, in: StuW, 61. Jg. (1984), Heft 1, S. 1-14.

Beisse, Heinrich (Auslegung, 1990): Grundsatzfragen der Auslegung des Bilanzrechts, in: BB, 45. Jg. (1990), Heft 29, S. 2007-2012.

Beisse, Heinrich (Hrsg.) (Festschrift Beusch, 1993): Festschrift für Karl Beusch zum 68. Geburtstag am 31. Oktober 1993, Berlin u. a.: de Gruyter, 1993.

Beisse, Heinrich (Bild, 1994): Zum neuen Bild des Bilanzrechtssystems, in: Ballwieser, Wolfgang u. a. (Hrsg.): Bilanzrecht und Kapitalmarkt, Festschrift für Adolf Moxter, Düsseldorf: IDW, 1994, S. 3-31.

Beisse, Heinrich (Wandlungen, 1995): Wandlungen der Rechnungsabgrenzung, in: Förschle, Gerhart u. a. (Hrsg.): Rechnungslegung im Wandel: Festschrift für Wolfgang Dieter Budde, München: Beck, 1995, S. 67-85.

Bellavite-Hövermann, Yvette u. a. (Hrsg.) (Festschrift Bartels, 2006): Unternehmenssteuerung – Ökonomie, Controlling, Rechnungslegung und Recht – Festschrift für Prof. Dr. Hans G. Bartels zum 65. Geburtstag, Stuttgart: Schäffer-Poeschel, 2006.

Bengs, Paul (Berücksichtigung, 1950): Schwebende Geschäfte unter Berücksichtigung der geleisteten und erhaltenen Anzahlungen, in: WPg, 3. Jg. (1950), Heft 3, S. 103-105.

Bergmann, Walter (Beurteilung, 1972): Die steuerliche Beurteilung schwebender Geschäfte (I), in: DB, 25. Jg. (1972), Heft 50, S. 2367-2373.

Berlage, Hans (Bilanzierung, 1993): Einzelveräußerungsstatik und Bilanzierung latenter Steuern, Schriften zum Steuer-, Rechnungs- und Prüfungswesen, Bd. 11, Hamburg: Steuer- und Wirtschaftsverlag, 1993.

Berndt, Thomas (Grundsätze, 1998): Grundsätze ordnungsmäßiger passiver Rechnungsabgrenzung, Neue betriebswirtschaftliche Forschung, Bd. 247, zugl.: Frankfurt/Main, Univ., Diss., 1997; Wiesbaden: Gabler, 1998.

Berndt, Thomas (BB-Kommentar, 2005): BB-Kommentar zum BFH-Urteil vom 23.02.2005 – I R 9/04, BB 2005, 1160, in: BB, 60. Jg. (2005), Heft 27, S. 1496-1497.

Bertl, Romuald (Passive Rechnungsabgrenzungsposten, 2001): Passive Rechnungsabgrenzungsposten, in: Bertl, Romuald u. a. (Hrsg.): Erfolgsabgrenzung in Handels- und Steuerbilanz, Wien: Linde, 2001, S. 139-159.

Bertl, Romuald u. a. (Hrsg.) (Erfolgsabgrenzung, 2001): Erfolgsabgrenzung in Handels- und Steuerbilanz, Wien: Linde, 2001.

Bieg, Hartmut (Bewertungsvorschriften, 1976): Wider den Ausschließlichkeitsanspruch der Bewertungsvorschriften bei der Bestimmung des Inhalts der Handelsbilanz!, in: StuW, 53. Jg. (1976), Heft 4, S. 339-350.

Bieg, Hartmut (Schwebende Geschäfte, 1977): Schwebende Geschäfte in Handels- und Steuerbilanz: Die derzeitige und mögliche bilanzielle Behandlung beiderseits noch nicht erfüllter synallagmatischer Verträge unter besonderer Berücksichtigung der Interessen der Bilanzadressaten, Europäische Hochschulschriften, Reihe V, Bd. 151, zugl.: Saarbrücken, Univ., Diss., 1976, Frankfurt/Main: Lang, 1977.

Biener, Herbert (Transformation, 1993): Die Transformation der Mittelstands- und der GmbH & Co-Richtlinie, in: WPg, 46. Jg. (1993), Heft 23/24, S. 707-715.

Biergans, Enno (Nutzungsrechte, 1989): Die einkommen- und körperschaftsteuerliche Behandlung von originären immateriellen Wirtschaftsgütern, Nutzungsrechten und Nutzungen, in: DStR, 27. Jg. (1989), Heft 12, S. 367-374.

Bink, Anton (Bilanzierung, 1987): Bilanzierung bei der Forfaitierung von Leasingforderungen, in: DB, 40. Jg. (1987), Heft 22, S. 1106-1108.

Bink, Anton (Bilanzierung, 1994): Bilanzierung bei der Forfaitierung von Leasing-Restwertansprüchen, in: DB, 47. Jg. (1994), Heft 26/27, S. 1304-1308.

Birkholz, H. (Rechnungsabgrenzung, 1967): Rechnungsabgrenzung im Steuerrecht, in: BB, 22. Jg. (1967), Heft 25, S. 1037-1038.

Bise, Wilhelm (Wettbewerbsverbot, 1971): Das Wettbewerbsverbot in bürgerlich-rechtlicher und steuerlicher Sicht, in: WPg, 24. Jg. (1971), Heft 12/13, S. 312-320.

Bitz, Horst / Pust, Hartmut (Hrsg.) (Littmann/Bitz/Pust, 2008): Das Einkommensteuerrecht – Kommentar zum Einkommensteuerrecht, Loseblattsammlung, Stuttgart: Schäffer-Poeschel, Erg.-Lfg. 79, Mai 2008.

Blauberger, Wolfgang (Auflösung, 1994): Die sachgerechte Auflösung des passiven Rechnungsabgrenzungspostens aus der Forfaitierung von Leasingforderungen, in: DStR, 32. Jg. (1994), Heft 4, S. 148-150.

180

Bleckmann, Albert (Auslegung, 1992): Probleme der Auslegung europäischer Richtlinien, in: ZGR, 21. Jg. (1992), Heft 3, S. 364-375.

Blümich, Walter (Einkommensteuergesetz, 1940): Einkommensteuergesetz mit Durchführungsverordnungen und Verwaltungsanweisungen, Vierte neubearbeitete Auflage, Berlin: Vahlen, 1940.

Böcking, Hans-Joachim (Zerobond, 1986): Der Grundsatz der Nettobilanzierung von Zero-Bonds, in: ZfbF, 38. Jg. (1986), Heft 11, S. 930-955.

Böcking, Hans-Joachim (Bilanzrechtstheorie, 1988): Bilanzrechtstheorie und Verzinslichkeit, Neue betriebswirtschaftliche Forschung, Bd. 46, zugl.: Frankfurt/Main, Univ., Diss., 1987, Wiesbaden: Gabler, 1988.

Böcking, Hans-Joachim (Umsatzbezogene Gewinnrealisierung, 1989): Der Grundsatz umsatzbezogener Gewinnrealisierung beim Finanzierungsleasing: Zugleich eine kritische Würdigung der BFH-Entscheidung IV R 18/86 vom 8.10.1987, in: ZfbF, 41. Jg. (1989), Heft 6, S. 491-515.

Böcking, Hans-Joachim (Anpassungsverpflichtung, 1994): Anpassungsverpflichtungen und Rückstellungsbildung, in: Herzig, Norbert (Hrsg.): Bilanzierung von Umweltlasten und Umweltschutzverpflichtungen, Köln: Otto Schmidt, 1994, S. 124-146.

Böcking, Hans-Joachim (Verbindlichkeitsbilanzierung, 1994): Verbindlichkeitsbilanzierung: Wirtschaftliche versus formalrechtliche Betrachtungsweise, Neue betriebswirtschaftliche Forschung Bd. 129, zugl.: Frankfurt/Main, Univ., Habil.-Schr., 1992, Wiesbaden: Gabler, 1994.

Böcking, Hans-Joachim (Betriebswirtschaftlehre, 1997): Betriebswirtschaftslehre und wirtschaftliche Betrachtungsweise, in: Budde, Wolfgang Dieter u. a. (Hrsg.): Handelsbilanzen und Steuerbilanzen, Festschrift zum 70. Geburtstag von Prof. Dr. h. c. Heinrich Beisse, Düsseldorf: IDW, 1997, S. 85-103.

Böcking, Hans-Joachim (Steuerbemessung, 2007): IFRS auch als Grundlage für die Ausschüttungs- und Steuerbemessung, in: Wehrheim, Michael / Heurung, Rainer: Steuerbelastung – Steuerwirkung – Steuergestaltung, Festschrift zum 65. Geburtstag von Winfried Mellwig, Wiesbaden: DUV, 2007, S. 53-86.

Böcking, Hans-Joachim / Gros, Marius (Gewinnermittlung, 2007): IFRS und die Zukunft der steuerlichen Gewinnermittlung, in: DStR, 45. Jg. (2007), Heft 51/52, S. 2339-2344.

Böcking, Hans-Joachim / Löw, Edgar / Wohlmannstetter, Gottfried (MünchKomm, 2008): Kommentar zu §§ 340-340o HGB, in: Schmidt, Karsten (Hrsg.): Münchner Kommentar zum Handelsgesetzbuch, Band 4, Drittes Buch. Handelsbücher, §§ 238-342 a HGB, 2. Auflage, München: Beck, 2008.

181

Boest, Reinhard (Preisangabe, 1993): Die Neuregelung der Preisangabe für Kredite, in: NJW, 46. Jg. (1993), Heft 1, S. 40-42.

Boorberg, Wolfgang (Erbbaurechte, 1980): Zur Frage der Bilanzierung von Erbbaurechten, in: BB, 35. Jg. (1980), Heft 32, S. 1682-1685.

Bordewin, Arno (Einführungsgesetz, 1976): Änderungen der steuerlichen Gewinnermittlungsvorschriften durch das Einführungsgesetz zur AO 1977, in: BB, 31. Jg. (1976), Heft 35/36, S. 1653-1655.

Bordewin, Arno (Anmerkung, 1977): Aktivierung von Maklergebühren zur Anmietung von Geschäftsräumen, in: FR, 32. Jg. (1977), Heft 18, S. 440-441.

Bordewin, Arno (Entwicklung, 1982): Rechnungsabgrenzung: Wohin geht die Entwicklung?, in: DStZ, 70. Jg. (1982), Heft 22, S. 463-465.

Bordewin, Arno (Zero-Bonds, 1986): Bilanzierung von Zero-Bonds, in: WPg, 39. Jg. (1986), Heft 10, S. 263-267.

Bodarwé, Ernst (Erfüllen, 1966): Erfüllen die Grundsätze ordnungsmäßiger Buchführung und Bilanzierung noch ihre Aufgaben?, in: WPg, 19. Jg. (1966), Heft 24, S. 668-672.

Breidert, Ulrike (Abschreibungen, 1994): Grundsätze ordnungsmässiger Abschreibungen für abnutzbare Anlagegegenstände, zugl.: Frankfurt/Main, Univ., Diss., 1993, Düsseldorf: IDW, 1994.

Budde, Wolfgang Dieter u. a. (Hrsg.) (BeckBilKomm, 1990): Beck'scher Bilanz-Kommentar: Der Jahresabschluß nach Handels- und Steuerrecht – Das Dritte Buch des HGB, 2., neubearbeitet und erweiterte Aufl., München: Beck, 1990.

Budde, Wolfgang Dieter / Moxter, Adolf / Offerhaus, Klaus (Hrsg.) (Festschrift Beisse, 1997): Handelsbilanzen und Steuerbilanzen, Festschrift zum 70. Geburtstag von Prof. Dr. h. c. Heinrich Beisse, Düsseldorf: IDW, 1997.

Burkhardt, Dietrich (Fremdwährungsgeschäfte, 1988): Grundsätze ordnungsmäßiger Bilanzierung für Fremdwährungsgeschäfte, zugl.: Frankfurt/Main, Univ., Diss., 1987, Düsseldorf: IDW, 1988.

Canaris, Claus-Wilhelm (Zinsbegriff, 1978): Der Zinsbegriff und seine rechtliche Bedeutung, in: NJW, 31. Jg. (1978), Heft 38, S. 1891-1898.

Canaris, Claus-Wilhelm u. a. (Hrsg.): Handelsgesetzbuch – Großkommentar, Begr. Hermann Staub, Dritter Band, 1. Teilband: §§ 238-289, Berlin, New York: Walter de Gruyter, 2002.

Castan, Edgar / Böcking, Hans-Joachim u .a. (Hrsg.) (Beck'sches HdR, 2008): Beck'sches Handbuch der Rechnungslegung – HGB und IFRS – Loseblattsammlung, München: Beck, 29. Ergänzungslieferung, Mai 2008.

Chmielewicz, Klaus (Wirtschaftsgut, 1969): Wirtschaftsgut und Rechnungswesen, in: ZfbF, 21 Jg. (1969), Heft , S. 85-122.

Chmielewicz, Klaus / Schweitzer, Marcell (Hrsg.) (Handwörterbuch, 1993): Handwörterbuch des Rechnungswesens, 3., völlig neu gestaltete und erg. Aufl., Enzyklopädie der Betriebswirtschaftslehre Bd. 3, Stuttgart: Schäffer-Poeschel, 1993.

Christiansen, Alfred (Rückstellungen, 1990): Rückstellungen für drohende Verluste aus schwebenden Geschäften und Erfüllungsrückstände. Fragestellungen aufgrund der Rechtsprechung des BFH, in: StbJb 1989/1990, Köln: Otto Schmidt, 1990, S. 129-153.

Clausen, Uwe (Nutzungsrechte, 1976): Aktivierung und Abschreibung von Nutzungsrechten, in: DStZ/A, 64. Jg. (1976), Heft 20, S. 371-380.

Clemm, Hermann (Grundprobleme, 1981): Grundprobleme der Gewinn- und Verlustrealisation bei langfristiger Auftragsfertigung und langfristiger Vermietung, in: Ruppe, Hans Georg (Hrsg.): Theorie und Praxis der Gewinnverwirklichung durch Umsatzakt und durch Steuerentstrickung sowie des Besteuerungsaufschubs, Köln: Otto Schmidt, 1981, S. 117-135.

Clemm, Hermann (Einfluß, 1984): Der Einfluß der Verzinslichkeit auf die Bewertung der Aktiva und Passiva, in: Raupach, Arndt (Hrsg.): Werte und Werteermittlung im Steuerrecht: Steuerbilanz, Einheitsbewertung, Einzelsteuern und Unternehmensbewertung, Köln: Otto Schmidt, 1984, S. 219-243.

Clemm, Hermann (Abzinsung, 1988): Abzinsung von Passiva?, in: StbJb 1987/1988, Köln: Otto Schmidt, 1988, S. 67-89.

Clemm, Hermann (Abzinsung, 1993): Abzinsung bei der Bilanzierung – Klarheiten, Unklarheiten, Spielräume –, in: Raupach, Arndt u. a. (Hrsg.): Ertragsbesteuerung: Zurechnung, Ermittlung, Gestaltung: Festschrift für Ludwig Schmidt zum 65. Geburtstag, München: Beck, 1993, S. 177-194.

Clemm, Hermann (Nichtpassivierung, 1994): Zur Nichtpassivierung entstandener Verbindlichkeiten wegen nachträglicher wirtschaftlicher Verursachung (Realisation) oder: Wie dynamisch ist die Bilanz im Rechtssinne?, in: Ballwieser, Wolfgang u. a. (Hrsg.): Bilanzrecht und Kapitalmarkt: Festschrift zum 65. Geburtstag von Professor Dr. Dr. h. c. Dr. h. c. Adolf Moxter, Düsseldorf: IDW, 1994, S. 167-193.

Clemm, Hermann / Nonnenmacher, Rolf (BeckBilKomm, 1990): Kommentierung zu § 253 HGB, in: Budde, Wolfgang Dieter u. a. (Hrsg.): Beck'scher Bilanz-Kommentar: Der Jahresabschluß nach Handels- und Steuerrecht – Das Dritte Buch des HGB, 2., neubearbeitet und erweiterte Aufl., München: Beck, 1990.

Coenenberg, Alexandra (Behandlung, 2007): Die bilanzielle Behandlung von Handy-Subventionen bei Mobilfunkunternehmen, zugl.: Augsburg, Univ., Diss., 2006, Wiesbaden: DUV, 2007.

Crezelius, Georg (Schwebendes Geschäft, 1988): Das sogenannte schwebende Geschäft in Handels-, Gesellschafts- und Steuerrecht, in: Knobbe-Keuk, Brigitte / Klein, Franz / Moxter, Adolf (Hrsg.): Handelsrecht und Steuerrecht, Festschrift für Dr. Dr. h. c. Georg Döllerer, Düsseldorf: IDW, 1988, S. 81-95.

Crezelius, Georg (Bestimmte Zeit, 1998): Bestimmte Zeit und passive Rechnungsabgrenzung, in: DB, 51. Jg. (1998), Heft 13, S. 633-638.

Dankmeyer, Udo (Einführungsgesetz zur AO 1977, 1976): Die Änderungen des EStG und der EStDV durch das Einführungsgesetz zur AO 1977, in: DB, 29. Jg. (1976), Heft 48, S. 2274-2278.

Daubner, Desiree (Realisationsprinzip, 2003): Das Realisationsprinzip als Grundprinzip der steuerlichen Gewinnermittlung, Europäische Hochschulschriften: Reihe 2, Rechtswissenschaft, Bd. 3665, zugl.: Münster, Univ., Diss., 2003, Frankfurt/Main u. a.: Lang, 2003.

Depping, Bernd (Zuschüsse, 1992): Öffentliche Zuschüsse und passive Rechnungsabgrenzung, in: FR, 47. Jg. (1992), Heft 4, S. 94-97.

Dietrich, Werner (Vorfälligkeitsentgelt, 1997): Vorfälligkeitsentgelt und anteilige Disagiorückerstattung bei vorzeitiger Beendigung des Darlehensvertrages, in: DStR, 35. Jg. (1997), Heft 28, S. 1087-1091.

Döllerer, Georg (Wirtschaftsgut, 1965): Die Bedeutung des Begriffes „Wirtschaftsgut" bei der aktiven Rechnungsabgrenzung, in: BB, 20. Jg. (1965), Heft 8, S. 326-329.

Döllerer, Georg (Rechnungslegung, 1965): Rechnungslegung nach dem Aktiengesetz und ihre Auswirkungen auf das Steuerrecht, in: BB, 20. Jg. (1965), Heft 35/36, S. 1405-1417.

Döllerer, Georg (Bilanz, 1968): Statische oder dynamische Bilanz?, in: BB, 23. Jg. (1968), Heft 16, S. 637-641.

Döllerer, Georg (Maßgeblichkeit, 1969): Die Maßgeblichkeit der Handelsbilanz für die Steuerbilanz, in: BB, 24. Jg. (1969), Heft 12, S. 501-507.

Döllerer, Georg (Aktienrecht, 1969): Aktienrecht und Steuerrecht, in: WPg, 22. Jg. (1969), Heft 12, S. 333-340.

Döllerer, Georg (Maßgeblichkeit, 1971): Maßgeblichkeit der Handelsbilanz in Gefahr, in: BB, 26. Jg. (1971), Heft 31, S. 1333-1335.

Döllerer, Georg (Bilanzierung, 1974): Zur Bilanzierung des schwebenden Vertrags, in: BB, 29. Jg. (1974), Heft 34, S. 1541-1548.

Döllerer, Georg (Bilanzrecht, 1974): Das Bilanzrecht in der neueren Rechtsprechung des Bundesfinanzhofs, in: JbFSt 1974/1975, Herne/Berlin: NWB, 1974, S. 142-158.

184

Döllerer, Georg (Anschaffungskosten, 1976): Zur Problematik der Anschaffungs- und Herstellungskosten, in: JbFSt 1976/1977, Herne/Berlin: NWB, 1976, S. 196-212.

Döllerer, Georg (Grenzen, 1978): Die Grenzen des Imparitätsprinzips – Bilanzrechtliche Möglichkeiten, künftige Verluste vorwegzunehmen –, in: StBJb 1977/1978, Köln: Otto Schmidt, 1979, S. 129-152.

Döllerer, Georg (Gedanken, 1979): Gedanken zur „Bilanz im Rechtssinne", in: JbFSt 1979/1980, Herne/Berlin: NWB, 1979, S. 195-205.

Döllerer, Georg (Aktivierungswelle, 1980): Droht eine neue Aktivierungswelle?, in: BB, 35. Jg. (1980), Heft 26, S. 1333-1337.

Döllerer, Georg (Grundsätze, 1982): Grundsätze ordnungswidriger Bilanzierung, in: BB, 37. Jg. (1982), Heft 13, S. 777-781.

Döllerer, Georg (Rechtsverhältnisse, 1984): Zur Bilanzierung dinglicher Rechtsverhältnisse, in: BB, 39. Jg. (1984), Heft 32, S. 2034-2039.

Döllerer, Georg (Rechtsprechung, 1985): Die Rechtsprechung des Bundesfinanzhofs zum Steuerrecht der Unternehmen, in: ZGR, 14. Jg. (1985), Heft 3, S. 386-418.

Döllerer, Georg (Handelsbilanz und Steuerbilanz, 1987): Handelsbilanz und Steuerbilanz nach den Vorschriften des Bilanzrichtlinien-Gesetzes, in: BB, 42. Jg. (1987), Beilage 12/1987 zu Heft 16, S. 1-16.

Döllerer, Georg (Ansatz und Bewertung, 1987): Ansatz und Bewertung von Rückstellungen in der neueren Rechtsprechung des Bundesfinanzhofs, in: DStR, 25. Jg. (1987), Heft 3, S. 67-72.

Döllerer, Georg (Steuerrecht der Unternehmen, 1987): Die Rechtsprechung des Bundesfinanzhofs zum Steuerrecht der Unternehmen, in: ZGR, 16. Jg. (1987), Heft 3, S. 443-474.

Döllerer, Georg (Steuerrecht der Unternehmen, 1992): Die Rechtsprechung des Bundesfinanzhofs zum Steuerrecht der Unternehmen, in: ZGR, 21. Jg. (1992), Heft 4, S. 587-620.

Drenseck, Walter (Hrsg.) (Schmidt EStG-Kommentar, 2007): Ludwig Schmidt Einkommensteuergesetz Kommentar, 26., völlig überarbeitete Auflage, München: Beck, 2007.

Drenseck, Walter (Hrsg.) (Schmidt EStG-Kommentar, 2008): Ludwig Schmidt Einkommensteuergesetz Kommentar, 27., völlig überarbeitete Auflage, München: Beck, 2008.

Dusemond, Michael / Heusinger, Sabine / Knop, Wolfgang (HdRE, 2003): Kommentierung zu § 266 HGB, in: Küting, Karlheinz / Weber, Claus-Peter (Hrsg.): Handbuch der Rechnungslegung – Einzelabschluss, Kommentar zur Bilanzierung und Prüfung, 6. Auflage, Loseblattsammlung, Stuttgart: Schäffer-Poeschel, 3. Lieferung März 2003.

Dziadkowski, Dieter (Plädoyer, 1987): Plädoyer für eine erfolgsneutrale Behandlung von bestimmten Zöllen und Verbrauchsteuern sowie der Umsatzsteuer auf erhaltene Anzahlungen, in: DStR, 25. Jg. (1987), Heft 9, S. 292-294.

Dziadkowski, Dieter / Henselmann, Klaus (Beck'sches HdR, 2004): Verhältnis von Handelsbilanz und Steuerbilanz, in: Castan, Edgar / Böcking, Hans-Joachim u .a. (Hrsg.): Beck'sches Handbuch der Rechnungslegung – HGB und IFRS – Losebl.-Ausg., Band I, B 120, 20. Erg.-Lfg., Januar 2004, München: Beck.

Egger, Anton (Aufwand, 1993): Aufwand und Ertrag, in: Chmielewicz, Klaus / Schweitzer, Marcell (Hrsg.): Handwörterbuch des Rechnungswesens, 3., völlig neu gestaltete u. erg. Aufl., Enzyklopädie der Betriebswirtschaftslehre Bd. 3, Stuttgart: Schäffer-Poeschel, 1993.

Eibelshäuser, Manfred (Statische Bilanzauffassung, 1981): Der Bundesfinanzhof und die statische Bilanzauffassung, in: ZfbF, 33. Jg. (1981), Heft 1, S. 56-68.

Eibelshäuser, Manfred (Immaterielle Anlagewerte, 1983): Immaterielle Anlagewerte in der höchstrichterlichen Finanzrechtsprechung, Neue betriebswirtschaftliche Forschung, Bd. 26, Wiesbaden: Gabler, 1983.

Eibelshäuser, Manfred (Abschreibungen, 1997): Abschreibungen und Realisationsprinzip, in: Budde, Wolfgang Dieter / Moxter, Adolf / Offerhaus, Klaus (Hrsg.): Handelsbilanzen und Steuerbilanzen, Festschrift zum 70. Geburtstag von Prof. Dr. h. c. Heinrich Beisse, Düsseldorf: IDW, 1997, S. 153-169.

Eibelshäuser, Manfred (Betrachtungsweise, 2002): Wirtschaftliche Betrachtungsweise im Steuerrecht – Herkunft und Bedeutung, in: DStR, 40. Jg. (2002), Heft 34, S. 1426-1432.

Eisele, Wolfgang / Knobloch, Alois (Offene Probleme, 1993): Offene Probleme bei der Bilanzierung von Finanzinnovationen, in: DStR, 31. Jg. (1993), Heft 15/16, S. 577-586.

Ellrott, Helmut u. a. (Hrsg.) (BeckBilKomm, 2006): Beck'scher Bilanz-Kommentar: Handels- und Steuerrecht – §§ 238 bis 339, 342 bis 342e HGB mit EGHGB und IAS/IFRS-Abweichungen –, 6., völlig neubearb. Aufl., München: Beck, 2006.

Ellrott, Helmut / Brendt, Peter (BeckBilKomm, 2006): Kommentierung zu § 255 HGB, Anm. 1-550, in: Ellrott, Helmut u. a. (Hrsg.): Beck'scher Bilanz-Kommentar: Handels- und Steuerrecht – §§ 238 bis 339, 342 bis 342e HGB mit EGHGB und IAS/IFRS-Abweichungen –, 6., völlig neubearb. Aufl., München: Beck, 2006.

Ellrott, Helmut / Krämer, Andreas (BeckBilKomm, 2006): Kommentierung zu § 250 HGB, Anm. 1-84, in: Ellrott, Helmut u. a. (Hrsg.): Beck'scher Bilanz-Kommentar: Handels- und Steuerrecht – §§ 238 bis 339, 342 bis 342e HGB mit EGHGB und IAS/IFRS-Abweichungen –, 6., völlig neubearb. Aufl., München: Beck, 2006.

Ellrott, Helmut / Ring, Stefan (BeckBilKomm, 2006): Kommentierung zu § 247 HGB, Anm. 20-132, in: Ellrott, Helmut u. a. (Hrsg.): Beck'scher Bilanz-Kommentar: Handels- und Steuerrecht – §§ 238 bis 339, 342 bis 342e HGB mit EGHGB und IAS/IFRS-Abweichungen–, 6., völlig neubearb. Aufl., München: Beck, 2006.

Engel, Johanna (Leasing, 1992): Zur steuerlichen Behandlung des Software-Leasing, in: DStZ, 80. Jg. (1992), Heft 21/22, S. 721-725.

Erle, Bernd (Rechnungslegung, 1988): Rechnungslegung bei Zöllen und Verbrauchsteuer – Neue Manövriermasse für die Handelsbilanz? –, in: BB, 43. Jg. (1988), Heft 16, S. 1082-1084.

Euler, Roland (Ansatz von Rückstellungen, 1990): Der Ansatz von Rückstellungen für drohende Verluste aus schwebenden Dauerrechtsverhältnissen, in: ZfbF, 42. Jg. (1990), Heft 12, S. 1036-1056.

Euler, Roland (GoB, 1996): Das System der Grundsätze ordnungsmäßiger Bilanzierung, zugl.: Frankfurt am Main, Univ., Habil.-Schr., 1995, Stuttgart: Schäffer-Poeschel, 1996.

Euler, Roland (Bilanzrechtstheorie, 1997): Bilanzrechtstheorie und internationale Rechnungslegung, in: Budde, Wolfgang Dieter / Moxter, Adolf / Offerhaus, *Klaus* (Hrsg.): Handelsbilanzen und Steuerbilanzen, Festschrift zum 70. Geburtstag von Prof. Dr. h. c. Heinrich Beisse, Düsseldorf: IDW, 1997, S. 171-188.

Everding, Karl F. (Begriff, 1959): Zum Begriff des Wirtschaftsguts und zur Rechnungsabgrenzung, in: StuW, 36. Jg. (1959), Teil 1, Sp. 169-180.

Fabri, Stephan (Nutzungsverhältnisse, 1986): Grundsätze ordnungsmäßiger Bilanzierung entgeltlicher Nutzungsverhältnisse, Reihe Steuer, Wirtschaft und Recht, Bd. 16, Bergisch Gladbach u. a.: Eul, 1986.

Fahrholz, Bernd (Leasing, 1979): Leasing in der Bilanz: Die bilanzielle Zurechnung von Leasing-Gütern und die Frage der Aktivierbarkeit des Nutzungsrechtes des Leasing-Nehmers, Schriften zum Wirtschafts-, Handels- und Industrierecht, Bd. 23, Köln u. a.: Heymann, 1979.

187

Fasselt, Theo (Ertragsrealisierung, 1976): Ertragsrealisierung und Forderungsbewertung im Ratenkreditgeschäft, in: WPg, 29. Jg. (1976), Heft 22, S. 601-608.

Federmann, Rudolf (Vorratsvermögen, 1977): Zur Problematik eines eigenständigen Bilanzansatzes für auf das Vorratsvermögen entfallende Zölle und Verbrauchsteuern, in: DB, 30. Jg. (1977), Heft 25, S. 1149-1154.

Federmann, Rudolf (Zeitbestimmtheit, 1984): Zeitbestimmtheit bei transitorischer Rechnungsabgrenzung in der Handels- und Steuerbilanz, in: BB, 39. Jg. (1984), Heft 4, S. 246-252.

Federmann, Rudolf (Rechnungsabgrenzungsposten, 1985): Rechnungsabgrenzungsposten in der Handels- und Steuerbilanz, in: SteuerStud, 6. Jg. (1985), Heft 5, S. 131-136.

Federmann, Rudolf (HHR, 2005): Erläuterungen zu § 5 Abs. 5 EStG: Abgrenzungsposten, in: Raupach, Arndt u.a. (Hrsg.): Einkommensteuer- und Körperschaftsteuergesetz, Loseblattsammlung, Köln: Otto Schmidt, Erg.-Lfg. 218, März 2005.

Fischer-Tobias, Dieter / Risthaus, Anne (Entschädigung, 1996): Entschädigung für die Inanspruchnahme von land- und forstwirtschaftlichem Grundbesitz für den Bau und Betrieb von Hochspannungsleitungen, in: INF, 50. Jg. (1996), Heft 16, S. 489-493.

Flume, Werner (Steuerbilanz, 1958): Die Forschungs- und Entwicklungskosten in Handels- und Steuerbilanz, in: DB, 11. Jg. (1958), Heft 38, S. 1045-1054.

Förschle, Gerhart / Kaiser, Klaus / Moxter, Adolf (Hrsg.) (Festschrift Budde, 1995): Rechnungslegung im Wandel: Festschrift für Wolfgang Dieter Budde, München: Beck, 1995.

Forster, Karl-Heinz (Anzahlungen, 1980): Keine Aktivierbarkeit der auf Anzahlungen entrichteten Mehrwertsteuer, in: AG, 25. Jg. (1980), Heft 1, S. 19-20.

Freericks, Wolfgang (Anlagewerte, 1969): Der entgeltliche Erwerb immaterieller Anlagewerte, in: FR, 24. Jg. (1969), Heft 24, S. 518-522.

Freericks, Wolfgang (Bilanzierungsfähigkeit, 1976): Bilanzierungsfähigkeit und Bilanzierungspflicht in Handels- und Steuerbilanz, zugl.: Würzburg, Univ., Habil.-Schr., 1973, Köln u. a.: Heymann, 1976.

Friederich, Hartmut (Schwebende Geschäfte, 1975): Grundsätze ordnungsmäßiger Bilanzierung für schwebende Geschäfte, Beiträge zu den Grundsätzen ordnungsmäßiger Bilanzierung, Schriften der Schmalenbach-Gesellschaft, Bd. 4, Düsseldorf: IDW, 1975.

Fuchs, Michael (Historische Entwicklung, 1987): Die transitorischen Rechnungsabgrenzungsposten, Systematische Grundlagen und historische Entwicklung bis zum Aktiengesetz 1965, Reihe: Steuer, Wirtschaft und Recht, Bd. 36; Bergisch Gladbach, Köln: Eul, 1987.

188

Füth, Hans (Transitorien, 1935): Die transitorischen Aktiven und Passiven, in: ZfhF, 29. Jg. (1935), Heft XI, S. 570-589.

Gassner, Wolfgang (Rechnungsabgrenzung, 2001): Rechnungsabgrenzung und deren Maßgeblichkeit für die Steuerbilanz, in: Bertl, Romuald u. a. (Hrsg.): Erfolgsabgrenzung in Handels- und Steuerbilanz, Wien: Linde, 2001, S. 93-108.

Gelhausen, Hans Friedrich (Realisationsprinzip, 1985): Das Realisationsprinzip im Handels- und im Steuerbilanzrecht, Europäische Hochschulschriften: Reihe 2, Rechtswissenschaft, Bd. 480, zugl.: Bielefeld, Univ., Diss., 1983, Frankfurt am Main u. a.: Lang, 1985.

Geßler, Ernst u. a. (Hrsg.) (Aktiengesetz, 1973): Aktiengesetz Kommentar, 3. Lieferung §§ 148-178, München: Vahlen, 1973.

Glade, Anton (Praxishandbuch, 1995): Praxishandbuch der Rechnungslegung und Prüfung: systematische Darstellung und Kommentar zum Bilanzrecht, 2. Aufl., Herne/Berlin: NWB, 1995.

Glanegger, Peter (Schmidt EStG-Kommentar, 2008): Kommentierung zu § 6 EStG, in: Drenseck, Walter (Hrsg.): Ludwig Schmidt Einkommensteuergesetz Kommentar, 27., völlig überarbeitete Auflage, München: Beck, 2008.

Gnam, Arnulf (Begriff des Rechnungsabgrenzungspostens, 1954): Zum Begriff des Rechnungsabgrenzungspostens – Ein Beitrag zur Förderung der Bilanzklarheit, in: FR, 9. Jg. (1954), Heft 11, S. 245-248.

Gosch, Dietmar (Bemerkungen, 2002): Einige Bemerkungen zur aktuellen bilanzsteuerrechtlichen Rechtsprechung des I. Senats des BFH, in: DStR, 40. Jg. (2002), Heft 24, S. 977-984.

Grewe, Wolfgang (Grundfragen, 1990): Grundfragen der Bilanzierung beim Leasinggeber – Zur Stellungnahme HFA 1/1989 –, in: WPg, 43. Jg. (1990), Heft 6, S. 161-168.

Groh, Manfred (Bilanzsteuerrecht, 1975): Zum Bilanzsteuerrecht, in: StuW, 52. Jg. (1975), Heft 4, S. 344-350.

Groh, Manfred (Bilanztheorie, 1980): Zur Bilanztheorie des BFH, in: StBJb 1979/1980, Köln: Otto Schmidt, 1980, S. 121-140.

Groh, Manfred (Nutzungseinlagen, 1982): Nutzungseinlagen im Handels- und Steuerrecht, in: BB, 37. Jg. (1982), Heft 3, S. 133-142.

Groh, Manfred (Fremdwährungsgeschäfte, 1986): Zur Bilanzierung von Fremdwährungsgeschäften, in: DB, 39. Jg. (1986), Heft 17, S. 869-877.

Groh, Manfred (Nutzungsentnahme, 1988): Nutzungseinlage, Nutzungsentnahme und Nutzungsausschüttung (Teil I) – Zum Beschluß des Großen Senats vom 26.10.1987 GrS 2/86, DB 1988 S. 529 –, in: DB, 41. Jg. (1988), Heft 10, S. 514-524.

Groh, Manfred (Gemeinsamkeiten und Unterschiede, 1988): Verbindlichkeitsrückstellungen und Verlustrückstellung: Gemeinsamkeiten und Unterschiede, in: BB, 43. Jg. (1988), Heft 1, S. 27-33.

Groh, Manfred (Einlegung, 1989): Einlegung und Ausschüttung immaterieller Wirtschaftsgüter, in: StBJb 1988/1989, Köln: Otto Schmidt, 1989, S. 187-205.

Groh, Manfred (Darlehen, 1991): Unterverzinsliche Darlehen in der Handels- und Steuerbilanz, in: StuW, 68. Jg. (1991), Heft 3, S. 297-305.

Groh, Manfred (Rechtsprechung, 1994): Rechtsprechung zum Bilanzsteuerrecht, in: StuW, 71. Jg. (1994), Heft 1, S. 90-96.

Groove, Paul Dieter (Gewinnrealisierung, 1984): Gewinnrealisierung bei Leasinggesellschaften mit Mobilienleasing, in: DB, 37. Jg. (1984), Heft 27, S. 889-893.

Gruber, Thomas (Bilanzansatz, 1991): Der Bilanzansatz in der neueren BFH-Rechtsprechung, Schriften zur Bilanz- und Steuerlehre, Bd. 7, Stuttgart: Schäffer, 1991.

Grüneberg, Christian (Palandt BGB, 2008): Kommentierung zu § 320 BGB, in: Bassenge, Peter u. a. (Hrsg.): Beck'sche Kurz-Kommentare, Band 7, Palandt, Bürgerliches Gesetzbuch, 67. Auflage, München: Beck, 2008.

Gschwendtner, Hubertus (Vorleistungen, 1995): Zur Bilanzierung von Vorleistungen bei Dauerrechtsverhältnissen, in: DStZ, 83. Jg. (1995), Heft 14, S. 417-426.

Haar, Anton (Wesen, 1926): Das Wesen der transitorischen Posten und Antizipationen und ihre Behandlung in der Buchhaltung und Bilanz, Wien: Im Selbstverlag, 1926.

Haarmann, Wilhelm (Auflösung, 1993): Rechnungsabgrenzungsposten bei Forfaitierung von künftigen Leasingforderungen und ihre Auflösung, in: Beisse, Heinrich (Hrsg.): Festschrift für Karl Beusch zum 68. Geburtstag am 31. Oktober 1993, Berlin u. a.: de Gruyter, 1993, S. 321-333.

Haas, Franz Josef (Kriterien, 1988): Gesellschaftsrechtliche Kriterien zur Sacheinlagefähigkeit von obligatorischen Nutzungsrechten, in: Knobbe-Keuk, Brigitte / Klein, Franz / Moxter, Adolf (Hrsg.): Handelsrecht und Steuerrecht, Festschrift für Dr. Dr. h. c. Georg Döllerer, Düsseldorf: IDW, 1988, S. 169-183.

Hahne, Klaus D. (Behandlung, 2003): Behandlung des Emissionsdisagios in der Handels- und Steuerbilanz des Emittenten, in: DB, 56. Jg. (2003), Heft 26, S. 1397-1400.

Hahne, Klaus D. (Ausgabe, 2005): Ausgabe von Schuldverschreibungen: Steuerbilanzielle Behandlung von Emissionsagien und -disagien beim Emmittenten – Zugleich Anmerkungen zum Urteil des FG Köln vom 17.3.2005, in: DStR, 58. Jg. (2005), Heft 47, S. 2000-2004.

Hahne, Klaus D. (Steuerbilanzielle Behandlung, 2006): Steuerbilanzielle Behandlung der Ausgaben von Options- und Wandelanleihen beim Emittenten – Unter Berücksichtigung der BFH-Urteil I R 3/04 und I R 26/04 vom 30.11.2005, in: StuB, 8. Jg. (2006), Heft 8, S. 295-301.

Hammen, Horst (Verzicht, 1994): Zum Verzicht auf die Rückgewähr des nicht verbrauchten Teils eines Disagios, in: WM, 44. Jg. (1994), Heft 25, S. 1101-1106.

Hanraths, Josef (Maklergebühren, 1978): Maklergebühren bei Anmietung von Geschäftsräumen, in: FR, 33. Jg. (1978), Heft 13, S. 316-318.

Happe, Rüdiger (Entwicklungen, 2003): Neue Entwicklungen bei den öffentlich-rechtlichen Rückstellungen, in: StuB, 5. Jg. (2003), Heft 12, S. 546-549.

Hartung, Werner (Abzinsung, 1990): Abzinsung von Verbindlichkeitsrückstellungen?, in: BB, 45. Jg. (1990), Heft 5, S. 313-317.

Hartung, Werner (Richtlinienkonforme Auslegung, 1994): Rechnungsabgrenzungsposten und richtlinienkonforme Auslegung, in: Ballwieser, Wolfgang u. a. (Hrsg.): Bilanzrecht und Kapitalmarkt: Festschrift zum 65. Geburtstag von Professor Dr. Dr. h. c. Dr. h. c. Adolf Moxter, Düsseldorf: IDW, 1994, S. 214-225.

Hartung, Werner (Bewertung, 1994): Bewertung von Rechnungsabgrenzungsposten, in: BB, 49. Jg. (1994), Heft 27, S. 1893-1894.

Hastedt, Uwe-Peter (Gewinnrealisation, 1992): Gewinnrealisation beim Finanzierungs-Leasing, Neue betriebswirtschaftliche Forschung; Bd. 103, zugl.: Frankfurt/Main, Univ., Diss., 1992, Wiesbaden: Gabler, 1992.

Hastedt, Uwe-Peter / Mellwig, Winfried (Leasing, 1998): Leasing: Rechtliche und ökonomische Grundlagen, Schriften des Betriebs-Beraters, Bd. 99, Heidelberg: Recht und Wirtschaft, 1998.

Hauber, Bruno (Aktivierung, 1983): Aktivierung eines Teils der degressiven Mietzahlungen in der Bilanz des Leasingnehmers? Anmerkungen zu dem Urteil des Bundesfinanzhofes vom 12.8.1982 – IV R 184/79, in: BB, 38. Jg. (1983), Heft 12, S. 740-744.

Hauck, Jakob (Fragen, 1961): Fragen der aktiven Rechnungsabgrenzung, in: StBJb 1960/1961, Köln: Otto Schmidt, 1961, S. 265-278.

Hayn, Sven (Beck'sches HdR, 1999): Rechnungsabgrenzungsposten, in: Castan, Edgar / Böcking, Hans-Joachim u.a. (Hrsg.): Beck'sches Handbuch der Rechnungslegung – HGB und IFRS – Loseblattsammlung, Band I, B 218, 13. Erg.-Lfg., November 1999, München: Beck.

Heddäus, Birgit (GoB für Drohverlustrückstellungen, 1997): Handelsrechtliche Grundsätze ordnungsmäßiger Bilanzierung für Drohverlustrückstellungen, zugl.: Frankfurt/Main, Univ., Diss., 1997, Düsseldorf: IDW, 1997.

Heddäus, Birgit (Grenzen, 1997): Grenzen der Bilanzierung von Drohverlustrückstellungen nach geltendem Recht und nach dem Entwurf eines Steuerreformgesetzes 1998, in: BB, 52. Jg. (1997), Heft 28/29, S. 1463-1471.

Heibel, Reinhold (Bilanzierungsgrundsätze, 1981): Handelsrechtliche Bilanzierungsgrundsätze und Besteuerung, Eine Analyse der erfolgsteuerlichen Implikationen des Realisationsprinzips und des Imparitätsprinzips, Köln: Deubner, 1981.

Herzig, Norbert (Rückstellungen, 1986): Rückstellungen für Verbindlichkeiten aus Arbeitsverhältnissen, in: StBJb 1985/1986, Köln: Otto Schmidt, 1986, S. 61-112.

Herzig, Norbert (Dauerrechtsverhältnisse, 1988): Bilanzrechtliche Ganzheitsbetrachtung und Rückstellung bei Dauerrechtsverhältnissen – dargestellt am Beispiel von Arbeitsverhältnissen –, in: ZfB, 58. Jg. (1988), Heft 1, S. 212-225.

Herzig, Norbert (Wirkung, 1993): Die rückstellungsbegrenzende Wirkung des Realisationsprinzips, in: Raupach, Arndt / Uelner, Adalbert (Hrsg.): Ertragsbesteuerung, Zurechnung – Ermittlung – Gestaltung, Festschrift für Ludwig Schmidt zum 65. Geburtstag, München: Beck, 1993, S. 209-226.

Herzig, Norbert (Hrsg.) (Umweltlasten, 1994): Bilanzierung von Umweltlasten und Umweltschutzverpflichtungen, Köln: Otto Schmidt, 1994.

Herzig, Norbert (Verlustaufträge, 2001): Verlustprodukte und Verlustaufträge in der Steuerbilanz, in: StBJb 2000/2001, Köln: Otto Schmidt, 2001, S. 281-310.

Herzig, Norbert / Söffing, Andreas (Mindestzeitraum, 1993): Rechnungsabgrenzungsposten und die Lehre vom Mindestzeitraum, in: BB, 48. Jg. (1993), Heft 7, S. 465-470.

Herzig, Norbert / Teschke, Manuel (Vorrang, 2006): Vorrang der Teilwertabschreibung vor der Drohverlustrückstellung, in: DB, 59. Jg. (2006), Heft 11, S. 576-581.

Heuer, Gerhard (HHR, 1985): Kommentierung zu § 6 EStG, in: Raupach, Arndt u. a. (Hrsg.): Einkommensteuer- und Körperschaftsteuergesetz, Loseblattsammlung, Köln: Otto Schmidt, Lfg. 148, Dezember 1985.

Heuer, Gerhard (HHR, 1985): Kommentierung zu § 5 EStG, in: Raupach, Arndt u. a. (Hrsg.): Einkommensteuer- und Körperschaftsteuergesetz, Loseblattsammlung, Köln: Otto Schmidt, Lfg. 145, Juni 1985.

Heuermann, Bernd (Hrsg.) (Blümich EStG-Kommentar, 2007): Blümich – Einkommensteuergesetz, Körperschaftssteuergesetz, Gewerbesteuergesetz – Kommentar, München: Vahlen, 97. Ergänzungslieferung, Stand: Dezember 2007.

Hild, Dieter (Ausweis, 1970): Zum Ausweis von Aufwertungsgewinnen bei Valutaverbindlichkeiten, in: DB, 23. Jg. (1970), Heft 46, S. 2133-2136.

Hild, Dieter (Auswirkung, 1973): Zur bilanziellen Auswirkung der U. S. Dollar-Abwertung, in: DB, 26. Jg. (1973), Heft 16, S. 783-785.

Hoffmann, Fritz (Buchführung, 1968): Buchführungs- und Bilanzierungsfragen in der neueren Rechtsprechung des Bundesfinanzhofs, in: StuW, 45. Jg. (1968), S. 311-324.

Hoffmann, Fritz (Anmerkung, 1970): Anmerkung zum BFH-Urteil vom 20.11.1969, IV R 3/69, in: FR, 25. Jg. (1970), Heft 14, S. 354-355.

Hoffmann, Fritz (Rechnungsabgrenzung, 1972): Das immaterielle Wirtschaftsgut und die Rechnungsabgrenzung in der Steuerbilanz, in: DStZ/A, 60. Jg. (1972), Heft 13, S. 202-207.

Hoffmann, Wolf-Dieter (Littmann/Bitz/Pust, 2000): Kommentar zu §§ 4, 5 EStG, in: Bitz, Horst / Pust, Hartmut (Hrsg.): Das Einkommensteuerrecht – Kommentar zum Einkommensteuerrecht, Loseblattsammlung, Stuttgart: Schäffer-Poeschel, 42. Erg.-Lfg., Januar 2000.

Hoffmann, Wolf-Dieter (Littmann/Bitz/Pust, 2001): Kommentar zu §§ 4, 5 EStG, in: Bitz, Horst / Pust, Hartmut (Hrsg.): Das Einkommensteuerrecht – Kommentar zum Einkommensteuerrecht, Loseblattsammlung, Stuttgart: Schäffer-Poeschel, 48. Erg.-Lfg., August 2001.

Hoffmann, Wolf-Dieter (Anmerkung, 2006): Anmerkung zum BFH-Urteil vom 5.04.2006, I R 43/05, in: DStR, 44. Jg. (2006), Heft 26, S. 1123-1125.

Hoffmann, Wolf-Dieter (Littmann/Bitz/Pust, 2007): Kommentar zu §§ 4, 5 EStG, in: Bitz, Horst / Pust, Hartmut (Hrsg.): Das Einkommensteuerrecht – Kommentar zum Einkommensteuerrecht, Loseblattsammlung, Stuttgart: Schäffer-Poeschel, 76. Erg.-Lfg., November 2007.

Hommel, Michael (Dauerschuldverhältnisse, 1992): Grundsätze ordnungsmäßiger Bilanzierung für Dauerschuldverhältnisse, Neue betriebswirtschaftliche Forschung; 96, zugl.: Frankfurt/Main, Univ., Diss., 1991, Wiesbaden: Gabler, 1992.

Hommel, Michael (Immaterielle Anlagewerte, 1998): Bilanzierung immaterieller Anlagewerte, Betriebswirtschaftliche Abhandlungen, Bd. 105, zugl.: Frankfurt/Main, Univ., Habil.-Schr., 1996, Stuttgart: Schäffer-Poeschel, 1998.

Hommel, Michael (Steuerbilanz, 2001): Neue Abschreibungsfristen in der Steuerbilanz – ein Beitrag für mehr Steuergerechtigkeit, in: BB, 56. Jg. (2001), Heft 5, S. 247-252.

Hommel, Michael (Baetge/Kirsch/Thiele, 2002): Kommentierung zu § 249 HGB, in: Baetge, Jörg / Kirsch, Hans-Jürgen / Thiele, Stefan (Hrsg.): Bilanzrecht: Handelsrecht mit Steuerrecht und den Regelungen des IASB, Kommentar, Losebl.-Ausg., Bonn/Berlin: Stollfuß, Grundwerk: September 2002.

Hommel, Michael (Rechnungsabgrenzungsposten, 2002): Kommentierung: Rechnungsabgrenzungsposten, in: Ballwieser, Wolfgang u. a. (Hrsg.): Handwörterbuch der Rechnungslegung und Prüfung, 3. Aufl., Stuttgart: Schäffer-Poeschel, 2002, Sp. 1971-1978.

Hommel, Michael / Berndt, Thomas (Teilwertabschreibung, 2000): Voraussichtlich dauernde Wertminderung bei der Teilwertabschreibung und Abschlussstichtagsprinzip, in: FR, 82. Jg. (2000), Heft 24, S. 1305-1314.

Hömberg, Reinhold / König, Michael (Baetge/Kirsch/Thiele, 2006): Kommentierung zu § 248 HGB, in: Baetge, Jörg / Kirsch, Hans-Jürgen / Thiele, Stefan (Hrsg.): Bilanzrecht: Handelsrecht mit Steuerrecht und den Regelungen des IASB, Kommentar, Losebl.-Ausg., Bonn/Berlin: Stollfuß, 13. Erg-Lfg., April 2006.

Hömberg, Reinhold / König, Michael (Baetge/Kirsch/Thiele, 2006): Kommentierung zu § 250 HGB, in: Baetge, Jörg / Kirsch, Hans-Jürgen / Thiele, Stefan (Hrsg.): Bilanzrecht: Handelsrecht mit Steuerrecht und den Regelungen des IASB, Kommentar, Losebl.-Ausg., Bonn/Berlin: Stollfuß, 13. Erg-Lfg., April 2006.

Horn, H. (Ordnungsmäßige Rechnungsabgrenzung, 1936): Ordnungsmäßige Rechnungsabgrenzung, in: WT, 5. Jg. (1936), Heft 22, S. 463-467.

Hoyos, Martin / Huber, Frank (BeckBilKomm, 2006): Kommentierung zu § 247 HGB, Anm. 350-561, in: Ellrott, Helmut u. a. (Hrsg.): Beck'scher Bilanz-Kommentar: Handels- und Steuerrecht – §§ 238 bis 339, 342 bis 342e HGB mit EGHGB und IAS/IFRS-Abweichungen –, 6., völlig neubearb. Aufl., München: Beck, 2006.

Hoyos, Martin / Ring, Maximilian (BeckBilKomm, 2006): Kommentierung zu § 247 HGB, Anm. 200-242, in: Ellrott, Helmut u. a. (Hrsg.): Beck'scher Bilanz-Kommentar: Handels- und Steuerrecht – §§ 238 bis 339, 342 bis 342e HGB mit EGHGB und IAS/IFRS-Abweichungen –, 6., völlig neubearb. Aufl., München: Beck, 2006.

Hoyos, Martin / Ring, Maximilian (BeckBilKomm, 2006): Kommentierung zu § 249 HGB, Anm. 1-116, in: Ellrott, Helmut u. a. (Hrsg.): Beck'scher Bilanz-Kommentar: Handels- und Steuerrecht – §§ 238 bis 339, 342 bis 342e HGB mit EGHGB und IAS/IFRS-Abweichungen –, 6., völlig neubearb. Aufl., München: Beck, 2006.

194

Hoyos, Martin / Ring, Maximilian (BeckBilKomm, 2006): Kommentierung zu § 253 HGB, Anm. 51-184, in: Ellrott, Helmut u. a. (Hrsg.): Beck'scher Bilanz-Kommentar: Handels- und Steuerrecht – §§ 238 bis 339, 342 bis 342e HGB mit EGHGB und IAS/IFRS-Abweichungen –, 6., völlig neubearb. Aufl., München: Beck, 2006.

Hoyos, Martin / Ring, Maximilian / (BeckBilKomm, 2006): Kommentierung zu § 253 HGB, Anm. 201-393, in: Ellrott, Helmut u. a. (Hrsg.): Beck'scher Bilanz-Kommentar: Handels- und Steuerrecht – §§ 238 bis 339, 342 bis 342e HGB mit EGHGB und IAS/IFRS-Abweichungen –, 6., völlig neubearb. Aufl., München: Beck, 2006.

Hoyos, Martin / Ring, Maximilian (BeckBilKomm, 2006): Kommentierung zu § 266 HGB, Anm. 190-265, in: Ellrott, Helmut u. a. (Hrsg.): Beck'scher Bilanz-Kommentar: Handels- und Steuerrecht – §§ 238 bis 339, 342 bis 342e HGB mit EGHGB und IAS/IFRS-Abweichungen –, 6., völlig neubearb. Aufl., München: Beck, 2006.

Hoyos, Martin / Schramm, Marianne / Ring, Maximilian (BeckBilKomm, 2006): Kommentierung zu § 249 HGB, Anm. 185-393, in: Ellrott, Helmut u. a. (Hrsg.): Beck'scher Bilanz-Kommentar: Handels- und Steuerrecht – §§ 238 bis 339, 342 bis 342e HGB mit EGHGB und IAS/IFRS-Abweichungen –, 6., völlig neubearb. Aufl., München: Beck, 2006.

Hüffer, Uwe (Staub HGB-Kommentar, 2002): Erläuterungen zu den §§ 238 bis 245 HGB, in: *Canaris, Claus-Wilhelm u. a.* (Hrsg.): Handelsgesetzbuch – Großkommentar, Begr. Hermann Staub, Dritter Band, 1. Teilband: §§ 238-289, Berlin, New York: Walter de Gruyter, 2002.

Hüttemann, Ulrich (GoB für Verbindlichkeiten, 1976): Grundsätze ordnungsmäßiger Bilanzierung für Verbindlichkeiten, Schriften der Schmalenbach-Gesellschaft, Bd. 2, 2. unveränderte Auflage, Düsseldorf: IDW, 1976.

Hüttemann, Ulrich (HdJ, 1988): Posten der aktiven und passiven Rechnungsabgrenzung, in: Wysocki, Klaus v. / Schulze-Osterloh, Joachim (Hrsg.): HdJ: Handbuch des Jahresabschlusses in Einzeldarstellungen, Losebl.-Ausg., Köln: Otto Schmidt, Abt. II/8, Juni 1988.

IDW (HFA 1/1979, 1980): Stellungnahme HFA 1/1979: Zur bilanziellen Behandlung der Umsatzsteuer auf erhaltene Anzahlungen, in: WPg, 33. Jg. (1980), Heft 3, S. 80.

IDW (HFA 1/1985, 1985): Stellungnahme HFA 1/1985: Zur Behandlung der Umsatzsteuer im Jahresabschluß in: WPg, 38. Jg. (1985), Heft 9, S. 257-258.

IDW (HFA 1/1986, 1986): Stellungnahme HFA 1/1986: Zur Bilanzierung von Zero-Bonds, in: WPg, 38. Jg. (1986), Heft 9, S. 248-249.

IDW (HFA 1/1989, 1989): Stellungnahme HFA 1/1989: Zur Bilanzierung beim Leasinggeber, in: WPg, 42. Jg. (1989), Heft 21, S. 625-626.

IDW (HFA 5/1991, 1992): Stellungnahme HFA 5/1991: Zur Aktivierung von Herstellungskosten, in: WPg, 45. Jg. (1992), Heft 3-4, S. 94-96.

IDW (RS HFA 4, 2000): IDW Stellungnahme zur Rechnungslegung: Zweifelsfragen zum Ansatz und zur Bewertung von Drohverlustrückstellungen (IDW RS HFA 4), Stand: 28.6.2000, in: WPg, 53. Jg. (2000), Heft 15, S. 716-721.

Institut „Finanzen und Steuern" e. V. (Bilanzierung, 1968): Die steuerliche Bilanzierung von immateriellen Wirtschaftsgütern und aktiven Rechnungsabgrenzungsposten unter Berücksichtigung des Aktiengesetzes 1965, Heft 104, Bonn, 1968.

Jakob, Josef (Rechnungsabgrenzungsposten, 1959): Die Rechnungsabgrenzungsposten nach den handelsrechtlichen Grundsätzen ordnungsmäßiger Buchführung, in: WPg, 12. Jg. (1959), S. 304-306.

Janke, Madeleine (Objektivierung, 1994): Periodisierung, Objektivierung und Vorsicht bei Vermögensgegenständen und Schulden, in: StuW, 71. Jg. (1994), Heft 3, S. 214-231.

John, Gerd (Hrsg.) (Festschrift Wöhe, 1989): Besteuerung und Unternehmenspolitik: Festschrift für Günter Wöhe, München: Vahlen, 1989.

Kahle, Holger / Thiele, Stefan / Kahling, Dieter (Baetge/Kirsch/Thiele, 2006): Kommentierung zu § 255 HGB, in: Baetge, Jörg / Kirsch, Hans-Jürgen / Thiele, Stefan (Hrsg.): Bilanzrecht: Handelsrecht mit Steuerrecht und den Regelungen des IASB, Kommentar, Losebl.-Ausg., Bonn/Berlin: Stollfuß, 17. Erg.-Lfg., Dezember 2006.

Kaufmann, Katrin (Bilanzierung, 1993): Die Bilanzierung schwebender Geschäfte am Beispiel von Erbbaurechten, in: DB, 46. Jg. (1993), Heft 6. S. 290-292.

Keuk-Knobbe, Brigitte (Gewerbesteuer, 1975): Zur Gewerbesteuer, in: StuW, 52. Jg. (1975), Heft 4, S. 351-356.

Kessler, Harald (Dauerschuldverhältnisse, 1992): Rückstellungen und Dauerschuldverhältnisse: Neue Ansätze zur Lösung aktueller Passivierungsfragen der Handels- und Steuerbilanz, Schriften zur Bilanz- und Steuerlehre, Bd. 13, Stuttgart: Schäffer-Poeschel, 1992.

Kirchhof, Paul / Söhn, Hartmut / Mellinghoff, Rudolf (Hrsg.) (EStG-Kommentar, 2008): Einkommensteuergesetz Kommentar, Loseblattsammlung, Heidelberg: C. F. Müller, 183. Erg.-Lfg., März 2008.

Klein, Walter (Rechnungsabgrenzung, 1969): Die Rechnungsabgrenzung nach dem Aktiengesetz in der Rechtsprechung des Bundesfinanzhofes, in: BB, 24. Jg. (1969), Heft 21, S. 908-910.

Klein, Theodor (Aufwertung, 1970): Die Aufwertung und das Realisationsprinzip, in: DB, 23. Jg. (1970), Heft 38, S. 1745-1751.

Klein, Theodor (Wechselkursänderung, 1975): Wechselkursänderung als Bilanzierungsproblem, Wiesebaden: Gabler, 1975.

Kleindiek, Detlef (HGB-Bilanzrecht, 2002): Kommentar zu § 250 HGB, in: Ulmer, Peter (Hrsg.): HGB-Bilanzrecht: Rechnungslegung, Abschlussprüfung, Publizität; Großkommentar, Teilband 1, Berlin: de Gruyter, 2002.

Kliem, Bernd (Rechnungsabgrenzung, 2000): Bilanzielle Rechnungsabgrenzung, Kriterien für den Ansatz und die Wertermittlung von Rechnungsabgrenzungsposten in der Handelsbilanz, zugl.: Bamberg, Univ., Diss., 2000, Frankfurt u. a.: Lang, 2000.

Knapp, Lotte (Vermögensgegenstände, 1971): Was darf der Kaufmann als seine Vermögensgegenstände bilanzieren?, in: DB, 24. Jg. (1971), Heft 24, S. 1121-1129.

Knobbe-Keuk, Brigitte (Bilanzsteuerrecht, 1993): Bilanz- und Unternehmenssteuerrecht, 9. Auflage, Köln: Otto Schmidt, 1993.

Knobbe-Keuk, Brigitte / Klein, Franz / Moxter, Adolf (Hrsg.) (Festschrift Döllerer, 1988): Handelsrecht und Steuerrecht, Festschrift für Dr. Dr. h. c. Georg Döllerer, Düsseldorf: IDW, 1988.

Koch, Helmut (Niederstwertprinzip, 1957): Zur Problematik des Niederswertprinzips, in: WPg, 10. Jg. (1957), S. 1-6, S. 31-35 und S. 60-63.

Koch, Helmut (Problematik, 1960): Zur Problematik des Teilwerts, in: ZfhF, 12. Jg. (1960), S. 319-353.

Köhle, Andrea (Rechnungsabgrenzung, 2003): Rechnungsabgrenzung in Bilanztheorie und Bilanzrecht, zugl.: Berlin, Humboldt-Univ., Diss., 2003, Aachen: Shaker, 2003.

Köhler, Roland (Anzahlungen, 1998): Buchung und Bilanzierung von Anzahlungen – Teil I –, in: StBp, 38. Jg. (1998), Heft 12, S. 320-325.

Köhler, Roland (Anzahlungen, 1999): Buchung und Bilanzierung von Anzahlungen – Teil II –, in: StBp, 39. Jg. (1999), Heft 1, S. 8-13.

Köhlertz, Klaus (Leasing, 1988): Die Bilanzierung von Leasing: die deutschen Bilanzierungskonventionen im Vergleich zu den US-amerikanischen Vorschriften, zugl.: Augsburg, Univ., Diss., 1988, München: V. Florentz, 1988.

Kropff, Bruno (Aktiengesetz, 1973): Kommentierung zu den §§ 148-178 AktG 1965, in: Geßler, Ernst u. a (Hrsg.): Aktiengesetz Kommentar, 3. Lieferung §§ 148-178, München: Vahlen, 1973.

Krumnow, Jürgen u. a. (Hrsg.) (Kreditinstitute, 2004): Rechnungslegung der Kreditinstitute, Kommentar zum deutschen Bilanzrecht unter Berücksichtigung von IAS/IFRS, 2., überarbeitete und erweiterte Auflage, Stuttgart: Schäffer-Poeschel, 2004.

Krumnow, Jürgen u. a. (Kommentar Kreditinstitute, 2004): Kommentierung zu § 340e HGB, in: Krumnow, Jürgen u. a. *(*Hrsg.): Rechnungslegung der Kreditinstitute, Kommentar zum deutschen Bilanzrecht unter Berücksichtigung von IAS/IFRS, 2., überarbeitete und erweiterte Auflage, Stuttgart: Schäffer-Poeschel, 2004.

Kruschwitz, Johs. (Rechnungsabgrenzung, 1934): Posten der Rechnungsabgrenzung, in: WT, 4. Jg. (1934), Heft 6, S. 134.

Krüger, Dirk (Verlustvorträge, 1983): Auslaufende Verlustvorträge und vorzeitige Gewinnrealisierung bei Leasinggesellschaften in: DB, 36. Jg. (1983), Heft 7, S. 361-364.

Kupsch, Peter (Zuschüsse, 1977): Sind Zuschüsse und Abstandszahlungen immaterielle Anlagewerte (Wirtschaftsgüter)?, in: WPg, 30. Jg. (1977), Heft 24, S. 663-671.

Kupsch, Peter (Unterschiedsbetrag, 1980): Zur Bilanzierung des Unterschiedsbetrages bei Verbindlichkeiten gem. § 156 Abs. 3 AktG und Artikel 41 4. EG-Richtlinie, in: WPg, 33. Jg. (1980), Heft 14/15, S. 379-385.

Kupsch, Peter (Zuwendungen, 1984): Bilanzierung öffentlicher Zuwendungen, in: WPg, 37. Jg. (1984), Heft 14, S. 369-377.

Kupsch, Peter (Umweltlasten, 1992): Bilanzierung von Umweltlasten in der Handelsbilanz, in: BB, 47 Jg. (1992), Heft 33, S. 2320-2329.

Kupsch, Peter (BHR, 2002): Kommentierung zu § 250 HGB, in: Kupsch, Peter u. a. (Hrsg.): Bonner Handbuch Rechnungslegung, Aufstellung, Prüfung und Offenlegung des Jahresabschlusses, Losebl.-Ausg., 2. Aufl., Bonn/Berlin: Stollfuß, 26. Erg.-Lfg., November 2002.

Kupsch, Peter u. a. (Hrsg.) (BHR, 2008): Bonner Handbuch Rechnungslegung, Aufstellung, Prüfung und Offenlegung des Jahresabschlusses, Losebl.-Ausg., 2. Aufl., Bonn/Berlin: Stollfuß, 1986, Stand: 41. Erg.-Lfg., August 2008.

Kußmaul, Heinz (Nutzungsrechte, 1987): Nutzungsrechte an Grundstücken in Handels- und Steuerbilanz, Schriften zum Steuer-, Rechnungs- und Prüfungswesen, Bd. 4, Hamburg: Steuer- und Wirtschaftsverlag, 1987.

Kußmaul, Heinz (Vermögensgegenstände, 1987): Sind Nutzungsrechte Vermögensgegenstände bzw. Wirtschaftsgüter?, in: BB, 42. Jg. (1987), Heft 30, S. 2053-2065.

Kußmaul, Heinz (Wirtschaftsgut, 1989): Ertragsteuerliche Bedeutung des Begriffs „Wirtschaftsgut", in: John, Gerd (Hrsg.): Besteuerung und Unternehmenspolitik: Festschrift für Günter Wöhe, München: Vahlen, 1989, S. 254-276.

Kußmaul, Heinz / Delp, Udo / Meyering, Stephan (Handysubventionen, 2004): Bilanzielle Behandlung von „Handysubventionen" auf Seiten des Empfängers, in: BB, 59. Jg. (2004), Heft 28/29, S. 1551-1557.

Küting, Karlheinz / Kessler, Harald (Grundsätze, 1993): Grundsätze ordnungswidriger Verlustrückstellungsbildung – exemplifiziert an den Ausbildungskostenurteilen des BFH vom 25.1.1984 und vom 3.2.1993, in: DStR, 31. Jg. (1993), Heft 29, S. 1045-1053.

Küting, Karlheinz / Kessler, Harald (Streit, 1997): Der Streit um den Apotheker-Fall: Meinungssache oder Stimmungsmache?, in: DB, 50. Jg. (1997), Heft 49, S. 2442-2447.

Küting, Karlheinz / Hellen, Heinz-Hermann / Brakensiek, Sonja (Leasing, 1998): Leasing in der nationalen und internationalen Bilanzierung, in: BB, 53. Jg. (1998), Heft 28/29, S. 1465-1473.

Küting, Karlheinz / Weber, Claus-Peter (Hrsg.) (HdRE, 2006): Handbuch der Rechnungslegung – Einzelabschluss, Kommentar zur Bilanzierung und Prüfung, 5. Auflage, Loseblattsammlung, Stuttgart: Schäffer-Poeschel, 2. Ergänzungslieferung, November 2006.

Lanfermann, Josef (Hrsg.) (Festschrift Havermann, 1995): Internationale Wirtschaftsprüfung, Festschrift zum 65. Geburtstag von Prof. Dr. Dr. h. c. Hans Havermann, Düsseldorf: IDW, 1995.

Langel, Horst (Wechselkursänderungen, 1980): Bilanzierungs- und Bewertungsfragen bei Wechselkursänderungen, in: StBJb 1979/1980, Köln: Otto Schmidt, 1980, S. 259-332.

Langenbucher, Günther (Fremdwährungsgeschäfte, 1988): Die Umrechnung von Fremdwährungsgeschäften – Eine Untersuchung nach handels- und steuerrechtlichen Grundsätzen –, Stuttgart: Schäffer, 1988.

Leffson, Ulrich (GoB, 1987): Die Grundsätze ordnungsmäßiger Buchführung, 7., revidierte u. erw. Aufl., Düsseldorf: IDW, 1987.

Leffson, Ulrich / Rückle, Dieter / Großfeld, Bernard (Hrsg.) (Handwörterbuch, 1986): Handwörterbuch unbestimmter Rechtsbegriffe im Bilanzrecht des HGB, Köln: Otto Schmidt, 1986.

Leissle, Fritz (Damnum, 1959): Das Damnum im Steuerrecht, in: StuW, 36. Jg. (1959), S. 103-114.

Link, Gerhard (Ertragsvereinnahmung, 1988): Bilanzierung und Ertragsvereinnahmung bei der Forfaitierung von Leasingforderungen, in: DB, 41. Jg. (1988), Heft 12, S. 616-618.

List, Heinrich (Abschlußgebühr, 1988): Die Abschlußgebühr bei Bausparverträgen, in: BB, 43. Jg. (1988), Heft 15, S. 1003-1006.

199

Lißmann, Uwe (Passive Rechnungsabgrenzung, 1991): Passive Rechnungsabgrenzung durch Leasinggesellschaften, in: DB, 44. Jg. (1991), Heft 29, S. 1479-1481.

Littmann, Eberhard (Rechnungslegungsvorschriften, 1966): Die aktienrechtlichen Rechnungslegungsvorschriften vom 6. September 1965 in der Sicht des Bilanzsteuerrechts, in: DStR, 4. Jg. (1966), Heft 8, S. 233-241.

Longin, Franz / Schlehe, Albrecht (Zins, 1979): Das Damnum – vorweggezahlter Zins, in: DStR, 17 Jg. (1979), Heft 1/2, S. 8-10.

Lutz, Günter / Schlag, Angelika (HdJ, 2007): Der Gegenstand der Aktivierung und Passivierung und seine Zurechnung im Handelsrecht, Steuerrecht und nach IFRS, in: Wysocki, Klaus v. / Schulze-Osterloh, Joachim u. a. (Hrsg.): Handbuch des Jahresabschlusses, Rechnungslegung nach HGB und internationalen Standards, Abt. I/4, Köln: Otto-Schmidt, 41. Erg.-Lfg., Juni 2007.

Lück, Wolfgang (Ausgaben, 1993): Ausgaben und Einnahmen, Sp. 101-106, in: Chmielewicz, Klaus / Schweitzer, Marcell (Hrsg.): Handwörterbuch des Rechnungswesens, 3., völlig neu gestaltete u. erg. Aufl., Enzyklopädie der Betriebswirtschaftslehre Bd. 3, Stuttgart: Schäffer-Poeschel, 1993.

Lüdenbach, Norbert / Hoffmann, Wolf-Dieter (Vermögenswert, 2006): Das schwebende Geschäft als Vermögenswert: Bilanzierung bei Erwerb und Verkauf von Nutzungsrechten, in: DStR, 44. Jg. (2006), Heft 31, S. 1382-1387.

Lüders, Jürgen (Gewinnrealisierung, 1987): Der Zeitpunkt der Gewinnrealisierung im Handels- und Steuerbilanzrecht, Rechtsordnung und Steuerwesen, Bd. 6, Köln: Otto Schmidt, 1987.

Maas, Ernst (Falsche Bilanzierung, 1982): Falsche Bilanzierung und die herrschende Auffassung über Anschaffungskosten und schwebende Verträge?, in: DStR, 20. Jg. (1982), Heft 23, S. 678-682.

Marten, Kai-Uwe / Köhler, Annette G. / Schlereth, Dieter (Auswirkung, 2003): Bilanzielle Auswirkungen von Preisstrategien am Beispiel der Handysubventionen, in: DB, 56. Jg. (2003), Heft 51/52, S. 2713-2718.

Martin, Walter (Ausweis, 1974): Bilanzmäßiger Ausweis von Erbbaurecht- und Erbbauzinsverpflichtung, in: DB, 27. Jg. (1974), Heft 1, S. 10-12.

Martin, Walter (Anschaffungskosten, 1982): Falsche Bilanzierung und die herrschende Auffassung über Anschaffungskosten und schwebende Verträge?, in: DStR, 20. Jg. (1982), Heft 9, S. 243-250.

Marx, Franz Jürgen (Überflüssigkeit, 2008): Zur Überflüssigkeit einer nach § 5 Abs. 5 Satz 2 EStG erweiterten Rechnungsabgrenzung, in: Schmiel, Ute u. a. (Hrsg.): Steuerliche Gewinnermittlung nach dem Bilanzrechtsmodernisierungsgesetz, Schriften zur Rechnungslegung Bd. 9, Berlin: Erich Schmidt, 2008, S. 201-226.

Mathiak, Walter (Bilanzsteuerrecht, 1983): Rechtsprechung zum Bilanzsteuerrecht, in: StuW, 60. Jg. (1983), Heft 1, S. 69-76.

Mathiak, Walter (Rechtsprechung, 1983): Rechtsprechung zum Bilanzsteuerrecht, in: StuW, 60. Jg. (1983), Heft 3, S. 262-269.

Mathiak, Walter (Rechtsprechung, 1984): Rechtsprechung zum Bilanzsteuerrecht, in: StuW, 61. Jg. (1984), Heft 1, S. 71-76.

Mathiak, Walter (Rechtsprechung, 1985): Rechtsprechung zum Bilanzsteuerrecht, in: StuW, 62. Jg. (1985), Heft 1, S. 80-85.

Mathiak, Walter (Rechtsverhältnisse, 1988): Zur Bilanzierung dinglicher Rechtsverhältnisse, in: Knobbe-Keuk, Brigitte / Klein, Franz / Moxter, Adolf (Hrsg.): Handelsrecht und Steuerrecht, Festschrift für Dr. Dr. h. c. Georg Döllerer, Düsseldorf: IDW, 1988, S. 397-409.

Mathiak, Walter (Rechtsprechung, 1990): Rechtsprechung zum Bilanzsteuerrecht, in: DStR, 28. Jg. (1990), Heft 22, S. 691-696.

Mayr, Gunter (Distanz, 2002): Anpassungsverpflichtungen: Handels- und Steuerbilanz auf Distanz, BB, 57. Jg. (2002), Heft 45, S. 2323-2329.

Meilicke, Wienand (Beurteilung, 1983): Bilanzsteuerrechtliche Beurteilung degressiver Leasing-Raten, in: DB, 36. Jg. (1983), Heft 14, S. 737-741.

Meilicke, Wienand (Nutzungsrechte, 1991): Obligatorische Nutzungsrechte als Sacheinlage, in: BB, 46. Jg. (1991), Heft 9, S. 579-587.

Meilicke, Wienand (Bedeutung, 1992): Zur Bedeutung der richtlinienkonformen Auslegung für das deutsche Steuerrecht, in: BB, 47. Jg. (1992), Heft 14, S. 969-975.

Mellerowicz, Konrad (Großkommentar, 1961): Kommentar zu § 131 AktG 1937, in: Barz, Hans u. a. (Hrsg.): Aktiengesetz – Großkommentar, zweite, neu bearbeitete Auflag, Berlin: Walter der Gruyter & Co, 1961.

Mellerowicz, Konrad (Großkommentar, 1970): Kommentar zu § 152 AktG 1965, in: Barz, Hans u. a. (Hrsg.): Aktiengesetz – Großkommentar, dritte, neu bearbeitete Auflag, Berlin: Walter der Gruyter & Co, 1970.

Mellwig, Winfried (Aktivierungsprobleme, 1981): Erfolgsteuerliche Aktivierungsprobleme bei Mobilien-Leasingverträgen, in: BB, 36. Jg. (1981), Heft 30, S. 1808-1815.

Mellwig, Winfried (Bilanzrechtsprechung, 1983): Bilanzrechtsprechung und Betriebswirtschaftslehre, in: BB, 38. Jg. (1983), Heft 26, S. 1613-1620.

Mellwig, Winfried (Rückstellungen, 1985): Rückstellungen in der Steuerbilanz, in: Blick durch die Wirtschaft, 14. März 1985, Nr. 52, S. 4 (Teil I).

Mellwig, Winfried (Maßgeblichkeitsprinzip, 1989): Wechselbeziehungen zwischen Handels- und Steuerbilanz – zur Problematik des Maßgeblichkeitsprinzips, Diskussionsbeitrag, in: BFuP, 41. Jg. (1989), Heft 30, S. 159-174.

Mellwig, Winfried (Beteiligungen, 1990): Beteiligungen an Personengesellschaften in der Handelsbilanz, in: BB, 45. Jg. (1990), Heft 30, S. 1162-1172.

Mellwig, Winfried (Teilwertverständnis, 1994): Für ein bilanzzweckadäquates Teilwertverständnis, in: Ballwieser, Wolfgang u. a. (Hrsg.): Bilanzrecht und Kapitalmarkt, Festschrift zum 65. Geburtstag von Prof. Dr. Dr. h. c. Dr. h. c. Adolf Moxter, Düsseldorf: IDW, 1994, S. 1069-1088.

Mellwig, Winfried (Beck'sches HdR, 2003): Niedrigere Tageswerte, in: Castan, Edgar / Böcking, Hans-Joachim u .a. (Hrsg.): Beck'sches Handbuch der Rechnungslegung – HGB und IFRS – Losebl.-Ausg., Band I, B 164, 19. Erg.-Lfg., Juni 2003, München: Beck.

Mellwig, Winfried (Quelle, 2005): Rechnungsabgrenzungsposten - Quelle struktureller Unstimmigkeiten im Bilanzrecht, in: Spengler, Thomas / Lindstädt, Hagen (Hrsg.): Strukturelle Stimmigkeit in der Betriebswirtschaftslehre, Festschrift Kossbiel, München und Mehring: Hampp, 2005, S. 217-235.

Mellwig, Winfried (Vorauszahlung, 2006): Vorauszahlung von Nutzungsentgelten: Einfalltor für die Entwicklung von „Steuersparmodellen"?, in: Bellavite-Hövermann, Yvette u. a. (Hrsg.): Unternehmenssteuerung – Ökonomie, Controlling, Rechnungslegung und Recht – Festschrift für Prof. Dr. Hans G. Bartels zum 65. Geburtstag, Stuttgart: Schäffer-Poeschel, 2006, S. 89-103.

Mellwig, Winfried / Hastedt, Uwe-Peter (Unbestimmbarkeit, 1992): Gewinnrealisation bei Unbestimmbarkeit der Gegenleistung – dargestellt am Beispiel des Wärmelieferungsvertrags, in: DB, 45. Jg. (1992), Heft 32, S. 1589-1592.

Mellwig, Winfried / Moxter, Adolf / Ordelheide, Dieter (Hrsg.) (Handelsbilanz, 1989): Handelsbilanz und Steuerbilanz: Beiträge zum neuen Bilanzrecht, Frankfurter Betriebswirtschaftliches Forum an der Johann-Wolfgang-Goethe-Universität, Bd. 2., Wiesbaden: Gabler, 1989.

Mellwig, Winfried / Sabel, Elmar (Nichtbilanzierung schwebender Geschäfte, 2005): Der Grundsatz der Nichtbilanzierung schwebender Geschäfte unter den IAS/IFRS, in: Der Konzern, 3. Jg. (2005), Heft 6, S. 357-370.

Merkert, Hubert (Quelle, 1980): Die Umsatzsteuer auf Anzahlungen – Quelle von Ergebnisverzerrungen, in: DB, 33. Jg. (1980), Heft 1/2, S. 24-25.

Meyer-Arndt, Lüder (Zuständigkeit, 1993): Die Zuständigkeit des Europäischen Gerichtshofs für das Bilanzrecht, in: BB, 48. Jg. (1993), Heft 23, S. 1623-1627.

Meyer-Scharenberg, Dirk E. (Tatbestand, 1987): Tatbestand und Rechtsfolgen der Nutzungsüberlassung, in: StuW, 64 Jg. (1987), Heft 2, S. 103-111.

Meyer-Scharenberg, Dirk E. (Nutzungsrechte, 1987): Sind Nutzungsrechte Wirtschaftsgüter?, in: BB, 42. Jg. (1987), Heft 13, S. 874-877.

Meyer-Scharenberg, Dirk E. (Zweifelsfragen, 1991): Zweifelsfragen bei der Bilanzierung transitorischer Rechnungsabgrenzungsposten, in: DStR, 29. Jg. (1991), Heft 23, S. 754-758.

Meyer, Thomas J. / Brach, Thomas (Abschlußgebühren, 1996): Die Abschlußgebühren in der Steuerbilanz der Bausparkassen, in: BB, 51. Jg. (1996), Heft 45, S. 2345-2352.

Moxter, Adolf (Anlagewerte, 1979): Immaterielle Anlagewerte im neuen Bilanzrecht, in: BB, 34. Jg. (1979), Heft 22, S. 1102-1109.

Moxter, Adolf (Gewinn- und Vermögensermittlung, 1980): Steuerliche Gewinn- und Vermögensermittlung, in: Neumark, Fritz (Hrsg.): Handbuch der Finanzwissenschaft, Bd. 2, bearb. von Norbert Andel und Heinz Haller, 3., gänzl. neubearb. Auflage, Tübingen: Mohr, 1980, S. 203-237.

Moxter, Adolf (Bilanzierung, 1982): Bilanzierung nach der Rechtsprechung des Bundesfinanzhofs, Tübingen: Mohr, 1982.

Moxter, Adolf (Gewinnermittlung, 1983): Wirtschaftliche Gewinnermittlung und Bilanzsteuerrecht, in: StuW, 60. Jg. (1983), Heft 4, S. 300-307.

Moxter, Adolf (Fremdkapitalbewertung, 1984): Fremdkapitalbewertung nach neuem Bilanzrecht, in: WPg, 37. Jg. (1984), Heft 15/16, S. 397-408.

Moxter, Adolf (Bilanzlehre, 1984): Bilanzlehre – Band I: Einführung in das neue Bilanzrecht, 3. vollständig umgearbeitete Aufl., Wiesbaden: Gabler, 1984.

Moxter, Adolf (Realisationsprinzip, 1984): Das Realisationsprinzip – 1884 und heute, in: BB, 39. Jg. (1984), Heft 28, S. 1780-1786.

Moxter, Adolf (Bilanzrechtsprechung, 1985): Bilanzrechtsprechung, 2. vollst. umgearb. Aufl., Tübingen: Mohr, 1985.

Moxter, Adolf (Bilanzlehre, 1986): Bilanzlehre – Band II: Einführung in das neue Bilanzrecht, 3. vollständig umgearbeitete Aufl., Wiesbaden: Gabler, 1986.

Moxter, Adolf (Bewertbarkeit, 1987): Selbständige Bewertbarkeit als Aktivierungsvoraussetzung, in: BB, 42. Jg. (1987), Heft 27, S. 1846-1851.

Moxter, Adolf (Periodengerechte Gewinnermittlung, 1988): Periodengerechte Gewinnermittlung und Bilanz im Rechtssinne, in: Knobbe-Keuk, Brigitte / Klein, Franz / Moxter, Adolf (Hrsg.): Handelsrecht und Steuerrecht, Festschrift für Dr. Dr. h. c. Georg Döllerer, Düsseldorf: IDW, 1988, S. 447-458.

Moxter, Adolf (Betrachtungsweise, 1989): Zur wirtschaftlichen Betrachtungsweise im Bilanzrecht, in: StuW, 66. Jg. (1989), Heft 3, S. 232-241.

Moxter, Adolf (Teilwertverständnis, 1991): Funktionales Teilwertverständnis, in: Rückle, Dieter (Hrsg.): Aktuelle Fragen der Finanzwirtschaft und der Unternehmensbesteuerung, Festschrift für Erich Loitlsberger zum 70. Geburtstag, Wien: Linde, 1991, S. 473-481.

Moxter, Adolf u. a. (Hrsg.) (Festschrift Forster, 1992): Entwicklungen bei der Bilanzierung und Prüfung von Kapitalgesellschaften, Festschrift zum 65. Geburtstag von Prof. Dr. Dr. h. c. Karl Heinz Forster, Düsseldorf: IDW, 1992.

Moxter, Adolf (Abzinsung, 1993): Bilanzrechtliche Abzinsungsgebote und -verbote, in: Raupach, Arndt / Uelner, Adalbert (Hrsg.): Ertragsbesteuerung, Zurechnung Ermittlung – Gestaltung, Festschrift für Ludwig Schmidt zum 65. Geburtstag, München: Beck, 1993, S. 195-207.

Moxter, Adolf (Rückstellungskriterien, 1995): Rückstellungskriterien im Streit, in: ZfbF, 47. Jg. (1995), Heft 4, S. 311-326.

Moxter, Adolf (matching principle, 1995): Das „matching principle": Zur Integration eines internationalen Rechnungslegungs-Grundsatzes in das deutsche Recht, in: Lanfermann, Josef (Hrsg.): Internationale Wirtschaftsprüfung, Festschrift zum 65. Geburtstag von Prof. Dr. Dr. h. c. Hans Havermann, Düsseldorf: IDW, 1995, S. 487-504.

Moxter, Adolf (Gewinn, 1996): Entziehbarer Gewinn?, in: Ballwieser, Wolfgang / Moxter, Adolf / Nonnenmacher, Rolf (Hrsg.): Rechnungslegung – warum und wie, Festschrift für Hermann Clemm zum 70. Geburtstag, München: Beck, 1996, S. 231-241.

Moxter, Adolf (Bilanzrechtsprechung, 1997): Zur neueren Bilanzrechtsprechung des I. BFH-Senats, in: DStR, 35 Jg. (1997), Heft 12, S. 433-436.

Moxter, Adolf (Verluste, 1998): Künftige Verluste in der Handels- und Steuerbilanz, in: DStR, 36 Jg. (1998), Heft 14, S. 509-515.

Moxter, Adolf (Aktivierungspflicht, 1999): Die BFH-Rechtsprechung zur Aktivierungspflicht von beim Erwerb von Nutzungsrechten anfallenden Nebenkosten, in: DStR, 37. Jg. (1999), Heft 2, S. 51-54.

Moxter, Adolf (GoR, 2003): Grundsätze ordnungsgemäßer Rechnungslegung, Düsseldorf: IDW, 2003.

Moxter, Adolf (Erosion, 2003): Erosion von Georg Döllerers Bilanzrechtskonzeption beim BFH?, in: DStR, 41. Jg. (2003), Heft 37, S. 1586-1590.

Moxter, Adolf (Ansatzkriterien, 2004): Neue Ansatzkriterien für Verbindlichkeitsrückstellungen? (Teil I), in: DStR, 42. Jg. (2004), Heft 25, S. 1057-1060.

Moxter, Adolf (Ansatzkriterien II, 2004): Neue Ansatzkriterien für Verbindlichkeitsrückstellungen? (Teil II), in: DStR, 42. Jg. (2004), Heft 26, S. 1098-1102.

Moxter, Adolf (BB-Kommentar, 2007): BB-Kommentar – Emissionsdisagien als aktive Rechnungsabgrenzungsposten, in: BB, 62. Jg. (2007), Heft 15, S. 823.

Moxter, Adolf (Bilanzrechtsprechung, 2007): Bilanzrechtsprechung, 6., erg. Aufl., Tübingen: Mohr Siebeck, 2007.

Moxter, Adolf / Eibelshäuser, Manfred (Beurteilung, 2007): Zur bilanzrechtlichen Beurteilung eines Schuldverschreibungsdisagios, in: Wehrheim, Michael / Heurung, Rainer (Hrsg.): Steuerlast – Steuerwirkung – Steuergestaltung, Festschrift zum 65. Geburtstag von Winfried Mellwig, Wiesbaden: DUV, 2007, S. 331-344.

Müller-Dahl, Frank P. (Bilanzierungsfähigkeit, 1979): Betriebswirtschaftliche Probleme der handels- und steuerrechtlichen Bilanzierungsfähigkeit, Berlin: Duncker & Humblot. 1979.

Naumann, Klaus-Peter (Rückstellungen, 1989): Die Bewertung von Rückstellungen in der Einzelbilanz nach Handels- und Ertragsteuerrecht, Düsseldorf: IDW, 1989.

Naumann, Klaus-Peter / Breker, Norbert (HdJ, 2003): Bewertungsprinzipien für die Rechnungslegung nach HGB, Bilanzsteuerrecht und IAS/IFRS, in: Wysocki, Klaus v. / Schulze-Osterloh, Joachim u. a. (Hrsg.): Handbuch des Jahresabschlusses, Rechnungslegung nach HGB und internationalen Standards, Abt. I/7, Losebl.-Ausg., Köln: Otto-Schmidt, Mai 2003.

Naumann, Thomas K. (Abgrenzung, 1998): Zur Abgrenzung von künftig ertragsteuerrechtlich nicht mehr zu bildenden Drohverlustrückstellungen, insbesondere bei Kreditinstituten, in: BB, 53 .Jg. (1998), Heft 10, S. 527-531.

Neubeck, Johannes (Anzahlungen, 1980): Umsatzsteuer auf Anzahlungen nach dem Umsatzsteuergesetz 1980: Wie sind Anzahlungen rechnungstechnisch zu behandeln?, in: DB, 33. Jg. (1980), Heft 21, S. 985-986.

Neumark, Fritz (Hrsg.) (Finanzwissenschaft, 1980): Handbuch der Finanzwissenschaft, Bd. 2, bearb. von Norbert Andel und Heinz Haller, 3., gänzl. neubearb. Auflage, Tübingen: Mohr, 1980.

Nieskens, Hans (Schwebende Geschäfte, 1989): Schwebende Geschäfte und das Postulat des wirtschaftlichen Eigentums, in: FR, 71. Jg. (1989), Heft 18, S. 537-542.

Oberbrinkmann, Frank (Interpretation, 1990): Statische und dynamische Interpretation der Handelsbilanz, Eine Untersuchung der historischen Entwicklung, insbesondere der Bilanzrechtsaufgabe und der Bilanzrechtskonzeption, Düsseldorf: IDW, 1990.

Offerhaus, Klaus (Anmerkungen, 1974): Rechtsprechung im besonderen Blickpunkt der Betriebsprüfung, in: StBp, 14. Jg. (1974), Heft 2, S. 43-46.

Paulick, Heinz (Posten I, 1968): Immaterielle Wirtschaftsgüter und Posten der Rechnungsabgrenzung (I. Teil), in: FR, 23. Jg. (1968), Heft 21, S. 449-456.

Paulick, Heinz (Posten II, 1968): Immaterielle Wirtschaftsgüter und Posten der Rechnungsabgrenzung (II. Teil), in: FR, 23. Jg. (1968), Heft 22, S. 483-486.

Paus, Bernhard (Vermittlungsprovisionen, 1977): Sind Provisionen, die ein Steuerpflichtiger für die Vermittlung eines Darlehens zahlt, als Rechnungsabgrenzungsposten zu aktivieren?, in: FR, 32. Jg. (1977), Heft 23, S. 572-574.

Paus, Bernhard (Bilanzierungsfragen, 1987): Bilanzierungsfragen bei betrieblichen Erbbaurechten, in: FR, 42. Jg. (1987), Heft 7, S. 163-166.

Peiner, Wolfgang (Aktivierung, 1976): Zur Aktivierung der Verbrauchsteuern als Teil der Herstellungskosten, in: WPg, 29. Jg. (1976), Heft 3, S. 69-72.

Pieckler, Otto (Posten, 1935): Posten, die der Rechnungsabgrenzung dienen., in: WT, 5. Jg. (1935), Heft 6, S. 132-134.

Plückebaum, o.V. (Betrachtung, 1970): Zusammenfassende Betrachtung der Neufassung der §§ 5 und 6 EStG, in: StBp, 10. Jg. (1970), Heft 11, S. 249-260.

Rätke, Bernd (Miete, 2006): Zur Passivierung eines Erfüllungsrückstandes bei anfänglicher Freistellung von Miete, Anmerkungen zum Urteil des BFH vom 5.4.2006 – I R 43/05, in: StuB, 8. Jg. (2006), Heft 20, S. 789-793.

Raupach, Arndt (Hrsg.) (Werte, 1984): Werte und Werteermittlung im Steuerrecht: Steuerbilanz, Einheitsbewertung, Einzelsteuern und Unternehmensbewertung, Köln: Otto Schmidt, 1984.

Raupach, Arndt u.a. (Hrsg.) (HHR, 2008): Einkommensteuer- und Körperschaftsteuergesetz, Loseblattsammlung, Köln: Otto Schmidt, Erg.-Lfg. 230, Januar 2008.

Raupach, Arndt / Uelner, Adalbert (Hrsg.) (Festschrift Schmidt, 1993): Ertragsbesteuerung, Zurechnung – Ermittlung – Gestaltung, Festschrift für Ludwig Schmidt zum 65. Geburtstag, München: Beck, 1993.

Rautenberg, Hans Günter (Bilanzierungsfragen, 1978): Bilanzierungsfragen des Erbbaurechts, in: WPg, 31. Jg. (1978), Heft 15/16, S. 427-438.

Rehm, Hermann (Bilanzen, 1914): Die Bilanzen der Aktiengesellschaften und Gesellschaften m. b. H., Kommanditgesellschaften auf Aktien, eingetragenen Genossenschaften, Versicherungsvereine auf Gegenseitigkeit, Hypotheken- und Notenbanken und Handelsgesellschaften überhaupt nach deutschem und österreichischem Handels-, Steuer-, Verwaltungs- und Strafrecht, 2. völlig überarbeitete Auflage, München, Berlin und Leipzig: J. Schweitzer Verlag, 1914.

Reiner, Günter / Haußer, Jochen (MünchKomm, 2008): Kommentierung zu § 266 HGB, in: Schmidt, Karsten (Hrsg.): Münchner Kommentar zum Handelsgesetzbuch, Band 4, Drittes Buch. Handelsbücher, §§ 238-342 a HGB, 2. Auflage, München: Beck, 2008.

Ritzrow, Manfred (Rechnungsabgrenzungsposten I, 1998): Rechnungsabgrenzungsposten – Teil I –, in: StBp, 38. Jg. (1998), Heft 1, S. 10-16.

Ritzrow, Manfred (Rechnungsabgrenzungsposten II, 1998): Rechnungsabgrenzungsposten – Teil II –, in: StBp, 38. Jg. (1998), Heft 2, S. 39-47.

Rodin, Andreas (Disagio, 1988): Disagio, Diskont und Damnum im Einkommensteuerrecht, Rechtsordnung und Steuerwesen Bd. 11, zugl.: München, Univ., Diss., 1987, Köln: Otto Schmidt, 1988.

Roer, Hans (Vermögensbewertung, 1972): Bilanzierung und Vermögensbewertung bei schwebenden Geschäften (Verträgen), in: DB, 25. Jg. (1972), Heft 8, S. 345-355.

Rose, Gerd (Zinsfüße, 1974): Verachtet mir die Zinsfüß' nicht! Zinsfragen in der Steuerpraxis, in: StBJb 1973/74, Köln: Otto Schmidt, 1974, S. 301-348.

Rose, Gerd (Rechnungsabgrenzungsposten, 1984): Die Rechnungsabgrenzungsposten im Lichte der neueren Rechtsprechung des Bundesfinanzhofs, in: StBJb 1983/1984, Köln: Otto Schmidt, 1984, S. 141-168.

Rudolph, Hermann (Verbrauchsteuern, 1976): Verbrauchsteuern, Abfüll- und Transportkosten auf Außenlager als Teil der Herstellungskosten, in: BB, 31. Jg. (1976), Heft 19, S. 877-879.

Rückle, Dieter (Hrsg.) (Festschrift Loitlsberger, 1991): Aktuelle Fragen der Finanzwirtschaft und der Unternehmensbesteuerung, Festschrift für Erich Loitlsberger zum 70. Geburtstag, Wien: Linde, 1991.

Rückle, Dieter (Skonto, 1993): Die Bilanzierung des Skontos – Ein Anwendungsfall der Grundsätze für verdeckte Zinsen, in: Ballwieser, Wolfgang u. a. (Hrsg.): Bilanzrecht und Kapitalmarkt, Festschrift zum 65. Geburtstag von Prof. Dr. Dr. h. c. Dr. h. c. Adolf Moxter, Düsseldorf: IDW, 1994, S. 354-377.

Ruppe, Hans Georg (Hrsg.) (Theorie, 1981): Theorie und Praxis der Gewinnverwirklichung durch Umsatzakt und durch Steuerentstrickung sowie des Besteuerungsaufschubs, Köln: Otto Schmidt, 1981.

Saage, Gustav (Gewinnermittlung, 1969): Veränderte Grundlagen der Gewinnermittlung nach Handels- und Steuerrecht (I), in: DB, 22. Jg. (1969), Heft 38, S. 1661-1667.

Sabel, Elmar (Leasingverträge, 2006): Leasingverträge in der kapitalmarktorientierten Rechnungslegung, Rechungswesen und Unternehmensüberwachung, zugl.: Frankfurt/Main, Univ., Diss., 2006, Wiesbaden: DUV, 2006.

Schäfer, Wolf (GoB für Forderungen, 1977): Grundsätze ordnungsmäßiger Bilanzierung für Forderungen, Schriften der Schmalenbach-Gesellschaft, Bd. 3, 2. unveränderte Auflage, Düsseldorf: IDW, 1977.

Scheffler, Wolfram (Nachbetreuung, 2003): Rückstellungen für Aufwendungen zur Nachbetreuung, in: StuB, 5. Jg. (2003), Heft 1, S. 18-20.

Schellhorn, Mathias (Bildung, 2003): Die Bildung von Rückstellungen für ungewisse Verbindlichkeiten nach dem Urteil des BFH vom 27. Juni 2001 im Kontext der Europäisierung und Internationalisierung der Rechnungslegung, in: BFuP, 55. Jg. (2003), Heft 3, S. 306-328.

Schilling, O. v. (Anmietung, 1978): Sind Maklergebühren bei Anmietung von Geschäftsräumen zu aktivieren?, in: FR, 33. Jg. (1978), Heft 18, S. 423-425.

Schlegelberger, Franz / Quassowski, Leo / Schmölder, Karl (Aktienrecht, 1932): Verordnung über Aktienrecht vom 19. September 1931 nebst den Durchführungsbestimmungen, Berlin: Vahlen, 1932.

Schmalenbach, Eugen (Zweck, 1911): Über den Zweck der Bilanz, in: ZfhF, 5. Jg. (1910/1911), S. 379-388.

Schmalenbach, Eugen (Theorie, 1916): Theorie der Erfolgsbilanz, in: ZfhF, 10. Jg. (1915/1916), S. 379-382.

Schmalenbach, Eugen (Bilanzlehre, 1919): Grundlagen dynamischer Bilanzlehre, in: ZfhF, 13. Jg. (1919), S. 1-60 und S. 65-101.

Schmalenbach, Eugen (Dynamische Bilanz, 1956): Dynamische Bilanz, 12., verbesserte und erweiterte Aufl., bearbeitet von Richard Bauer, Köln und Opladen: Westdeutscher Verlag, 1956.

Schmalenbach, Eugen (Dynamische Bilanz, 1962): Dynamische Bilanz, 13. Aufl., bearbeitet von Richard Bauer, Köln und Opladen: Westdeutscher Verlag, 1962.

Schmidt, Harald (Einkommensteuer, 1971): Wirtschaftsgut im Sinne der Einkommensteuer und der Selbstverbrauchsteuer, in: DStR, 9. Jg. (1971), Heft 19, S. 598-599.

Schmidt, Harald (Abgrenzungszeitraum, 1993): Der Abgrenzungszeitraum bei den Rechnungsabgrenzungsposten, in: INF, 47. Jg. (1993), Heft 15, S. 340-343.

Schmidt, Karsten (Hrsg.) (MünchKomm, 2008): Münchner Kommentar zum Handelsgesetzbuch, Band 4, Drittes Buch. Handelsbücher, §§ 238-342 a HGB, 2. Auflage, München: Beck, 2008.

Schmidt, Ludwig (Hrsg.) (Schmidt EStG-Kommentar, 1993): Ludwig Schmidt Einkommensteuergesetz Kommentar, 12., völlig überarbeitete Auflage, München: Beck, 1993.

Schmidt, Ludwig (Schmidt EStG-Kommentar, 1993): Kommentierung zu § 5 EStG, in: Schmidt, Ludwig (Hrsg.): Ludwig Schmidt Einkommensteuergesetz Kommentar, 12., völlig überarbeitete Auflage, München: Beck, 1993

Schmiel, Ute u. a. (Hrsg.) (Gewinnermittlung, 2008): Steuerliche Gewinnermittlung nach dem Bilanzrechtsmodernisierungsgesetz, Schriften zur Rechnungslegung Bd. 9, Berlin: Erich Schmidt, 2008.

Schneider, Dieter (Ausschüttungsfähiger Betrag, 1971): Aktienrechtlicher Gewinn und ausschüttungsfähiger Betrag, in: WPg, 24. Jg. (1971), Heft 23, S. 607-617.

Schneider, Dieter (Abschreibungsverfahren, 1974): Abschreibungsverfahren und Grundsätze ordnungsmäßiger Buchführung, in: WPg, 27. Jg. (1974), Heft 14, S. 365-376.

Schneider, Dieter (Steuerbilanzen, 1978): Steuerbilanzen – Rechnungslegung als Messung steuerlicher Leistungsfähigkeit, Gabler: Wiesbaden, 1978.

Schneider, Dieter (Folgen, 1980): Betriebswirtschaftliche Folgen der Umsatzsteuer auf Anzahlungen, in: BB, 35. Jg. (1980), Heft 6, S. 273-277.

Schneider, Dieter (Vermögensgegenstand, 1986): Vermögensgegenstände und Schulden, in: Leffson, Ulrich / Rückle, Dieter / Großfeld, Bernard (Hrsg.): Handwörterbuch unbestimmter Rechtsbegriffe im Bilanzrecht des HGB, Köln: Otto Schmidt, 1986, S. 335-343.

Schneider, Erich (Rechnungswesen, 1954): Industrielles Rechnungswesen: Grundlagen und Grundfragen, 2., völlig neu bearb. Aufl., Tübingen: Mohr, 1954.

Schönborn, Norbert (Verbindlichkeitsrückstellung, 1998): Verbindlichkeitsrückstellungen bei progressiver Miete, in: BB, 53. Jg. (1998), Heft 21, S. 1099-1102.

Schönnenbeck, Hermann (Aktiengesetz, 1960): Warum noch „Rechnungsabgrenzungsposten" im neuen Aktiengesetz, in: DB, 13. Jg. (1960), Heft 21, S. 587.

Schreiber, Jochem (Blümich EStG-Kommentar, 2007): Kommentierung zu § 5 EStG, in: Blümich – Einkommensteuergesetz, Körperschaftssteuergesetz, Gewerbesteuergesetz – Kommentar, München: Vahlen, 95. Ergänzungslieferung, Mai 2007.

Schröer, Thomas (Realisationsprinzip, 1997): Das Realisationsprinzip in Deutschland und Großbritannien: eine systematische Untersuchung und ihre Anwendung auf langfristige Auftragsfertigung und Währungsumrechnung, Betriebswirtschaftliche Studien Rechnungs- und Finanzwesen, Organisation und Institution, Bd. 43, zugl.: Frankfurt/Main, Univ., Diss., 1998, Frankfurt/Main u. a.: Lang, 1998.

Schubert, Peter (Nutzungsrechte, 1995): Die einkommensteuerrechtliche Behandlung von Nutzungsrechten, in: DStR, 33. Jg. (1995), Heft 10, S. 362-367.

Schulte, Karl Werner (Imparitätsprinzip, 1979): Imparitätsprinzip und Niederstwertvorschrift, in: WPg, 32. Jg. (1979), Heft 18, S. 505-510.

Schulze-Osterloh, Joachim (Realisations- und Imparitätsprinzip, 1992): Der Ausweis von Aufwendungen nach dem Realisations- und dem Imparitätsprinzip, in: Moxter, Adolf u. a. (Hrsg.): Entwicklungen bei der Bilanzierung und Prüfung von Kapitalgesellschaften, Festschrift zum 65. Geburtstag von Prof. Dr. Dr. h. c. Karl Heinz Forster, Düsseldorf: IDW, 1992, S. 653-670.

Schulze-Osterloh, Joachim (Meinungsspiegel, 1994): Meinungsspiegel: Realisationsprinzip und Rückstellungsbildung, in: BFuP, 46. Jg. (1994), Heft 1, S. 57.

Schulze-Osterloh, Joachim (Entscheidungen, 1995): Vorabentscheidungen des Europäischen Gerichtshof zum Handelsbilanzrecht, in: ZGR, 24. Jg. (1995), Heft 1, S. 170-189.

Schütz, Eckhard (Abgrenzung I, 1958): Die inhaltliche Abgrenzung der Rechnungsabgrenzungsposten gegenüber verwandten Bilanzpositionen, in: DB, 11. Jg. (1958), Heft 2, S. 29-32.

Schütz, Eckhard (Abgrenzung II, 1958): Die inhaltliche Abgrenzung der Rechnungsabgrenzungsposten gegenüber verwandten Bilanzpositionen, in: DB, 11. Jg. (1958), Heft 3, S. 57-58.

Seckelmann, Robert (Zins, 1998): „Zins" und „Zinssatz" im Sinne der Sache, Eine Rückbesinnung aufgrund von BGH-Urteilen und EU-Richtlinien, in: BB, 53. Jg. (1998), Heft 2, S. 57-69.

Siegel, Theodor (Anzahlungen, 1980): Unfertige Erzeugnisse, schwebende Leistungsgeschäfte und das Problem der Umsatzsteuer auf Anzahlungen, in: BB 35. Jg. (1980), Heft 12, S. 589-593.

Siegel, Theodor (Metamorphosen, 1992): Metamorphosen des Realisationsprinzips?, in: Moxter, Adolf u. a. (Hrsg.): Entwicklungen bei der Bilanzierung und Prüfung von Kapitalgesellschaften, Festschrift zum 65. Geburtstag von Prof. Dr. Dr. h. c. Karl Heinz Forster, Düsseldorf: IDW, 1992, S. 585-605.

Siegel, Theodor (Periodisierungsprinzip, 1994): Das Realisationsprinzip als allgemeines Periodisierungsprinzip?, in: BFuP, 46. Jg. (1994), Heft 1, S. 1-24.

Siegel, Theodor (Kriterium, 2002): Unentziehbarkeit als zentrales Kriterium für den Ansatz von Rückstellungen, in: DStR, 40. Jg. (2002), Heft 28, S. 1192-1196.

Siegel, Theodor (Rückstellungen, 2003): Rückstellungen für bestellte Lastkraftwagen?, in: StuB, 5. Jg. (2003), Heft 20, S. 927-931.

Simon, Hermann Veit (Bilanzen, 1899): Die Bilanzen der Aktiengesellschaft und der Kommanditgesellschaft auf Aktien, 3. Auflage, Neudruck der zweiten umgearbeiteten Auflage, Berlin: Guttentag, 1899.

Söffing, Günter (Anzahlungen, 1980): Bilanzierung von Umsatzsteuer auf Anzahlungen, in: DStZ, 68. Jg. (1980), Heft 7, S. 123-125.

Söffing, Günter (Anmerkungen, 1981): Anmerkungen zum BFH-Urteil vom 17.7.1980 – IV R 10/76, in: FR, 36. Jg. (1981), Heft 20, S. 511-512.

Spengler, Thomas / Lindstädt, Hagen (Hrsg.) (Festschrift Kossbiel, 2005): Strukturelle Stimmigkeit in der Betriebswirtschaftslehre, Festschrift Kossbiel, München und Mehring: Hampp, 2005.

Stapf, Anton (Abgrenzung, 1968): Immaterielle Anlagewerte und aktive Rechnungsabgrenzungsposten – Ihre gegenseitige Abgrenzung und Behandlung in Handels- und Steuerbilanz, Würzburg, Univ., Diss., 1968.

Stapperfend, Thomas (Nutzungsrechte bei Einmalzahlung, 1993): Die Bilanzierung entgeltlicher Nutzungsrechte bei Einmalzahlung in: FR 48. Jg. (1993), Heft 16, S. 525-532.

Stobbe, Thomas (Kriterium der bestimmten Zeit, 1995): Das Kriterium der „bestimmten Zeit" bei den Rechnungsabgrenzungsposten – Anmerkungen zu den BFH-Urteilen vom 9.12.1993 IV R 130/91 und vom 25.10.1994 VIII R 65/91 sowie zum BMF-Schreiben vom 15.3.1995, in: FR, 50. Jg. (1995), Heft 11, S. 399-402.

Strobl, Elisabeth (Matching Principle, 1993): Matching Principle und deutsches Bilanzrecht, in: Ballwieser, Wolfgang u. a. (Hrsg.): Bilanzrecht und Kapitalmarkt, Festschrift zum 65. Geburtstag von Prof. Dr. Dr. h. c. Dr. h. c. Adolf Moxter, Düsseldorf: IDW, 1994, S. 407-432.

Thiel, Jochen (Nutzungsrechte, 1991): Die Bilanzierung von Nutzungsrechten, in: DStJG, 14. Jg. (1991), Köln: Otto Schmidt, S. 161-198.

Thiel, Rudolf (Bilanzierungsnormen, 1970): Die Bilanzierungsnormen des Aktienrechts und ihre Bedeutung für die Steuerbilanz, in: StBJb 1969/1970, Köln: Otto Schmidt, 1970, S. 255-286.

Thiele, Stefan / Breithaupt, Joachim / Kahling, Dieter / Prigge, Cord (Baetge/-Kirsch/Thiele, 2002): Kommentierung zu § 253 HGB, in: Baetge, Jörg / Kirsch, Hans-Jürgen / Thiele, Stefan (Hrsg.): Bilanzrecht: Handelsrecht mit Steuerrecht und den Regelungen des IASB, Kommentar, Losebl.-Ausg., Bonn/Berlin: Stollfuß, Grundwerk September 2002.

Thoma, Gerhard (Hrsg.) (Festschrift Spitaler, 1958): Gegenwartsfragen des Steuerrecht, Festschrift für Armin Spitaler, Köln: Otto Schmidt, 1958.

Tiedchen, Susanne (Vermögensgegenstand, 1991): Vermögensgegenstand im Handelsbilanzrecht, Rechtsordnung und Steuerwesen, Bd. 17, zugl.: Berlin, Freie Univ., Diss., 1991, Köln: Otto Schmidt, 1991.

Tiedchen, Susanne (Rechnungsabgrenzung, 1997): Rechnungsabgrenzung und „bestimmte Zeit", Ein Beitrag zu Auslegung von § 250 HGB, in: BB 52. Jg. (1997), Heft 48 , S. 2471-2475.

Tiedchen, Susanne (HdJ, 2006): Posten der aktiven und passiven Rechnungsabgrenzung, in: Wysocki, Klaus v. / Schulze-Osterloh, Joachim u. a. (Hrsg.): Handbuch des Jahresabschlusses in Einzeldarstellungen, Losebl.-Ausg., Abt. II/11, Köln: Otto Schmidt, 37. Erg.-Lfg., Februar 2006.

Trumpler, Hans (Aktiengesellschaft, 1937): Die Bilanz der Aktiengesellschaft nach neuem Aktien- und Steuerrecht, Berlin und Leipzig: Walter de Grunter & Co., 1937.

Trumpler, Hans (Aktiengesellschaft, 1950): Die Bilanz der Aktiengesellschaft nach deutschem Aktien- und Steuerrecht unter Hinweisen auf das Recht der Vereinigten Staaten Englands und der Schweiz, Basel: Verlag für Recht und Wirtschaft AG, 1950.

Trützschler, Klaus Rüdiger (HdRE, 2002): Kommentar zu § 250 HGB – Rechnungsabgrenzungsposten, in: Küting, Karlheinz / Weber, Claus-Peter (Hrsg.) Handbuch der Rechnungslegung – Einzelabschluss, Kommentar zur Bilanzierung und Prüfung, 5. Auflage, Loseblattsammlung, Stuttgart: Schäffer-Poeschel, Stand 2002.

Trzaskalik, Christoph (Nutzungsrechte, 1983): Nutzungsrechte im Einkommensteuerrecht, in: StuW, 60. Jg. (1983), Heft 2, S. 126-135.

Ulmer, Peter / Ihrig Christoph (Zero-Bonds, 1985): Ein neuer Anleihetyp: Zero-Bonds – Zivil- und bilanzrechtliche Probleme, in: ZIP, 6. Jg. (1985), Heft 19, S. 1169-1180.

Ulmer, Peter (Hrsg.) (HGB-Bilanzrecht, 2002): HGB-Bilanzrecht: Rechnungslegung, Abschlussprüfung, Publizität; Großkommentar, Teilband 1, Berlin: de Gruyter, 2002.

van der Velde, Kurt (Umfang der Rechnungsabgrenzungsposten, 1958): Der Umfang der Rechnungsabgrenzungsposten in der Handelsbilanz und in der Steuerbilanz, in: Thoma, Gerhard (Hrsg.): Gegenwartsfragen des Steuerrecht, Festschrift für Armin Spitaler, Köln: Otto Schmidt, 1958, S. 218-239.

van der Velde, Kurt (Rechnungsabgrenzungsposten, 1969): Zur Behandlung immaterieller Wirtschaftsgüter in der Handels- und in der Steuerbilanz, in: FR 24. Jg. (1969), Heft 21, S. 441-449.

Vellguth, Hans Karl (Schwebende Geschäfte, 1938): Grundsätze ordnungsmäßiger Bilanzierung für schwebende Geschäfte, Leipzig: G.A. Gloeckner, 1938.

Walb, Ernst (Bilanz, 1924): Die Bilanz als Mittel der Erfolgsrechnung, in: ZfB, 1. Jg. (1924), S. 34-44.

Wandel, Lothar (Theorie und Praxis, 1950): Die Rechnungsabgrenzung in Theorie und Praxis, in: BFuP, 2. Jg. (1950), Heft 5, S. 267-272.

Weber, Kurt (Jahresabschluß, 1972): Der aktienrechtliche Jahresabschluß von 1965 als Vorlage für den neuen Industriekontenrahmen?, in: DB, 25. Jg. (1972), Heft 30, S. 1397-1401.

Weber-Grellet, Heinrich (Zielsetzung, 1994): Maßgeblichkeitsschutz und eigenständige Zielsetzung der Steuerbilanz, in: DB, 47. Jg. (1994), Heft 6, S. 288-291.

Weber-Grellet, Heinrich (Konsequenzen, 1995): Drittaufwand – Konsequenzen aus dem Beschluß des Großen Senats vom 30.1.1995 GrS 4/92, in: DB, 48. Jg. (1995), Heft 51/52, S. 2550-2560.

Weber-Grellet, Heinrich (Realisationsprinzip, 1996): Realisationsprinzip und Rückstellungen unter Berücksichtigung der neueren Rechtsprechung, in: DStR, 34. Jg. (1996), Heft 23/24, S. 896-908.

Weber-Grellet, Heinrich (Maßgeblichkeitsgrundsatz, 1999): Der Maßgeblichkeitsgrundsatz im Lichte aktueller Entwicklungen, in: BB, 54. Jg. (1999), Heft 51/52, S. 2659-2666.

Weber-Grellet, Heinrich (Bilanzsteuerrecht, 2006): Rechtsprechung des BFH zum Bilanzsteuerrecht im Jahre 2005, in: BB, 61. Jg. (2006), Heft 1, S. 34-40.

Weber-Grellet, Heinrich (Schmidt EStG-Kommentar, 2007): Kommentierung zu § 5 EStG, in: Drenseck, Walter (Hrsg.): Ludwig Schmidt Einkommensteuergesetz Kommentar, 26., völlig überarbeitete Auflage, München: Beck, 2007.

Weber-Grellet, Heinrich (Bilanzsteuerrecht, 2007): Rechtsprechung des BFH zum Bilanzsteuerrecht im Jahre 2006, in: BB, 62. Jg. (2007), Heft 1, S. 35-41.

Weber-Grellet, Heinrich (Schmidt EStG-Kommentar, 2008): Kommentierung zu § 5 EStG, in: Drenseck, Walter (Hrsg.): Ludwig Schmidt Einkommensteuergesetz Kommentar, 27., völlig überarbeitete Auflage, München: Beck, 2008.

Weber-Grellet, Heinrich (Bilanzrechtsprechungsreport, 2008): BB-BFH-Bilanzrechtsprechungsreport 2007, in: BB, 62. Jg. (2008), Heft 1/2, S. 38-43.

Weidenkaff, Walter (Palandt BGB, 2008): Kommentierung zu § 433 BGB, in: Bassenge, Peter u. a. (Hrsg.): Beck'sche Kurz-Kommentare, Band 7, Palandt, Bürgerliches Gesetzbuch, 67. Auflage, München: Beck, 2008.

Wehrheim, Michael / Heurung, Rainer (Hrsg.) (Festschrift Mellwig, 2007): Steuerlast – Steuerwirkung – Steuergestaltung, Festschrift zum 65. Geburtstag von Winfried Mellwig, Wiesbaden: DUV, 2007.

Wildner, Stephan (Nutzungsrechte, 2004): Nutzungsrechte in Handels- und Steuerbilanz, zugl.: Bayreuth, Univ., Diss., 2004, Aachen: Shaker, 2004.

Willenbrink, Karl (Aktivierungspflicht, 1959): Zur Frage der Aktivierungspflicht der Umsatzsteuer auf erhaltene Anzahlungen, in: StuW, 36. Jg. (1959), Sp. 161-170.

Windmöller, Rolf (Nominalwert, 1992): Nominalwert und Buchwert – Überlegungen zur bilanziellen Behandlung des Disagios –, in: Moxter, Adolf u. a (Hrsg.): Entwicklungen bei der Bilanzierung und Prüfung von Kapitalgesellschaften, Festschrift zum 65. Geburtstag von Prof. Dr. Dr. h. c. Karl Heinz Forster, Düsseldorf: IDW, 1992, S. 690-701.

Winkeljohann, Norbert / Geißler, Horst (BeckBilKomm, 2006): Kommentierung zu § 252 HGB, in: Ellrott, Helmut u. a. (Hrsg.): Beck'scher Bilanz-Kommentar: Handels- und Steuerrecht – §§ 238 bis 339, 342 bis 342e HGB mit EGHGB und IAS/IFRS-Abweichungen –, 6., völlig neubearb. Aufl., München: Beck, 2006.

Winnefeld, Robert (Bilanzhandbuch, 2002): Bilanz-Handbuch – Handels- und Steuerbilanz, Rechtsformspezifisches Bilanzrecht, Bilanzielle Sonderfragen, Sonderbilanzen, IAS/US-GAAP, 3. Vollständig überarbeitete und erweiterte Auflage, München: Beck, 2002.

Wirtz, Matthias (Zum neuen Bilanzrecht, 1986): Zum neuen Bilanzrecht: Ausweis von Zöllen und Verbrauchsteuern für Vermögensgegenstände des Vorratsvermögens und der Umsatzsteuer auf erhaltene Anzahlungen – Ein Plädoyer gegen die §§ 250 Abs. 1 Satz 2 Nr. 2 HGB n. F., 5 Abs. 4 Satz 2 EStG, in: DStR, 24. Jg. (1986), Heft 22, S. 749-750.

Wlecke, Ulrich (Währungsumrechnung, 1989): Währungsumrechnung und Gewinnbesteuerung bei international tätigen deutschen Unternehmen: ertragsteuerliche Währungsumrechnung unter Berücksichtigung außensteuerlicher Besonderheiten, zugl.: Münster, Univ., Diss., 1988, Düsseldorf: IDW, 1989.

Woerner, Lothar (Grundsatzfragen, 1984): Grundsatzfragen zur Bilanzierung schwebender Geschäfte, in: FR, 39. Jg. (1984), Heft 19, S. 489-496.

Woerner, Lothar (Passivierung, 1985): Passivierung schwebender Dauerschuldverhältnisse in der Bilanz des Unternehmers, Bestandsaufnahme – Probleme – Tendenzen, in: StBJb 1984/1985, Köln: Otto Schmidt, 1985, S. 177-200.

Woerner, Lothar (Gewinnrealisierung, 1988): Die Gewinnrealisierung bei schwebenden Geschäften – Vollständigkeitsgebot, Vorsichts- und Realisationsprinzip –, in: BB, 43. Jg. (1988), Heft 12, S. 769-777.

Woerner, Lothar (Schwebender Vertrag, 1989): Der schwebende Vertrag im Gefüge der Grundsätze ordnungsmäßiger Bilanzierung – Vollständigkeitsgebot, Vorsichtsprinzip, Realisationsprinzip, in: Mellwig, Winfried / Moxter, Adolf / Ordelheide, Dieter (Hrsg.): Handelsbilanz und Steuerbilanz: Beiträge zum neuen Bilanzrecht, Frankfurter Betriebswirtschaftliches Forum an der Johann-Wolfgang-Goethe-Universität, Bd. 2., Wiesbaden: Gabler, 1989, S. 33-55.

Wohlgemuth, Michael / Radde, Jens (Beck'sches HdR, 2002): Anschaffungskosten, in: Castan, Edgar / Böcking, Hans-Joachim u .a. (Hrsg.): Beck'sches Handbuch der Rechnungslegung – HGB und IFRS - Loseblattsammlung, Band I, B 162, 17. Erg.-Lfg., Juli 2002.

Wöhe, Günter / Döring, Ulrich (Einführung, 2005): Einführung in die Allgemeine Betriebswirtschaftslehre, 22. Auflage, München: Vahlen, 2005.

Wüstemann, Jens (BB-Kommentar, 2006): Kommentar zum BFH-Urteil vom 5.4.1006 – IR 43/05, in: BB, 61. Jg. (2006), Heft 30, S. 1625.

Wysocki, Klaus v. / Schulze-Osterloh, Joachim u. a. (Hrsg.) (HdJ, 2008): HdJ: Handbuch des Jahresabschlusses in Einzeldarstellungen, Losebl.-Ausg., Köln: Otto Schmidt, Stand: 43. Erg.-Lfg., April 2008.

II. Rechtsquellenverzeichnis

Gesetze

Abgabenordnung (AO) in der Fassung der Bekanntmachung vom 01. Oktober 2002, BGBl. I 2002, S. 3866, zuletzt geändert durch Artikel 4 des Gesetzes vom 8. April 2008, BGBl. I 2008, S. 666.

Aktiengesetz (AktG 1965) vom 6.09.1965, BGBl. I 1965, S. 1089-1184.

Baugesetzbuch (BauGB) in der Fassung der Bekanntmachung vom 23. September 2004, BGBl. I 2004, S. 2414, zuletzt geändert durch Artikel 1 des Gesetzes vom 21. Dezember 2006, BGBl. I 2006, S. 3316.

Bewertungsgesetz (BewG) in der Fassung der Bekanntmachung vom 1. Februar 1991, BGBl. I 1991, S. 230, zuletzt geändert durch Artikel 21 des Gesetzes vom 20. Dezember 2007, BGBl. 2007 I, S. 3150.

Biersteuergesetz 1993 (BierStG, 1993) vom 21. Dezember 1992, BGBl. I 1992, S. 2150, 2158 und BGBl. I 1993, S. 169, zuletzt geändert durch Artikel 15 des Gesetzes vom 29. Dezember 2003, BGBl. I 2003, S. 3076.

Bürgerliches Gesetzbuch (BGB) in der Fassung der Bekanntmachung vom 2. Januar 2002, BGBl. I 2002, S. 42 u. S. 2909; BGBl. I 2003, S. 738, zuletzt geändert durch Artikel 1 des Gesetzes vom 4. Juli 2008, BGBl. I 2008, S. 1188.

Einführungsgesetz zur Abgabenordnung (EGAO, 1977) vom 14.12.1976, BStBl. I 1976, S. 694-737.

Einkommensteuergesetz (EStG) in der Fassung der Bekanntmachung vom 19. Oktober 2002, BGBl. I 2002, S. 4210; BGBl. I 2003 I, S. 179, zuletzt geändert durch § 62 Abs. 15 des Gesetzes vom 17. Juni 2008, BGBl. I 2008, S. 1010.

Gesetz über Aktiengesellschaften und Kommanditgesellschaften auf Aktien (Aktiengesetz - AktG 1937) vom 30.01.1937, RGBl. I, S. 107-165.

Gesetz zur Änderung des Einkommensteuergesetzes vom 16.05.1969, BStBl. I 1969, S. 320.

Gesetz zur Änderung des Einkommensteuergesetzes, des Körperschaftsteuergesetzes und anderer Gesetze vom 20.08.1980, BStBl. I 1980, S. 589-599.

Gesetz zur Durchführung der Vierten, Siebenten und Achten Richtlinie des Rates der Europäischen Gemeinschaften zur Koordinierung des Gesellschaftsrechts (Bilanzrichtlinien-Gesetz - BiRiLiG) vom 19.12.1985, BGBl. I 1985, S. 2355-2433.

Handelsgesetzbuch (HGB) in der im Bundesgesetzblatt Teil III, Gliederungs-
nummer 4100-1, veröffentlichten bereinigten Fassung, zuletzt geändert
durch Artikel 17 des Gesetzes vom 21. Dezember 2007, BGBl. I 2007,
S. 3089.

Preisangabenverordnung (PangV) in der Fassung der Bekanntmachung vom
18. Oktober 2002, BGBl. I 2002, S. 4197, zuletzt geändert durch § 20 Abs. 9
des Gesetzes vom 3. Juli 2004, BGBl. I 2004, S. 1414.

Umsatzsteuergesetz (UStG) in der Fassung der Bekanntmachung vom 21. Februar 2005, BGBl. I 2005, S. 386, zuletzt geändert durch Artikel 8 des Gesetzes vom 20. Dezember 2007, BGBl. I 2007, S. 3150.

Verordnung des Reichspräsidenten über Aktienrecht, Bankenaufsicht und über
eine Steueramnestie vom 19.09.1931, RGBl. I 1931, S. 493-509.

Verordnungen und Richtlinien der Europäischen Union

Vierte Richtlinie des Rates vom 25. Juli 1978 aufgrund von Artikel 54 Absatz 3
Buchstabe g) des Vertrages über den Jahresabschluß von Gesellschaften be-
stimmter Rechtsformen (78/660/EWG), ABl. EG Nr. L 222 vom 14.08.1978,
S. 11-31.

Gesetzesmaterialien

Entwurf eines Aktiengesetzes, eines Einführungsgesetzes zum Aktiengesetz
vom 3.02.1962, Gesetzentwurf der Bundesregierung, BT-Drucks. IV/171.

Entwurf eines Gesetzes zur Änderung des Einkommensteuergesetzes vom
26.07.1968, Gesetzentwurf der Bundesregierung, BT-Drucks. V/3187.

Bericht des Finanzausschusses (7. Ausschuß) zu dem von der Bundesregierung
eingebrachten Entwurf eines Einführungsgesetzes zur Abgabenordnung
(EGAO 1974) – Drucksache 7/261 –vom 24.06.1976, BT-Drucks. 7/5458.

Bericht des Finanzausschusses (7. Ausschuß) zu dem von der Bundesregierung
eingebrachten Entwurf eines Gesetzes zur Änderung des Einkommensteuergesetzes, des Körperschaftsteuergesetzes und anderer Gesetze – Druck-
sachen 8/3648, 8/4141 – vom 10.06.1980, BT-Drucks. 8/4157.

Entwurf eines Gesetzes zur Durchführung der Vierten Richtlinie des Rates der
Europäischen Gemeinschaften zur Koordinierung des Gesellschaftsrecht (Bi-
lanzrichtlinie-Gesetz) vom 26.08.1983, Gesetzentwurf der Bundesregierung
BT-Drucks. 10/317.

Beschlußempfehlung und Bericht des Rechtsausschusses (6. Ausschuß) zu dem von der Bundesregierung eingebrachten, Entwurf eines Gesetzes zur Durchführung der Vierten Richtlinie des Rates der Europäischen Gemeinschaften zur Koordinierung des Gesellschaftsrecht (Bilanzrichtlinie-Gesetz) –Drucksache 10/317 – Entwurf eines Gesetzes zur Durchführung der Siebenten und Achten Richtlinie der Europäischen Gemeinschaft zur Koordinierung des Gesellschaftsrechts – Drucks. 10/3440 – vom 18.11.1985, BT-Drucks. 10/4268.

Entwurf eines Gesetzes zur Durchführung der Richtlinie des Rates der Europäischen Gemeinschaften über den Jahresabschluß und den konsolidierten Abschluß von Banken und anderen Finanzinstituten (Bankbilanzrichtlinie-Gesetz) vom 19.01.1990, Gesetzentwurf der Bundesregierung, BT-Drucks. 11/6275.

Entwurf eines Gesetzes zur Modernisierung des Bilanzrechts (Bilanzrechtsmodernisierungsgesetz – BilMoG) vom 23.05.2008, Gesetzentwurf der Bundesregierung, BR-Drucks. 344/08.

Entwurf eines Gesetzes zur Modernisierung des Bilanzrechts (Bilanzrechtsmodernisierungsgesetz – BilMoG) vom 30.07.2008, Gesetzentwurf der Bundesregierung, BT-Drucks. 16/10067.

III. Rechtsprechungsverzeichnis

Reichsfinanzhof (RFH)

Datum	Form	Aktenzeichen	Fundstelle
19.12.1928	Urteil	VI A 1670/28	RStBl. 1932, S. 139-140
21.10.1931	Urteil	VI A 2002/29	RStBl. 1932, S. 305-308
25.04.1934	Urteil	VI A 909/33	RStBl. 1934, S. 945-946
26.09.1939	Urteil	I 422/38	RStBl. 1940, S. 34-35

Bundesfinanzhof (BFH)

Datum	Form	Aktenzeichen	Fundstelle
28.01.1954	Urteil	IV 255/53 U	BStBl. III 1954, S. 109-111
19.12.1957	Urteil	IV 432/56 U	BStBl. III 1958, S. 162-164
13.05.1958	Urteil	I 290/56 U	BStBl. III 1958, S. 331-333
22.05.1958	Urteil	IV 222/56 U	BStBl. III 1958, S. 333-335
04.09.1962	Urteil	I 198/61 U	BStBl. III 1963, S. 7
09.10.1962	Urteil	I 167/62 U	BStBl. III 1963, S. 7-9
15.05.1963	Urteil	I 272/61 U	BStBl. III 1963, S. 327-329
25.10.1963	Urteil	IV 433/62 S	BStBl. III 1964, S. 138-139
12.03.1964	Urteil	IV 456/61 U	BStBl. III 1964, S. 525-526
03.12.1964	Urteil	IV 255, 256/64 U	BStBl. III 1965, S. 93-95
29.04.1965	Urteil	IV 403/62 U	BStBl. III 1965, S. 414-416
06.12.1965	Beschluß	Gr. S. 2/64 S	BStBl. III 1966, S. 144-146
03.05.1967	Urteil	I 111/64	BStBl. III 1967, S. 464-466
31.05.1967	Urteil	I 208/63	BStBl. III 1967, S. 607-609
29.06.1967	Urteil	IV 131/63	BStBl. III 1967, S. 670-671
17.08.1967	Urteil	IV 285/65	BStBl. II 1968, S. 80-81

Datum	Form	Aktenzeichen	Fundstelle
27.03.1968	Urteil	I 224/64	BStBl. II 1968, S. 520-521
25.09.1968	Urteil	I R 52/64	BStBl. II 1969, S. 18-26
17.10.1968	Urteil	IV 84/65	BStBl. II 1969, S. 180-182
03.02.1969	Beschluß	Gr. S. 2/68	BStBl. II 1969, S. 291-294
23.09.1969	Urteil	I R 22/66	BStBl. II 1970, S. 104-107
29.10.1969	Urteil	I 93/64	BStBl. II 1970, S. 178-180
29.10.1969	Urteil	IV 175/65	BStBl. II 1970, S. 315-317
20.11.1969	Urteil	IV R 3/69	BStBl. II 1970, S. 209-210
02.03.1970	Beschluß	Gr. S. 1/69	BStBl. II 1970, S. 382-383
10.07.1970	Urteil	III R 112/69	BStBl. II 1970, S. 779-781
01.10.1970	Urteil	V R 49/70	BStBl. II 1971, S. 34-36
28.04.1971	Urteil	I R 39, 40/70	BStBl. II 1971, S. 601-603
13.01.1972	Urteil	V R 47/71	BStBl. II 1972, S. 744-746
18.07.1972	Urteil	VIII R 16/68	BStBl. II 1972, S. 884-886
13.12.1972	Urteil	I R 7 – 8/70	BStBl. II 1973, S. 217-218
14.02.1973	Urteil	I R 89/71	BStBl. II 1973, S. 580
07.03.1973	Urteil	I R 48/69	BStBl. II 1973, S. 565-568
16.05.1973	Urteil	I R 186/71	BStBl. II 1974, S. 25-27
19.06.1973	Urteil	I R 206/71	BStBl. II 1973, S. 774-775
11.07.1973	Urteil	I R 140/71	BStBl. II 1973, S. 840-842
25.06.1974	Urteil	VIII R 163/71	BStBl. II 1975, S. 431-433
25.06.1974	Urteil	VIII R 163/71	BStBl. II 1975, S. 431-433
17.07.1974	Urteil	I R 195/72	BStBl. II 1974, S. 684-686
25.06.1974	Urteil	VIII R 163/71	BStBl. II 1975, S. 431-433
17.07.1974	Urteil	I R 195/72	BStBl. II 1974, S. 684-686
28.08.1974	Urteil	I R 66/72	BStBl. II 1974, S. 56-58
25.02.1975	Urteil	VIII R 19/70	BStBl. II 1975, S. 647-649

Datum	Form	Aktenzeichen	Fundstelle
26.02.1975	Urteil	I R 184/73	BStBl. II 1976, S. 443-446
26.02.1975	Urteil	I R 72/73	BStBl. II 1976, S. 13-16
18.06.1975	Urteil	I R 24/73	BStBl. II 1975, S. 809-811
04.03.1976	Urteil	IV R 78/72	BStBl. II 1977, S. 380-382
24.03.1976	Urteil	I R 139/73	BStBl. II 1976, S. 450-452
31.03.1976	Urteil	I R 85/74	BStBl. II 1976, S. 475-476
26.05.1976	Urteil	I R 80/74	BStBl. II 1976, S. 622-624
04.08.1976	Urteil	I R 145/74	BStBl. II 1976, S. 675-676
28.10.1976	Urteil	IV R 76/72	BStBl. II 1977, S. 73-76
17.03.1977	Urteil	IV R 218/72	BStBl. II 1977, S. 595-598
04.05.1977	Urteil	I R 27/74	BStBl. II 1977, S. 802-805
16.11.1977	Urteil	I R 83/75	BStBl. II 1978, S. 386-387
19.01.1978	Urteil	IV R 153/72	BStBl. II 1978, S. 262-265
09.02.1978	Urteil	IV R 201/74	BStBl. II 1978, S. 370-372
31.10.1978	Urteil	VIII R 196/77	BStBl. II 1979, S. 401-403
06.12.1978	Urteil	I R 35/78	BStBl. II 1979, S. 262-263
25.01.1979	Urteil	IV R 21/75	BStBl. II 1979, S. 369-372
28.05.1979	Urteil	I R 1/76	BStBl. II 1979, S. 734-738
26.06.1979	Urteil	VIII R 145/78	BStBl. II 1979, S. 625-627
31.01.1980	Urteil	IV R 126/76	BStBl. II 1980, S. 491-494
26.06.1980	Urteil	IV R 35/74	BStBl. II 1980, S. 506-509
03.07.1980	Urteil	IV 31/77	BStBl. II 1981, S. 255-258
03.07.1980	Urteil	IV R 138/76	BStBl. II 1980, S. 648-651
08.07.1980	Urteil	VIII R 176/78	BStBl. II 1980, S. 743-744
17.07.1980	Urteil	IV R 10/76	BStBl. II 1981, S. 669-672
21.10.1980	Urteil	VIII R 190/78	BStBl. II 1981, S. 160-161
20.11.1980	Urteil	IV R 126/78	BStBl. II 1981, S. 398-400

Datum	Form	Aktenzeichen	Fundstelle
24.03.1982	Urteil	IV R 96/78	BStBl. II 1982, S. 643-646
21.07.1982	Urteil	I R 177/77	BStBl. II 1982, S. 758-761
22.07.1982	Urteil	IV R 111/79	BStBl. II 1982, S. 655-657
12.08.1982	Urteil	IV R 184/79	BStBl. II 1982, S. 696-700
03.11.1982	Beschluß	I B 23/82	BStBl. II 1983, S. 132-134
16.11.1982	Urteil	VIII R 95/81	BStBl. II 1983, S. 361-364
20.01.1983	Urteil	IV R 158/80	BStBl. II 1983, S. 413-417
03.05.1983	Urteil	VIII R 100/81	BStBl. II 1983, S. 572-575
05.05.1983	Urteil	IV R 18/80	BStBl. II 1983, S. 559-562
07.07.1983	Urteil	IV R 47/80	BStBl. II 1983, S. 753-755
02.08.1983	Urteil	VIII R 170/78	BStBl. II 1983, S. 735-736
02.08.1983	Urteil	VIII R 57/80	BStBl. II 1983, S. 739-740
24.08.1983	Urteil	I R 16/79	BStBl. II 1984, S. 273-276
11.10.1983	Urteil	VIII R 61/81	BStBl. II 1984, S. 267-269
05.04.1984	Urteil	IV R 96/82	BStBl. II 1984, S. 552-554
24.05.1984	Urteil	I R 166/78	BStBl. II 1984, S. 747-751
12.07.1984	Urteil	IV R 76/82	BStBl. II 1984, S. 713-714
17.04.1985	Urteil	I R 132/81	BStBl. II 1985, S. 617-619
13.06.1986	Urteil	III R 178/82	BStBl. II 1986, S. 841-843
09.07.1986	Urteil	I R 218/82	BStBl. II 1987, S. 14-16
05.02.1987	Urteil	IV R 105/84	BStBl. II 1987, S. 448-451
17.09.1987	Urteil	IV R 49/86	BStBl. II 1988, S. 327-330
08.10.1987	Urteil	IV R 18/86	BStBl. II 1988, S. 57-62
13.10.1987	Urteil	VIII R 156/84	BStBl. II 1988, S. 252-257
26.10.1987	Beschluß	Gr. S. 2/86	BStBl. II 1988, S. 348-357
02.03.1988	Urteil	II R 247/84	BStBl. II 1988, S. 572-573
09.03.1988	Urteil	I R 262/83	BStBl. II 1988, S. 592-596

Datum	Form	Aktenzeichen	Fundstelle
21.04.1988	Urteil	IV R 47/85	BStBl. II 1989, S. 722-727
14.07.1988	Urteil	IV R 78/85	BStBl. II 1989, S. 189-192
08.12.1988	Urteil	IV R 33/87	BStBl. II 1989, S. 407-409
16.12.1988	Urteil	III R 113/85	BStBl. II 1989, S. 763-766
01.02.1989	Urteil	VIII R 361/83	BFH/NV 1989, S. 778-779
09.08.1989	Urteil	X R 20/86	BStBl. II 1990, S. 128-130
29.11.1990	Urteil	IV R 131/89	BStBl. II 1992, S. 715-718
12.12.1990	Urteil	I R 153/86	BStBl. II 1991, S. 479-484
12.12.1990	Urteil	I R 18/89	BStBl. II 1991, S. 485-488
26.03.1991	Beschluß	IV B 132/90	BFH/NV 1991 S. 736-738
10.04.1991	Urteil	II R 118/86	BStBl. II 1991, S. 620-623
04.06.1991	Urteil	X R 136/87	BStBl. II 1992, S. 70-73
03.12.1991	Urteil	VIII R 88/87	BStBl. II 1993, S. 89-93
12.12.1991	Urteil	IV R 28/91	BStBl. II 1992, S. 600-604
22.01.1992	Urteil	X R 23/89	BStBl. II 1992, S. 488-492
08.04.1992	Urteil	XI R 34/88	BStBl. II 1992, S. 893-895
20.05.1992	Urteil	X R 49/89	BStBl. II 1992, S. 904-909
26.08.1992	Urteil	I R 24/91	BStBl. II 1992, S. 977-981
06.04.1993	Urteil	VIII R 86/91	BStBl. II 1993, S. 709-710
03.08.1993	Urteil	VIII R 37/92	BStBl. II 1994, S. 444-449
19.10.1993	Urteil	VIII R 87/91	BStBl. II 1994, S. 109-111
09.12.1993	Urteil	IV R 130/91	BStBl. II 1995, S. 202-204
25.10.1994	Urteil	VIII R 65/91	BStBl. II 1995, S. 312-315
10.11.1994	Beschluß	IV B 22/94	BFH/NV 1995, S. 591-592
23.03.1995	Urteil	IV R 66/94	BStBl. II 1995, S. 772-774
19.07.1995	Urteil	I R 56/94	BStBl. II 1996, S. 28-33
24.07.1996	Urteil	I R 94/95	BStBl. II 1997, S. 122-125

Datum	Form	Aktenzeichen	Fundstelle
19.06.1997	Urteil	IV R 16/95	BStBl. II 1997, S. 808-811
23.06.1997	Beschluß	Gr. S. 2/93	BStBl. II 1997, S. 735-739
04.09.1997	Urteil	IV R 40/96	BFH/NV 1998, S. 569-571
07.10.1997	Urteil	VIII R 84/94	BStBl. II 1998, S. 331-332
19.11.1997	Urteil	X R 78/94	BStBl. II 1998, S. 59-62
28.05.1998	Urteil	IV R 48/97	BStBl. II 1998, S. 775-777
10.09.1998	Urteil	IV R 80/96	BStBl. II 1999, S. 21-23
05.05.1999	Urteil	XI R 6/98	BStBl. II 1999, S. 735-737
28.02.2001	Urteil	I R 51/00	BStBl. II 2001, S. 645-646
27.06.2001	Urteil	I R 11/00	BStBl. II 2001, S. 759-761
27.06.2001	Urteil	I R 45/97	BStBl. II 2003, S. 121-124
07.02.2002	Urteil	IV R 87/99	BStBl. II 2002, S. 294-296
18.12.2002	Urteil	I R 17/02	BStBl. II 2004, S. 126-129
06.03.2003	Urteil	XI R 52/01	BStBl. II 2003, S. 658-661
15.09.2004	Urteil	I R 5/04	BFH/NV 2005, S. 421-426
21.09.2004	Urteil	IX R 36/01	BStBl. II 2006, S. 12-15
23.02.2005	Urteil	I R 9/04	BStBl. II 2005, S. 481-483
07.09.2005	Urteil	VIII R 1/03	BStBl. II 2006, S. 298-305.
05.04.2006	Urteil	I R 43/05	BStBl. II 2006, S. 593-595
29.11.2006	Urteil	I R 46/05	BFH/NV 2007, S. 1009-1010
07.03.2007	Urteil	I R 18/06	BStBl. II 2007, S. 697-699
11.10.2007	Urteil	IV R 52/04	DStR 2008, S. 237-240

Bundesgerichtshof (BGH)

Datum	Form	Aktenzeichen	Fundstelle
02.07.1981	Urteil	III ZR 17/80	NJW 1981, S. 2181-2182
02.07.1981	Urteil	III ZR 8/80	BGHZ Bd. 81, S. 124-130
01.06.1989	Urteil	III ZR 219/87	BB 1989, S. 1365-1366
29.05.1990	Urteil	XI ZR 231/89	BGHZ Bd. 111, S. 287-294
12.10.1993	Urteil	XI ZR 11/93	NJW 1993, S. 3257-3258
08.10.1996	Urteil	XI ZR 283/95	BGHZ Bd. 133, S. 355-362
04.04.2000	Urteil	XI ZR 200/99	BB 2000, S. 1421-1424
14.09.2004	Urteil	XI ZR 11/04	BB 2004, S. 2542-2545

Europäischer Gerichtshof (EuGH)

Datum	Form	Aktenzeichen	Fundstelle
06.10.1982	Urteil	Rs. 283/81	Slg. EuGHE 1982, S. 3415-3442
04.02.1988	Urteil	Rs. 157/86	Slg. EuGHE I 1988, S. 686-691
13.11.1990	Urteil	Rs. C-106/89	Slg. EuGHE I 1990, S. 4156-4161
07.01.2003	Urteil	Rs. C-306/99	BStBl. II 2004, S. 144-155

IV. Verzeichnis der Verwaltungsanweisungen

Behörde	Datum	Aktenzeichen	Fundstelle
BMF	19.12.1975	IV B 2 - S 2137 - 15/75	BStBl. I 1976, S. 7
BMF	12.10.1982	IV B 2 - S 2133-15/82	BStBl. I 1982, S. 810
BMF	10.10.1983	IV B 2 - S 2170 - 83/83	BStBl. I 1983, S. 431
BMF	19.02.1992	IV B 2 - S 2170 - 17/92	DB 1992, S. 608
BMF	15.03.1995	IV B 2 - S 2133 - 5/95	BStBl. I 1995, S. 183
BMF	11.07.1995	IV B 2 - S 2134 a - 2/95	DB 1995, S. 1637
BMF	09.01.1996	IV B 2 - S 2170 - 135/95	BStBl. I 1996, S. 9
BMF	21.01.2003	IV A 6 - S 2137 - 2/03	BStBl. I 2003, S. 125
BMF	20.06.2005	IV B 2 - S 2134 - 17/05	BStBl. I 2005, S. 801-802

Thomas Lenz

Grundsätze steuerlicher Gewinnermittlung unter dem Einfluss der IAS/IFRS

Frankfurt am Main, Berlin, Bern, Bruxelles, New York, Oxford, Wien, 2008.
LXXXV, 298 S., zahlr. Tab.
Schriften zum Steuer-, Rechnungs- und Finanzwesen.
Herausgegeben von Michael Wehrheim. Bd. 8
ISBN 978-3-631-57431-7 · br. € 56.50*

Die steuerliche Gewinnermittlung ist stark durch die Verknüpfung von Handels- und Steuerbilanz (so genannte Maßgeblichkeit) geprägt. Die Diskussion um die Entwicklung eigenständiger steuerlicher Gewinnermittlungsgrundsätze wurde einerseits durch eine Verordnung der EU angeregt, ab dem Geschäftsjahr 2005 die IAS/IFRS für kapitalmarktorientierte Konzerne obligatorisch werden zu lassen, zum anderen aber auch durch den Vorschlag der EU-Kommission, auf Basis der IAS/IFRS eine einheitliche europäische konsolidierte Bemessungsgrundlage der Körperschaftsteuer zu entwickeln. Weiterhin gibt es in der deutschen Rechtsprechung Tendenzen, die Steuerbilanz im Falle von Regelungslücken an den IAS/IFRS orientiert auszulegen. Diese Entwicklung soll zum Anlass genommen werden, um eine eigenständige steuerliche Gewinnermittlung zu konzipieren.

Aus dem Inhalt: Neuordnung der steuerlichen Gewinnermittlung · Zukunft des Maßgeblichkeitsprinzips · Eigenständige Steuerbilanz

Frankfurt am Main · Berlin · Bern · Bruxelles · New York · Oxford · Wien
Auslieferung: Verlag Peter Lang AG
Moosstr. 1, CH-2542 Pieterlen
Telefax 0041 (0)32/3761727

*inklusive der in Deutschland gültigen Mehrwertsteuer
Preisänderungen vorbehalten
Homepage http://www.peterlang.de

Peter Lang · Internationaler Verlag der Wissenschaften